Beiträge zur Forschung zu Geschlechterbeziehungen, Gewalt und privaten Lebensformen

Daniel Doll
Barbara Kavemann
Bianca Nagel
Adrian Etzel (Hrsg.)

Beiträge zur Forschung zu Geschlechterbeziehungen, Gewalt und privaten Lebensformen

Disziplinäres, Interdisziplinäres und Essays

Verlag Barbara Budrich
Opladen • Berlin • Toronto 2022

Bibliografische Information der Deutschen Nationalbibliothek
Die Deutsche Nationalbibliothek verzeichnet diese Publikation in der Deutschen Nationalbibliografie; detaillierte bibliografische Daten sind im Internet über https://portal.dnb.de abrufbar.

Gedruckt auf säurefreiem und alterungsbeständigem Papier

www.budrich.de

ISBN 978-3-8474-2590-8 (Paperback)
eISBN 978-3-8474-1777-4 (PDF)
DOI 10.3224/84742590

Umschlaggestaltung: Bettina Lehfeldt, Kleinmachnow – www.lehfeldtgraphic.de
Titelbildnachweis: http://www.lehfeldtmalerei.de/
Lektorat und Satz: Anja Borkam, Jena – kontakt@lektorat-borkam.de
Druck: paper & tinta, Warschau
Printed in Europe

Für Nena

Inhalt

Zur Einleitung

Daniel Doll, Barbara Kavemann, Bianca Nagel, Adrian Etzel

Der vorliegende Sammelband entstand zunächst aus dem Anlass des 70. Geburtstages von Prof. Dr. habil. Cornelia Helfferich – einer Koryphäe im Bereich der Sozialforschung sowie der Geschlechterforschung und der Familiensoziologie. Ebenso feierte das von ihr gegründete Sozialwissenschaftliche Forschungsinstitut zu Geschlechterfragen in Freiburg (SoFFI F.) im selben Jahr sein 25-jähriges Bestehen. Der Tod von Cornelia Helfferich am 23. November 2021 warf diese Pläne einer Festschrift jedoch aus zweifachem Anlass um. Die Herausgebenden möchten mit dem vorliegenden Band, in dem aktuelle disziplinäre wie interdisziplinäre Beiträge zu einschlägigen Themenbereichen zusammengestellt werden, das Lebenswerk einer herausragenden und leidenschaftlichen Wissenschaftlerin würdigen. Cornelia Helfferich hat die Wissenschaft, die Praxis, Generationen von Studierenden und viele ihrer Wegbegleiterinnen und -begleiter geprägt.

Die scientific community der Forschung zu Geschlechterbeziehungen, Gewalt und privaten Lebensformen zeichnet sich neben der Interdisziplinarität durch ein breites Repertoire an methodischen und theoretischen Zugängen aus und deckt ein weites thematisches Spektrum ab. Das zeigt sich auch an den Beiträgen des vorliegenden Sammelbands, in denen nicht nur unterschiedliche methodische Zugänge im Themenbereich reflektiert werden, sondern auch aktuelle Erkenntnisse und Ergebnisse von Forschung zu Gewalt, Lebenslauf, Körper und Geschlecht vorgestellt werden. Dabei werden praktische sowie theoretische Implikationen für unterschiedliche Anwendungsbereiche wie z.B. empirische Forschung, aber auch professionell helfende Praxis diskutiert.

In dieser ausdifferenzierten Forschungslandschaft, die thematisch wie methodisch unterschiedliche Schwerpunkte vertritt, hat sich bereits 1996 das SoFFI F. (damals als Sozialwissenschaftliches FrauenForschungsInstitut Freiburg) methodisch durch ein Forschungsprogramm positioniert, das quantitative und qualitative Vorgehen miteinander verbindet und ein breites Themenspektrum abdeckt. Forschung in den Bereichen Familie, Geschlecht(erbeziehungen), Gesundheit und Erleben von Gewalt im Geschlechter- und Generationenverhältnis wird im SoFFI F. in besonderer Weise unter einer Lebenslauf- bzw. Biografieperspektive und wie bereits erwähnt, mittels einer Methodenkombination qualitativer und quantitativer Zugänge, miteinander verbunden. Hierbei spielte Cornelia Helfferich durchweg eine zentrale Rolle. Auf Grundlage der unterschiedlichen Zugänge und Daten im Rahmen vielzähliger Forschungsprojekte in den Schwerpunkten Familie und Familienplanung, Gewalt im Geschlechterverhältnis und sexueller Missbrauch, Wohnen, Jugend und Bildung, Migration und Geschlecht hat sie eine Vielzahl von Wissenschaftler*innen geleitet und mit ihnen im Kontext von Drittmittelforschung einen sowohl breiten wie tiefen Wissensschatz zur Verfügung gestellt.

Neben den interdisziplinären Beiträgen soll es in der Folge deshalb auch um Cornelia Helfferich gehen. Hierbei werden neben der Wissenschaftlerin Cornelia Helfferich die Themenbereiche des Instituts SoFFI F. und inhaltliche Schwerpunkte ihrer Arbeit vorgestellt.

Cornelia Helfferich – Die Wissenschaftlerin

Möchte man über Cornelia Helfferichs Lebenswerk schreiben, so steht man schnell vor der Schwierigkeit, mit einer der vielen Leistungen im Forschungs- und akademischen Feld beginnen zu müssen. Wir möchten jedoch, ähnlich wie im Sammelband selbst, mit den empirischen Zugängen zum Gegenstand beginnen, da Cornelia Helfferich in ihrer jahrzehntelangen wissenschaftlichen Tätigkeit stets zwei Leidenschaften vereinen konnte, was bereits Trutz von Trotha 2007 festgestellt hat, als er konstatierte „dass sie ein Forschungsprogramm durchführt, das nichts von dem Gegeneinandersetzen von quantitativer und qualitativer Forschung hält, und in dem die Liebe der Mathematikerin für das Nummerische sich mit der feinfühligen, differenzierten und genauen Beobachtungsgabe der Ethnographin verbindet“ (von Trotha 2007: 406).

Diese zwei Leidenschaften zeichneten sich bereits in der Zeit des Studiums ab, als Cornelia Helfferich neben Soziologie und Mathematik, auch Philosophie und Ethnologie in Göttingen und Freiburg studierte. Sie war Mitarbeiterin bei Jürgen von Troschke am Freiburger Lehrstuhl für Medizinsoziologie und wurde von Wolfgang Eßbach 1990 im Fach Soziologie promoviert. Diese auch heute noch lesenswerte Arbeit wurde 1994 unter dem Titel „Jugend, Körper und Geschlecht. Die Suche nach sexueller Identität“ veröffentlicht.

Hierin machte Cornelia Helfferich die kulturellen Körperpraktiken von jugendlichen Mädchen und Jungen zum Thema: „In den kulturellen Körperpraktiken – das ist die zentrale These – verarbeiten Jugendliche die Probleme ihres sexuellen Heranwachsens in unserer heutigen Gesellschaft. Die Praktiken sind ‚imaginäre Lösungen‘ der kollektiven Probleme von Mädchen bzw. Jungen auf der Suche nach ihrer sexuellen Identität“ (Helfferich 1994: 9). Die Aktualität dieser Thematik für Jugendliche arbeitet Monika Götsch in ihrem Beitrag für den vorliegenden Sammelband heraus. Auch im Beitrag von Daniel Gredig, Sibylle Nideröst und Anne Parpan-Blaser wird die Bedeutung somatischer Kulturen im HIV-Schutzverhalten von Männern aufgegriffen.

Ausgehend von dieser Dissertation, die Trutz von Trotha als „eindrucksvoll“ (von Trotha 2007: 406) eingeordnet hat, „begann sie ein Forschungsprogramm zu entwickeln und zu verfolgen, das theoretisch wie methodisch ungewöhnlich innovativ und ehrgeizig ist und durch seine reiche empirische Forschung mit den Jahren zu einer wunderbaren Entdeckungsreise in die Wirklichkeiten und Welten der Beziehungen der Geschlechter geworden ist“ (von Trotha, 2007: 406).

1995 wurde sie als Professorin für Soziologie an die Evangelische Hochschule (EH) Freiburg berufen, wo sie bis 2017 nicht nur lehrte, sondern auch neun Jahre das Prorektorat für besondere Aufgaben bekleidete und in dieser Funktion die Studienprüfungsreform der EH entwarf und umsetzte. Danach war sie für vier Jahre Dekanin des Fachbereichs Management, Bildung und Organisation und konzeptualisierte den forschungsorientierten Masterstudiengang Soziale Arbeit an der EH Freiburg, den sie seit Einführung 2007 bis einschließlich 2015 als Studiengangsleitung begleitete. Bis zu ihrer Emeritierung Ende 2016 unterrichtete Cornelia Helfferich eine Vielzahl von Studierenden, vor allem in der Ausbildung qualitativer Forschungsmethoden hinterließ sie bei ihnen einen großen Eindruck.

2007 wurde Cornelia Helfferich für herausragende Leistungen auf dem Gebiet der Familien- und Geschlechterforschung der Helge-Pross-Preis der Universität Siegen verliehen (ihre Vorlesung zur Preisverleihung: Helfferich 2010). 2013 wurde sie an der Albert-Ludwig-Universität Freiburg mit der Venia im Fach Soziologie habilitiert. Ihre Habilitationsschrift „Geschlechterbeziehungen im Lebenslauf: Von der ersten Liebe bis zum letzten Kind. Grundlegung einer Soziologie der Familienplanung“ wurde in Teilen im Buch „Familie und Geschlecht“ (2017) veröffentlicht, in dem u.a. empirische Daten aus der jahrelangen Arbeit des SoFFI F. verarbeitet und geordnet werden. In der Arbeit kulminieren untrennbar ein jahrelanger Forschungsprozess in den verschiedenen Phasen des Projekts „frauen leben“ und die synchron vollzogene stetige Weiterentwicklung von Forschungsmethoden, insbesondere qualitativer. Ihr Programm wird hierbei in der Ankündigung des 2017 erschienenen Buchs zusammengefasst: „Die geschlechterbezogen konservative Familiensoziologie wird mit diesem Buch endlich auf den Kopf gestellt und um eine grundlegende Perspektive erweitert“ (Helfferich 2017).

Auf der Grundlage ihrer anwendungsbezogenen empirischen Forschungsprojekte hat Cornelia Helfferich Forschungsmethoden stetig weiterentwickelt. Hier ist zum einen das Lehrbuch „Die Qualität qualitativer Daten“ (2011) hervorzuheben, in dem sie ein Manual zur Vorbereitung und Durchführung qualitativer Einzelinterviews vorgelegt hat, das nicht nur Studierenden eine praxisnahe Stütze in der Erstellung von Leitfäden und bei der Durchführung von Interviews sein kann. Gabriele Lucius-Hoene setzt sich in ihrem Beitrag im vorliegenden Band diesbezüglich besonders mit den Positionierungen zu Beginn eines Interviews auseinander.

Auch hinsichtlich der qualitativen Auswertung von Interviewmaterial sind Cornelia Helfferichs innovative Leistungen zu nennen. Von Bedeutung ist hierbei vor allem die Agency-Analyse. Aufbauend u.a. auf den Ausführungen von Gabriele Lucius-Hoene und Arnulf Deppermann zur „Rekonstruktion narrativer Identität“ (2002) hat Cornelia Helfferich die rekonstruktive Agency-Analyse im Anschluss an wissenssoziologisch und phänomenologisch begründete Methodologie, vor allem in Anlehnung an Schütz und Luckmann (2003), weiterentwickelt. Der qualitativ-rekonstruktive Ansatz ermöglicht im Rahmen einer mikrosprachlichen Analyse „eine Rekonstruktion sowohl der Bedeutung, die den individuell erfahrenen Formen der Handlungsmächtigkeit in ihrer sprachlichen Vermittlung gegeben wird, wie auch der subjektiven Theorien über Verkettungen und Wirkungszusammenhänge in dieser Welt. Nicht die zurückliegenden Erfahrungen im Sinne von ‚wahren‘ Erfahrungen, so wie sie ‚wirklich‘ stattgefunden haben mögen, sind dabei der Referenzpunkt, sondern die Bearbeitungen und kollektiven *Deutungen* dieser Erfahrungen gehen in das Wissen ein“ (Helfferich 2019: 53, Herv. i. O.). Heiko Löwenstein gibt in seinem Beitrag einen Überblick über aktuelle Diskussionen im Hinblick auf die Analyse von Agency und greift auch hier Cornelia Helfferichs Leistungen auf.

Auch nach ihrer Emeritierung Ende 2016 leitete sie das SoFFI F. noch weiter und führte mit ihren Teams Forschungsprojekte durch.[1]

Das Institut SoFFI F. unter der Führung von Cornelia Helfferich

Zum Zeitpunkt der Gründung lag der Schwerpunkt des Instituts primär auf Frauenforschung. Cornelia Helfferich stellte schon damals, gemeinsam mit ihren Mitarbeiter*innen, weibliche Lebenslagen und -welten in das Zentrum der Forschung und kontrastierte damit eine an männlichen Lebenslagen und -welten orientierten Forschung, die zu diesem Zeitpunkt nicht nur in Deutschland zweifellos dominant war.

Seit der Gründung des Instituts spielt die Forschung zu Familie und Familienplanung eine bedeutende Rolle. Das SoFFI F. ist das einzige Forschungsinstitut in Deutschland, das regelmäßig systematische Daten zu Partnerschaft, Verhütung, Schwangerschaft, Schwangerschaftsabbrüchen und zu weiteren Aspekten der reproduktiven Gesundheit erhebt und auswertet. Im Mittelpunkt stehen seit 1998 die Bevölkerungsbefragungen zu Familienplanung im Auftrag der Bundeszentrale für gesundheitliche Aufklärung. Nach „frauen leben 1“ (1998-2001) und „frauen leben 2“ (2007-2010)[2], läuft seit 2012 die aktuell

1 Eine Übersicht unter http://www.soffi-f.de/

2 Für mehr Informationen zu den ersten beiden Studien siehe: http://www.soffi-f.de/projekte-im-bereich-familie-und-familienplanung

vierte Phase von „frauen leben 3". Im Rahmen von „frauen leben 3" sind bisher 19.022 Frauen im Rahmen standardisierter Telefoninterviews und 136 mittels qualitativ-biographischer Interviews face-to-face interviewt worden. Mittelpunkt der Studie ist der reproduktive Lebenslauf[3].

Seit 2017 firmiert das Institut unter dem Namen Sozialwissenschaftliches Forschungsinstitut zu Geschlechterfragen Freiburg. Die Umbenennung war logische Konsequenz einer sukzessiven Erweiterung des Forschungsgegenstands ab den 2000er Jahren. So waren vermehrt auch Themen wie Männlichkeiten (Helfferich 2007 und 2012) von Relevanz, es wurden auch Jungen und Männer (Doll et al. 2021; Hahn & Helfferich 2007) befragt und Geschlechterbeziehungen wurden zu weiteren zentralen Forschungsgegenständen.

Diese Neufokussierung lässt sich mit der 2002 beginnenden Studie „männer leben: Lebensläufe und Familienplanung" zeitlich verorten. Da Familienplanung ebenso Männer betrifft, wurden in dieser Studie 1503 Männer im Rahmen einer standardisierten Befragung und 102 Männer mittels qualitativ-biographischer Interviews befragt[4].

Dieser Einbezug männlicher Perspektiven ist dabei nicht als Widerspruch zu den Anfangszeiten in der Frauenforschung zu verstehen. Vielmehr, und dies hat bereits Trutz von Trotha attestiert, zeichnete Cornelia Helfferichs Arbeit aus „daß sie zurecht darauf besteht, daß eine feministisch begründete Geschlechterforschung immer auch die Männer unter handlungstheoretischen Perspektiven untersucht, sie in ihrer lebensweltlichen Praxis verstehen muß, wie ihre Dissertation nicht weniger als die blendende Studie über Lebensläufe und Familienplanung von Männern dem Leser packend vor Augen führen" (von Trotha 2010: 6).

Seit November 2020 ist das SoFFI F. Partnerin im Forschungskonsortium ELSA (Erfahrungen und Lebenslagen ungewollt Schwangerer – Angebote der Beratung und Versorgung). Ziel des Projekts ist die Verbesserung der gesundheitlichen und psychosozialen Versorgung ungewollt schwangerer Frauen auf der Basis wissenschaftlich-empirischer Erkenntnisse. Das SoFFI F. knüpft mit Fragen nach Entwicklungsverläufen, Belastungen und Ressourcen während der Schwangerschaft an die eigene langjährige Forschung zu Familienplanung im Lebenslauf an.

Seit Beginn der 2000er Jahre entwickelte sich der Forschungsschwerpunkt zu Gewalt in Paarbeziehungen in enger Zusammenarbeit mit Barbara Kavemann in Berlin. Es entstand ein Fundus von neun Studien. Erstmalig wurden mit qualitativ-rekonstruktiven Auswertungsverfahren Muster identifiziert und Typologien des Unterstützungsbedarfs aus der subjektiven Perspektive betroffener Frauen hergeleitet. Mehrere Untersuchungen gaben der Politik angesichts einer veränderten Rechtslage durch das Inkrafttreten des Gewaltschutz-

3 Für mehr Informationen zu „frauen leben 3" siehe: http://soffi-f.de/node/6?q=node/132

4 Für mehr Informationen siehe: http://soffi-f.de/node/85?q=node/14

gesetzes Orientierung bei der notwendigen Weiterentwicklung des Unterstützungssystems, wie z.B. 2004 die „Untersuchung zum Beratungsangebot nach polizeilichem Platzverweis bei häuslicher Gewalt“ oder 2011 die „Bestandsaufnahme zur Situation der Frauenhäuser, der Fachberatungsstellen und anderer Unterstützungsangebote für gewaltbetroffene Frauen und deren Kinder“, die erstmals eine bundesweite Übersicht über Schutz- und Beratungsangebote erstellte und weiteren Bedarf identifizierte. Weiterführende Erkenntnisse über die Lebenssituation einer spezifisch durch Gewalt gefährdeten Gruppe erbrachte die Studie zu „Lebenssituation und Belastungen von Frauen mit Beeinträchtigungen und Behinderungen in Deutschland“, deren qualitativer Untersuchungsteil vom SoFFI F. durchgeführt wurde. Zwischen 2004 und 2015 stellte sich das Team des SoFFI F. einem hoch umstrittenen Thema und legte – zum Teil in Kooperation mit dem Sozialpädagogischen Institut Berlin – wissenschaftlich fundierte Ergebnisse zu Prostitution und Menschenhandel vor.

Ab 2011 wurde der Schwerpunkt von Forschung zum Thema sexuelle Gewalt in Kindheit und Jugend ausgebaut. Der Fokus lag nun nicht mehr auf Frauen, sondern auf Betroffenen jeden Geschlechts. Es entstanden 16 überwiegend qualitative Studien, die die Diskussion maßgeblich voranbrachten, indem sie die Perspektive von Betroffenen ins Zentrum stellten. Mehrere Beiträge in dem vorliegenden Band sind hier einzuordnen: Barbara Kavemann, Adrian Etzel und Bianca Nagel diskutieren epistemische Ungerechtigkeit im Kontext sexueller Gewalt, Stephan Rixen beleuchtet die sexuelle Gewalt in der katholischen Kirche als Herausforderung für das staatliche Recht.

Als nach dem sog. Missbrauchsskandal im Jahre 2010 die deutsche Politik aktiv wurde und das Bundesministerium für Bildung und Forschung die Förderlinie zu sexuellem Missbrauch in pädagogischen Institutionen auflegte, wuchs die Zahl der wissenschaftlichen Arbeiten zu sexueller Gewalt in Kindheit und Jugend sprunghaft an. Diese Entwicklung führte viele junge und teilweise unerfahrene Wissenschaftler*innen an ein als belastend erlebtes Thema heran. Cornelia Helfferich und Barbara Kavemann nahmen diese Entwicklung zum Anlass, gemeinsam mit Heinz Kindler das „Forschungsmanual Gewalt“ herauszugeben. Es vermittelt Grundlagen der empirischen Erhebung im Feld der Forschung zu Gewalt in Paarbeziehungen und zu sexueller Gewalt und thematisiert zentrale forschungsethische Fragen. Der Beitrag von Frederic Vobbe und Katharina Kärgel in dem vorliegenden Band greift dieses Thema auf.

Das SoFFI F. beteiligte sich – z. T. in Kooperation mit dem Deutschen Jugendinstitut – an der Förderlinie mit mehreren Untersuchungen zu benachteiligten Jugendlichen, eine Arbeit, die aktuell weitergeführt wird und wertvolle Hinweise für die pädagogische Praxis im Spannungsfeld von Gewaltprävention und Sexualpädagogik gegeben hat. Hervorzuheben sind z.B. die Entwicklung von unterschiedlichen Mustern der Prävention von Re-Viktimisierung nach sexuellem Missbrauch und die Konzeptionierung eines innovativen Präventionskonzepts bei sexuellen Übergriffen unter Jugendlichen, das an der

Dynamik von Gruppen Jugendlicher ansetzt und theaterpädagogische Elemente einbezieht (Helfferich et al. 2021; Helfferich et al. 2019). Daniel Doll setzt sich in seinem Beitrag zu digitaler Gewalt unter Jugendlichen mit einer aktuellen Seite der Diskussion auseinander.

*Forschung, die zu gesellschaftlichem Wandel beiträgt, braucht Orte, an denen sie sich wissenschaftlich verankert, und Personen, die sie inhaltlich gestalten, vorantreiben und sich für anwendungsbezogenen Ergebnistransfer einsetzen. Das SoFFI F. ist solch ein Ort und wäre nie zu denken gewesen ohne die Gründerin und langjährige Leiterin des Instituts Cornelia Helfferich. Ihre Leidenschaft sowohl für quantitative als auch qualitative Forschung verband sie in einem Forschungsprogramm, in dem die praktische Relevanz und Implikation des empirisch Entdeckten stets mitreflektiert wurde. Ihr Werk steht für eine Soziologie, die die Praxis gestalten kann. Sie hat viele ihrer Wegbegleiter*innen, die Wissenschaft sowie die Praxis geprägt. Uns, die Herausgeberinnen und Herausgeber des Bandes, verbindet mit Cornelia Helfferich eine teilweise jahrzehntelange Zusammenarbeit. Einige von uns wurden von ihr besonders in Hinblick auf qualitative Methoden ausgebildet. Mit ihrer Freude an der Forschung, ihrer Klugheit und Kreativität war sie für uns eine prägende Persönlichkeit. Wir sind dankbar für all das, was wir von ihr lernen konnten und für die gemeinsame Zeit.*

Die Beiträge im Überblick

Im ersten thematischen Teil des Bandes liegt der Fokus auf sozialwissenschaftlichen Forschungsmethoden.

Gabriele Lucius-Hoene widmet sich in ihrem Beitrag den Interaktionen, die bereits vor Beginn der Interviewsituation bzw. direkt auf die Erzählaufforderung folgend zwischen Interviewer*in und Interviewpartner*in stattfinden. Anhand von beispielhaften Einstiegspassagen stellt sie die Positionierungen der beteiligten Personen dar und zeigt die Relevanz der Analyse auch dieser Situationen auf.

Heiko Löwenstein leistet in seinem Beitrag einen Überblick über aktuelle Diskussionen der qualitativen Agency-Analyse. Neben praktischen methodischen Implikationen für eine qualitative Agency-Analyse, diskutiert er methodologische Perspektiven sowie die Grenzen theoretischer Bestimmbarkeit von Agency im Rahmen eines qualitativ-rekonstruktiven Vorgehens.

Der Beitrag von Peter Caspari setzt sich mit der mikrosprachlichen, hermeneutischen Auswertung von Interviews zum Thema sexualisierte Gewalt auseinander. Im Mittelpunkt steht die Frage, wie Eigenschaften qualitativer Interviews, besonders die Freiheit zu Fragen ohne darauffolgenden Handlungszwang, für das pädagogische Handeln von Fachkräften nutzbar gemacht werden kann.

Wolfgang Eßbach erinnert in seinem Beitrag an die Anfänge und historischen Grundlagen der Feldforschung. Er beschreibt vier Typen von Forschenden, die die Ethnologie, Volkskunde und Soziologie geprägt haben. In der Vergangenheit brachen sie mit unterschiedlichen Motiven zu ihrer Forschung auf, heute vermischen die unterschiedlichen Typen sich stärker, haben aber noch immer einen großen Einfluss auf alle Fächer der qualitativen Sozial- und Kulturforschung.

Zwei weitere Beiträge widmen sich der Verknüpfung von qualitativen und quantitativen Forschungsmethoden. Daniel Gredig, Sibylle Nideröst und Anne Parpan-Blaser befassen sich mit Mixed-Methods-Forschung im Rahmen eines zurückliegenden Forschungsprojekts zur Bedeutung somatischer Kulturen für das HIV-Schutzverhalten von Männern. Sie zeichnen den Weg von einer qualitativen Typologie zu einem Index nach, der standardisierte Erfassung und kategoriale Einordnung zu einem Typ ermöglicht.

Heinz Kindler gibt einen Überblick über die Mixed Methods Bewegung und diskutiert das Verhältnis von qualitativen und quantitativen Methoden im Kontext von Forschung zu Gewalt in Kindheit und Jugend.

Frederic Vobbe und Katharina Kärgel beschäftigen sich mit der forschungsethischen Herausforderung der eigenen Betroffenheit von Forschenden, die partizipativ zum Thema sexualisierte Gewalt in Kindheit und Jugend arbeiten. Sie thematisieren das Dilemma zwischen der Tabuisierung eigener Betroffenheit von Forschenden und den Belastungen, die im Rahmen der Forschungsarbeit entstehen können, und beschreiben beispielhaft Herausforderungen, die daraus resultieren können.

Im Mittelpunkt des Beitrags von Anja Henningsen, Meike Kampert und Veronika Winter steht partizipative Forschung mit Jugendlichen, die in vier Feldern der Jugendarbeit durchgeführt wurde mit dem Ziel, die Perspektive von Jugendlichen auf die Weiterentwicklung von Schutzkonzepten zu erfassen. Die Zusammenarbeit zwischen Forscher*innen und Peer-Researcher*innen wird veranschaulicht und der Forschungsprozess in seinen Herausforderungen und Besonderheiten reflektiert.

Den Abschluss dieses ersten Teils bildet der Beitrag von Carol Hagemann-White, in dem sie sich auf Englisch und Deutsch mit dem Begriff der Intersektionalität befasst. Sie führt theoretische Zugänge und die sie kennzeichnenden Unterschiede aus und setzt sich mit alternativen Begrifflichkeiten auseinander sowie damit, wer diese prägt und wie sie auch außerhalb des wissenschaftlichen Diskurses verwendet werden können.

Der zweite thematische Teil des Bandes präsentiert Beiträge aus der Gewaltforschung.

Barbara Kavemann, Adrian Etzel und Bianca Nagel suchen im Rahmen eines Forschungsprojekts nach „Wegen zu mehr Gerechtigkeit nach sexueller

Gewalt in Kindheit und Jugend". Sie diskutieren, wie das Konzept der epistemischen Ungerechtigkeit von Miranda Fricker für das Verständnis der Langzeitfolgen erlebter sexueller Gewalt genutzt werden kann, um Lösungen für strukturell verankerte Ungerechtigkeit zu finden.

Der Konflikt zwischen staatlichem Recht und Kirchenrecht, der die Aufarbeitung von sexualisierter Gewalt in der katholischen Kirche erschwert, ist das Thema des Beitrags von Stephan Rixen, der aus rechtswissenschaftlicher Perspektive Überlegungen zur Prävention und Verantwortungsübernahme vorstellt.

Das hochaktuelle Thema der sexuellen Übergriffe unter Jugendlichen in digitalen Medien bearbeitet der Beitrag von Daniel Doll. Angesichts einer in Gruppendiskussionen mit Jugendlichen postulierten Gleichberechtigung der Geschlechter analysiert er anhand der leitenden Begriffe Vertrauen und Schuld eine Reproduktion von Ungleichheit innerhalb der Diskussion und zieht Schlüsse für wirksame und vor allem empirisch fundierte Prävention.

Eine Leerstelle in der Forschung zu sexualisierter Gewalt thematisieren Malte Täubrich, Mart Busche, Jutta Hartmann und Bernard Könnecke: Sexualisierte Gewalt gegen trans*, inter* und nicht-binäre Menschen. Die Autor*innen geben einen Überblick über die Forschung, betonen die Bedeutung einer geschlechterreflektierten Gewaltforschung und die ethische Verpflichtung der Wissenschaft, die Datenlage zu verbessern.

Viktimisierungserfahrungen von Fachkräften der Sozialen Arbeit werden im Beitrag von Isolde Geissler-Frank, Katrin Toens und Mareike Ochs einer professionstheoretischen Reflexion unterzogen. Eine berufsethische Positionierung, die sich ausschließlich am Wohl der Klient*innen orientiert wird hinterfragt und in einer geschlechtersensiblen Analyse die Verantwortung von Leitungsebene und Ausbildungsinstitutionen eingefordert.

Die Beiträge des dritten thematischen Teils befassen sich mit den Themen Lebenslauf, Körper und Geschlecht.

Monika Götsch diskutiert die Aktualität der Ergebnisse der Dissertation „Jugend, Körper und Geschlecht" Cornelia Helfferichs aus dem Jahr 1994 anhand eigener Daten zur heteronormativen Sozialisation von Jugendlichen aus dem Jahr 2014.

Der darauffolgende Beitrag befasst sich mit der besonderen Situation von Frauen in psychischen Krisen. Silvia Krumm betrachtet die psychiatrische Versorgung aus einer geschlechtersensiblen Perspektive anhand von zwei beispielhaften Themen: der Berücksichtigung von Gewalterfahrungen sowie der reproduktiven Biografie von Frauen und zeigt Lücken und Bedarfe im Unterstützungssystem auf.

Dominik Gerstner präsentiert Ergebnisse aus der Studie „frauen leben 3", in der er unter der Leitung von Cornelia Helfferich mitarbeitete. Der Beitrag befasst sich mit der ersten Reaktion auf nicht intendierte Schwangerschaften und zeigt Faktoren auf, die diese Reaktion beeinflussen.

Der Beitrag von Klaus Fröhlich-Gildhoff fokussiert auf das Generationenverhältnis und thematisiert die Bedeutung einer guten Großeltern-Enkel*innen-Beziehung mit ihren Herausforderungen und Chancen aus einer persönlichen Perspektive.

Thomas Klie und Hartmut Remmers befassen sich mit Care-Arbeit im aktuellen Bezug auf die Coronavirus-Pandemie. Sie geben einen Überblick über das Geschehene und ordnen die aktuelle und historische Analyse in die gesundheits- und pflegepolitische Debatte ein.

Auch Jörg M. Fegert beschreibt in seinem Beitrag Herausforderungen im Kontext der Coronavirus-Pandemie. Er diskutiert die Definitionen von „Familie" und „Haushalt" aus einer fachlichen Perspektive als Kinder- und Jugendpsychiater und Psychotherapeut aber auch vor dem Hintergrund persönlicher Erfahrungen während des ersten Lockdowns.

Der Beitrag von Thomas Meysen befasst sich mit Gerichtsurteilen in Familienkonflikten, in denen Richter*innen in der Entscheidung auf ihre persönliche Einschätzung angewiesen sind. Er betrachtet sorge- und umgangsrechtliche Entscheidungen mit Bezug zum Wechselmodell und plädiert für eine qualitativ inhaltsanalytische Analyse der Argumentation in gerichtlichen Entscheidungen.

Den Abschluss des dritten Teils bildet der Beitrag von Birgit Schweikert. Sie diskutiert den aktuellen Stand von Gleichstellung in unterschiedlichen gesellschaftlichen Feldern und zeigt auf, in welchen Bereichen weiter dringender Handlungsbedarf besteht.

Literatur

Doll, Daniel/ Quinten, Johanna/ Kavemann, Barbara & Helfferich, Cornelia (2021): Jugendliche stark machen für Schutz vor sexuellen Übergriffen in ihrem sozialen Umfeld – Konzept für einen Präventionsworkshop mit theaterpädagogischen Elementen. (Sozialwissenschaftliches Forschungsinstitut zu Geschlechterfragen im FIVE e.V. Freiburg, Hrsg.). Freiburg. Verfügbar unter: http://soffi-f.de/files/SPPAS_Praeventionsworkshop_zum_Schutz_von_Jugendlichen_vor_sexuellen_Uebergriffen.pdf [Zugriff: 25.11.2021]

Hahn, Michael & Helfferich, Cornelia (2007): Gender-Fragen in männlich dominierten Organisationen. Erfahrungen mit der Fortbildung „partnerschaftlich handeln" bei der Bundeswehr (Schriftenr.). Köln: BZgA. Verfügbar unter: https://repository.publisso.de/resource/frl:2808250-1/data [Zugriff: 25.11.2021]

Helfferich, Cornelia (1994): Jugend, Körper und Geschlecht. Die Suche nach sexueller Identität. Opladen: Leske & Budrich.

Helfferich, Cornelia (2007): Männlichkeit in sexuellen und familialen Beziehungen: Differenz, Dominanz und Gemeinschaftlichkeit. In: Bereswill, M./ Meuser, M. &

Scholz, S. (Hrsg.): Dimensionen der Kategorie Geschlecht: Der Fall Männlichkeit. Münster: Westfälisches Dampfboot, S. 206–222.

Helfferich, Cornelia (2010): Geschlechterbeziehungen, Lebenslauf und private Lebensformen. Zur Grundlegung der Familiensoziologie. Köln: Rüdiger Köppe Verlag.

Helfferich, Cornelia (2011): Die Qualität qualitativer Daten. Wiesbaden: VS Verlag für Sozialwissenschaften.

Helfferich, Cornelia (2012): Nicht nur kleine Machos: Männlichkeiten und Herstellung von Überlegenheit bei 13- bis 15 Jährigen Hauptschülern. In: Fenske, U. & Schuhen, G. (Hrsg.): Ambivalente Männlichkeit(en). Maskulinitätsdiskurse aus interdisziplinärer Perspektive. Opladen, Berlin & Toronto: Verlag Barbara Budrich, S. 61–81.

Helfferich, Cornelia (2017): Familie und Geschlecht. Eine neue Grundlegung der Familiensoziologie. Opladen & Toronto: Verlag Barbara Budrich.

Helfferich, Cornelia (2019): Rekonstruktive Agency-Analyse in der Forschung zu Leaving Care: Methodologischer Hintergrund, praktisches Vorgehen und ergiebige Fragestellungen. In: Karl, U./ Göbel, S./ Lunz, M./ Peters, U. & Zeller, M. (Hrsg.): Wege junger Menschen aus Heimen und Pflegefamilien. Agency in schwierigen Übergängen. Weinheim und Basel: Beltz Juventa, S. 50–65.

Helfferich, Cornelia/ Doll, Daniel/ Feldmann, Jasmin & Kavemann, Barbara (2021): Sexuelle Übergriffe unter Jugendlichen als Frage von Macht, Geschlecht und sozialer Einbindung in Gruppen – eine qualitative Rekonstruktion. In: Zeitschrift für Soziologie der Erziehung und Sozialisation 41, 1, 73–89.

Helfferich, Cornelia/ Kavemann, Barbara/ Kindler, Heinz/ Nagel, Bianca & Schürmann-Ebenfeld, Silvia (2019): Re-Viktimisierung nach sexuellem Missbrauch in einer Hochrisikogruppe Ergebnisse einer Mixed Methods Studie bei Mädchen und jungen Frauen in stationären Einrichtungen der Jugendhilfe. In: Wazlawik, M./ Voß, H.-J./ Retkowski, A./ Henningsen, A. & Dekker, A. (Hrsg.): Sexuelle Gewalt gegen Kinder in pädagogischen Kontexten. Wiesbaden: Springer VS Verlag für Sozialwissenschaften, S. 55–69.

Lucius-Hoene, Gabriele & Deppermann, Arnulf (2002): Rekonstruktion narrativer Identität. Ein Arbeitsbuch zur Analyse narrativer Interviews. Wiesbaden: VS Verlag für Sozialwissenschaften.

Schütz, Alfred & Luckmann, Thomas (2003): Strukturen der Lebenswelt. Konstanz: UVK Verlagsgesellschaft mbH.

Trotha, Trutz von (2007): Mitteilungen Helge Pross-Preis 2007 der Universität Siegen an Cornelia Helfferich. In: Zeitschrift für Soziologie 36, 5, S. 406–407.

Trotha, Trutz von (2010): Vorwort. In: Helfferich, C. (Hrsg.): Geschlechterbeziehungen, Lebenslauf und private Lebensformen. Zur Grundlegung der Familiensoziologie. Köln: Rüdiger Köppe Verlag, S. 5-8.

Forschungsmethoden

„… und jedem Anfang wohnt ein Zauber inne“: Erzählanfänge in narrativen Interviews

Gabriele Lucius-Hoene

1 Der Beginn eines narrativen Interviews: Übergang zwischen informeller Kommunikation und Datenerhebung

Narrative Interviews sind als Geschichten nicht nur „data with a soul“ (Brown 2010), sondern auch ein Stück gelebtes Leben für die erzählende wie für die zuhörende Person. Innerhalb des methodisch vorgegebenen Rahmens eines narrativen Interviews mit seinen spezifizierten Etappen, die ausführlich in der Literatur beschrieben sind (Schütze 1983; Küsters 2009), spielen sich intensive Beziehungsgeschichten ab: die aufkeimende Beziehung zwischen interviewender und erzählender Person, die einander im Allgemeinen kaum kennen, aber auch die emergierende Beziehung der Erzählerin zu ihrer eigenen Lebensgeschichte und zu sich als Person vor dem Hintergrund ihrer Erinnerungen, die oft für sie selbst überraschende Wendungen nehmen können. Helfferich (2011) arbeitet differenziert diese Dynamiken und ihre Vorgaben für die Vorbereitung, die Erarbeitung der Leitfäden und die Gestaltung des Interviews heraus.

Der vorliegende Beitrag widmet sich besonders der Phase vor dem Interview und unmittelbar zu Beginn nach Einführung der Erzählaufforderung und möchte ihre Besonderheiten und ihre speziellen Erkenntnismöglichkeiten herausarbeiten.

Noch bevor die methodischen Restriktionen der Interviewtechnik greifen, findet zwischen Interviewerin[1] und interviewter Person ja schon „Beziehungsarbeit“ statt. Mit Kontaktaufnahme und persönlicher Vorstellung, der Wahl des Ortes und der Gestaltung des Raumes, dem Austausch der Einverständnisformulare und dem informellen Small Talk haben die Gesprächspartnerinnen Gelegenheit und Raum, sich als Personen darzustellen. Schon diese Präliminarien verlangen vom Erzähler, dass er sich als Person zu der Situation, der Interviewerin und der Erzählaufgabe stellt, und es ist kaum von der Hand zu weisen,

1 Die beteiligten Personen werden wahlweise in männlicher oder in weiblicher Form aufgeführt.

dass die Entwicklung dieser Beziehungen auch auf die Erzählung selbst Einfluss hat.

Um die Erzählaufforderung herum spielen sich Klärungen und Aushandlungen ab. Die Interviewerin erläutert noch einmal den Hintergrund ihrer Arbeit, wie sie die Aufgabe verstanden sehen will und wie sie vorzugehen beabsichtigt; sie kann ermutigen, Unsicherheiten aufgreifen und ihrer Gesprächspartnerin eine Rolle anbieten, z.B. als Zeitzeugin oder als Expertin für eine Erfahrung. Die interviewte Person kann Fragen stellen, ihre Zweifel zum Ausdruck bringen, ihre Grenzen aufzeigen, Sinn und Zweck hinterfragen oder die eigene Kompetenz einschränken. Sie kann aufzeigen, wie sie selbst sich gegenüber dieser Aufgabe sieht: kooperativ oder eigenwillig, als ältere oder jüngere, erfahrenere oder ahnungslose Person, als jemand, der mit seiner Geschichte ein Geschenk macht oder dankbar ist für die Möglichkeit, zu Wort zu kommen.

Ein markanter Einschnitt in die Situation mit einem Wechsel des Rahmens erfolgt in dem Moment, in dem das Aufnahmegerät eingeschaltet wird. Nun wird es ernst: aus Alltagskommunikation wird eine wissenschaftliche Datenerhebung.

Mit der Ratifizierung, also dem Eingehen auf die Erzählaufforderung, muss sich die erzählende Person festlegen, wie sie sich einführen und für sich einen Rahmen aufspannen möchte. In diesem Moment muss sie aus quasi unendlich vielen Möglichkeiten des Anfangens und der Einführung ihres erzählten Selbst auswählen, einen zeitlichen und örtlichen Startpunkt setzen und sich auf der Bühne ihrer Lebensgeschichte auftreten lassen. Je offener und unspezifischer die Erzählaufforderung ist, desto größer kann der Entscheidungsdruck werden. Für die meisten Menschen ist diese Aufgabe neu; sie haben keine Vorlage dafür und keine Erfahrung mit dieser Situation. Wer als Forscherin Erfahrungen im Interviewen mit offenen Erzählaufforderungen hat, weiß, wie dies manche Erzähler erst einmal lähmt, verunsichert und stumm macht. Andere dagegen scheinen völlig unbefangen ihre Lebensgeschichte bereits auf Lager zu haben und legen los.

2 Der Interviewbeginn als Ort besonderer Positionierungsleistungen

Einen analytischen Zugang zu den Aktivitäten rund um Beziehungsaufbau und anfängliche Selbstdarstellung finden wir, wenn wir diese Interaktionen zu Beginn des Interviews, die idealerweise auf Tonträger aufgezeichnet sind, als Positionierungsleistungen und damit als Identitätsarbeit begreifen (Deppermann 2013, 2015; Lucius-Hoene & Deppermann 2004: 196–212). Positionierungen lassen sich verstehen als die Art und Weise, wie Personen sich in Interaktionen selbst darstellen und gleichzeitig herstellen, indem sie Attribute, Eigenschaften, Rollen für sich in Anspruch nehmen und in ihren kommunikativen Handlungen vollziehen und präsentieren. Mit ihren Selbstpositionierungen weisen sie auch den Interaktionspartnern komplementäre Rollen zu und können sich wiederum auf deren Positionierungsaktivitäten beziehen, sie annehmen oder ablehnen und neu definieren. Positionierungen lassen sich mit einer gesprächs- und narrationsanalytischen Bearbeitung des transkribierten Textes über die jeweiligen sprachlichen Realisierungen herausarbeiten (Lucius-Hoene & Deppermann 2004: 196–212; Deppermann 2015; Lucius-Hoene 2020: 629–647) und verlangen intensive, kleinflächige Interpretation am sprachlichen Detail.

3 Das erzählende Selbst positioniert sich zu Situation und Interviewaufgabe

In den folgenden Beispielen 1 bis 3 nehmen die interviewten Personen ganz unterschiedliche Haltungen zur Erzählaufgabe ein und konturieren sich damit als je besondere Persönlichkeiten.

Auf die lange und ausführliche Einweisung der Interviewerin reagiert Anna mit einer Abgrenzung (Z. 12, Z. 14–17). Sie macht deutlich, dass sie die Wünsche der Interviewerin zwar zur Kenntnis genommen hat, diesen aber nicht unbedingt nachkommen wird und sich vorbehält, darauf einzugehen oder auch nicht. Auch mit ihrer Nachfrage (Z. 20), ihrem Kommentar zur Aufgabe (Z. 22) und ihrer Ratifizierung („Tja, also gut") deutet sie eine kritische Distanz an. Sie ist bereit mitzumachen, vermittelt aber, dass die Interviewerin damit rechnen muss, dass sie ihre eigene Agenda hat.

Karim zeigt mit seinem Lachen an, dass er über den großen Anspruch der Interviewfrage amüsiert ist, und spielt ihn weiter ins Komisch-Groteske (Z. 06). Damit gelingt es ihm sowohl, seinen spontanen und cleveren Witz zu zeigen, als auch die Interviewerin zu unterhalten und die Situation zu entspannen. Sie geht ebenfalls belustigt auf seine Vorgabe ein. Danach schwenkt er um, wird ernst und beginnt sofort mit seinen Überlegungen zur Erzählaufgabe. Damit positioniert er sich als souveräner und humorvoller, aber auch als kooperativer Interviewpartner.

Auch Regine baut in ihrer Reaktion auf die Erzählaufforderung eine eigene und souveräne Position auf. Sie lobt das Unternehmen des Interviews ausführlich (Z. 05–08) und zeigt mit diesem Lob, dass sie sich ein Urteil erlauben, gewissermaßen eine Note verteilen kann. Auch in den folgenden Zeilen (Z. 09–16) vermittelt sie, dass sie nicht einfach nur auf die Aufforderung reagiert, sondern ihre eigene Sicht darauf hat: Sie hat nachgedacht (Z. 09), die

Frage vertieft und ist in eine biografische Reflexion eingestiegen. Mit dem Einbringen des Begriffs „Biografiearbeit“ und der Frage „wo komm ich her“ macht sie verständlich, dass sie das Interview in einen größeren Kontext (den Komplex Biografiearbeit) einordnen und sich auch fachlich mit der Interviewerin auf Augenhöhe positionieren kann. Gleichzeitig deutet sie an, dass sie sich dieser Aufgabe mit persönlichem Interesse und Hingabe widmen wird: Sie ist als Interviewte nicht einfach nur Schachfigur der wissenschaftlichen Neugier, sondern selbstständige Mitspielerin.

3.1 Beispiel 1: Anna: „... ob ich dir die beantworte, weiß ich aber auch noch nicht so genau“

Int	also ich werde dich jetzt gleich bitten mir deine Lebensgeschichte zu erzählen also all die Dinge die für dich wichtig sind und wichtig waren in deinem Leben ähm ich werd dabei hauptsächlich zuhören ich werd keine Fragen stellen ich werd versuchen dich nicht in deinem Erzählfluss zu unterbrechen und werd wenn ich Fragen hab mir die aufschreiben und möchte die dir dann stellen wenn du mit deiner Erzählung so weit bist ähm ja dann hab ich noch so drei drei andere Fragen die ich dir
Erz	ja die hast du mir ja schon gesagt
Int	genau, was ich dir
Erz	ob ich dir die beantworte weiß ich aber auch noch nicht so genau (lachend) deswegen wärs vielleicht interessanter gewesen meinen Lebenslauf mitzubringen dann bräucht ich nicht so viel zu erzählen
Int	okay ja also ich werde hauptsächlich hier sitzen und zuhören und werde versuchen dir zu folgen
Erz	was soll ich denn, wo soll ich denn anfangen eigentlich?
Int	das bleibt dir überlassen
Erz	he der Anfang wird wahrscheinlich das Schwierigste von allem.
Int	du kannst du kannst ähm als kleines Kind anfangen du kannst später anfangen, das ist deine Art es zu erzählen
Erz	Tja, also gut (lacht) von meiner als kleines Kind von mir hab ich eigentlich kaum Erinnerungen weil ja die Zeit ist eigentlich nicht da

3.2 Beispiel 2: Karim: „… vom Eisprung her hahaha“

01	Int	und ähm da ist meine Frage an dich
02		wie in deinem Leben so alles verlaufen ist
03		wie du zu der Person geworden bist
04	Erz	hahaha
05	Int	die du heute bist
06	Erz	vom Eisprung her aus oder hahaha
07	Int	(belustigt) ja wenn du da anfangen möchtest gerne
08	Erz	naja das kann ich natürlich nicht
09		Das letzte an das ich mich erinnern kann
10		da war ich glaub ich vier Jahre alt

3.3 Beispiel 3: Regine: „… toll, kostenlose Biografiearbeit“

01	Int	und ich würd dich bitten von deinem Leben zu erzählen
02		so wie alles gekommen ist
03		vielleicht so früh wie du anfangen magst
04		wie du dich erinnerst
05	Erz	das ist irgendwie toll, kostenlose Biographiearbeit hier
06		(lachend) ja (-) ja> ja- ich fand das auch schön
07		dass sich jemand für mein Engagement interessiert,
08		(lachend) fand ich echt ne tolle idee
09		ähm ja und ich hab natürlich schon vorher nachgedacht;
10		weil ich ja auch schon so ne lange Geschichte hab;
11		ähm: und das war noch mal so‘n Anlass jetzt
12		deine Interviewanfrage auch;
13		die Gegenwart so‘n bisschen zu vergleichen
14		wo komm ich her?
15		äh und deswegen erzähl ich das auch gerne
16		weil ähm ich komm ja aus‘m Osten

In diesen kurzen Interaktionen vor der Ratifizierung der Erzählaufgabe werden also bereits Rollen und Positionen, Ansprüche, Kompetenzen und Agenden ausgehandelt. Gegenüber der Interviewerin kann für den Erzähler von Bedeutung sein:

- die persönliche Beziehung von Mensch zu Mensch;
- Macht, Dominanz und Agentivität, d.h. das Einbringen und Demonstrieren unabhängiger Handlungsmacht;
- Engagement und Kooperationsbereitschaft;
- die Haltung gegenüber der Forschungsfrage und -aufgabe;
- die Bereitschaft, die Aufgabe zu erfüllen, vs. eine kreative Distanz und den Anspruch auf eigene Ausgestaltung;

- die Einforderung der Anerkennung des eigenen Sozial- oder Expertenstatus
- und viele andere Themen mehr.

4 Der Auftritt des erzählten Selbst

In dem Moment, in dem die Geschichte beginnt, wechselt die kommunikative Aufgabe. Aus der dialogischen Begegnung heraus muss die Erzählerin sich mit ihren biografischen Erinnerungen konfrontieren und sie in Sprache bringen, aus dem Hier und Jetzt in das Damals und Dort überwechseln. Die entscheidende Aufgabe ist dabei, sich als erzähltes Selbst, als Protagonistin der Geschichte sprachlich einzuführen. Dies ist ein kritischer Moment, der Entscheidungen und manchmal auch etwas „Geburtshilfe" von Seiten des Interviewers verlangt (Beispiel 1, Z. 23–24).

Der „Auftritt" des erzählten Selbst kann über eher konventionelle oder „kanonische" Elemente gestaltet werden, z.B. über „offizielle" Daten wie Namen, Tag und Ort der Geburt, das Aufzählen der Geschwister, die Berufe der Eltern oder die Schulstationen (siehe folgendes Beispiel 4). Diese Daten sind im Allgemeinen leicht verfügbar und können den Einstieg erleichtern. Wenn damit die Einführung gelungen ist, kann sich langsam eine persönliche Perspektive entwickeln.

4.1 Beispiel 4: Walburga: „... also ich bin die Zopf Walburga"

01	Int	und ich fänd's schön
02		wenn sie einfach von ihrem Leben erzählen würden.
03	Erz	h=hm
04	Int	ähm ja dass sie sich Zeit lassen und vielleicht da anfangen
05		bis Sie bis wohin Sie sich erinnern können.
06	Erz	Mhm
07	Int	Ja?
08	Erz	Mhm also äh also ich bin die Zopf Walburga
09		und wir waren sechs Geschwister, fünf Brüder und eine Schwester
10	Int	a ja
11	Erz	und ich bin die Jüngste
12		und ich hab eine sehr schöne Kindheit gehabt
13		also wir haben ein sehr gutes Familienverhältnis, das ist sehr gut,
14	Int	h=hm
15	Erz	Ähm, ja,
16		also ich hab Primarschule gmacht, neun Jahre,
17		ich hab aber keine Lehre gemacht, bin einfach schaffen gegangen.

Walburga wählt gewissermaßen als Eisbrecher ihre Einreihung in die Geschwisterposition als Einstieg (Z. 09 und 11). Sofort danach gibt sie aber schon zwei recht globale Evaluationen in ihrer Lebensgeschichte ab: die Betonung der „sehr schöne[n] Kindheit“ (Z. 12) und des „sehr gute[n] Familienverhältnis[es] (Z. 13). Damit ist dieser Teil ihrer Biografie schon gewissermaßen abgehakt und bietet erst einmal keinen Anlass für Hinterfragungen; sie geht sofort auf ihren Einstieg in die Erwachsenenwelt über (Z. 17).

Andere Erzählerinnen und Erzähler konturieren sich sofort mit persönlichen Besonderheiten. Sie arbeiten das Einmalige und Spezifische ihrer Person oder ihres Hintergrunds heraus. Wie z.B. bei manchen der hundertjährigen Erzählerinnen und Erzähler in der Untersuchung von Wohlfarth (2012: 159ff.) kann ein weiter Rahmen als Ursprung der eigenen Person aufgespannt werden: „die Landschaft, die mich prägte“, „die religiösen Spannungen in meiner Familie seit dem Kirchenkampf“, „die unglückliche Geschichte meiner Mutter, die von einem Kerl reingelegt wurde“.

4.2 Beispiel 5: Marianne: „... gleich ins Heim gekommen“

01	Erz	also meine geschichte fängt eigentlich so an, indem ich geboren
02		worden bin
03		gleich ins heim gekommen bin, zur adoption freigegeben worden bin
04	Int	mhm
05	Erz	von meiner mutter
06	Int	mhm mhm
07	Erz	das sollte ich <<lachend> schon noch erwähnen, ne
08		und ja und dann auch öfters der versuch unternommen worden ist
09		mich zu adoptieren meine Mutter aber, das war damals noch möglich
10		die adoption wieder zurückgezogen hat

Mariannes Einstieg mit der Tatsache ihrer Geburt baut nicht nur auf diesem einfachen Datum auf, sondern weist sie bereits als tragische gesamtbiografische Problemlage aus: Mit ihrem Auf-die-Welt-Kommen wird ihr eine Familie verweigert und ihre Mutter hintertreibt sogar jede Chance, dass ihr eine solche gegeben werden kann: Für sie bleibt nur das Heim.

Agathe verwebt drei Motive in ihrem Einstieg: ihr Leben als Einzelkind, den Zeitpunkt ihrer Geburt als ein weltgeschichtlich hochbedeutsames Ereignis und die Tatsache, dass ihre Eltern sehnlichst auf sie gewartet hatten. Nur dieses letzte Motiv, ihre Person als „großes Ereignis“ (Z. 05), führt sie bei ihrer Einführung weiter aus: Sie hatte es „entsprechend schön“, das ist „natürlich“ (Z. 06) „klar“ (ebd.), die logische Konsequenz ihres Ersehntseins.

4.3 Beispiel 6: Agathe: „… das ersehnte Kind meiner Eltern“

01	Erz	tja…also ich bin als Einzelkind aufgewachsen
02		1939 geboren auch bei Kriegsbeginn im Herbst 39
03		und war das ersehnte Kind meiner Eltern
04		die also 10 Jahre auf ihr Kind gewartet haben
05		und das war natürlich für die Eltern das große Ereignis
06		des is klar
07		ich hatte es entsprechend schön…

4.4: Beispiel 7 Johanna: „… alles fängt wahrscheinlich mit meiner Geburt an“

01	Int	also, wie bist du zu dieser Frau geworden, die jetzt hier sitzt.
02	Erz	ok, gut. also ähm alles fängt wahrscheinlich mit meiner Geburt an
03		ich bin ein Einzelkind
04		und ich bin mit einer Lippenspalte geboren worden
05		das heißt, dass meine Oberlippe nicht zusammengewachsen war.
06		also danach musste ich ähm nach meiner Geburt musste ich in die
07		Uniklinik
08		und musste da noch genäht werden
09		ich war auch ziemlich lang von meiner Mutter getrennt
10		aber mein Papa war für mich da

Johanna mutmaßt, dass „alles“ – wir können vermuten, dass sie ihre biografische Entwicklung meint – mit der Lippenspalte zusammenhänge, eine schicksalhafte Belastung. Diese war für sie mit erheblichen Konsequenzen verbunden: Sie musste in die Uniklinik, dort genäht werden, wurde von ihrer Mutter getrennt – alles belastende Faktoren, denen sie aber als Positives entgegensetzen kann, dass ihr Vater für sie da gewesen sei.

So können in der ersten Vorstellung der eigenen Person auch Zeichen, Schicksalskonstellationen oder Omen angelegt sein, die bereits auf die gesamte Lebensgeschichte verweisen, wie z.B. Hermann berichtet: „Ich wurde an einem Trauertag, an Allerheiligen, geboren, und dieses Datum hat mich mein Leben lang begleitet: An Allerheiligen kam meine Frau bei einem Terroranschlag ums Leben“.

Die Textanalyse dieser Anfangspassagen stützt sich auf die Arbeit an der Frage, *was* es bedeutet und für Folgeerwartungen aufwirft, dass die Erzählerinnen genau *das* an *dieser* Stelle mit *diesen* Formulierungen relevant machen, d.h. als Thema einbringen (Lucius-Hoene & Deppermann 2004: 177–195). Der Text muss „gegen den Strich gebürstet“ werden: Erst vor dem Hintergrund der Überlegung, dass die jeweilige Einführung des erzählten Selbst auch ganz anders hätte stattfinden können, lässt sich die gewählte Positionierung – als Opfer der Mutter, als geliebtes Wunschkind, als lebenslang Leidtragende der körperlichen Fehlbildung – in ihrer Besonderheit herausarbeiten und als gewählte Folie für die biografische Gesamterzählung in ihrer Bedeutung würdigen.

5 Zusammenfassung

Zu Beginn eines narrativen Interviews, von der Etablierung der Erzählsituation bis hin zu dem Moment, in dem die autobiografische Erzählung in Gang gekommen ist, ist für die beteiligten Personen noch vieles offen und strukturiert sich erst nach und nach. Es ist eine labile Phase des Abtastens und des Suchens von Positionen im Erzählen der Geschichte wie in der erzählten Geschichte. Für die analytische Arbeit ist dies ein wichtiger Übergangsbereich, der es wert ist, besonders fokussiert und bearbeitet zu werden. Während sich die Rollen und Positionierungen der beiden Gesprächspartner einspielen, wenn die erzählende Person die Bühne für das Erscheinen des erzählten Selbst aufbaut und sich einen Einstieg auswählt, werden entscheidende Weichen sowohl für die Beziehung als auch für die biografische Gesamtgestaltung gestellt. Hier lassen sich erste Hinweise darauf erarbeiten, wie die Erzählerin sich zur Aufgabe und zu ihrer Biografie stellt, wie sie als Person verstanden werden möchte, welche Motive ihr Leben prägen und unter welchem Stern sie sich sieht.

Dementsprechend lohnt sich für die Einstiegspassagen immer eine akribische Textarbeit, selbst wenn sie zunächst eher unspektakulär wirken. Im Laufe der Textarbeit können entsprechende Fragen am voranschreitenden Interview überprüft werden wie:

- Warum so und nicht anders führt die erzählende Person sich in ihr Leben ein?
- Welche Bedeutung haben diese anfänglichen Positionierungen für das Gesamtinterview, die biografische Gesamtgestalt und die narrative Identität?
- Werden sie quasi als schicksalhaft beibehalten?
- Bleiben sie für die gesamte Biografie gültig oder verändern sie sich – und, wenn ja, warum? – im Laufe des erzählten Lebens?

Wie herausfordernd und wesentlich für das eigene Selbstverständnis diese Aufgabe des Beginnens eines narrativen Interviews ist, lässt sich leicht erahnen, wenn sich die Wissenschaftlerin selbst fragt: Wie würde ich denn meine Lebenserzählung beginnen? Und warum so und nicht anders?

Literatur

Brown, Brené (2010): The power of vulnerability. TED-Talk. https://www.ted.com/talks/brene_brown_the_power_of_vulnerability?language=en. [Zugriff 29.1.2021].

Deppermann, Arnulf (2013): Positioning in Interaction. In: Narrative Inquiry 23, 1, S. 1–15.

Deppermann, Arnulf (2015): Positioning. In: De Fina, A. & Georgakopoulou, G. (Hrsg.): Handbook of narrative analysis. New York: Wiley, S. 369–387.

Helfferich, Cornelia (2011): Die Qualität qualitativer Daten. Manual für die Durchführung qualitativer Interviews (4. Aufl.). Wiesbaden: Verlag für Sozialwissenschaften.

Kruse, Jan (2014): Qualitative Interviewforschung: Ein integrativer Ansatz. Weinheim: Beltz Juventa.

Küsters, Ivonne (2009): Narrative Interviews: Grundlagen und Anwendungen (2. Aufl.). Wiesbaden: Verlag für Sozialwissenschaften.

Lucius-Hoene, Gabriele (2020): Narrative Analysen. In: Mey, G. & Mruck, K. (Hrsg.): Handbuch Qualitative Forschung in der Psychologie. Band 2: Designs und Verfahren. Wiesbaden: Springer, S. 629–647.

Lucius-Hoene, Gabriele & Deppermann, Arnulf (2004): Rekonstruktion narrativer Identität (2. Aufl.). Wiesbaden: Verlag für Sozialwissenschaften.

Schütze, Fritz (1983): Biographieforschung und narratives Interview. In: Neue Praxis 13, S. 283–292.

Wengraf, Tom (2001): Qualitative research interviewing: Biography, narrative and semi-structured method. London: Sage.

Wohlfarth, Rainer (2012): Individuelle Wege des Alterns? Studie zur Konsistenz und Kohärenz der Identität im hohen Lebensalter und ihrer Bedeutung für die Gesundheitsförderung. Freiburg: Centaurus.

Agency rekonstruieren, Agency konzeptualisieren: Eine Skizze zum Stand der Agency-Analyse, zu methodologischen Perspektiven und zur theoretischen Bestimmbarkeit

Heiko Löwenstein

1 Einleitung

Die Agency-Analyse umfasst spezielle Heuristiken qualitativ-rekonstruktiver Forschung, um am Material auf die Frage zu fokussieren, „wer oder was handelt oder handeln und etwas bewirken kann. Dies wird je nach theoretischer Begründung der qualitativen Schulen unterschiedlich ausformuliert als Deutungsmuster, Wissen, Einstellung, Konstruktion, Theorie oder Repräsentation von Agency“ (Helfferich 2017: 276f.). Im vorliegenden Beitrag soll erstens eine Übersicht bewährter Heuristiken gegeben und zweitens das schwierige Verhältnis eines induktiven Vorgehens zu theoretischen Konzeptualisierungen diskutiert werden. Denn trotz des unerlässlichen Bemühens um eine rekonstruktive Grundhaltung, um Unvoreingenommenheit und um Offenheit muss Agency wie jeder „Forschungsgegenstand“ zumindest so weit bestimmt sein, dass angegeben werden kann, was mittels der Heuristiken „in dem (sprachlichen) Material der Interviewtexte gesucht werden soll und welcher erkenntnistheoretische Status dem Material zukommt“ (Helfferich 2011: 27). Während der Forschungsgegenstand im Vorfeld des empirischen Vorgehens zu bestimmen ist, schließt im Nachgang daran die ebenfalls theoretisch zu klärende Frage an, in welchem Verhältnis Agency, wie sie sprachlich konstruiert wird (und rekonstruiert werden kann), zu Agency im Sinne eines realisierten Handlungsvermögens von Akteur_innen in sozialen Kontexten steht.

Um der Rekonstruktion von Agency Ziel und Richtung zu geben und um Einordnung und Reichweite der Ergebnisse zu diskutieren, werden Anschlussstellen zu konkreten Konzepten (Habitus, Identität) und qualitativen Methodologien (Rekonstruktion narrativer Identität, Narrationsanalyse, Objektive Hermeneutik) aufgezeigt. In Gesamtschau dieser Ansätze wird Relationalität als grundsätzliche Denkfigur in der theoretischen Rahmung empirischer Agency-Analysen deutlich: Relationalität im Sinne einer relationalen Bestimmung sowohl von Agency als auch vom Agens, Relationalität bei der Thematisierung des Verhältnisses von konstruierter und realisierter Agency und Relationalität in Bezug auf die zeitliche Aufordnung biografischer Erfahrungen zu einer Sinnstruktur.

2 Was ist Agency? Was ist Agency-Analyse? Erste Hinweise, Implikationen und Differenzierungen

Agency sei begrifflich unklar und zu einer „Quelle von zunehmender […] Verwirrung“ geworden, so Emirbayer und Mische (2017: 138), da das Konzept „in sich widersprechender und überschneidender Weise verteidigt, angegriffen, begraben und wiederbelebt worden“ sei: z.B. als Fähigkeit zu intentionalem, vorausschauendem, selbstregulierendem und selbstreflexivem Handeln (Bandura 2006), als Handeln, das soziale Strukturen reproduzierend gebrauche und nicht notwendigerweise bewusst erfolgen müsse (Giddens 1997: 59f.), als Reaktion von Akteur_innen auf Problemstellungen, die sich mittels Bewusstseinsleistungen auch kreativ lösen ließen (Emirbayer & Mische 2017), oder auch als bloßer Mythos, den es sozialwissenschaftlich zu überwinden gelte (Fuchs 2001). Dass „der Begriff ‚Agency‘ […] mit den elementaren Fragen der Sozialwissenschaften verbunden [ist], wer mit wem was in welcher Weise macht/machen kann, wessen Wirkung wem […] zugerechnet werden kann und was in der Macht des Einzelnen steht“ (Helfferich 2012b: 10), kann als ursächlich für diese begriffliche Uneinheitlichkeit betrachtet werden, lässt es zugleich aber auch unmöglich erscheinen, auf ihn verzichten zu können.

Zum Umgang mit dieser „unendliche[n] Vielfalt von Formen, die Agency annehmen kann“, sei die Agency-Analyse als rekonstruktives Vorgehen dank ihrer „radikal[en]“ Offenheit besonders geeignet, da konkretere Annahmen erst ausgehend von dem Material entwickelt werden, so die erste von vier Implikationen der (mikro-)sprachlichen Analyse von Agency nach Helfferich (2012b: 14, 22). Damit verbunden ist (als zweite Implikation) die Möglichkeit, dass auch Gruppen, nichtmenschliche Artefakte oder Prozesse als Agierende rekonstruiert werden können, was Helfferich (2012b: 15) als relationale Agency-Ordnung im Sinne einer (antiessentialistischen) Dezentrierung des Individuums bezeichnet. Als relational könnte auch die (dritte) Implikation angesehen werden, dass subjektive Agency-Konstruktionen niemals unabhängig von einem sozialen Kontext seien, sondern durch diesen ebenso bedingt würden, wie sie auch auf diesen einwirkten, obwohl (und das ist die vierte und letzte Implikation) „Agency als subjektives Konstrukt […] nicht mit einer objektiv bestimmten, faktischen Handlungsmacht korrespondieren“ (ebd.: 16) müsse (siehe unten: Diskrepanzen zwischen Agentivierung und Agentivität).

Um die *sprachliche* Konstruktion von Agency, auf welche sich die Agency-Analyse (primär) richtet, davon zu unterscheiden, wie Agency in sozialer Praxis *faktisch realisiert* wird, differenziert Lucius-Hoene (2012: 42) diese „subjektive" und die „objektive" Seite von Agency begrifflich als Agentivierung für erstere und Agentivität für letztere.

Tabelle 1: Agentivierung und Agentivität

Agentivierung	Agentivität
Subjektive Zuschreibung	Faktisches Handeln
Darstellung	Herstellung

Quelle: Eigene Darstellung

Die kontinuative Aktionsart, mit welcher „Agentivierung" begrifflich formuliert wird, verdeutlicht den Charakter der Zuschreibung und der Konstruktion als einen Akt. Von solchen sprachlichen *Dar*gestellungen der Agency unterscheidet Lucius-Hoene zwei weitere Ebenen, auf denen Agency aus Erzählungen rekonstruiert werden kann – diese dann aber im Sinne von (objektiv) *her*gestellter Agentivität: einmal auf der Ebene der Interaktion mit dem/der Hörer_in und des Weiteren auf der Ebene von Biografie und narrativer Bewältigung. Die Unterscheidung der Ebenen ist rein analytischer Natur; empirisch sind sie nicht trennbar.

Im Folgenden wenden wir uns zuerst Möglichkeiten zur systematischen Analyse von Agency – oder: Agentivierungen und Agentivität – im Rahmen qualitativer Interviewforschung zu. Viel mehr als der Agentivität ist bisher mittels mikrosprachlicher Heuristiken der Rekonstruktion von Agentivierungen auf der Ebene der Erzählsätze Aufmerksamkeit gewidmet worden. Offen von Agentivierungen auszugehen, gestattet bereits eine Dezentrierung des Individuums, allerdings bleiben solche Rekonstruktionen auf die Ebene sprachlicher Konstruktion begrenzt. Dagegen wird ebenfalls schon auf der Ebene der Erzählsituation Agentivität als performative Gestaltung einer Interaktion beobachtbar. Auch hier kann sich die Analyse auf heuristische Werkzeuge zur qualitativen Analyse stützen – insbesondere im Rückgriff auf konversationsanalytische Elemente. Diese performative Agentivität ist aber noch nicht ohne weiteres über die Erzählsituation hinaus verallgemeinerbar.

Die Frage, ob die Erzählung auch im lebensgeschichtlichen und kulturellen Kontext Agentivität erzeugt (hat/haben wird), lässt sich auf biografischer Ebene interpretativ begründen, kann sich damit aber auch nicht mehr alleine auf mikrosprachliche Heuristiken stützen. Zudem bleibt die Herstellung von Agentivität sowohl in der Erzählsituation wie auch in der biografischen „Verlängerung" auf die Performanz eines/einer bestimmten Erzähler_in bzw. auf die Leistung des Erzählten für seine/ihre konkrete Biografie begrenzt, ohne darüber hinaus eine Dezentrierung des Individuums zu leisten. Um Agency aber nicht nur als sprachliche Konstruktion eines/einer Erzähler_in, sondern zwischen individuellen, korporatistischen, idealen oder nichtmenschlichen Akteur_innen als „komplexe Verflechtungen der Agency“ (Hoffmann 2015) zum Gegenstand zu machen, wird mit der gesellschaftlichen Praxis eine vierte Ebene explizit ergänzt, die es im Anschluss an die Darstellung der Heuristiken Agency-theoretisch und methodologisch als relational zu umreißen gilt.

Tabelle 2: 3+1 Ebenen von Agency in Erzählungen

<table>
<tr><td>Ebene der Erzählsätze</td><td>Lokaler sprachlicher Kontext</td><td colspan="2">Agentivierungen durch das Subjekt</td></tr>
<tr><td>Ebene der Erzählsituation</td><td>Interaktiver Kontext</td><td>Performative Agentivität</td><td rowspan="2">Agentivität des Subjekts</td></tr>
<tr><td>Biografische Ebene</td><td>Lebensgeschichtlicher und kultureller Kontext</td><td>Narrative Agentivität</td></tr>
<tr><td>Ebene gesellschaftlicher Praxis</td><td>Sozialstruktureller Kontext</td><td colspan="2">Relationale Agency</td></tr>
</table>

Quelle: Eigene Darstellung

3 Die Mikrosprachliche Analyse von Agentivierungen (1. Ebene) und performativer Agentivität (2. Ebene)

Im „konzeptionellen Verständnis von Agencyanalyse als einer (mikro-)sprachlichen Analyseheuristik“ (Kruse 2015: 495), die ihren Ausgangspunkt davon nimmt, wie auf der „Mikroebene des Gesagten [...] der Sprecher die Handlung oder das Geschehen in seiner Geschichte organisiert“ (Lucius-Hoene 2012: 47), kann das Hauptaugenmerk verschiedener und doch auch assoziierter Beiträge zur Entwicklung der Agency-Analyse gesehen werden. Hier ist Gabriele Lucius-Hoenes (2012) systematische Zusammenstellung und Begründung zentraler Heuristiken ein erster, wesentlicher Bezugspunkt. Zweitens hat Cornelia Helfferich mit ihrem Team am Sozialwissenschaftlichen Forschungsinstitut zu Geschlechterfragen (SoFFI F.) kontinuierlich Agency-analytische Strategien in der konkreten Forschungspraxis weiterentwickelt. Eine Vielzahl an Projekten verdeutlicht, bei welchen Erkenntnisinteressen qualitative Forschung gewinnbringend auf Aspekte der Agency fokussiert werden kann – z.B.: ungewollte Schwangerschaft (Helfferich et al. 2016), Sexarbeit, Prostitution und Zwangsprostitution (Helfferich, Kavemann & Rabe 2010; Steffan et al. 2015), häusliche Gewalt (Helfferich 2005), sexuelle Peergewalt (Helfferich et al. 2021) oder Leaving Care (Helfferich 2019). Und drittens fasst Jan Kruse (2015: 13; 492–499) in seinem Lehrbuch zu qualitativer Interviewforschung, das er seinen „beiden Lehrmeisterinnen Cornelia Helfferich und Gabriele Lucius-Hoene" widmet, wesentliche methodische Hinweise zur Agency-Analyse einführend zusammen und ergänzt sie um hilfreiche theoretische Bezüge. Ausgehend von diesen zentralen Beiträgen kann eine Vielzahl elaborierter Heuristiken zur mikrosprachlichen Analyse von Agency (auf der 1. und der 2. Ebene) zusammengetragen werden. Sie sind in Tabelle 3 überblickshaft zusammengestellt und werden im Folgenden kurz kommentiert und ergänzt; für weitergehende Erläuterungen sei auf die Originaltexte verwiesen.

Tabelle 3: Mikrosprachliche Heuristiken zur Analyse von Agency

1. Agentivierungen innerhalb der Erzählung	Verben/Prädikate
	Aktive/passive Verbformen[III]
	(In-)Effektivität, (Un-)Vollendung der Handlung[II]
	Satzsemantische Prädikatsklassen des Geschehens[I]
	Agent_innen
	Sprachhandlungen der (De-)Agentivierung von sich und anderen[I]
	Grammatikalische Funktion Subjekt/Objekt (Kasus)
	Personalpronomina[III]
	Satzsemantische Rollen[I]
	Welche satzsemantischen Rollen prägen das Geschehen?
	Semantische Rolle des/der Erzähler_in
	Semantische Rollen anderer
	Änderungen der semantischen Rollen
	Wirkzentruml
	(Eigen-)Initiative oder Reaktion[II]
	Delegation oder Direktheit[II]
	Anonymität oder explizite Benennung[II]
	Barrieren, die überwunden wurden oder wegfielen[II]
	Positionierungen[I, II, III]
	Bezug von anderen zu Erzähler_in[I]
	Wahrnehmung der agentiven Rolle[II]
	Subjektive/externe Deklaration[II]
	Partikeln und Adverbien
	Abtönungspartikel und Heckenausdrücke[I, III]
	Epistemische oder evaluative Modalisierungen[I, III]
	Zeitliche Bestimmungen[I, II]
	Räumliche Bestimmungen
	Modale oder kausale Bestimmungen
2. Erzählerische Agentivität	Gesprächsrollenzuteilung[I]
	Metapragmatische Positionierungen[III]
	Epistemische (Un-)Sicherheit[I]
	Epistemische Autorität[I]
	Hörer_innen-Orientierung[I]
	Diskrepanzen zwischen Agentivierung & erzählerischer Agentivität[I, II]

Quelle: Eigene Darstellung unter Einbezug von [I] Lucius-Hoene 2012, [II] Helfferich 2005, 2019, Helfferich, Kavemann & Rabe 2010 und [III] Kruse 2015: 497

Für die Rekonstruktion von Agentivierungen im lokalen sprachlichen Kontext auf der (1.) Ebene der Erzählsätze ist die Art und Weise maßgeblich, wie die Verben bzw. Prädikate konstruiert werden, wie welche potentiellen Handlungsträger_innen eingeführt werden und wie diese (hier noch: innerhalb der Erzählung) zueinander positioniert werden. Verben können schon grundlegend danach unterschieden werden, ob sie aktiv oder passiv konstruiert werden oder vielleicht auch substantiviert (z.B.: „Das *Gehen* fiel mir schwer"). Neben der Aufmerksamkeit für die grammatikalische Konstruktion ist die Semantik von Bedeutung. So kann eine Handlung vollendet oder unvollendet dargestellt werden, es kann mit ihr das bezweckte Ziel erreicht werden, oder sie verläuft im Sande. Lucius-Hoene (2012) hat im Anschluss an von Polenz (1988) die Ergiebigkeit einer satzsemantischen Differenzierung von Prädikatsklassen für die Agency-Analyse aufgezeigt (siehe Tabelle 4)[1]: ob durch das Prädikat eine aktive Tätigkeit, ein selbstläufiger Vorgang oder Prozess, ein vorübergehender Zustand oder eine feste Eigenschaft bezeichnet wird. Zudem können Agentivierungen durch die Subsumierung unter eine Gattung oder Kategorie (mittelbar) zum Ausdruck gebracht werden, indem an ein damit grundsätzlich verbundenes Vermögen oder eine bestimmte Qualität, (z.B. wirksam) zu handeln, angeschlossen wird.

Tabelle 4: Satzsemantische Prädikatsklassen

Prädikatsklassen	**Funktionen**	**Beispiele**
Aktionsprädikate	Handlung oder Tätigkeit	Sie schreibt. Ich denke. Wir arbeiten.
Prozessprädikate	Vorgang, der nicht der Absicht eines handlungsfähigen Lebewesens entspringt	Meine Knie werden weich. Ich bin da so reingeschlittert. Die Zeit verrinnt.
Statusprädikate	Beschreibung eines veränderlichen Zustandes	Ich bin arbeitslos. Sie leben in der Schweiz. Sie ist weisungsbefugt.
Qualitätsprädikate	Lange andauernde oder unveränderliche Eigenschaften	Sie ist ehrlich. Ich bin groß. Das reicht.
Genusprädikate*	Zuordnung zu einer Gattung	Sie ist hier das Opfer. Das ist eine Straftat. Er ist Sozialarbeiter.

Quelle: Eigene Darstellung nach Lucius-Hoene 2012, *ergänzt nach von Polenz 1988: 159–167

Zudem lässt sich satzsemantisch über den grammatikalischen Kasus auf Ebene der syntaktischen Oberflächenstruktur hinausgehen und auf Bedeutungsebene der Tiefenkasus erschließen (siehe Tabelle 5). Beispielsweise kann ein Sub-

1 Die von Lucius-Hoene (2012: 51) ausgewählten satzsemantischen Kategorien, „in denen sich Agentivierung oder die Relation der erzählenden Person zum Handlungskern widerspiegelt und die sich [daher besonders] für eine Textanalyse eignen", wurden hier ergänzt und können auch darüber hinaus noch erweitert werden.

jekt, das im Nominativ steht, sowohl eine Handlung (als Agens) ausführen als auch von einem Vorgang (als affiziertes Objekt) betroffen sein oder aus einer Handlung heraus entstehen (als effiziertes Objekt). Auf ein grammatikalisches Akkusativobjekt kann sich eine Handlung (als Contragens) beziehen; es kann aber auch (als Substitativ) jemand anderes an seiner statt in Aktion bringen.

Tabelle 5: Satzsemantische Rollen

Semantische Rollen	Funktionen	Beispiele
Agens (AG)	Person oder Sache, die eine Handlung ausführt	Er (AG) rannte davon. Die Wellen (AG) schlugen gegen das Boot.
Comitativ (COM)*	Person, die mit AG eine Handlung ausführt	Er ist mit ihr (COM) durchgebrannt.
Substitativ (SUB)*	Person oder Sache, an deren Stelle jemand/etwas anderes bei einer Handlung tritt	Ich spreche hier für die Allgemeinheit (SUB).
Experiens (EXP)	Person, die einen Vorgang oder Zustand an sich erfährt	Darunter hatte sie (EXP) gelitten. Er (EXP) war überrascht.
Affiziertes Objekt (AOB)*	Person oder Sache, die von einem Vorgang betroffen ist	Sie (AOB) wurden beobachtet.
Patiens (PAT) Subtyp von AOB	Person, die von einer Handlung als Objekt betroffen ist und sie erleidet	Das bereitet ihm (PAT) Sorgen.
Benefaktiv (BEN)* Subtyp von AOB	Person, zu deren Nutzen oder Schaden eine Handlung ausgeführt wird	Ihr (BEN) zuliebe willigte er ein.
Contragens (CAG) Subtyp von AOB	Person, auf die eine Handlung oder Interaktion bezogen ist	Ich lade dich (CAG) ein.
Effiziertes Objekt (EOB)*	Person oder Sache, die durch eine Handlung entsteht	Drei Kinder (EOB) gingen aus ihrer Ehe hervor.
Instrument (IN)	Person, Sache oder Handlung, welche durch AG genutzt wird	Mit etwas Bettruhe (IN) konnte sich der Körper selbst heilen.
Causativ (CAU)	Sachverhalt, der eine Ursache für einen anderen darstellt	Wegen des Bürgerkriegs (CAU) mussten sie fliehen.

Eigene Darstellung nach Lucius-Hoene 2012, *ergänzt nach von Polenz 1988: 167–174

Fragen nach dem Wirkzentrum betreffen etwa deren Wesen (z.B. menschliches Individuum, Gruppe, Artefakt), die (unterstellte) Intentionalität, die Richtung und Orientierung ihres Handelns, die Zuschreibung von Initiative und Verantwortlichkeiten, Handlungsbarrieren und ob Handlungen indirekt (satzsemantisch mit Substitativ oder Instrument), selbst oder durch eine anonyme Macht vollzogen werden. Ein einfaches, aber vielsagendes Mittel zur Agentivierung ist auch der Gebrauch spezifischer Personalpronomina (z.B. „Was geht es mich an, was *der* da treibt?"). Durch Adverbien oder Partikeln können zeitliche, räumliche, modale oder kausale Bestimmungen und Einschränkungen/Bedingtheiten zum Ausdruck gebracht werden. Aufschlussreich ist insbesondere der Gebrauch von Abtönungspartikeln und Heckenausdrücken (z.B.: eigentlich). Durch Modalisierungen kann eine normative Bewertung des geschilderten Handlungsverlaufs sowie auch der Gültigkeit des Gesagten markiert werden. Positionierungen auf Ebene der Erzählung zeigen an, was die Protagonist_innen *mit*einander machen und wie sie sich *zu*einander verhalten.

Um auf der (2.) Ebene Agentivität in der interaktiven Performanz mit dem/der Hörer_in herauszuarbeiten, können ebenfalls den epistemischen oder evaluativen Modalisierungen Hinweise auf den Geltungsanspruch entnommen werden und inwiefern um Deutungshoheit gerungen wird. Die ebenfalls schon genannten Strategien der Positionierungsanalyse können, über ihren Beitrag zur Rekonstruktion von Agentivierungen hinaus (Positionierung I–IV, Lucius-Hoene & Deppermann 2002: 196–208, 2004: 168–177), auf der Ebene der Interviewinteraktion genutzt werden, um Agentivität im Umgang mit dem/der Zuhörer_in als Adressat_in und sozialer Instanz zu rekonstruieren (Positionierung V–VI, Lucius-Hoene & Deppermann 2002: 198–212, 2004: 177–180). Eine sehr ergiebige Strategie stellt der kontrastive Vergleich von Agentivierungen der Erzählperson als Protagonist_in mit ihrer Agentivität in der Erzählsituation dar. Diskrepanzen zwischen beiden Ebenen können erste Hinweise darauf geben, wie Agentivierungen Agentivität ermöglichen und damit auch, wie Agentivität zur (zweckgerichteten) Agentivierung besteht: z.B. Hilfe mobilisieren durch Markierung von Hilflosigkeit, Bewältigung von Unsicherheit durch aggressive Zurschaustellung von Handlungsmächtigkeit, Reinszenierung des eigenen Leids, um Hörer_innen stellvertretend für den/die Täter_innen (mit-)leiden zu lassen. Solche Diskrepanzen schlagen bereits eine Brücke sowohl zu Agentivität durch Erzählen (3. Ebene) als auch zu relationaler Agency (4. Ebene), die dann stärker interpretativ zu erschließen sind.

4 Agentivität durch Erzählen (3. Ebene) und relationale Agency (4. Ebene)

Agentivität durch Erzählen meint nach Lucius-Hoene (2012), wie durch die Art der Version, Evaluation und Moral der Geschichte Erfahrungen verarbeitet werden können sowie Leben bewältigt und Deutungsmacht errungen werden kann. Die Erzählung und was durch diese geleistet und erarbeitet wird, ist hier in einem lebensgeschichtlichen und kulturellen Kontext als Akt einer (möglichen) Ermächtigung zu betrachten. Dazu „geht man von der Ebene der Analyse von Einzelsätzen oder Erzählpassagen auf größere Textzusammenhänge über" (ebd.: 62), die es sinnvoll zu einer Fallstruktur oder Kernkategorie zu integrieren gilt. Für diese Integration wird der „Boden der an die Textoberfläche gebundenen linguistischen und kommunikativen Strategien verlassen" (ebd.: 65).

Woraufhin verdichtet oder integriert wird – z.B. ein_e menschliche_r Akteur_in „aus Fleisch und Blut", der menschliche Geist oder ein Diskurs, Deutungsmuster etc. –, lässt sich nicht mehr alleine durch Agency-analytische Heuristiken begründen, sondern ist durch den Forschungsgegenstand bestimmt, der theoretisch gefasst werden muss. So ist die 3. Ebene von Agency, dass die Erzählung selbst Agentivität *her*stellt, weil Erlebnisse bewältigt, Kohärenz gebildet, Identität aktualisiert oder Anerkennung erfahren wird, schon an sich ein von Lucius-Hoene (2012) theoretisch begründetes Konstrukt. Bleiben Annahmen über Agency, den Agens, das Verhältnis von Agentivierung und Agentivität dagegen implizit, lassen sie sich weder durch die Forschenden selbst noch durch die Scientific Community auf Kohärenz, Plausibilität oder Konsistenz prüfen. Bei der Bestimmung des Forschungsgegenstandes und bei der Interpretation von Fallrekonstruktionen sind neben allgemeinen sozialwissenschaftlichen oder psychologischen Konzepten hier im Besonderen „gesellschafts- und handlungstheoretisch[e] Perspektiven zu Agency" (ebd.: 63) von Bedeutung. Theorie und Rekonstruktion sind (auch) in Bezug auf Agency also nicht unvereinbar; entscheidend ist allein, dass die Analyse nicht durch allzu konkrete Annahmen deduktiv überformt wird, was das explorative Potential der elaborierten mikrosprachlichen Verfahren beschneiden würde, anstatt die Kontrolle durch einen konzeptuellen Analyserahmen und die Einordnung der neuen Erkenntnisse zu unterstützen.

> „Jenseits dieser Extrempositionen gibt es viele mögliche Mischungsverhältnisse zwischen induktiven und deduktiven Anteilen der Forschung: Gesellschaftstheoretische Annahmen zu spezifischen Agencyformen oder -konstellationen können als ‚sensitizing concepts', also als erste, die Aufmerksamkeit fokussierende Vorstellungen eingebracht werden" (Helfferich 2012b: 30).

Agency als Forschungsgegenstand kann nach Lucius-Hoene und Deppermann (2002: 59) etwa als „wesentlicher Aspekt der [...] Konstitution von narrativer Identität" bestimmt werden. Mit diesem Konzept lässt sich die Relevanz der Dar- und Herstellung von Identität und Agency in der konkreten Erzählsituation (Ebene 1 und 2) sowohl für die weitere Lebensgeschichte (Ebene 3) als auch für andere soziale Kontexte gesellschaftlicher Praxis (Ebene 4) aufzeigen, da Identität zwar zu keinem Zeitpunkt die gleiche ist, immer aber Ausdruck des Selben bzw. eines Selbst, das historische Kontinuität besitzt (Löwenstein 2021). Die Erzeugungsregeln lassen sich sequenzanalytisch rekonstruieren, indem jedes Element im Davor und Danach kontextualisiert wird, so dass sich das „invariante Wesen" (Husserl 2008: 123) – sowohl von verschiedenen Agentivierungen als auch in Divergenzen von Agentivierung und Agentivität – offenbart und als Fallstruktur hypothetisch formulieren lässt.

Auf vergleichbare Weise nutzt die Objektive Hermeneutik systematisch die „Differenz zwischen der Ebene der objektiven latenten Sinnstrukturen und der Ebene der subjektiv-intentionalen Repräsentanz“ (Oevermann et al., zit. n. Wernet 2006: 18), um zu weitreichenden Aussagen über gesamtgesellschaftliche Sinnstrukturen zu gelangen. Aus dieser Perspektive würde die Begrenzung der Verallgemeinerbarkeit auf das Subjektive, lediglich innerhalb eines spezifischen zeitlichen, räumlichen und sozialen Kontextes (die Interviewinteraktion), nicht nur die Übertragbarkeit (auf eine 4. Ebene) einschränken, sondern auch die kritische Prüfung der Forschungsergebnisse: Denn „[d]as Totalitätsprinzip maximiert das Falsifikationspotential der Sequenzanalyse“ (Oevermann 2000: 101). Die Objektive Hermeneutik schärft zudem die Aufmerksamkeit für die fundamentale Bedeutung der Sequenzanalyse für die Untersuchung von Agency (auf der 2. Ebene), da die Erzeugung des Textes selbst „[a]n jeder Sequenzstelle“ als Resultat „eines vollzogenen Aktes“ konzeptualisiert wird und damit als Lösung eines pragmatischen „Problem[s], dass aus den objektiv erzeugten Möglichkeiten […] eine Entscheidung getroffen werden muss“ (Oevermann 2004: 160). Indem Oevermann (ebd.: 158) als Agens das Konzept der „Lebenspraxis“ einführt, hebt er (im Sinne einer Dezentrierung des Individuums) schließlich ab von dem „Aggregierungsniveau der individuellen Person“, um „einen fallstrukturgesetzlichen Zusammenhang von Soma, Psyche und Sozialität“ herzustellen. Schon der Agens ist also nicht ausschließlich Subjekt, sondern als solches auch Repräsentant sozialer Struktur (auf der 4. Ebene) und zugleich körperlich. Armbrüster (2021) sieht ausgehend von der Lebenspraxis Verbindungen „zu den […] Konzepten von Agency und Identität“, da die „Lebenspraxis […] Autonomie und Handlungsfähigkeit sowohl konstituiert […] als auch […] erfordert, wie auch […] auf übergreifende Interaktions- und Handlungsbezüge rekurriert […] und diese durch ihr Handeln formt“.

Potential für die biographische (3.) Ebene von Agency und die (4.) der gesellschaftlichen Praxis bietet zudem die Methodologie der Narrationsanalyse. Anstatt Handlung und Struktur oppositionell einander gegenüberzustellen, betrachtet Schütze (1981: 127) „‚äußere‘ sozialstrukturelle Komponenten […] und innere Orientierungskomponenten des Biographieträgers als des betroffenen Subjekts […] zueinander in systematischer Verwiesenheit“. Damit grenzt er sich von solchen Forschungsprogrammen ab, die den Lebensablauf von Menschen einseitig entweder alleine handlungsorientiert oder aber als reinen Prozess des Erleidens untersuchen. Und er schärft die Aufmerksamkeit für die „zeitlich geordnete wechselseitige Durchdringung ‚sozialer‘ und ‚subjektiver‘ Prozesse“ (ebd.: 94). Die resultierenden Ordnungsmuster[2] können als komplexe Typen von Agency aufgefasst werden (Hoffmann 2011: 46–50). Zudem argumentiert Schütze (1981: 106), dass „[i]m Zuge der permanenten

2 „[…] institutionelle Ablaufmuster und -erwartungen des Lebensablaufs, Handlungsschemata von biographischer Relevanz, Verlaufskurven, Wandlungsprozesse und biographische Gesamtformung“ (Schütze 1981: 67).

Wandlung der biographischen Gesamtformung […] relativ stabile Stadien eingrenzbar" seien, was eine Erweiterung der biografischen Perspektive über die Erzählsituation hinaus gestattet (3. Ebene). Helfferich (2012a: 211, 217) nutzt diese methodologischen Bezüge konkret bei der Analyse von Agency, um „biografische Muster von Viktimisierungsprozessen zu typisieren", und arbeitet ein Phasenmodell von (entstehender, sich verändernder, tentativer und realisierter) Opferwahrnehmung, Deklarationsbereitschaft und Opferdeklaration heraus.

Zudem führt Helfferich (2017: 283) für die Agency-Analyse eine weitere antiessentialistische Bestimmung eines Agens ein, wenn sie Bourdieus Vorstellung von Habitus[3] rezipiert als *das* Prinzip, aus dem das Handeln hervorgeht:

> „Die Erzeugung von Handeln durch ein erfahrungsbasiertes Prinzip, den Habitus, ist an soziale Orte wie die Klassenlage oder Geschlechterzugehörigkeit gebunden; die Reproduktion von Strukturen meint, dass es eine Tendenz gibt, die Relationen dieser Orte zueinander, also Unter- und Überordnungsverhältnisse, Macht und Abhängigkeiten über das Handeln im Sinn einer Arbeit an Differenzierungen zu wahren."

Ausgehend von Helfferichs Argumentation lässt sich Agency als Strukturmerkmal des Habitus rekonstruieren; da der Habitus durch strukturbedingte Erfahrungen hervorgebracht wird, werden im habitualisierten Handeln soziale Strukturen wiederum reproduziert.[4] Indem sich die „Reproduktion von Verhältnissen […] in der Verknüpfung der konstruierten und präsentierten Vorstellungen von Handlungsmächtigkeit" (Helfferich 2017: 278) vollzieht, bieten sich vielversprechende Ansatzpunkte für eine theoretisch konsistente Verhältnisbestimmung von (subjektiver) Agentivierung und (objektiver) Agentivität als gesellschaftlicher Praxis (auf der 4. Ebene). Das Beharrungsvermögen des Habitus (Bourdieu 1987: 120) liefert zudem eine weitere Argumentationsgrundlage, um rekonstruierten Mustern über die konkrete Erzählsituation hinaus auf (3.) Ebene der Biografie ein gewisses Maß an Stabilität zuzugestehen.

Unter den theoretischen Ansätzen, die sich einer Bestimmung explizit von Agency widmen, ist das Konzept von Emirbayer und Mische (2017: 139) sicherlich eines der meistbeachteten. Agency meint hier:

> „das zeitlich aufgebaute Handeln von Akteurinnen und Akteuren aus verschiedenen strukturellen Umwelten – den temporal-relationalen Handlungskontexten –, das im Zusammenspiel von Gewohnheit, Vorstellung und Beurteilung solche

3 Zur Rezeption des Habitusbegriffs bei Oevermann siehe Garz und Raven (2015: 47–59).

4 Ausgehend vom Habituskonzept ließe sich auch Helfferichs (2019) wissenssoziologische Konzeptualisierung agentiver Erfahrungsschemata mit Bezug zu einem nichtsubstantialistischen Agens als Reproduktion kulturellen Kapitals diskutieren.

Strukturen gleichermaßen reproduziert wie transformiert, um interaktiv auf Problemstellungen zu reagieren, vor die sie wechselnde historische Situationen stellen".

Es lässt sich erstens von Bourdieus Praxistheorie (wie auch von Giddens – s. o.) dadurch abgrenzen, dass darüber hinaus, wie sich im menschlichen Handeln soziale Struktur und soziale Ungleichheit reproduzieren, in gleichem Maße auch (auf der 4. Ebene) Momente der Gestaltung und das (bewusste) Abwägen verschiedener Zukunftsentwürfe konzeptuell gewürdigt werden. Damit drängt sich zweitens aber auch die Frage nach denjenigen Qualitäten der Akteur_innen auf, die das Handeln zu einem bewussten Handeln machen, während Praktiken bei Bourdieu prinzipiell „als Elemente einer sich reproduzierenden Struktur [...] subjektlos betrachtbar sind" (Helfferich 2017: 274). Zieht man neben Emirbayers Aufsatz mit Mische (2017) auch seine Arbeit zusammen mit Goodwin (2017) sowie das von ihm allein verfasste Manifest für eine relationale Soziologie (Emirbayer 2017) hinzu, ergibt sich ein pragmatistisch-relationales Gesamtbild (Löwenstein 2017): Agens sind hier relationale Identitäten, die aus Beziehungen hervorgehen, die sie zueinander unterhalten, die sie abbrechen oder neu knüpfen und damit komplexe (Netzwerk-)Strukturen gestalten. Über das Verhalten zwischen den Identitäten wird Struktur (nicht „durch" Akteur_innen, sondern „zwischen" ihnen) relational *reproduziert*, wenn Routinen auf Dauer etabliert und stabilisiert werden können; Struktur wird *transformiert*, wenn über Friktionen in der Komplexität der Beziehungsmuster Handlungsprobleme erzeugt werden, die sich mit (habitualisierten) Routinen nicht mehr lösen lassen. Mittels intersubjektiv entwickelter Bewusstseinsleistung distanzieren sich Identitäten von den Routinen und nehmen eine abwägende Einstellung ein, um Konsequenzen von alternativen Handlungsmöglichkeiten (neuen potentiellen Routinen) zu antizipieren und dazu die Perspektiven der anderen Identitäten zu übernehmen. Auch wenn neue Routinen, (Beziehungs-)Strukturen und Identitätsmuster durch die Akteur_innen gebildet werden, um Sicherheit, Stabilität und Kontrolle herzustellen, produzieren sie durch die Veränderungen Friktionen an den Nahtstellen zu anderen Identitäten und deren Netzwerkstrukturen. Struktur wird reproduziert und transformiert zugleich. Daher betonen auch Emirbayer und Mische (2017: 149), dass sich Gewohnheit (aus der Vergangenheit), Vorstellung (einer Zukunft) und Bewertung (der Gegenwart) zwar analytisch unterscheiden ließen und jeweils anerkannt werden müssten, aber eben auch, dass sich „alle drei dieser konstitutiven Dimensionen menschlicher Agency [...] jeweils bis zu einem bestimmten Grad an jedem Beispiel einer konkreten Handlung [zu] beobachten" seien . Zudem lässt sich mittels dieser Perspektive nicht nur die Agentivität zur Agentivierung (auf der 2. Ebene) konzeptualisieren, sondern auch, wie Agentivierungen, indem sie als *Storys* den real geknüpften Beziehungen Bedeutung verleihen, Agentivität – oder hier: relationale Agency – strukturieren.

5 Relationalität als *sensitizing concept* bei der Analyse von Agency – Fazit und Ausblick

Unter Agency-Analyse lässt sich eine Vielzahl an elaborierten Heuristiken subsumieren, die sich bewährt haben, um an Textmaterial herauszuarbeiten, wie Erzähler_innen Handeln sprachlich konstruieren und dabei sich, anderen Protagonist_innen, aber auch Artefakten und Prozessen Handlungs- und Gestaltungsmacht zuschreiben. Diese rekonstruktive Herangehensweise ist grundsätzlich frei von Vorabfestlegungen und damit offen für jegliche Form der Dar- und Herstellung von Agency, wie sie im Material vielfältigst zum Ausdruck gebracht werden kann.

Während an Erzählungen die ersten beiden Ebenen von Agency nach Lucius-Hoene (2012) – die sprachliche Agentivierung und die interaktive, performative Agentivität – mit solchen Heuristiken hervorragend herausgearbeitet werden können, sind sie alleine aber spätestens auf der 3. Ebene nicht mehr ausreichend: Um die Frage zu beantworten, welche biografische Relevanz der Erzählung zukommt und ob durch sie Agentivität hergestellt werden kann, sind Forschende auf theoretische Begründungen und konzeptuelle Einordnungen der mikrosprachlichen Konstruktionen angewiesen. Konkret ist auf (3.) biografischer Ebene der Agens zu bestimmen, der biografisch ermächtigt wird (z.B. hier: narrative Identität). Und ganz grundsätzlich ist Agency entweder selbst als eigenständiger Forschungsgegenstand zu umreißen (z.B. Hoffmann 2015: 69ff., 80ff.) oder aber zu einem solchen konzeptuell in Bezug zu setzen (z.B. Viktimisierung; Helfferich 2012a), um einzelne sprachliche Elemente sinnvoll zu integrieren.

Da Stärke und Nutzen der rekonstruktiven Forschung darin bestehen, Konzepte explorativ aus dem Datenmaterial heraus zu entwickeln und darin zu fundieren – und eben nicht: schon im Vorfeld gebildete Konzepte lediglich zu reproduzieren und Vorannahmen zu bestätigen –, ist bei der Agency-Analyse mit Theoriebezügen behutsam umzugehen. Doch ist es gerade dazu unerlässlich, die Vorannahmen explizit zu machen, sie systematisch auf logische Zusammenhänge, Plausibilität und Widerspruchsfreiheit, aber auch auf überbordende Konkretheit zu prüfen und den theoretisch geschärften Forschungsgegenstand mit Erkenntnisinteresse und Methode in Passung zu bringen. Ohne Theorie zu forschen würde der Willkür Tür und Tor öffnen; allzu konkrete Vorabfestlegungen verschließen wiederum jede Möglichkeit, zu neuen Erkenntnissen zu gelangen.

Theoriefreiheit sollte daher in der Agency-Analyse – und m.E. auch in der rekonstruktiven Forschung allgemein – nicht als Freiheit *von* Theorie, sondern als Freiheit *zur* Theorie verstanden werden. Eine „Freiheit zu" verpflichtet, den begrifflichen Analyserahmen und den Forschungsgegenstand im Vorfeld einer

Untersuchung explizit und überprüfbar zu bestimmen, während der Untersuchung systematisch nach Materialstellen zu suchen, welche die Vorannahmen herausfordern, und im Anschluss an die Untersuchung (neue) theoretische Anschlussstellen ausgehend von den Resultaten der Rekonstruktion plausibel zu begründen. Konzeptualisierungen im Vorfeld der Untersuchung sollten konkret genug sein, um die Aufmerksamkeit im Sinne einer *theoretical sensitivity* systematisch zu schärfen, und zugleich abstrakt genug, dass konkretere Konzepte noch aus den Daten selbst heraus emergieren können (Kelle 2005).

Für qualitative Forschung werden grundlegende theoretische Klärungen in Methodologien formuliert, die der Analyse Ziel und Richtung geben, sie aber nicht überformen, sondern großzügige Freiheitsgrade eröffnen sollen. Agency-analytische Verfahrensweisen sind selbst bisher (noch) nicht eigenständig und einheitlich theoretisch gerahmt und daher auch nicht als eine in sich geschlossene Methodik zu verstehen. Sehr wohl bestehen aber fruchtbare Anschlussstellen zu verschiedenen etablierten rekonstruktiven Methodologien. Sie leisten insbesondere eine Relationierung von Agency im Sinne einer subjektiven Konstruktion (Agentivierung) mit Agency im Sinne eines realisierten (sozialen) Handlungsvermögens (Agentivität) und eine zeitliche Relationierung unterschiedlicher Agentivierungen:

- Allen voran stellt die *Rekonstruktion narrativer Identität* eine Möglichkeit dar, sich Agency als explizit ausformuliertem Teilaspekt des Untersuchungsgegenstandes einer „theoretisch fundierte[n] Methodik“ zur „Analyse der Biografie“ (Lucius-Hoene & Deppermann 2002: 10) zu widmen. Wesentliche mikrosprachliche – insbesondere satzsemantische und konversationsanalytische – Verfahren zur Analyse von Agency stehen hierzu in direktem methodologischen Bezug. Darunter wird auch der kontrastive Vergleich von analytisch unterschiedenen Agency-Ebenen als wesentliche Heuristik genutzt.
- In der *Narrationsanalyse* lassen sich Agentivierung und Agentivität ausgehend vom methodologischen Grundsatz gewinnbringend aufeinander beziehen, dass Sprache „für soziales Handeln und für soziale Strukturen eine allgemeine Grundfunktion als Mitkonstituens gesellschaftlicher Wirklichkeit“ (Schütze 1975: 24) besitzt. Das bedeutet nicht, dass man sprachlichen Agentivierungen inhaltliche Entsprechungen von Agentivität in der sozialen Praxis unterstellen könnte. Vielmehr stehen Subjekt und Struktur, Form und Inhalt der Darstellung, äußere Ereignisse und innere Wandlung, Tatsache und Erzählung komplex und oft auch widersprüchlich, niemals aber beliebig oder zufällig in einem wechselseitigen Zusammenhang miteinander. Die jeweils spezifischen Aufordnungen lassen sich zu Prozessstrukturen verdichten, die den Lebensablauf als Forschungsgegenstand kennzeichnen; eingeordnet in eine biografische Gesamtform, reichen sie dann über den konkreten Erzählkontext hinaus.
- Mit der *Objektiven Hermeneutik* lässt sich die Relationalität von Agentivierungen im Text und Agentivität im sozialen Handeln als wechselseitiger Bezug von Subjekt und Struktur, von Besonderem und Allgemeinem sowie von manifester und latenter Sinnstruktur denken. Im Vergleich zu den vorgenann-

ten Methodologien wird noch stärker generalisiert, wenn von Rekonstruktionen am konkreten Fall auf gesamtgesellschaftliche Strukturen geschlossen wird. Das lässt sich damit begründen, dass sich Fallstrukturgesetzmäßigkeiten zwar individuell unterschiedlich manifestieren, dabei aber die dahinterliegende Totalität referenzieren, die darüber rekonstruiert werden kann. Das Zusammenwirken von körperlichen, psychischen und sozialen Aspekten wird begrifflich mit Lebenspraxis zur Bezeichnung des Agens zum Ausdruck gebracht.

Neben methodologischen Anschlussstellen können sozialtheoretische und insbesondere Agency-theoretische Konzepte genutzt werden: Auf dieser Grundlage lassen sich Ergebnisse der Rekonstruktion im Nachgang der Untersuchung sinnvoll diskutieren und systematisch einordnen. Im Vorfeld der Untersuchung lässt sich sozial- und Agency-theoretisch der Forschungsgegenstand präzisieren, um rekonstruktive Verfahrensweisen flexibel damit in Passung zu bringen, ohne dem gesamten methodischen Inventar oder den theoretischen Implikationen einer bestimmten Methode verpflichtet zu sein. Hier wurde bisher im Kontext von Agency-Analysen vor allem eine Zuweisung von Agency an einen relational konzeptualisierten Agens unternommen, der als Identität oder Habitus sozial emergiert:

- Bourdieus *Habitus*-Konzept bietet dabei einmal mehr Möglichkeiten, sowohl über die konkrete Erzählsituation als auch über die bloße Beschreibung von mikrosprachlichen Konstruktionen hinauszugehen, um Rekonstruktionen biografisch und sozial zu integrieren: „[B]ewirkt der Habitus als praktischer Sinn das Aufleben des in Institutionen objektivierten Sinns", dem er „im Verlauf der besonderen Geschichte […] seine besondere Logik aufzwingt" (Bourdieu 1987: 107), lassen sich darin konstruierte Vorstellungen von Agentivierung mit Normen und Routinen von gelebter sozialer Praxis als Agentivität verbinden. Helfferich (2017) betont, dass Bourdieu dabei nicht auf das Handeln von konkret gedachten Menschen fokussiere, sondern dass es ihm darum gehe, die Reproduktion sozialer Struktur theoretisch zu fassen.
- Demgegenüber richten Emirbayer und Mische (2017) mit einem *pragmatistisch-relationalen Agency-Konzept* die Aufmerksamkeit weniger auf die Reproduktion des Sozialen, sondern mehr auf soziale Wandlungsprozesse. Dazu betrachten sie auch nicht nur den allgemeinen Fall sozialen Handelns, sondern auch, wie ganz konkret gedachte Akteur_innen aus sozialer Struktur emergieren, wie diese sich durch die Komplexität der in ihrem Mischungsverhältnis einmaligen temporal-relationalen Kontexte als Individuen voneinander unterscheiden, wie Individualität Friktionen und Irritationen in sozialen Strukturen erzeugt, wie die Akteur_innen diese mittels ihrer Bewusstseinsleistungen bearbeiten und wie sie damit prinzipiell eben in der Lage seien, kreativ zu handeln und Strukturen zu gestalten. Kritiker_innen, die Emirbayer einen Bruch mit der sonst relationalen Logik und ein Zurückfallen auf substantialistische Setzungen vorwerfen, sollten unbedingt zur Kenntnis nehmen, dass Agency hier nicht „Menschen aus Fleisch und Blut" zugewiesen wird, sondern dass Agentes als Identitäten konzeptualisiert werden, die sich als Relationen selbst

in sozialen Prozessen beständig wandeln und dass das Bewusstsein als „Bewusstsein von etwas“ durch Problemstellungen des sozialen Lebens herausgefordert wird (Löwenstein 2017, 2021).

Die hier referierten theoretischen Anschlussstellen weisen als Grundmerkmale auf, dass Agency und Agens relational konzeptualisiert werden, dass über die Erzählsituation hinaus eine biografische Perspektive als Relationierung von Vergangenheit, Gegenwart und Zukunft eingenommen wird und dass die Relationalität von Agentivierung und Agentivität thematisiert wird. Diese erste Übersicht von Heuristiken und theoretischen Bezügen soll verdeutlichen, dass Agency-Analyse nicht bei mikrosprachlichen Rekonstruktionen stehen bleiben darf, sondern dass Techniken theoretisch einzubetten sind, um Methode zu sein. Auch induktive Agency-Analyse ist auf Konzeptualisierungen angewiesen, um sprachliche Konstruktionen nicht implizit der Person, einem Menschen, dem Subjekt zuzuschlagen, das als schon gegeben vorausgesetzt wird. Wer oder was sprachlich agentiviert wird, muss theoretisch aufbereitet werden. Und *wer* erzählt, muss ebenso theoretisch bestimmt werden: der Mensch, die wechselseitige kommunikative Interaktion, die Situation, gesellschaftliche Struktur, die Sprache, eine Identität, ein Bewusstsein, die Erzählung selbst etc. Die hier vorgenommene Skizze soll die bisherigen Ansätze dazu würdigen und zur kritischen Auseinandersetzung und zum Weiterdenken einladen.

Literatur

Armbrüster, Christian (2021): Depression, Adoleszenz und Agency – Zur (Re-)Konstruktion depressiver Identitäten an der Schnittstelle von primärer Lebenspraxis und stellvertretender Krisenbewältigung. Gesellschaft – Individuum – Sozialisation. In: Zeitschrift für Sozialisationsforschung 1, 2.

Bandura, Albert (2006): Toward a psychology of human agency. In: Perspectives on Psychological Science 1, 2, S. 164–180.

Bourdieu, Pierre (1987): Sozialer Sinn: Kritik der theoretischen Vernunft. Frankfurt am Main: Suhrkamp.

Emirbayer, Mustafa (2017): Manifest für eine relationale Soziologie. In: Löwenstein, H. & Emirbayer, M. (Hrsg.): Netzwerke, Kultur und Agency. Problemlösungen in relationaler Methodologie und Sozialtheorie. Weinheim: Beltz-Juventa, S. 30–73.

Emirbayer, Mustafa & Goodwin, Jeff (2017): Netzwerkanalyse, Kultur und das Agency-Problem. In: Löwenstein, H. & Emirbayer, M. (Hrsg.): Netzwerke, Kultur und Agency. Problemlösungen in relationaler Methodologie und Sozialtheorie. Weinheim: Beltz-Juventa, S. 286–335.

Emirbayer, Mustafa & Mische, Ann (2017): Was ist Agency? In: Löwenstein, H. & Emirbayer, M. (Hrsg.): Netzwerke, Kultur und Agency. Problemlösungen in relationaler Methodologie und Sozialtheorie. Weinheim: Beltz-Juventa, S.138–209.

Fuchs, Stephan (2001): Beyond Agency. In: Sociological Theory 19, 1, S. 24–40.

Garz, Detlef & Raven Uwe (2015): Theorie der Lebenspraxis. Wiesbaden: Springer Fachmedien Wiesbaden.

Giddens, Anthony (1997): Die Konstitution der Gesellschaft: Grundzüge einer Theorie der Strukturierung (3. Aufl.). Frankfurt am Main: Campus.

Helfferich, Cornelia (2005): Die Wahrnehmung der eigenen Handlungsmacht und die Konstellation Opfer – Polizei – Täter bei häuslicher Gewalt. In: Kury, H. & Oberg-fell-Fuchs, J. (Hrsg.): Gewalt in der Familie. Für und Wider den Platzverweis. Freiburg: Lambertus, S. 309–329.

Helfferich, Cornelia (2011): Die Qualität qualitativer Daten: Manual für die Durchführung qualitativer Interviews (3. Aufl.). Wiesbaden: VS Verlag für Sozialwissenschaften.

Helfferich, Cornelia (2012a): Agency-Analyse und Biografieforschung. Rekonstruktion von Viktimisierungsprozessen in biografischen Erzählungen. In: Bethmann, S./Helfferich, C./Hoffmann, H. & Niermann, D. (Hrsg.): Agency, Edition Soziologie. Weinheim: Juventa-Verlag, S. 210–237.

Helfferich, Cornelia (2012b): Einleitung: Von roten Heringen, Gräben und Brücken: Versuche einer Kartierung von Agency-Konzepten. In: Bethmann, S./Helfferich, C./Hoffmann, H. & Niermann, D. (Hrsg.): Agency, Edition Soziologie. Weinheim: Juventa-Verlag, S. 9–39.

Helfferich, Cornelia (2017): Habitus und Agency. Anregungen zur Klärung offener Fragen. In: Löwenstein, H. & Emirbayer, M. (Hrsg.): Netzwerke, Kultur und Agency. Problemlösungen in relationaler Methodologie und Sozialtheorie. Weinheim: Beltz-Juventa, S. 270–285.

Helfferich, Cornelia (2019): Rekonstruktive Agency-Analyse in der Forschung zu Leaving Care: Methodologischer Hintergrund, praktisches Vorgehen und ergiebige Fragestellungen. In: Göbel, S./Karl, U./Lunz, M./Peters, U. & Zeller, M. (Hrsg.): Wege junger Menschen aus Heimen und Pflegefamilien. Agency in schwierigen Übergängen. Weinheim & Basel: Beltz Juventa, S. 50–65.

Helfferich, Cornelia/Doll, Daniel/Feldmann, Jasmin & Kavemann, Barbara (2021): Sexuelle Übergriffe unter Jugendlichen als Frage von Macht, Geschlecht und sozialer Einbindung in Gruppen – eine qualitative Rekonstruktion. In: ZSE Zeitschrift für Soziologie der Erziehung und Sozialisation 41, 1, S. 73–89.

Helfferich, Cornelia/Kavemann, Barbara & Rabe, Heike (2010): Determinanten der Aussagebereitschaft von Opfern des Menschenhandels zum Zweck sexueller Ausbeutung: Eine qualitative Opferbefragung. Köln: Luchterhand.

Helfferich, Cornelia/Klindworth, Heike/Heine, Yvonne & Wlosnewski, Ines (2016): Familienplanung im Lebenslauf von Frauen. Schwerpunkt: Ungewollte Schwangerschaften. Köln: Bundeszentrale für Gesundheitliche Aufklärung (BZgA).

Hoffmann, Heiko (2011): Das Handeln der Behandelten: Eine rekonstruktionslogische Analyse der Agency von Psychoseerfahrenen. Freiburg im Breisgau: FEL.

Hoffmann, Heiko (2015): Borderline-Interaktionen: Komplexe Verflechtungen der Agency in Netzwerken sozialer Unterstützung. Wiesbaden: Springer VS.

Husserl, Edmund (2008): Die Lebenswelt. Auslegungen der Vorgegebenen Welt und ihrer Konstitution (hrsg. v. Sowa, R.). Dordrecht: Springer.

Kelle, Udo (2005): ‚Emergence' vs. ‚Forcing' of Empirical Data? A Crucial Problem of ‚Grounded Theory' Reconsidered. In: Forum Qualitative Sozialforschung/Forum: Qualitative Social Research 6, 2, DOI: 10.17169/fqs-6.2.467.

Kruse, Jan (2015): Qualitative Interviewforschung: Ein integrativer Ansatz (2. Aufl.). Weinheim & Basel: Beltz Juventa.

Löwenstein, Heiko (2017): Identität als Scharnier zwischen Bewusstsein und Agency. Oder: Meads Sprachlosigkeit gegenüber geteilter Emotionalität. In: Löwenstein, H. & Emirbayer, M. (Hrsg.): Netzwerke, Kultur und Agency. Problemlösungen in relationaler Methodologie und Sozialtheorie. Weinheim: Beltz-Juventa, S. 210–224.

Löwenstein, Heiko (2021): Ohne Selbst geht es nicht. Pragmatistische und phänomenologische Hinweise auf relationale Identitätsarbeit. Ebner von Eschenbach, M. & Schäffter, O. (Hrsg.): Denken in wechselseitiger Beziehung: Das Spectaculum relationaler Ansätze in der Erziehungswissenschaft. Weilerswist: Velbrück.

Lucius-Hoene, Gabriele (2012): ‚Und dann haben wir's operiert'. Ebenen der Textanalyse narrativer Agency-Konstruktionen. In: Bethmann, S./Helfferich, C./Hoffmann, H. & Niermann, D. (Hrsg.): Agency, Edition Soziologie. Weinheim: Juventa-Verlag, S. 40–70.

Lucius-Hoene, Gabriele & Deppermann, Arnulf (2002): Rekonstruktion narrativer Identität: Ein Arbeitsbuch zur Analyse narrativer Interviews. Wiesbaden: VS Verlag für Sozialwissenschaften.

Lucius-Hoene, Gabriele & Deppermann, Arnulf (2004): Narrative Identität und Positionierung. In: Gesprächsforschung – Online-Zeitschrift zur verbalen Interaktion 5, S. 166–183.

Oevermann, Ulrich (2000): Die Methode der Fallrekonstruktion in der Grundlagenforschung sowie in der klinischen und pädagogischen Praxis. In: Kraimer, K. (Hrsg.): Die Fallrekonstruktion. Frankfurt am Main: Suhrkamp, S. 58–156.

Oevermann, Ulrich (2004): Sozialisation als Prozess der Krisenbewältigung. In: Geulen, D. & Veith, H. (Hrsg.): Sozialisationstheorie interdisziplinär. Aktuelle Perspektiven. Stuttgart: Lucius & Lucius, S. 155–181.

Polenz, Peter von (1988): Deutsche Satzsemantik: Grundbegriffe des Zwischen-den-Zeilen-Lesens (2. Aufl.). Berlin & New York: de Gruyter.

Schütze, Fritz (1975): Sprache soziologisch gesehen. Bd. 1: Strategien sprachbezogenen Denkens innerhalb und im Umkreis der Soziologie. München: Fink.

Schütze, Fritz (1981): Prozeßstrukturen des Lebensablaufs. Matthes, J./Pfeifenberger, A. & Stosberg, M. (Hrsg.): Biographie in handlungswissenschaftlicher Perspektive. Nürnberg: Verl. d. Nürnberger Forschungsvereinigung, S. 67–156.

Steffan, Elfriede/Kavemann, Barbara/Netzelmann, Tzvetina Arsova & Helfferich, Cornelia (2015): Abschlussbericht der wissenschaftlichen Begleitung zum Bundesmodellprojekt: Unterstützung des Ausstieges aus der Prostitution. Berlin: Bundesministerium für Familie, Senioren, Frauen und Jugend.

Wernet, Andreas (2006): Einführung in die Interpretationstechnik der objektiven Hermeneutik (2. Aufl.). Opladen: Leske und Budrich

Qualitative Forschungsmethoden als reflexives Modell für pädagogisches Handeln

Peter Caspari

1 Ausgangspunkt: Ein methodisches Fundstück

In der jüngsten Veröffentlichung, an der Cornelia Helfferich federführend beteiligt war (Helfferich et al. 2021), gibt es einige bemerkenswerte Passagen, die – soweit ich das überblicke – in der deutschsprachigen Forschungsliteratur zu sexualisierter Gewalt Seltenheitswert haben. In diesem Text wird das hermeneutische, auf die detaillierte Analyse von Aktualsprache basierende Auswertungsprinzip qualitativer Sozialforschung präzise dargestellt. Das Besondere an diesen Beschreibungen ist ihr idiosynkratischer Charakter, auch wenn die dargestellte Herangehensweise Bezüge zu etablierten Auswertungsverfahren aufweist (Bohnsack 2000; Lucius-Hoene & Deppermann 2004; Oevermann 1995). Bei der Lektüre erhebt sich ein Gefühl intensiver methodischer Nachvollziehbarkeit, das sich bei der Auseinandersetzung mit Forschungstexten zu sexualisierter Gewalt nicht allzu häufig einstellt. Möglicherweise sind Beschreibungen methodischer Vorgangsweisen häufig mit dem Zwang zur Deklarierung wissenschaftlicher Aufrichtigkeit belastet, zumal dann, wenn Methodik normativ und nicht kreativ gedacht wird. Im Artikel von Helfferich et al. (2021) wirkt das anders, nämlich als Ausdruck analytischer Bewegungen, an denen uns die Autor*innen unmittelbar teilhaben lassen. Man erhält durch die Lektüre Zutritt zu dieser Werkstatt des Denkens, wobei es kaum möglich ist, sich der Faszination dessen zu entziehen, was die Wissenschaftler*innen aus ihren Daten hervorbringen. Hier wird das Genuine von qualitativer Forschung, die reflexive Bewegung entlang der Hervorbringungen der Gesprächspartner*innen im Sinne eines „double-hermeneutic" (Burka et al. 2019) intensiv erfahrbar.

Die Autor*innen entfalten die Zusammenhänge zwischen Manifestationen sexualisierter Gewalt zwischen Jugendlichen einerseits und gesellschaftlichen Macht- und Geschlechterverhältnissen anderseits auf der Basis von Mikroanalysen erzählter Situationen. Zentral ist dabei die Freilegung des interpretativen Potentials sprachlicher Hervorbringungen:

> „Die Sprache bietet reichhaltige Möglichkeiten auszudrücken, wer/was mit wem was macht, die weit über die grammatikalischen Konstruktionen des Aktivs (‚er hat mich‘) und Passivs (‚ich wurde …‘) und Semantiken von Zwang (‚ich musste …‘) oder Können hinausgehen. Als weitere semantische und grammatikalische Schattierungen sind u.a. die Dimensionen der Effektivität (Wirksamkeit oder Wirkungslosigkeit des Handelns, Handlungsversuche) und der Initiative (initiativ oder reaktiv) sowie Qualifizierungen durch Adjektive wie ‚immer wieder‘ von Interesse“ (Helfferich et al. 2021: 78).

Den Zauber, der von dem reflexiven Ringen mit möglichen Interpretationen sprachlicher Äußerungen ausgeht, macht sich die qualitative Sozialforschung zunutze. Dieser Zauber eröffnet den Weg zu Einsichten und Erkenntnissen. Er kann als Resonanzboden für Erfahrungen nicht nur in der wissenschaftlichen, sondern auch in der pädagogischen und therapeutischen Arbeit wirken.

Das Thema, das sich durch die Lektüre der intensiven Beschreibungen von Helfferich et al. (2021) für mich unentrinnbar aktualisiert hat, lässt sich auf folgende Frage zuspitzen: Was von dem, was in der wissenschaftlichen Begegnung passiert, kann sich die pädagogische Arbeit mit Kindern und Jugendlichen zunutze machen? Der vielbeschworene Wissenschafts-Praxis-Transfer hat möglicherweise seine bedauerlichste Leerstelle dort, wo eine nicht weiter hinterfragte Unversöhnlichkeit von Methodiken stillschweigend unterstellt wird. Wenn ich den Text von Helfferich et al. (2021) lese, neige ich dazu, diese Unversöhnlichkeit grundlegend zu bezweifeln. Meine Hypothese besteht vielmehr darin, dass sich Methoden an Professionen anheften und im Gehege eines bestimmten professionellen Habitus eines Teils ihrer Potentiale beraubt werden. Oder konkreter: Etwas, das in der wissenschaftlichen Begegnung passiert, scheint sich das pädagogische Handeln nicht zu eigen machen zu dürfen; nämlich das, was Freud als gleichschwebende Aufmerksamkeit bezeichnet, ein Zuhören, das sich auf Neugierde und Interesse beschränkt und den Ballast der instruktiven Kommunikation von sich wirft. Im Folgenden wird der Versuch unternommen, dies genauer zu erläutern.

2 Sind Fragen obszön?

In meiner an Phasen der Ereignislosigkeit nicht armen Jugend im oberösterreichischen Innviertel war ich dankbar, als mich eines Tages ein Freund auf ein Buch aufmerksam machte, das den Titel trug: „Warum? Von der Obszönität des Fragens“ (Bodenheimer 1985). Im Verlaufe einer Schulkarriere, in der die Lust am Fragen vom alltäglichen Habitus des als meist bedrohlich empfundenen Befragtwerdens erdrückt wurde, stieß allein schon der Titel des Buches bei uns auf Resonanz; der Inhalt, soweit ich mich erinnere, ebenfalls. Die frühe Erfahrung mit diesem gelben Reclam-Band kommt mir immer wieder einmal in den Sinn. Ich glaube, dass etwas davon Spuren hinterlassen hat. In einem Beruf, dessen Handwerkszeug in nicht unwesentlichem Ausmaß im Stellen von Fragen besteht, finden die Geister, die an den obszönen Charakter dieser Interaktionsform erinnern, genügend Gelegenheit zum Herumspuken vor. Ich vermute, dass die Vorbereitung jedes Forschungsinterviews mit einem spürbaren, aber auch verdrängbaren Gefühl des Unbehagens verbunden ist, wobei ich mir sicher bin, dass dieses Unbehagen von der Befürchtung genährt wird, eine Schamlosigkeit zu begehen. Hermanns (2003) gibt diesem Problem in recht zutreffenden Worten Ausdruck, indem er ein potentielles Gefühl des Ausbeutens auf Seiten von Interviewer*innen diagnostiziert. Dieses Gefühl

> „ist gekennzeichnet durch ein latent schlechtes Gewissen. Man bringt aus Eigennutz (für die eigene Diplomarbeit/Dissertation/Forschungsarbeit) jemanden dazu, einem Fremden Intimes anzuvertrauen. Der Interviewer fürchtet, zu aufdringlich zu sein, der Interviewpartnerin zu nahe zu treten, deren Freundlichkeit, jemandem helfen zu wollen, schamlos auszubeuten“ (ebd.: 366).[1]

Soweit ich mich erinnere, weist der Autor der „Obszönität des Fragens“ mit einigem argumentativen Aufwand nach, dass letztlich jede Frage eine Schamlosigkeit und somit eine Grenzüberschreitung darstelle. Ich kenne ein Empfinden, das mit der Bereitschaft verbunden ist, dieser Einschätzung vorbehaltlos zuzustimmen.

Diese Überlegungen könnten ein Nachdenken darüber anregen, was in der Interaktion zwischen dem Forschungsteam um Cornelia Helfferich und den Jugendlichen, die von erlittenen sexualisierten Grenzverletzungen erzählen, geschieht. Und vor allem: Was unterscheidet diese Form der Interaktion von dem Gespräch der/des Gruppenerzieher*in in der stationären Jugendhilfe mit einem ihr/ihm anvertrauten jungen Menschen? Pointiert könnte man feststellen, dass die Frage „Was ist passiert?“ entweder wissenschaftlich oder erzieherisch gestellt werden kann. Zweifel daran, dass diese beiden Frageversionen einander ausschließen, verdienen eine genauere Betrachtung.

Im Rahmen unseres Projektes IPSE (Instrument zur partizipativen Selbstevaluation der präventiven Praxis in pädagogischen Einrichtungen; Caspari 2021) führten wir viele Interviews vor allem in stationären Kinder- und Jugendhilfeeinrichtungen durch. Dabei versuchten wir einigermaßen anspruchsvolle Settings mit verschiedenen Personengruppen zu realisieren. Ich erinnere mich an ein Leitungsinterview in einer solchen Einrichtung, in dessen Verlauf uns die beiden durchaus auskunftsbereiten Leitungskräfte keine Hoffnung machten, dass wir das von uns beabsichtigte Gruppengespräch mit Jugendlichen aus der Einrichtung durchführen können würden. Freundlich, aber bestimmt wurde uns erklärt, dass die Jugendlichen weder willens noch in der Lage seien, sich mit uns über die Atmosphäre in der Einrichtung, über ihr Sicherheitsempfinden, über Partizipations- und Beschwerdemöglichkeiten und

1 Interessant sind in diesem Zitat auch die Zuweisungen zu Geschlechterrollen.

über die einrichtungsbezogene Prävention von (sexualisierter) Gewalt zu unterhalten. Irgendwann schien es uns aber doch gelungen zu sein, eine Vertrauensbasis herzustellen, die die Einrichtungsleitungen dazu veranlasste, uns ein solches Gruppengespräch mit Jugendlichen in Aussicht zu stellen.

Tatsächlich wurde uns einige Wochen später ein entsprechender Termin ermöglicht. Mein Kollege Gerhard Hackenschmied und ich kamen in die Einrichtung, wo sechs jugendliche Mädchen auf uns warteten, die sich für ein Interview bereit erklärt hatten. Wir erfuhren, dass sie dafür von den Einrichtungsleitungen mit einem Bonus im Rahmen des einrichtungsüblichen Verhaltenssystems belohnt würden. Die Gesprächssituation hatte zunächst zweifellos etwas Groteskes: auf der einen Seite zwei in die Jahre gekommene männliche Wissenschaftler, auf der anderen Seite ein halbes Dutzend Mädchen im Alter von 15 bis 18 Jahren. Ich vermute, dass ich in dieser Situation nicht explizit an das Buch von der Obszönität des Fragens dachte, aber ein ausgeprägtes Unbehagen war nicht zu verleugnen. Die Mädchen dürften mit einigem Argwohn das Erscheinen der beiden älteren Herren zur Kenntnis genommen haben. In den nächsten beiden Stunden passierte Überraschendes. Es entwickelte sich erstaunlich schnell eine sehr lebhafte Diskussion, in der sich die Jugendlichen mit einer ausgeprägten Leichtigkeit argumentative Bälle zuwarfen. Sie lieferten sich wechselseitig Gesprächsanreize, so dass sich mehr und mehr ein dichtes Bild von der Atmosphäre in der Einrichtung und von den Empfindungen und Wahrnehmungen der dort lebenden jungen Menschen formierte. In vielen Erzählungen imponierte ein Habitus des Rebellischen, fundiert durch Erzählsequenzen aus dem Einrichtungsalltag, in dem sich die Mädchen nicht hinreichend wahrgenommen fühlten, weil sie aus ihrer Sicht viel zu häufig und viel zu schnell auf Diagnosen festgelegt, pathologisiert und letztlich strukturell entmachtet wurden. Nachdem das Gespräch streckenweise einen nahezu kathartischen Charakter angenommen hatte, kam es am Ende zu einer minimalen Sequenz, die möglicherweise als Ausdruck der im Gespräch erlebten Selbstermächtigung vor dem Hintergrund der strukturellen Entmachtung innerhalb der Institution interpretiert werden kann. Eine der Jugendlichen meinte abschließend: „Ich hab jetzt eigentlich eine Frage. Und zwar, bringt das uns jetzt was, wenn wir das hier erzählen?“ Dieses ethische Problem ist bekannt, wenn auch nicht ohne weiteres auflösbar. Entsprechend holprig war der Versuch meiner Antwort. Ich erklärte nochmals die Ziele unseres Forschungsprojektes und dass der Beitrag, den sie jetzt geleistet hätten, ein Beitrag für den verbesserten Schutz von Mädchen und Jungen vor (sexualisierter) Gewalt in Jugendhilfeeinrichtungen sei. Denn nur wenn uns Jugendliche von ihren Erfahrungen erzählen, könnten wir Ideen über Verbesserungsmöglichkeiten in den Einrichtungen entwickeln. Tatsächlich handle es sich aber um Ideen, die eher für die Zukunft seien und der unmittelbare Profit für die Mädchen erschließe sich nicht selbstverständlich.

Wir glauben, dass es für alle Beteiligten ein gutes Gespräch war. In Bezug auf Hermanns (2003: 366) könnte man sagen, dass sich ein Gefühl der glücklichen Koinzidenz eingestellt hatte: „Der Interviewer erlebt sich dabei als jemand, der dem anderen eine bereichernde Erfahrung ermöglicht, die man sonst nur selten findet“. Bei dem Versuch, die Gründe für dieses unerwartete Gelingen freizulegen, stießen wir auf den eklatanten Kontrast zwischen der wissenschaftlichen Erhebungssituation einerseits und den pädagogischen Einschätzungen der Einrichtungsleitungen andererseits. Aus den angekündigten verweigernden, weder auskunftsbereiten noch auskunftsfähigen Mädchen waren Interviewpartnerinnen geworden, die offensichtlich die Gelegenheit zur Artikulation ihrer Kritik und somit zur diskursiven Selbstermächtigung unter wechselseitiger Bezugnahme nutzten. Wir kamen zu der Einschätzung, dass dies deshalb möglich war, weil wir uns „nur“ interessierten. Diese Erfahrung ist elementar und kann in ihrer Aussagekraft kaum überschätzt werden, zumal wir in anderen Jugendgruppengesprächen ähnliche Beobachtungen machten.

Es scheint demnach einen Typus von Frage zu geben, der nicht obszön ist. Es ist wahrscheinlich derselbe Typus, den die Forschungsgruppe um Cornelia Helfferich zur Anwendung bringt, wenn sie Jugendliche nach erlittenen sexualisierten Grenzverletzungen fragt (Helfferich et al. 2016). Wir können annehmen, dass sich die Obszönität der Frage weniger in ihrem Inhalt erweist als vielmehr in ihrer Absicht. Wenn wir in unserem Forschungsbereich „ins Feld gehen“, dann möchten wir etwas, was wichtig ist, verstehen. Ich nehme an, dass die Mädchen aus der Jugendhilfeeinrichtung, die Gerhard Hackenschmied und mir von ihren Erfahrungen und Wahrnehmungen im Heimalltag berichteten, ziemlich schnell merkten, dass die unseren Fragen zugrunde liegende Motivation in einem neugierigen Interesse bestand. Das Potential des Forschungsinterviews liegt darüber hinaus in dem, was es nicht beabsichtigt: Erziehung, Bewertung, Erklärung, Heilung, Bildung. Diese Aufzählung ist vermutlich nicht vollständig. Wir hatten das Gefühl, dass die Jugendlichen die Abwesenheit einer Vielzahl von Absichten, die instruktiven oder gar intrusiven Charakter haben, mit zunehmender Erleichterung zur Kenntnis nahmen.

3 Das Privileg der nachträglichen Analyse

Am Ende kann sich diese Art der Datenerhebung mit jener Form der Datenauswertung verbinden, wie sie oben im Zusammenhang mit der Arbeit von Helfferich et al. (2021) skizziert wurde. Auf das konzentrierte, von verengenden Absichten befreite Erheben von Daten folgt das intensive, retrospektive Verstehen. Das Fragen ist auch deshalb seines obszönen Charakters weitgehend entledigt, weil es innerlich schon die gewaltige hermeneutische Substanz der generierten Erzählungen vorwegnimmt. Wir dürfen uns zumeist darauf verlassen, dass uns die qualitativen Auswertungsmethoden den Zauber des geführten Gesprächs in potenzierter Weise eröffnen werden. Ich erinnere mich an Interviews mit sexuell misshandelten Jungen im Rahmen meiner Dissertation, in deren Verlauf ich zuweilen ratlos war, da sich die Antworten einzelner Jungen zuweilen recht einsilbig präsentierten. In der nachträglichen Analyse allerdings zeigte sich aber ein kaum zu überschauendes Ausmaß an Information, das sich zunächst hinter der sprachlichen Sparsamkeit mancher Interviewpartner verborgen gehalten hatte. Eine weitere Beobachtung, die ich damals machte, schließt unmittelbar an die hier angestellten Überlegungen an: Die Forschungsinterviews erschienen mir zum Teil intensiver und gehaltvoller als die unzähligen beraterischen und therapeutischen Gespräche, die ich zuvor mit zum Teil denselben Jungen geführt hatte (Mosser 2009).

Es schließt sich daran die Frage an, wie die erzieherische (und auch die beraterische) Arbeit von solchen Beobachtungen profitieren können. Im Zentrum der diesbezüglichen Überlegungen ließen sich zwei der hier herausgearbeiteten Aspekte platzieren, nämlich die konzentrierte Absichtslosigkeit des Fragens und das Sichverlassen auf den Reichtum der nachträglichen Analyse. Einiges davon mag artifiziell anmuten. An diesem Punkt erheben sich all die Fragen, die mit dem Kontrast zwischen dem erzieherischen „Kampf an vorderster Front“ in der stationären Kinder- und Jugendhilfe und dem „Luxus“ der wissenschaftlichen Distanz zu tun haben. Tatsächlich lässt sich diese konfliktreiche Logik fortspinnen: schlecht bezahlte, mit geringer gesellschaftlicher Reputation ausgestattete erzieherische Fachkräfte auf der einen Seite, angesehene Wissenschaftler*innen auf der anderen Seite. In diesem Spannungsfeld spielen auch Psychotherapeut*innen eine wichtige Rolle, weil ihr Handeln ebenfalls einen bestimmten Typus des Fragens repräsentiert, der sich von dem der Fachkräfte „an der Basis“ unterscheidet. Auch wenn hier nicht der Platz ist für weiterführende Erörterungen, so unterscheiden sich verschiedene psychotherapeutische Schulen sehr wesentlich im Typus jener Fragen, der mit der Erreichung therapeutischer Ziele verbunden werden. Dabei dürfte das Kriterium der Instruktivität ein wichtiges Differenzmerkmal begründen, verbunden mit einem unterschiedlichen Verständnis von Kausalität und mit unterschiedlichen Annahmen darüber, ob und wie intentionale Einflussnahmen auf das Verhalten und die psychischen Funktionen anderer Menschen möglich sind.

Psychotherapeutisches Handeln und Fragen ist hinsichtlich des Ausmaßes an Instruktivität vermutlich zwischen erzieherischer und wissenschaftlicher Arbeit anzusiedeln. Es gibt darin eine Absicht, die auf gesundheitliche Verbesserung der/des Gesprächspartner*in abzielt. Sofern sie nicht unmittelbar im wissenschaftlichen Kontext stattfindet, ermangelt es der psychotherapeutischen ebenso wie der erzieherischen Arbeit an der Möglichkeit, die Potentiale der zwischenmenschlichen Aktion nachträglich in der systematischen Betrachtung freizulegen und damit die Interaktion selbst vor allzu hohem Erwartungsdruck zu befreien. Dies schließt aber andererseits nicht aus, dass wissenschaftliche Reflexion in hohem Maße von psychotherapeutischen Herangehensweisen profitieren kann, wie dies z.B. im Verfahren der Tiefenhermeneutik zum Ausdruck kommt (König 2003).

„Hast du Drogen in die Wohngruppe geschmuggelt?“ ist eine Frage, deren obszöner Charakter sich an der Absicht der Fragenden erweist: Für Wissenschaftler*innen wäre die Antwort, falls sie die Frage überhaupt stellen, Gegenstand einer möglicherweise interessanten Analyse. Für Psychotherapeut*innen könnte die Antwort vielleicht Ansatzpunkte für weitere therapeutische Interventionen bieten. Für Erzieher*innen stellt sich die Situation hingegen völlig anders dar: Es drängen sich unmittelbare „Ermittlungs-“ und Handlungserfordernisse auf, wenn der Verdacht besteht, dass innerhalb der Einrichtung illegale Drogen kursieren. Das Geschehen ist intersubjektiv: Der von Erzieher*innen befragte junge Mensch *ist* in gewisser Weise ein anderer als der von Psychotherapeut*innen oder Wissenschaftler*innen befragte junge Mensch. Je „erzieherischer“ die Frage gestellt wird, desto stärker verengt sich der Bereich der möglichen Offenbarung. Es kann angenommen werden, dass die konzentriert absichtslose (oder auch die mit gleichschwebender Aufmerksamkeit gestellte [Freud 1912]) Frage dem/der Jugendlichen einen ungleich größeren kommunikativen Freiraum eröffnet als jene, die dem Zwang des Handelns unterliegt.

4 Fazit: Aspekte einer pädagogischen Utopie

Die aus diesen Beobachtungen und Überlegungen abzuleitende Konsequenz ist utopisch: gut verdienende, gesellschaftlich hoch anerkannte erzieherische Fachkräfte in der stationären Kinder- und Jugendhilfe, die in ihrer alltäglichen Arbeit Räume vorfinden, in denen sie konzentriert und absichtslos fragen können. Diese Fragen sind von nichts anderem geleitet als von einem neugierigen Interesse an den jungen Menschen, an die sie gestellt werden. Frei von dem Drama, das sich entzündet, wenn anscheinend gefragt werden muss: „Warum bist du gestern wieder erst um 23 Uhr in die Wohngruppe zurückgekehrt? Warum hast du mich wieder enttäuscht?“ Gelassen sein können gegenüber der Antwort, im Vertrauen darauf, dass sich deren Gehalt in der intensiven nachträglichen Analyse im Team schon entfalten wird.

Wenn die Utopie nicht möglich scheint, weil sie Utopie ist, erhebt sich die Frage, wie zumindest eine partielle Annäherung an die Utopie gelingen kann. Die Erkenntnis, dass Interviewsettings im Rahmen der qualitativen Sozialforschung Erfahrungen ermöglichen, die für die erzieherische Arbeit im Bereich der Kinder- und Jugendhilfe nützlich sein können, sollte nicht ohne weiteres unbeachtet bleiben.

Wie können in der Pädagogik Räume geschaffen werden, in denen sich junge Menschen von dem Gefühl befreit sehen, „erzogen“ zu werden? Welche Strukturen können sowohl für Jugendliche als auch Fachkräfte Erfahrungen ermöglichen, die weitgehend unbelastet sind von instruktiven bzw. intrusiven Handlungszwängen? Es geht hierbei weder um Beliebigkeit noch um „Laissez-faire“, sondern – im Gegenteil – um intensive Formen der Auseinandersetzung, wie sie im Rahmen von Forschungsinterviews häufig realisierbar werden.

Literatur

Bodenheimer, Aron R. (1985): Warum? Von der Obszönität des Fragens. Stuttgart: Reclam.

Bohnsack, Ralf (2000): Dokumentarische Methode und sozialwissenschaftliche Hermeneutik. In: Zeitschrift für Erziehungswissenschaft, 6, S. 550–570.

Burka, Jane/Sowa, Angela/Baer, Barbara A./Brandes, Charles E./Gallup, Josie/Karp-Lewis, Sharon/Leavitt, Julie & Rosbrow, Patricia (2019): From the talking cure to a disease of silence: Effects of ethical violations in a psychoanalytic institute. In: The International Journal of Psychoanalysis 100, 2, S. 247–271.

Caspari, Peter (2021): Gewaltpräventive Einrichtungskulturen. Theorie, Empirie, Praxis. Wiesbaden: Springer VS.

Freud, Sigmund (1912): Ratschläge für den Arzt bei der psychoanalytischen Behandlung. https://www.textlog.de/freud-psychoanalyse-ratschlaege-arzt-psychoanalytischen-behandlung.html [Zugriff: 26.0.2021].

Helfferich, Cornelia/Doll, Daniel/Feldmann, Jasmin & Kavemann, Barbara (2021): Sexuelle Übergriffe unter Jugendlichen als Frage von Macht, Geschlecht und sozialer Einbindung in Gruppen – eine qualitative Rekonstruktion. In: Zeitschrift für Soziologie der Erziehung und Sozialisation, 41, 1, S. 73–89. https://content-select.com/de/portal/media/view/6012d05c-e63c-4b08-8b9e-7d18b0dd2d03 [Zugriff: 27.2.2021].

Helfferich, Cornelia/Kavemann, Barbara & Kindler, Heinz (Hrsg.) (2016): Forschungsmanual Gewalt. Grundlagen der empirischen Erhebung von Gewalt in Paarbeziehungen und sexualisierter Gewalt. Wiesbaden: Springer VS.

Hermanns, Harry (2003): Interviewen als Tätigkeit. In: Flick, U., von Kardorff, E. & Steinke, I. (Hrsg.): Qualitative Forschung. Ein Handbuch. Reinbek bei Hamburg: Rowohlt, S. 360–369.

König, Hans-Dieter (2003): Tiefenhermeneutik. In Flick, U., von Kardorff, E. & Steinke, I. (Hrsg.): Qualitative Forschung. Ein Handbuch. Reinbek bei Hamburg: Rowohlt, S. 556–569.

Lucius-Hoene, Gabriele & Deppermann, Arnulf (2004): Rekonstruktion narrativer Identität. Ein Arbeitsbuch zur Analyse narrativer Interviews. Wiesbaden: VS Verlag für Sozialwissenschaften.

Mosser, Peter (2009): Wege aus dem Dunkelfeld. Wiesbaden: VS Verlag für Sozialwissenschaften.

Oevermann, Ulrich (1995): Die objektive Hermeneutik als unverzichtbare methodologische Grundlage für die Analyse von Subjektivität. Zugleich eine Kritik der Tiefenhermeneutik. In: Jung, T. & Müller-Doohm, S. (Hrsg.): „Wirklichkeit" im Deutungsprozess. Verstehen und Methoden in den Kultur- und Sozialwissenschaften. Frankfurt am Main: Suhrkamp, S. 106–189.

Vier Quellen der Feldforschung

Wolfgang Eßbach

Eine im alten Griechenland erzählte Geschichte berichtet von einem Sternengucker, der, als er wieder einmal nachts zum Himmel aufsah, in einen Brunnen fiel, den er nicht bemerkt hatte. Dies beobachtend, lachte eine thrakische Dienstmagd ihn aus und sagte, er wolle da die Dinge am Himmel erforschen, während ihm doch schon das vor der Nase Liegende verborgen bleibe. Hans Blumenberg ist den Variationen dieser „Urgeschichte der Theorie" von Plato bis Heidegger nachgegangen (Blumenberg 1987). Es ist nicht immer ein Brunnen, in den ein Sternengucker stürzt, mal fällt er in den Dreck, mal stolpert er nur, aber es sind Dinge am Boden, die ihm zum Verhängnis werden. Man könnte diese Geschichte auch in eine Urgeschichte der Feldforschung umschreiben. Dazu wäre freilich eine genauere Spezifizierung des Interesses an der Art der Felder nötig, die, den Blick von den Sternen auf den Boden gelenkt, erforscht werden sollen.

Feldforschung ist in allen Disziplinen, die es mit Kultur und Gesellschaft zu tun haben, eine Selbstverständlichkeit geworden, die Ausdifferenzierung von Methoden ist weit vorangeschritten und zwischen Soziologie, Ethnologie und Europäischer Ethnologie/Volkskunde hat ein erfreulicher Austausch von Erfahrungen begonnen. Das Wachstum der Feldforschung birgt allerdings auch Gefahren. Sie ist enorm zeitaufwendig; dieselbe Zeit mit Bücherlesen verbracht, könnte bisweilen größeren Zugewinn an Einsichten ermöglichen, und Orientierung ist weder auf See noch auf dem Land ohne Satellitenorbit schwer vorstellbar, ganz abgesehen von dem kritischen Potential utopischen Denkens, das vom Boden abhebt.

Ich möchte im Folgenden an einige historische Quellen der Feldforschung erinnern. Sie sind lange Zeit prägend für die Fächer gewesen, in denen sie entwickelt wurden, und sie strahlen von dort auf andere Disziplinen aus, um schließlich in interdisziplinären Verflechtungen austauschbar zu werden. Prägungen verdichten sich in einem Habitus, den man sich am besten vergegenwärtigt, wenn man sich eine bestimmte Gestalt vorstellt, eine Figur, einen Typus. Vier solcher Gestalten will ich kurz skizzieren: den Abenteurer, die Inspektorin, den Advokaten und die Restaurateurin. Diese Reihe ließe sich wahrscheinlich noch verlängern.

Für die Typenbildung ist entscheidend, dass bei diesen vier Quellen der Feldforschung immer auch Motive wirken, die nicht auf der Ebene von Wissenschaft liegen, sondern davor. Alle Wissenschaft lebt von vorwissenschaftlichen Motiven, so auch die vier Haltungen dem Feld gegenüber. Abenteuer,

Inspektion, Anwaltschaft und die Sammlung und Bewahrung marginalisierter Inhalte sind solche vorwissenschaftlichen Motive. Mit ihnen sind Emotionen und Intuitionen verbunden, ohne deren Antriebe Feldforschung nicht fruchtbar werden wird.

Was auch die heterogenen Motive waren, die Europäer dazu gebracht haben, sich auf den Weg zu machen, andere Kontinente zu erkunden: Handel, Eroberung oder Christianisierung – ohne eine Portion Abenteuerlust machte man sich nicht auf die Reise. Feldforschung hat etwas mit der Reise und der Begegnung mit dem Fremden zu tun.[1] Dieses Motiv stammt aus der Ethnologie. Zuerst wurden nur die Berichte von Missionaren ausgewertet. Dann entwarfen Ethnologen der *armchair-anthropology* selbst Fragebögen, die sie Reisenden mitgaben. Seit Bronislaw Malinowski muss jeder Ethnologe selbst ins Feld reisen, sich dort möglichst lange aufhalten, vor Ort in die fremde Welt eintauchen, um dann mit Asche oder Honig zurückzukehren. Der Schock der Ethnologen war groß, als die Tagebücher des Begründers der Methode der Teilnehmenden Beobachtung posthum 1967 publiziert wurden. Malinowski drückte darin seine tiefe Verachtung aus, die er den Eingeborenen gegenüber empfand (Malinowski 1985; Burschel 2008). Die Begegnung mit Fremden verändert den Ethnologen. Das Abenteuer soll auch ihn selbst verändern – wie Michel Leiris sagt: nicht nur beobachten und reflektieren, was die Fremden tun, sondern in Afrika auch das eigene innere Afrika des Forschers erkunden (Albers 2018). Es geht um eine Infragestellung seiner selbst. Dieses abenteuerliche Motiv hat die Ethnologie in die Methoden der Feldforschung eingeführt. Es steht zu erwarten, dass sich die großen Kontraste der Begegnung von Menschen unterschiedlicher Herkunft mit dem Wachstum von Migration und Tourismus verringern und dass in dem Maße, in dem interkulturelle Freundschaften und Heiraten zunehmen, neue Abenteuer zu erleben sein werden.

Ein zweites Motiv ist die *Inspektion.* Mit dem modernen Staat entsteht im Merkantilismus des 17. Jahrhunderts die Statistik, die Empirie der großen Zahl und der Traum eines möglichst vollständigen Wissens über das, was die Untertanen tun, wie sie leben, wie gesund sie sind, was sie glauben und anderes mehr. Es ist dies der Ursprung der quantitativen Sozialforschung. Aber im zweiten Schritt ist deutlich geworden, dass Zahlen täuschen können, dass Genaueres zu erfahren ist, wenn man eine Inspektion vor Ort durchführt, wenn die Inspektorin die Sachverhalte selbst in Augenschein nimmt. Die Inspektoren, die in England seit 1830 auf Parlamentsbeschluss die Verhältnisse in den Fabriken inspizierten, waren Beamte, die vor dem Problem standen, sich ein richtiges Bild von der Situation zu machen. Diese Untersuchungen sind nicht einfach gewesen, da für den Unternehmer alles – die paar aufrührerischen Leute ausgenommen – in Ordnung war, während die Klagen der Arbeiter nicht

1 Umfassend und fair unterrichtet über den kolonialistischen Kontext Reinhard (2016).

aufhörten. Der Ethnologe, vor allem der mit dem schlechten Gewissen eines weißen Europäers, hatte viel zu tun, das Vertrauen der indigenen Bevölkerung, die er aufsuchte, zu gewinnen. Die Inspektorin brauchte etwas anderes für ihren Job: Misstrauen. Aus der Inspektionstätigkeit entstammen methodische Verfahren wie z.B. *cross examination*. Die Inspektorin benötigt dazu Scharfsinn, um die Lügen und Vortäuschungen zu durchschauen. Diese Skepsis der Inspektion ist ein Motiv, das die Soziologie in die Feldforschung eingebracht hat. Mit dem Anwachsen der industriellen Frauenarbeit in Deutschland wurden auch vermehrt Fabrik- und Gewerbeinspektorinnen eingestellt, um die Arbeitsbedingungen der Arbeiterinnen zu kontrollieren (Baum 1906). Die Inspektorin Marie Baum wurde in den 1920er Jahren eine engagierte Sozialpolitikerin.

Hieran schließt sich ein weiteres Motiv an, das über die Soziologie in die Feldforschung gelangt: das Motiv der *Anwaltschaft*. Für Marx und Engels waren die Berichte der Fabrikinspektoren nicht nur eine hochwertige empirische Quelle, sondern sie wurden auch prägend für die Recherchen, die aus der sozialen Bewegung selbst stammten. Die romantische Dichterin Bettina von Arnim war nicht nur Mittelpunkt eines Salons, in dem schöne Gespräche geführt wurden, sie war auch sozialpolitisch sensibel und veröffentlichte 1843 eine kritische Schrift mit dem Titel „Dies Buch gehört dem König" (Arnim 2008). Sie trat darin als Anwältin der kleinen Leute auf und verlangte vom König Reformen. Um der Sache Nachdruck zu verleihen, fügte sie der Schrift einen Anhang bei: „Erfahrungen eines jungen Schweizers im Vogtlande". Vogtland war in Berlin der Name für eine Armenkolonie, ein Slumviertel am Rande der Stadt. Der junge Schweizer Heinrich Grunholzer war ein Radikaler seiner Zeit, der für Bettina im Auftrag Feldforschung betrieb. Er wurde mit 50 Talern belohnt und kehrte in die Schweiz zurück. Haus für Haus der Armenkolonie hat er beschrieben, über das Leben der Einwohner berichtet, Gespräche geführt und wiedergegeben. Es handelt sich um eine Feldforschung im advokatorischen Geiste.

Sie findet man auch bei konservativen Intellektuellen. Gegen die Statistik des Belgiers Adolphe Quételet, der für Kollektive Normalverteilungen und Durchschnittwerte errechnete, beharrte Fréderic Le Play darauf, die von der Industriellen Revolution besonders gefährdete Familie als Erhebungseinheit zu nehmen und diese auch vor Ort aufzusuchen, was er als Professor an einer Bergbauschule ausgiebig praktizierte. „Ouvriers européens" enthält Untersuchungen zu 36 Arbeiterfamilien, die teilnehmend beobachtet worden waren (Le Play 1855). In diese Linie gehört auch der investigative Journalismus. So verkleidete sich der Theologe Paul Göhre eine Zeit lang als Fabrikarbeiter und publizierte seine Erfahrungen (Göhre 1891). Er unterstützte auch Arbeiter darin, ihre Memoiren zu schreiben, ihr Leben selbst zu erzählen. Sie wurden Anwälte in eigener Sache.

Schließlich eine vierte Quelle der Feldforschung: Die Abenteurer erkunden die fremden Gesellschaften, die Inspektorin verschafft sich ein genaues

Bild von einer lokalen Situation im Auftrag von Parlament oder Regierung, der Anwalt verleiht denen eine Stimme, die sonst nicht gehört werden, und zeigt, was sonst nicht gesehen wird. Die *Restauratorin* kümmert sich um das, was beim Durchmarsch in die moderne kapitalistische Gesellschaft am Rande mehr oder weniger beschädigt liegen bleibt oder was als rückständig angesehen wird, wie die traditionellen Bräuche der ländlichen Bevölkerung, die alten Volkslieder, die Märchen, aber auch das Handwerkszeug, das unmodern geworden ist, und das alte Geschirr. Der Journalist Wilhelm Heinrich Riehl interessierte sich für „Land und Leute", wie der erste Band seiner „Naturgeschichte des Volkes als Grundlage einer deutschen Sozialpolitik" betitelt war (Riehl 1854). Riehl war der Auffassung, dass die Dynamik der modernen Stadt ein Gegengewicht brauche: das Beharrungsvermögen, die Trägheit des ländlichen Raumes oder der abgelegenen kleinen Milieus: wie z.B. das Wandertheater, die Spitzbuben und die Sonderlinge aller Art. Das Wissen um diese Phänomene ist nur zu konservieren und zu restaurieren, wenn man sich auf die Wanderschaft macht. Der Forscher erwandert die abgelegenen Räume, in denen resistente Milieus ihren Sitz haben.

Dieses Rettungs- und Bewahrungsmotiv, das Interesse an dem, was sich an altem Glauben in der Moderne durchhält, hat die Volkskunde in die Feldforschung eingebracht. Und weil Volkskunde in der Nazizeit missbraucht wurde, haben es die Fachvertreter nach 1945 immer wieder mit neuen Namen versucht: populäre Kulturen, Empirische Kulturwissenschaft, Europäische Ethnologie, Kulturanthropologie. Heute geraten materielle Objekte, die vergessen wurden und einfach liegen geblieben sind, nicht nur ins Museum für Alltagskultur, sondern sie können auch als Erinnerungsstützen zum Fokus für qualitative Interviews in der Feldforschung werden, wenn z.B. in Gruppengesprächen Dinge mitgebracht werden und die Frage im Raum steht, woher diese Objekte eigentlich stammen und warum sie aufgehoben wurden (Hahn 2015).

Fassen wir zusammen. Feldforschung nährt sich aus vier Quellen, aus vier Motiven: dem Interesse am Fremden (Abenteuer), dem Interesse an einer unverstellten Wirklichkeitswahrnehmung (Inspektion), dem Interesse, denen eine Stimme zu geben, die man sonst nicht hören würde (Anwaltschaft), und dem Interesse an Dingen resistenter Milieus in der Moderne (Restaurierung). Die vier Motive sind lange Zeit mit den Fachgeschichten von Ethnologie, Soziologie und Europäischer Ethnologie verbunden gewesen. Aber was wir seit einigen Jahrzehnten erleben, ist ein ständig anwachsender Methoden- und Motivtransfer zwischen diesen Fächern. Die fachlich gebundenen Motive der Feldforschung werden mobil.

Man findet heute das Interesse an Abenteuer, an der Inspektion, der Anwaltschaft und der Erhellung von Traditionsresten in den verschiedensten Mischungsverhältnissen in allen Fächern, die qualitative Sozial- und Kulturforschung für wichtig erachten. Der ethnologische Blick ist längst nicht mehr Monopol der Ethnologie, sondern kann sich auch auf die eigene Kultur richten, das Befremdetwerden ist allgemeines Kennzeichen von Feldforschung geworden. Motive der Inspektion, wie das Misstrauen, kann man auch in der Europäischen Ethnologie entdecken, wenn z. B. untersucht wird, wie gewisse, für echt gehaltene Volksbräuche gar nicht so alt und echt sind, wie sie vorgeben, sondern Hervorbringungen späterer Zeiten. Das Motiv der Anwaltschaft findet sich heute in all unseren Fächern wieder, wenn man daran denkt, welche Bedeutung sog. Egodokumente bekommen haben, die samt ihrer wissenschaftlichen Interpretation und der Kontextualisierung die Stimmen derer verstärken, die sonst nicht gehört werden. Und mit der Verabschiedung grober und undifferenzierter Modernisierungstheorien wächst auch die Sensibilität gegenüber den Dingen, die aus älterer Zeit stammen und marginalisiert werden. Kurz gesagt, die verschiedenen Quellen der Feldforschung sind heute dabei zusammenzufließen.

Literatur

Albers, Irene (2018): Der diskrete Charme der Anthropologie. Michel Leiris' ethnologische Poetik. Paderborn: Konstanz University Press.

Arnim, Bettina von (2008): Dies Buch gehört dem König [1843], hrsg. v. Wolfgang Bunzel. München: Deutscher Taschenbuch-Verlag.

Baum, Marie (1906): Drei Klassen von Lohnarbeiterinnen in Industrie und Handel der Stadt Karlsruhe. Bericht, erstattet an das Großherzogliche Ministerium des Innern. Karlsruhe: Braunsche Hofbuchdruckerei.

Blumenberg, Hans (1987): Das Lachen der Thrakerin. Eine Urgeschichte der Theorie. Frankfurt am Main: Suhrkamp.

Burschel, Peter (2008): „… ein und derselbe zu sein …“ Ein Tagebuch im strikten Sinne des Wortes in dichter Lesung. In: Lüdtke, A. & Prass, R (Hrsg.): Gelehrtenleben. Wissenschaftspraxis in der Neuzeit. Köln: Böhlau Verlag, S. 165–173.

Göhre, Paul (1891): Drei Monate Fabrikarbeiter und Handwerksbursche. Eine praktische Studie. Leipzig: Grunow.

Hahn, Hans Peter (2015): Materielle Kultur. Eine Einführung (2., überarb. Aufl.). Berlin: Dietrich Reimer Verlag.

Le Play, Fréderic (1855): Les ouvriers européens. Études sur les travaux, la vie domestique et la condition morale des populations ouvrières de l’Europe, précédées d’un exposé de la méthode d’observation. Paris: Imprimerie Impériale.

Malinowski, Bronisław (1985): „Ein Tagebuch im strikten Sinne des Wortes. Neuguinea 1914–1918“ [posthum 1967]. In: ders.: Schriften in vier Bänden, Bd. 4/1, hrsg. v. Fritz Kramer. Frankfurt am Main: Syndikat.

Reinhard, Wolfgang (2016): Die Unterwerfung der Welt. Globalgeschichte der europäischen Expansion 1415–2015. München: Beck.

Riehl, Wilhelm Heinrich (1854): Die Naturgeschichte des Volkes als Grundlage einer deutschen Social-Politik, Bd. 1: Land und Leute. Stuttgart: J. G. Cotta’scher Verlag.

Zur sequenziellen Verknüpfung von qualitativer und quantitativer Forschung: Von einer Typologie somatischer Kultur zum Index

Daniel Gredig, Sibylle Nideröst, Anne Parpan-Blaser

1 Einleitung

Mit der sequenziellen Verknüpfung von qualitativer und quantitativer Forschung rücken wir in dem vorliegenden Beitrag ein Studiendesign ins Zentrum, das einem Muster empirischer Untersuchungen folgt, für die sich inzwischen die Bezeichnung „Mixed-Methods-Forschung" durchgesetzt hat. Einem breit abgestützten Verständnis zufolge bezeichnet der Begriff nämlich einen Forschungstyp, der Elemente von qualitativen und quantitativen Forschungszugängen kombiniert und damit das Ziel verfolgt, ein breites, vertieftes und gut fundiertes Verständnis ihres Untersuchungsgegenstandes zu erreichen (Johnson, Onwuegbuzie & Turner 2007: 123). Mit Greene (2006) und Johnson et al. (2007) ist darauf hinzuweisen, dass es bei Mixed-Methods-Forschung um die Kombination von Methodologien geht und nicht um die Kombination verschiedener Methoden innerhalb eines methodologischen Rahmens; Letzteres würde als „multimethodische Forschung" bezeichnet.

Mag auch Mixed-Methods-Forschung in den Sozialwissenschaften nach wie vor nicht zum Mainstream gehören, so ist sie doch seit den 1990er Jahren – mengenmäßig eindrücklich – aus ihrem Schattendasein herausgetreten (Timans, Wouters & Heilbron 2019) und in verschiedenen Forschungsfeldern zu einem schnell wachsenden Bestandteil der Forschungslandschaft geworden. Allerdings wird die Kombination von qualitativen und quantitativen Forschungsmethoden je nach grundlagentheoretischem oder paradigmatischem Standpunkt als inkompatibel, komplementär, dialektisch oder aparadigmatisch gesehen (Greene 2008).

Es finden sich allerdings auch Forschende, die Mixed-Methods-Forschung als drittes, eigenes Paradigma begreifen. Sie halten das qualitative und das quantitative Paradigma für vereinbar und gehen davon aus, dass die Kombination der Methodologien deren je spezifische Schwächen auszugleichen und Stärken zu bündeln vermögen (Greene 2008). Auf grundlagentheoretischer Ebene gewinnt der Vorschlag an Gewicht, den amerikanischen Pragmatismus, insbesondere die Traditionslinie von Peirce, James und Dewey, als philosophische Grundlage zu wählen (Biesta 2016; Johnson & Onwuegbuzie 2004; Morgan 2007, 2014). Klärungen zu Aspekten wie Ziel und Zweck, Sampling, Methodenwahl, Analyse, Gütekriterien oder auch die Ergebnispräsentation von Mixed-Methods-Forschung sind vorangekommen (Greene 2008), ebenso die systematische Beschreibung grundlegender Designs, denen Mixed-Methods-Forschung folgen kann (vgl. z.B. Creswell 2009; Morse & Niehaus 2009). Seltener war hingegen Thema, wie die Methodenkombination konkret angelegt und vollzogen werden kann und wie sich z.B. umgehen lässt, dass die jeweiligen (methodologischen) Voraussetzungen der gewählten Methoden durch ihre Zusammenführung verletzt werden. Auf der Ebene der konkreten methodischen Vorgehensweisen verortet Jennifer Greene dann auch einen großen Entwicklungsbedarf (Greene 2008). Dies mag allenfalls mit ein Grund dafür sein, dass Lehrbücher der Empirischen Sozialforschung Mixed Methods immer noch wenig Platz einräumen.

Hinsichtlich der bislang verzeichneten Entwicklung von Mixed-Methods-Forschung ist der Hinweis von Belang, dass vorwiegend Forschende in Feldern mit einem starken Praxisbezug, wie z.B. der Evaluation (von sozialstaatlichen Programmen), der Pädagogik oder der Pflege, schon früh Methodenkombinationen vorgenommen haben (Datta 1994). Es scheint dann auch, dass sich die theoretischen Grundlagen von Mixed-Methods-Forschung insbesondere im Wechselspiel zwischen kreativer Forschung in solchen stark praxisbezogenen Feldern und traditioneller Methodentheorie in stärker disziplinär geprägten Feldern entwickelt hat (Greene 2008).

Das Forschungsprojekt, von dem wir im Folgenden sprechen, stand bezeichnenderweise in einem engen Bezug zum Handlungsfeld der HIV-Prävention. Wir strebten nach einem erweiterten und überprüften Verständnis der Faktoren, die das HIV-Schutzverhalten beeinflussen – ein Verständnis, das in die Entwicklung eines neuen Angebots der HIV-Prävention eingehen konnte. Anhand unserer Forschungsarbeiten zur Bedeutung der somatischen Kultur für das HIV-Schutzverhalten von Männern soll hier nun ein Weg von einer qualitativ gewonnenen *Typologie* von somatischen Kulturen zu einem *Index* zur standardisierten Erfassung und kategorialen Einordung zu einem bestimmten Typ somatischer Kultur dargelegt und reflektiert werden.

2 Kontext und Hintergrund

In den späten 1990er Jahren ließ es die epidemiologische Lage in der Schweiz angezeigt erscheinen, die HIV-Prävention um ein Angebot zu ergänzen, das sich spezifisch an heterosexuelle Männer richtete.[1] Darin spiegelte sich die international geteilte Einschätzung, dass Männer, die Sex mit Frauen haben, von der HIV-Prävention bis dahin vernachlässigt worden waren (Exner et al. 1999).

Für eine forschungsbasierte Entwicklung von Interventionen sind belastbare, empirisch erhärtete Erklärungsmodelle des „Problems" – die Problemtheorie (Fraser et al. 2009) – eine wichtige Voraussetzung. Mit Blick auf die Modelle zur Erklärung des Kondomgebrauchs (die damals noch einzige effektive Option zur Vermeidung einer HIV-Infektion bei sexuellen Kontakten) zeigte sich allerdings, dass die Modelle einseitig sozialkognitive Variablen berücksichtigten und in ihrer Erklärungskraft beschränkt waren. Wir schlugen deshalb vor, eines der empirisch gut bestätigten Erklärungsmodelle (Albarracin et al. 2001; Andrew et al. 2016), die Theorie des geplanten Verhaltens („Theory of planned behaviour", Ajzen 1985), um eine Komponente zu ergänzen, die den sozialen und kulturellen Einfluss auf das individuelle köperbezogene Schutzverhalten mit in den Blick zu nehmen erlaubte. Die Forschungsarbeiten erfolgten im Zeitraum von 1999 bis 2003.

An diesem letzten Punkt war uns Cornelia Helfferich mit ihrer Studie zum Verhütungsverhalten von Frauen eine zentrale Inspiration: Sie zeigte auf, dass das konkrete Verhalten mit dem subjektiven Konzept vom (eigenen) Körper, mit bestimmten subjektiven Theorien zur Gesundheit, mit subjektiven Theorien zum Zusammenhang von Individuum und Gesellschaft und Vorstellungen zum Umgang mit den Zwängen der Gesellschaft bzw. der Natur verbunden sind (Helfferich 1992, 1993). In dieser Auseinandersetzung mit Cornelia Helfferichs Arbeiten näherten wir uns erstmals dem Konzept der somatischen Kultur an (Helfferich 1994: 57). In Arbeiten zur Jugendgesundheitsforschung hatte Helfferich eine Typologie von somatischen Kulturen bei Jugendlichen entwickelt und interpretierte sie – wie später auch Kolip (1997) – vor einem geschlechtertheoretischen Hintergrund als Ausdruck von „doing gender" (Helfferich 1994).

Cornelia Helfferich darf unseres Wissens in Anspruch nehmen, als erste Autorin im deutschsprachigen Raum das Konzept der „somatischen Kultur" aufgegriffen und aus der französischen Köpersoziologie in den deutschsprachigen soziologischen und gesundheitswissenschaftlichen Diskurs eingebracht und fruchtbar gemacht zu haben.

Mit dem Begriff „somatische Kultur" fasst Boltanski die sozialen „Regeln, die das physische Betragen von Individuen lenken". Diese Regeln bilden einen „Kodex der guten Sitten für den Umgang mit dem Körper, der tief verinnerlicht und allen Mitgliedern einer bestimmten sozialen Gruppe gemeinsam ist" (Boltanski 1976: 154f.). Analytisch betrachtet, ist die „somatische Kultur" der

1 In der Schweiz wurden heterosexuelle Männer mit der Kampagne für die sog. Allgemeinbevölkerung adressiert oder in spezifischer Weise als Kunden von Sexarbeiterinnen angesprochen. Ein Angebot, das auf ihren spezifischen Bedarf einging und nicht nur Information vermittelte, fehlte hingegen.

Teil des Habitus (Bourdieu 1974, 1976, 1997) einer Person, der den Umgang mit ihrem Körper strukturiert, dies im Sinne einer „generativen Grammatik" (Bourdieu 1974: 155), die unendlich viele Praktiken, Handlungsstrategien und Reaktionen auch in neuen, unvorhergesehenen Situationen hervorbringt. In einer soziogenetischen Interpretation des Konzepts verstehen wir den Habitus als Ergebnis der Sozialisation im Sinne einer produktiven Realitätsverarbeitung (Hurrelmann 1997). „Somatische Kultur" steht damit für ein bestimmtes, beobachtbares Handeln wie auch für die Orientierungsmuster, die dieses Handeln steuern.

Wir setzten uns nun zum Ziel, den Zusammenhang der somatischen Kultur von heterosexuellen Männern mit ihrem Kondomgebrauch näher auszuleuchten.

3 Design

Da wir auf keine Typologie somatischer Kultur bei erwachsenen Männern zurückgreifen konnten, stellte sich uns zunächst die Aufgabe, eine solche Typologie zu entwickeln und ihren sinnhaften Zusammenhang mit dem HIV-Schutzverhalten zu rekonstruieren, um hernach prüfen zu können, ob die Erklärungskraft der gut bewährten Theorie des geplanten Verhaltens durch die Integration somatischer Kultur gesteigert werden kann.

Angesichts dieses Vorhabens entschieden wir uns für ein konsekutives exploratives Design (Creswell 2009), in dem die Ergebnisse einer ersten, qualitativ verfahrenden Untersuchung in die nachfolgende quantitative, standardisierte Untersuchung eingingen.

4 Qualitative Studie

Am Ursprung der qualitativen Studie stand die Frage, welche Zusammenhänge zwischen den Schutzstrategien heterosexueller Männer gegenüber HIV/Aids und ihrer somatischen Kultur bestehen. Hierzu wurde erforscht,

- welche Typen von somatischer Kultur bei Männern vorzufinden sind,
- ob mit der Zugehörigkeit zu bestimmten Typen Unterschiede in den gewählten Schutzstrategien verbunden sind,
- ob sich diese Unterschiede auf die somatische Kultur zurückführen lassen, die diese Männer teilen.

Für die Datenerhebung führten wir problemzentrierte Interviews durch, deren Einstiegsfrage lautete: „Wenn Sie auf Ihr Leben zurückblicken, was für eine Rolle spielte Ihr Körper?“ Im Weiteren thematisierte der Leitfaden u.a. den alltäglichen Umgang mit dem Körper, den Bezug zum eigenen Körper, das Gesundheitshandeln bzw. Risikoverhalten, die Beanspruchung ärztlicher Dienste, die Vorsorge, allgemeine Schutzstrategien, Schutzstrategien gegen HIV/Aids, Sex. Zum Schluss wurden die Befragten aufgefordert, für das körperbezogene Handeln eine Selbsttypisierung im Sinne eines Mottos oder Leitsatzes vorzunehmen.

Die Auswahl der 23 Interviewpartner erfolgte als theoretisches Sampling entlang der Kriterien formale Bildung, Art der beruflichen Tätigkeit (manuell vs. nicht manuell), Alter, Beziehungsstatus (verheiratet, in fester Beziehung, Single) und Sozialraum (wohnhaft in Groß- und Mittelzentrum, Pendlergemeinde in der Agglomeration, Landgemeinde).

Zur inhaltlichen Analyse der von den Befragten angesprochenen Phänomene war es notwendig, das Material durch offenes Kodieren nach Strauss und Corbin aufzubrechen, zu konzeptualisieren, zu Kategorien zu bündeln und diese in Bezug auf ihre Merkmale und Dimensionen zu entwickeln (Strauss & Corbin 1996). Zur Entdeckung von Homologien in unterschiedlichen Zusammenhängen machten wir Anleihen bei der Dokumentarischen Interpretation nach Bohnsack (2001), die darauf ausgerichtet ist, in verbalen Daten habituelle Muster und die dahinter stehenden Erfahrungsräume zu identifizieren.

Basis der Typenbildung sind die Merkmale, anhand derer die einzelnen Fälle verglichen werden (Vergleichsdimensionen) (vgl. Kelle & Kluge 2010). Diese Merkmale spannten mit ihren möglichen Ausprägungen einen sog. Merkmalsraum auf, in dem sich der Einzelfall seinen Eigenschaften entsprechend verorten lässt, so dass die Fälle, die einer Merkmalskombination zugeordnet werden, größtmögliche Ähnlichkeit zueinander aufweisen und sich gleichzeitig von anders gelagerten Merkmalskombinationen möglichst abheben (interne Homogenität bei externer Heterogenität).

Bei drei Befragten zeigte sich, dass sie sich zur Zeit des Interviews intensiv mit körperbezogenen Problemen der Lebensbewältigung auseinandersetzen mussten: Das jeweils individuell gegebene Problem (Angst/Phobien, Sucht, Behinderung/Priapismus) dominierte das Gespräch und ließ eine Rekonstruktion der somatischen Kultur nicht zu. Diese Interviews gingen nicht in die Typenbildung ein. Aus dem Material der verbleibenden 20 Interviews ließen sich vier Typen somatischer Kultur herausarbeiten: der „visionäre Typus“, der „ambivalente Typus“, der „funktionalistische Typus“ und der „nachlässige Typus“. Die Beschreibung der einzelnen Typen findet sich bei Gredig, Parpan und Nideröst (2002).

Die qualitative Studie kam zu dem Ergebnis, dass das HIV-Schutzverhalten je nach Typus somatischer Kultur eine unterschiedliche, aber für jeden Typus durchaus spezifische Gestalt annimmt. Die Wahl bzw. Ausgestaltung der unterschiedlichen Schutzstrategien gegenüber HIV folgt derselben Orientierung wie das kollektive Muster im Umgang mit dem Körper. Die zentrale Erkenntnis lautet somit, dass die somatischen Kulturen tatsächlich die Wahl und Umsetzung der HIV-bezogenen Schutzstrategie heterosexueller Männer prägen (Gredig, Parpan & Nideröst 2002).

5 Die Nahtstelle zwischen der qualitativen und quantitativen Forschung: Die Konstruktion eines Index der somatischen Kultur

Um prüfen zu können, inwiefern sich die Erklärungskraft der „Theory of planned behaviour“ (TPB; vgl. Ajzen 1985; Ajzen & Fishbein 1980; Ajzen & Madden 1986) durch den Einbezug der Variable „somatische Kultur“ verändert, mussten wir die vier Typen somatischer Kultur mit einem Instrument reproduzieren können, das in einen standardisierten Fragebogen integriert werden konnte.

Kernstück in diesem Prozess war die Erarbeitung von Indikatoren für die Zugehörigkeit der Befragten zu einem der vier Typen somatischer Kultur. Wir entschieden uns, ein Instrument zu bilden, das für jeden Typ somatischer Kultur eine Batterie von mehreren spezifischen Items umfasste. Für die Formulierung der einzelnen Items griffen wir auf die Transkripte der qualitativen Interviews zurück. In einem erneuten Zugriff auf das Material sichteten wir die Interviewpassagen, in denen die Befragten Aspekte ihres zentralen Orientierungsmusters und Elemente einer abstrahierenden Selbstcharakterisierung zum Ausdruck brachten, und identifizierten diejenigen Aussagen, die für einen Typ somatischer Kultur charakteristisch waren. Diese („In-vivo“-)Aussagen entwickelten wir in einem iterativen Prozess zu geschlossenen Einzelfragen bzw. zu Batterien von Items weiter, immer mit dem Ziel, Items zu formulieren, denen jeweils nur die Angehörigen eines Typus somatischer Kultur voll zustimmen können.

In einem nächsten Schritt prüften wir die Inhaltsvalidität des entworfenen Index. In schriftlicher Form unterbreiteten wir den Index den Interviewpartnern aus der qualitativen Untersuchung; dies in einem zweistufigen Verfahren: Wir wählten zehn Männer aus und stellten sicher, dass alle vier Typen somatischer Kultur vertreten waren. Nach entsprechender Vorankündigung stellten wir den Männern einen Kurzfragebogen mit dem Index zu. Wir erhielten alle zehn Fragebogen ausgefüllt zurück. Dieser erste Test erlaubte uns, das Erhebungsinstrument zu kürzen und in einigen Punkten anzupassen. Das überarbeitete Instrument stellten wir dann (wiederum nach entsprechender Vorankündigung) den übrigen zehn Interviewpartnern in Form eines Kurzfragebogens zu. Auch in diesem Fall füllten alle Adressaten den Fragebogen aus.

Die zweite Prüfung zeigte, dass die Items verstanden wurden und die angepasste Antwortskala gut gehandhabt werden konnte. Insbesondere zeigte sich, dass uns der Index erlaubte, die zehn Männer anhand ihrer Antworten denselben Typen zuzuordnen, denen sie gemäß der qualitativen Studie angehörten. Daraus schlossen wir, dass das Instrument die für die vier Typen charakteristischen Orientierungsmuster zu erfassen vermochte und die Zuordnung zu einem bestimmten Typ somatischer Kultur erlaubte.

In seiner definitiven Form umfasst der Index 25 Items zum zentralen Orientierungsmuster im Umgang mit dem Körper und zur abstrahierenden Selbstbeschreibung. Die 25 Items sind in vier typenspezifische Item-Batterien unterteilt; der „visionäre Typus“ wird mit 8 Items, der „ambivalente Typus“ mit 4 Items, der „funktionalistische Typus“ mit 6 Items und der „nachlässige Typus“ mit 7 Items erfasst.

Zur Beantwortung der Items wird eine elfstufige Likert-Skala (0–10) angeboten, auf der die Befragten den Grad ihrer Zustimmung zu einem Item angeben können.

Der Index sollte in computerunterstützten Telefoninterviews (Computerassisted Telephone Interviewing, CATI) eingesetzt werden können. Eine elfstufige Likert-Skala eignet sich hierfür und wird auch in Befragungen der Allgemeinbevölkerung in der Schweiz eingesetzt (z.B. im Schweizerischen Haushaltspanel). Eine solche Skala hat zudem den Vorteil, dass die ordinalen als skalierte Daten behandelt werden können. Gleichzeitig haben diverse Studien gezeigt, dass die Anzahl von Kategorien der Antwortskala den stärksten Einfluss auf die Qualität der Daten hat (Alwin & Krosnick 1991; Andrews 1984; Költringer 1993; Rodgers, Andrews & Herzog 1992; Scherpenzeel & Saris 1997). So gilt: Je größer die Anzahl Kategorien ist, desto höher ist die interne Validität der Fragen und desto niedriger sind die zufälligen Messfehleranteile. Dabei sind rein numerische Kategorien verbal unterstützten Kategorien vorzuziehen (Andrews 1984). Numerische Antwortkategorien bieten zudem den Vorteil einer Zeitersparnis und können auch gewisse Effekte im Antwortverhalten, wie „primacy“ oder „recency effects“, verhindern (Scherpenzeel 2021).

Die Zugehörigkeit der Befragten zu einem bestimmten Typus somatischer Kultur wird aus der unterschiedlich starken Zustimmung zu den vier typenspezifischen Item-Batterien abgeleitet. Hierfür wird zunächst für jede Batterie der Mittelwert errechnet und mittels z-Transformation standardisiert. Für die eindeutige Zuordnung zu einem der vier Typen somatischer Kultur musste der z-Wert einer der typenspezifischen Batterie höher sein als die z-Werte der anderen drei typenspezifischen Batterien. Aus dieser Operation resultiert die nominalskalierte Variable „somatische Kultur“ (1 = „visionärer Typus“, 2 = „ambivalenter Typus“, 3 = „funktionalistischer Typus“, 4 = „nachlässiger Typus“).

Dass dieses mehrstufige Verfahren zur eindeutigen Zuordnung der Befragten zu einem der Typen somatischer Kultur sich so kompliziert gestaltete, ist den unterschiedlichen Zugängen von qualitativer und quantitativer Forschung geschuldet. In der qualitativen Studie hatten die Interviewten die Möglichkeit, sich in ihren Erzählungen, Episoden, Resümees und Selbsttypisierungen frei entlang ihren Relevanzsetzungen zu bewegen, und wir folgten ihren Aussagen. Bei der standardisierten Befragung mussten die Befragten Antworten auf alle Items geben, auch auf solche, die für sie wenig relevant waren und zu denen sie spontan keine eigene Aussage gemacht hätten. Insofern mussten wir ein Verfahren finden, das der Tatsache Rechnung trug, dass die Befragten zu allen Items eine Einschätzung vornahmen. Es sollte nur diejenigen Befragten einem bestimmten Typus zuordnen, die ihre überdurchschnittliche Zustimmung zu den entsprechenden Items gaben.

Auf diesem Stand der Entwicklung ließen wir das Erhebungsinstrument schließlich von den Methodenspezialisten des Zentrums für Umfragen, Methoden und Analysen (ZUMA) in Mannheim begutachten. Von diesen bestärkt, unterzogen wir den Index einem quantitativen Pretest, der eine Prüfung der psychometrischen Qualitäten des Tests erlaubte. Zudem zeigten die Reliabilitätstests, dass die jeweils einem Typus zugeordneten Items eine genügende bis gute interne Konsistenz aufwiesen.[2]

Die definitive Fassung des Index der somatischen Kultur findet sich im Anhang.

6 Quantitative Studie

Der Index der somatischen Kultur kam in der anschließenden quantitativen Untersuchung zum Einsatz. Diese Studie ging der Frage nach, ob sich die „Theory of planned behaviour“ als Erklärungsmodell für das HIV-bezogene Risiko- bzw. Schutzverhalten von Schweizer Männern zwischen 25 und 65 Jahren bewährt und sich die Erklärungskraft des Modells durch den Einbezug der somatischen Kultur verändert. Geprüft wurde die Hypothese, dass die Erweiterung des Modells um die Variable „somatische Kultur“ zu einer Steigerung der Erklärungskraft des Modells führt.

2 Der „visionäre Typus“ (8 Items) weist mit einem Wert von 0,66 für Cronbachs Alpha eine zufriedenstellende interne Konsistenz auf; die Skala für den „ambivalenten Typus“ (4 Items) erreicht ebenfalls einen Cronbachs-Alpha-Wert von 0,66; bei der Skala „funktionalistischer Typus“ (6 Items) erreicht Cronbachs Alpha den Wert 0,61 und für die Skala „nachlässiger Typus“ (7 Items) ergibt sich mit einem Wert für Cronbachs Alpha von 0,70 eine gute interne Konsistenz.

Um die in der TPB formulierten kausalen Zusammenhänge überprüfen zu können, legten wir die Studie prospektiv an. Dies gestattete eine kausale Interpretation der ermittelten Zusammenhänge. So erfolgte die Datenerhebung in zwei Wellen mit einem Abstand von sechs Monaten. In der ersten Befragung wurden die Daten zu den sozialkognitiven Prädiktorvariablen der TPB, die soziodemografischen Merkmale, der Index der somatischen Kultur und die Schutzstrategie der Befragten erhoben. In der zweiten Befragung wurden Angaben zur Bestimmung der Zugehörigkeit zu einem bestimmten sozialen Milieu und zum konkreten Schutz- und Risikoverhalten in den sechs Monaten seit der ersten Befragung erfragt.

In beiden Wellen bildete ein standardisierter Fragebogen das Erhebungsinstrument. Die Befragung wurde mittels computerunterstützter Telefoninterviews durchgeführt. Für die Befragung waren deutschsprachige Männer im Alter zwischen 25 und 65 Jahren qualifiziert, die in der Schweiz aufgewachsen waren, keine sexuellen Beziehungen zu Männern pflegten und (angesichts der Erfahrungen in der qualitativen Studie) unter keinen akuten oder chronischen gesundheitlichen Beeinträchtigungen litten.

In der Datenanalyse kamen Verfahren der deskriptiven Statistik zum Einsatz. Die Prüfung der TPB erfolgte mittels bivariater Korrelationsanalysen und multipler und logistischer Regressionsanalysen. Zur Prüfung der erweiterten TPB setzten wir die Kovarianzanalyse ein (da somatische Kultur eine kategoriale Variable war).

In der ersten Welle konnten 1071 Männer befragt werden, in der zweiten 982. Die soziodemografischen Merkmale der Befragten können der Publikation zur Studie entnommen werden (Gredig, Nideröst & Parpan-Blaser 2006).

Mit dem Index konnten 97 Prozent der Befragten einem der vier Typen somatischer Kultur zugeordnet werden (vgl. Tabelle 1).

Die vier Typen somatischer Kultur konnten auch in den sozialen Milieus in der Schweiz verortet werden; ein Aspekt, auf den wir hier aber nicht eingehen können (vgl. hierzu Nideröst 2007). Zudem zeigte die Untersuchung, dass die Erklärungskraft der TPB mit Blick auf die Intention zum Kondomgebrauch durch die Erweiterung um die Variable somatische Kultur erhöht werden konnte (Gredig, Nideröst & Parpan-Blaser 2007).

Tabelle 1: Verteilung der Typen somatischer Kultur (N = 982)

Somatische Kultur	**n**	**%**
Der „visionäre Typus“	278	28,3
Der „ambivalente Typus“	223	22,7
Der „funktionalistische Typus“	217	22,1
Der „nachlässige Typus“	235	23,9
Nicht zugeordnet	29	3,0

Quelle: Eigene Berechnung

7 Folgerungen in methodischer Hinsicht

Das konsekutive explorative Design (Creswell 2009) erlaubte in einer für Mixed-Methods-Studien bezeichnenden Weise, die spezifischen Leistungen und Stärken des qualitativen und quantitativen Forschungszugangs zu kombinieren; es hat sich für die Bearbeitung der letztlich anwendungs- bzw. praxisorientierten Fragestellung bewährt. Das qualitative Vorgehen führte uns zu Existenzaussagen und Einsichten in die sinnhafte Verbindung eines Typs somatischer Kultur mit dem Kondomgebrauch. Das quantitative Vorgehen gestattete eine Aussage über die Verbreitung der Typen. Zudem konnte es in einem hypothesenprüfenden Verfahren den Einfluss somatischer Kultur auf die Intention, sich mit Kondomen vor HIV zu schützen, unter Berücksichtigung weiterer bekannter Einflussfaktoren ermitteln und die Stärke des Einflusses der somatischen Kultur im Zusammenspiel und im Vergleich mit anderen Prädiktoren fassbar machen.

Hierbei ist zu beachten, dass die qualitative wie auch die quantitative Phase ihren jeweiligen methodologischen Setzungen und Gütekriterien folgten und gleichwertig aneinandergereiht wurden. Wir erkannten die qualitativ konstruierte Typologie als abgeschlossen an und stellten uns im anschließenden quantitativen Teil der Untersuchung die Aufgabe, ein Messinstrument zu entwickeln, mit dem die qualitativ entwickelten Typen standardisiert und quantitativ erfasst werden können. Die Kombination der qualitativen und quantitativen Forschungszugänge führte auch nicht zu einer Vermischung der je spezifischen Forschungslogiken. Dies lässt sich u.a. daran erkennen, dass wir uns darauf einließen, einen Typus somatischer Kultur zu definieren, der in der qualitativen Stichprobe nur einmal aufzufinden war. Der Befragte stand aber bei den Vergleichsdimensionen in so deutlichem Kontrast zu den übrigen Typen, dass wir ihn – entgegen jeder quantifizierenden Versuchung – als Repräsentanten eines spezifischen Typus behandelten. In der quantitativen Untersuchung fand sich dieser Typus somatischer Kultur bei 22,7 Prozent der Befragten.

Das methodenkombinierende Projekt war aber weder alleine auf Theorieentwicklung bedacht, noch stellte es lediglich eine methodische Fingerübung oder eine Überprüfung der Versprechen von Mixed-Methods-Forschung dar. Die Ergebnisse schufen einen praxisbezogenen Nutzen für die Professionellen im Feld der HIV-Prävention: Sie ließen Ansatzpunkte für gezielte, auf unterschiedliche somatische Kulturen abgestimmte und anschlussfähige Präventionsangebote erkennbar werden (Fraser et al. 2009) und dienten als Grundlage für die Entwicklung eines neuen Angebots der HIV-Prävention für Männer (Nideröst, Gredig & Baur 2007).

Literatur

Ajzen, Icek (1985): From intentions to actions: A theory of planned behaviour. In: Kuhl, J. & Beckmann, J. (Hrsg.): Action-control: From cognition to behaviour. Berlin: Springer, S. 11–39.

Ajzen, Icek & Fishbein, Martin (1980): Understanding attitudes and predicting social behavior. Englewood Cliffs, NJ: Prentice-Hall.

Ajzen, Icek & Madden, Thomas J. (1986): Prediction of goal directed behavior: attitudes, intentions, and perceived behavioral control. In: Journal of Experimental Social Psychology 22, 5, S. 453–474.

Albarracin, Dolores/Blair, T. Johnson/Fishbein, Martin & Muellerleile, Paige A. (2001): Theories of Reasoned Action and Planned Behavior as Models of Condom Use: A Meta-Analysis. In: Psychological Bulletin 127, 1, S. 142–161.

Alwin, Dune F. & Krosnick, Jon A. (1991): The Reliability of Survey Attitude Measurement: The Influence of Question and Respondent Attributes. Sociological Methods & Research 20, 1, S. 139–181.

Andrew, Benjamin J./Mullan, Barbara A./Wit, John B.F. de/Monds, Lauren A./Todd, Jemma & Kothe, Emily J. (2016): Does the Theory of Planned Behaviour Explain Condom Use Behaviour Among Men Who have Sex with Men? A Meta-analytic Review of the Literature. In: Aids and Behavior 20, 12, S. 2834–2844.

Andrews, Frank M. (1984): Construct Validity and Error Components of Survey Measures: A Structural Modeling Approach. In: Public Opinion Quarterly 48, 2, S. 409–442.

Biesta, Gert (2016): Pragmatism and the Philosophical Foundations of Mixed Methods Research. In: Tashakkori, A. & Teddlie, C. (Hrsg.): Sage Handbook of Mixed Methods in Social & Behavioral Research (2. Aufl.) Los Angeles: Sage, S. 95–118.

Bohnsack, Ralf (2001): Die dokumentarische Methode und ihre Forschungspraxis: Grundlagen qualitativer Sozialforschung. Opladen: Leske + Budrich.

Boltanski, Luc (1976): Die soziale Verwendung des Körpers. In: Kamper, D. & Rittner, V. (Hrsg.): Zur Geschichte des Körpers. München: Hanser, S. 138–177.

Bourdieu, Pierre (1974): Der Habitus als Vermittlung zwischen Struktur und Praxis. In: ders.: Zur Soziologie der symbolischen Formen. Frankfurt am Main: Suhrkamp, S. 125–158.

Bourdieu, Pierre (1976): Entwurf einer Theorie der Praxis auf der ethnologischen Grundlage der kabylischen Gesellschaft. Frankfurt am Main: Suhrkamp.

Bourdieu, Pierre (1997): Die feinen Unterschiede. Kritik der gesellschaftlichen Urteilskraft (9. Aufl.). Frankfurt am Main: Suhrkamp.

Creswell, John W. (2009): Research Design. Qualitative, Quantitative, and Mixed Methods Approaches. Los Angeles: Sage.

Datta, Lois-ellin (1994): Paradigm wars: A basis for peaceful coexistence and beyond. In: New Directions for Program Evaluation, 61, S. 53–70.

Exner, Theresa M./Gardos, P. Sandor/Seal, David W. & Ehrhardt, Anke A. (1999): HIV Sexual Risk Reduction Interventions With Heterosexual Men: The Forgotten Group. In: Aids and Behavior 3, 4, S. 347–358.

Fraser, Mark W./Richman, Jack M./Galinski, Maeda J. & Day, Steven H. (2009): Intervention Research. Developing Social Programs. Oxford: Oxford University Press.

Gredig, Daniel/Nideröst, Sibylle & Parpan-Blaser, Anne (2006): HIV-protection through condom use: Testing the theory of planned behaviour in a community sample of heterosexual men in a high-income country. In: Psychology and Health 21, 5, S. 541–555.

Gredig, Daniel/Nideröst, Sibylle & Parpan-Blaser, Anne (2007): Explaining the Condom Use of Heterosexual Men in a High-Income Country: Adding Somatic Culture to the Theory of Planned Behaviour. In: Journal of Public Health 15, 2, S. 129–140.

Gredig, Daniel/Parpan, Anne & Nideröst, Sibylle (2002): Somatische Kultur und HIV-Schutzstrategien heterosexueller Männer. In: Sozial- und Präventivmedizin 47, 6, S. 366–377.

Greene, Jennifer C. (2006): Toward a Methodology of Mixed Methods Social Inquiry. In: Research in the schools 13, 1, S. 93–98.

Greene, Jennifer C. (2008): Is Mixed Methods Social Inquiry a Distinctive Methodology? In: Journal of Mixed Methods Research 2, 1, S. 7–22.

Helfferich, Cornelia (1992): Zwang von Natur und Gesellschaft: Alltagsbilder vom Körper aus der Sicht von Frauen. In: Vogt, I. & Bormann, M. (Hrsg.): Frauen-Körper. Lust und Last. Tübingen: Dgvt-Verlag, S. 9–37.

Helfferich, Cornelia (1993): Das unterschiedliche „Schweigen der Organe" bei Frauen und Männern – subjektive Gesundheitskonzepte und „objektive" Gesundheitsdefinitionen. In: Franke, A. & Broda, M. (Hrsg.): Psychosomatische Gesundheit. Versuch einer Abkehr vom Pathogenese-Konzept. Tübingen: Dgvt-Verlag, S. 35–65.

Helfferich, Cornelia (1994): Jugend, Körper und Geschlecht. Die Suche nach sexueller Identität. Opladen: Leske + Budrich.

Hurrelmann, Klaus (1997): Einführung in die Sozialisationstheorie. Über den Zusammenhang von Sozialstruktur und Persönlichkeit. Weinheim: Beltz.

Johnson, R. Burke & Onwuegbuzie, Anthony J. (2004): Mixed Methods Research: A Research Paradigm Whose Time Has Come. In: Educational Researcher 33, 7, S. 14–26.

Johnson, R. Burke/Onwuegbuzie, Anthony J. & Turner, Lisa A. (2007): Toward a Definition of Mixed Methods Research. In: Journal of Mixed Methods Research 1, 2, S. 112–133.

Kelle, Udo & Kluge, Susan (2010). Vom Einzelfall zum Typus: Fallvergleich und Fallkontrastierung in der qualitativen Sozialforschung (2 Aufl.). Wiesbaden: Springer VS.

Kolip, Petra (1997): Geschlecht und Gesundheit. Die Konstruktion von Geschlechtlichkeit über somatische Kulturen. Opladen: Leske + Budrich.

Költringer, Richard (1993): Gültigkeit von Umfragedaten. Wien: Böhlau.

Morgan, David L. (2007): Paradigms Lost and Pragmatism Regained: Methodological Implications of Combining Qualitative and Quantitative Methods. In: Journal of Mixed Methods Research 1, 1, S. 48–76.

Morgan, David L. (2014): Pragmatism as a Paradigm for Social Research. In: Qualitative Inquiry 20, 8, S. 1045–1053.

Morse, Janice M. & Niehaus, Linda (2009): Mixed Method Design. Principles and Procedures. London: Routledge.

Nideröst, Sibylle (2007): Männer, Körper und Gesundheit. Somatische Kultur und soziale Milieus bei Männern. Bern: Hans Huber.

Nideröst, Sibylle/Gredig, Daniel & Baur, Roland (2007): Forschungsbasierte Interventionsentwicklung zu HIV/Aids-Prävention. Entwicklung und Implementation eines Handlungskonzepts zur Präventionsarbeit mit Männern. In: Sommerfeld, P. & Hüttemann, M. (Hrsg.): Evidenzbasierte Soziale Arbeit. Nutzung von Forschung in der Praxis. Baltmannsweiler: Schneider Verlag Hohengehren, S. 116–132.

Rodgers, Willard L./Andrews, Frank M. & Herzog, A. Regula (1992): Quality of Survey Measures: A Structural Modeling Approach. In: Journal of Offical Statistics 8, 3, S. 251–275.

Scherpenzeel, Annette (2021): Why use 11-point scales? https://forscenter.ch/wp-content/uploads/2018/10/varia_11pointscales.pdf. [Zugriff: 9.6.2021].

Scherpenzeel, Annette C. & Saris, Willem E. (1997): The Validity and Reliability of Survey Questions. A Meta-Analysis of MTMM Studies. In: Sociological Methods and Research 25, 3, S. 341–383.

Strauss, Anselm L. & Corbin, Juliet M. (1996): Grounded Theory: Grundlagen qualitativer Sozialforschung. Weinheim: Beltz.

Timans, Rob/Wouters, Paul & Heilbron, Johan (2019): Mixed methods research: what it is and what it could be. In: Theory and Society 48, 2, S. 193–216.

Anhang

Tabelle 2: Index der somatischen Kultur – Items und ihre Zuordnung

Typen somatischer Kultur	Items
Visionärer Typus	Für mich gilt ein schöner, athletischer Körper als Vorbild. Daran orientiere ich mich (zentro1).
	Ich betrachte meinen Körper als Partner, mit dem ich im Dialog stehe (zentro7).
	Ich versuche, immer ein Gleichgewicht zwischen Körper und Geist zu halten (zentro10).
	Mein Kleidungsstil, mein Outfit, soll meine Persönlichkeit zum Ausdruck bringen (zentro12).
	Ich bin jemand, der darauf achtet, dass sich Anspannung und Ruhe die Balance halten (selbst4).
	Ich habe für meinen Körper ein Ideal gefunden, das ich gerne erreichen möchte (selbst7).
	Ich höre auf die Signale meines Körpers, weil er mir sagt, was ich für mein Wohlbefinden brauche (selbst9).
	Man muss etwas für sein körperliches Wohlbefinden tun, dann hat man auch mehr vom Leben (selbst14).
Ambivalenter Typus	Man kann den Körper nicht einfach machen lassen, man muss aufpassen, sonst verliert man die Kontrolle über ihn (zentro2).
	Man kann sich nicht nur auf sein Gefühl verlassen, wenn man wissen will, ob der Körper in Ordnung ist, man muss es messen (zentro8).
	Wenn der Körper die Normen, die für ihn gelten, nicht mehr erfüllt, dann muss man kompromisslos eingreifen (zentro18).
	Ich kümmere mich nicht ständig um meinen Körper. Aber es braucht einfach eine regelmäßige Kontrolle, um zu prüfen, ob noch alles in Ordnung ist (Gewicht, Blutdruck, Cholesterin usw.) (selbst8).
Funktionalistischer Typus	Man kann für die Gesundheit nicht viel tun, aber ich schaue wenigstens, dass ich sie nicht noch selbst schädige (zentro3).
	Meine Arbeit hält mich körperlich fit, deshalb brauche ich in meiner Freizeit keinen Sport zu treiben (zentro5).
	Meine Körperpflege beschränkt sich auf das, was ein Mann so macht: rasieren, duschen, Zähne putzen (zentro13).
	Solange ich gesund bin, brauche ich mich nicht um meinen Körper zu kümmern (zentro17).
	Ich beachte den Körper nicht groß, außer wenn ich krank bin (selbst10).
	Man sollte den Körper schonen, das heißt ihn nicht unnötig belasten oder überforcieren, und sonst einfach das Leben genießen (selbst12).

Typen somatischer Kultur	Items
Nachlässiger Typus	Die meisten Sportarten schaden mehr, als sie nützen (zentro4). Körperpflege ist nicht so wichtig, Hauptsache, man ist sauber (zentro11). Wie ich aussehe, ist mir nicht wichtig (zentro14). Ab einem gewissen Alter kann man sich körperlich ruhig etwas gehen lassen (zentro16). Ich lasse meinen Körper so, wie ihn die Natur geschaffen hat (selbst6). Ich bin wenig körperbewusst. Die meiste Zeit spüre ich gar nicht, dass der Körper da ist (selbst11). Man sollte sich so akzeptieren, wie man ist, und nicht irgendwelchen Idealmaßen oder Idealvorstellungen nachrennen (selbst13).

Quelle: Eigene Darstellung

Tabelle 3: Bildung der Variablen aus den Items und dem Index der somatischen Kultur

	Zuordnungsvorschrift
Item-Mittelwert „visionärer Typus“	(zentro1 + zentro7 + zentro10 + zentro12 + selbst4 + selbst7 + selbst9 + selbst14)/8
Item-Mittelwert „ambivalenter Typus“	(zentro2 + zentro8 + zentro18 + selbst8)/4
Item-Mittelwert „funktionalistischer Typus“	(zentro3 + zentro5 + zentro13 + zentro17 + selbst10 + selbst12)/6
Item-Mittelwert „nachlässiger Typus“	(zentro4 + zentro11 + zentro14 + zentro16 + selbst6 + selbst11 + selbst13)/7

Somatische Kultur	IF (zvision > zambival) and (zvision > zfunktio) and (zvision> znachläs) SK = 1
	IF (zambival > zvision) and (zambival > zfunktio) and (zambival > znachläs) SK = 2
	IF (zfunktio > zvision) and (zfunktio > zambival) and (zfunktio > znachläs) SK = 3
	IF (znachläs > zvision) and (znachläs > zambival) and (znachläs > zfunktio) SK = 4

Quelle: Eigene Darstellung

Anmerkung: zvision, zambival zfunktio znachläs sind die z-transformierten Werte der I-tem-Mittelwerte.

Verhältnis von quantitativen Methoden und die Mixed-Methods-Bewegung

Heinz Kindler

1 Einleitung

Obwohl ich professionell über Menschen nachdenke, fällt es mir nicht leicht zu sagen, warum ich selbst mit bestimmten Forschungsmethoden arbeite und mit anderen nicht. Auch in der Literatur blenden Diskussionen über Forschungsmethoden den Aspekt der Person, die mit bestimmten Methoden arbeitet oder eben nicht, meist aus (Osbeck & Nercessian 2012), was zumindest innerhalb der Psychologie, bei der es ja wesentlich um Menschen und ihre Entscheidungen geht, eine gewisse Ironie beinhaltet. Eine der wenigen mir bekannten Wissenschaftlerinnen, die sich mit der Frage beschäftigt hat, wie Person und Wahl der Methode in der Wissenschaft zusammenhängen, ist Lisa Osbeck, eine Psychologin an der University of West Georgia in den USA. Sie spricht von „epistemischen Identitäten“, also Arten von Selbstsinn bezogen auf Erkennen und Erkenntnis, die bei der empfundenen Nähe zu Methoden und deren Auswahl eine Rolle spielen (Osbeck & Nercessian 2017). Obwohl vielfältig definiert und konnotiert, bringt der Begriff der Identität (oder der, wie ich finde, schönere Begriff des Selbstsinns) die enge Verbindung von historisch eingebetteter, selbst wahrgenommener und reflektierter persönlicher Entwicklung einerseits und Handlungsfähigkeit sowie -motivation andererseits auf den Punkt (Taylor 1994). Tatsächlich sind und sollen epistemische Identitäten ja handlungswirksam sein, egal ob es darum geht, Forschungsergebnisse und die Methoden, mit denen sie erzeugt werden, zu rezipieren oder selbst zu forschen. Gerade in der Tradition des amerikanischen Pragmatismus tritt zudem hervor, dass Identität nur in sozialer Einbettung und Spiegelung entstehen kann (Cooley 1998). Entsprechend sehen auch Osbeck & Nercessian (2017) epistemische Identitäten als zutiefst persönlich, aber auch grundlegend sozial an.

Ich kann diesen Gedankengang sehr gut nachvollziehen. Die soziale Seite der Entwicklung einer epistemischen Identität zeigt sich etwa in der (denk-)methodischen Ausbildung in Schule und Studium sowie in der forschungsmethodischen Sozialisation im Rahmen von Betreuungsverhältnissen während Masterarbeit und Promotion. In meinem Fall spielte die Auseinandersetzung mit den Methoden der Bindungsforschung hier eine besondere Rolle.

Dabei handelt es sich um ein Forschungsgebiet in der Entwicklungspsychologie, das die Bedeutung früher Beziehungen von Kindern zu Fürsorgepersonen für die emotionale, soziale und die Entwicklung der Persönlichkeit untersucht (Cassidy & Shaver 2016). Kennzeichnend für die Methoden in der Bindungsforschung ist in Beobachtung und in Interviews der Fokus auf die Organisation kindlichen Verhaltens bzw. Sprechens in allen Altersgruppen in Bezug auf Trost, Fürsorge und emotionale Sicherheit bei Belastung und Überforderung. Unterschieden werden mehrere Muster, die zunächst induktiv aus Feldbeobachtungen entwickelt und ergänzt wurden (Ainsworth 1967), dann in standardisierte Erhebungsformate überführt und schließlich im Hinblick auf ihr Vorkommen und ihre Verteilung in verschiedenen Kulturen, ihre interaktiven Wurzeln und Folgen in Entwicklungsverläufen getestet wurden. Mit dem Sprung von der Verhaltensbeobachtung zu Interviews mit Kindern, Jugendlichen und Erwachsenen gab es auch den erfolgreichen Versuch der Übertragung von Mustern von einem Medium in ein gänzlich anderes, nämlich in die Sprache (Bretherton & Waters 1985). Die Betonung von Mustern, bei denen es nicht auf einzelne Verhaltensweisen oder Äußerungen, sondern auf deren Organisation und Bedeutung ankommt, weist eine gewisse Nähe zu qualitativen Methoden auf, obwohl das Feld der Bindungsforschung zugleich im psychologischen Mainstream der Testung von theoretisch begründeten Vorhersagen verankert war und ist. Zumindest in meiner heutigen Sicht hat mich die methodische Ausbildung im Kontext der Bindungsforschung im Hinblick auf meine epistemische Identität auf mehrere Weisen stark beeinflusst. Beispielsweise bin ich davon überzeugt, dass Bedeutung tragende Forschungsergebnisse, die nach Hammersley (2018) dem epistemischen Wert der Relevanz entsprechen, leichter auf der Ebene von Mustern zu erreichen sind als durch die Zählung von kontextbefreiten Verhaltensweisen. Genau wie Popper (2002) dies sehr viel grundlegender (und gründlicher) für die Überzeugung, es gebe eine externe Realität, festgestellt hat, lässt sich eine solche epistemische Überzeugung zwar rekonstruieren, aber letztlich nicht lückenlos begründen. Gerade dies verweist auf die soziale Natur der Ausbildung epistemischer Identität, die nicht allein durch logische Analyse, sondern immer auch durch Anleitung und Mitarbeit sowie die (Forschungs-)Erfahrungen, die in diesem Rahmen möglich sind, erworben wird.

Schwerer zu thematisieren ist vermutlich die persönliche Seite der Ausbildung einer epistemischen Identität, insofern hier zum einen die Lebensgeschichte wie ein Resonanzboden oder Transistor wirkt, der manche Einflüsse verstärkt und weiterleitet bzw. zulässt oder eben blockiert. Zum anderen aber wird die Ausbildung einer epistemischen Identität selbst Teil der Lebensgeschichte und damit der Art, wie Wissenschaftlerinnen und Wissenschaftler sich selbst sehen, welchen Überzeugungen sie sich nahe fühlen und von welchen sie sich abgrenzen. In meinem Fall denke ich etwa, dass das Aufwachsen in einem sozialdemokratischen Elternhaus im katholischen Altötting (einer kleinen Wallfahrtsstadt in Bayern) und das Dasein als „Leseratte“ in einem Arbeitermilieu mich sehr vorsichtig gemacht hat, welche Ergebnisse von Forschung in einer Welt mit so verschiedenen Sichtweisen tatsächlich Gültigkeit und Relevanz beanspruchen können. Entsprechend war mir der epistemische Wert der Rechtfertigbarkeit von Wissen, meist umgesetzt in Qualitätsmerkmale von Forschung wie Reliabilität und Validität sehr wichtig, während mir explorative Forschung eher „luftig“ erschien. Klar schien mir bei meinem Hintergrund auch, dass subjektive Sinnstrukturen keinen Endpunkt von Forschung, sondern eher einen Anfangspunkt darstellen, da nicht alle Sichtweisen gleichermaßen richtig sein können und ganz offensichtlich nicht unbedingt ausgesprochene Interessen und Erfahrungen hier eine Rolle spielen. Sehr überzeugend scheint mir auch der bei Taylor (1994) angesprochene Zusammenhang zwischen Identität und der Idee des Guten, dem zufolge Menschen in der Moderne ihr Selbst als Mittel begreifen, um das Gute und Richtige zu wollen, zu tun und sich daran zu messen. Auch hier wird es persönlich und der Umstand, wie sehr Fragen nach Forschungsmethoden teilweise mit polarisierenden Sichtweisen dahinterstehender Menschenbilder aufgeladen wurden, spricht aus meiner Sicht dafür, dass epistemische Identitäten teilweise dafür herhalten müssen, sich selbst nicht nur als vernünftig, sondern auch als gut zu positionieren, insofern dies meist mehr Leidenschaft erzeugt. Zeitweise wurde sogar von „academic tribes“ (Becher & Trowler 2001), „method wars“ (Walsh-Bowers 2002) oder „paradigm wars“ (Bryman 2008) zwischen quantitativen und qualitativen Forschungszugängen gesprochen, wie die beiden Hauptlager meist bezeichnet wurden.

In kontrastierenden Beschreibungen dieser beiden Forschungszugänge fand und findet sich häufig das Rohmaterial für die sozial gefilterte und vermittelte, persönlich verarbeitete Ausbildung einer epistemischen Identität in der Wissenschaft. Während ein Teil der Literatur dabei ausschließlich polarisierend argumentiert, stellen andere Arbeiten Unterschiede wie Gemeinsamkeiten heraus und bauen damit Brücken für eine übergreifende epistemische Identität.

2 Die beiden großen Traditionen des messenden und rekonstruierenden Forschungszugangs

In einem ihrer grundlegenden Aufsätze hat Cornelia Helfferich (2013) Unterschiede wie Gemeinsamkeiten quantitativer wie qualitativer Forschungsmethoden herausgearbeitet. Sie zählt damit zu den Autorinnen und Autoren, die Brücken bauen. Zunächst einmal wählt sie aber vier Aspekte der Erkenntnispraxis aus, um die beiden Forschungsstrategien zu vergleichen. Diese vier Aspekte lauten

- Haltung zum Forschungsgegenstand
- Reduktion von Komplexität
- Verallgemeinerbarkeit
- Umgang mit Subjektivität und Vermeidung von Beliebigkeit

Diese Strukturierung ist sehr konzentriert, greift aber wesentliche Elemente der vergleichenden Diskussion auf, wie sie sich auch in anderen grundlegenden Texten im Feld finden, etwa einem Buch von Bryman (1988: 94).

Zur ersten ihrer vier Dimensionen, der *Haltung zum Forschungsgegenstand*, erläutert Helfferich (2013), in der quantitativen Sozialforschung würden bereits bestehende Konstrukte und Modelle empirisch geprüft. In der qualitativen Forschung würden Konstrukte weniger an die Daten herangetragen, sondern eher anhand der Daten rekonstruiert. In der vertiefenden Erörterung wird dann beschrieben, „empirische Prüfung“ bedeute in der quantitativen Forschung, dass zum einen Ausprägungen von Konstrukten „gemessen“, d.h. in Zahlen überführt würden, und zum anderen Hypothesen oder Modelle zu Zusammenhängen zwischen Konstrukten mit den Mitteln der Statistik getestet würden. Bezugswissenschaften dieses Vorgehens seien die Naturwissenschaften, und die Haltung gegenüber dem Forschungsgegenstand sei eine des Überprüfens von Annahmen. In der qualitativen Forschung, so Helfferich, würden die Konstrukte, die anhand der Daten entwickelt werden würden, Wirklichkeits- und Sinnkonstruktionen von Menschen betreffen. Gesucht werde die „Ordnung der Dinge im Kopf von Menschen“ („the form of things that people have in mind“, Goodenough 1957: 167). Die erzeugten Daten seien meist Texte (z.B. Interviewpassagen) als Träger von Sinn. Beim Entschlüsseln dieses Sinns sei es regelmäßig erforderlich, über den bisherigen eigenen Verstehenshorizont hinauszugehen und nicht nur vertraute Gedanken nachzuvollziehen. Daraus ergebe sich eine suchende Grundhaltung. Bezugswissenschaften seien die Geisteswissenschaften, insbesondere die Hermeneutik.

Für alle, die (wie ich) nicht so genau wissen, was Hermeneutik ist, sei kurz erläutert, dass Hösle (2018: 35) Hermeneutik als „Kunst bzw. Wissenschaft des Verstehens“ definiert. Das Verstehen der Absichten und Perspektiven von Mitmenschen stellt eine sehr grundlegende, sich in der Kindheit entwickelnde, meist intuitive und von impliziten Regeln gesteuerte, in diesem Ausmaß von anderen bekannten Spezies unterscheidbare Fähigkeit von Menschen dar (Tomasello 2020). Hermeneutik lässt sich nun als Versuch verstehen, aufbauend auf dieser Fähigkeit, eine explizite, Regeln und Methoden formulierende und daher der Reflexion besser zugängliche Lehre vom Verstehen zu entwickeln, deren Material Zeugnisse aus alten oder anderen Kulturen oder allgemeiner Zeugnisse anderer Menschen sein können. Wenn ich es recht begreife, widersetzt sich das Anliegen der Hermeneutik klassischen Formen des „Erklärens“

von Phänomenen in den Naturwissenschaften (für eine Einführung siehe Salmon 1984) und zielt stattdessen direkter auf den Sinn von Zeugnissen. Dieser lässt sich aber nie endgültig erfassen, da Verstehen stets von Personen mit ihren Erfahrungen ausgehen muss und die „Annäherung an das Fremdgeistige" (Hösle 2018) unvollständig bleibt. Hermeneutik und naturwissenschaftlich ausgerichtete Humanwissenschaften haben Berührungspunkte, da vor allem die kognitive Psychologie (neben der Neurophysiologie) Menschen als Informationsquellen über Innerpsychisches nutzt und Auskünfte, einschließlich des Bemühens um sinnhaftes Handeln, als Teil eines Prozessverständnisses von Kausalität (für einen Überblick siehe Illari & Russo 2014) für Erklärungen heranzieht. Trotzdem fallen beide Ansätze nicht zusammen, da „Sinn" in der Hermeneutik eine viel umfassendere, kulturell reiche und zugleich dem Mit- oder Nach-Erleben nähere Bedeutung hat, als dies bei verwandten Konzepten der naturwissenschaftlich ausgerichteten Psychologie der Fall ist. Beide Ansätze werden aber, zumindest von einigen Philosophien (z.B. Apel 1979), als komplementär verstanden.

Wichtig erscheint mir an der von Helfferich gegebenen typisierenden Darstellung des Verhältnisses von quantitativer bzw. qualitativer Forschung zu ihren Forschungsgegenständen, dass an dieser Stelle kein Gegensatz, sondern ein nur gradueller Unterschied beschrieben wird. Natürlich kann quantitative Forschung beispielsweise nicht beim bloßen Überprüfen von Konstrukten und Annahmen über ihre Zusammenhänge stehen bleiben, weil etwa Daten ja oft genug widerständig sind und Konstrukte wie Annahmen daher weiterentwickelt werden müssen. Aber es ist richtig, dass der Schwerpunkt von Lehrbüchern zur quantitativen Forschung regelmäßig auf dem Überprüfen von Hypothesen und Modellen, manchmal noch auf Vorschriften für das Erzeugen von Daten (Forschungsdesigns) liegt, während Arten des theoriebildenden und Hypothesen erzeugenden Denkens, im Anschluss an Charles Sanders Peirce auch als „Abduktion" bezeichnet (Reichertz 2003), regelmäßig keine oder fast keine Rolle spielen. In der Praxis finden sich diese Schritte in der quantitativen Forschung bei der Interpretation von Daten und der Entwicklung bzw. Weiterentwicklung von Theorie regelmäßig, aber sie sind methodisch wenig reflektiert, während qualitative Ansätze an dieser Stelle elaborierter sind. Vor allem aber blendet auch quantitative Forschung Sinnkonstruktionen von Menschen nicht völlig aus und könnte dies nach dem Scheitern des behavioristischen Paradigmas und der „kognitiven Wende" in der Psychologie (Gardner 1985) auch nicht tun. Nur beschränkt sich quantitative Forschung hier in der Regel auf Ausschnitte mit präkonfigurierten Kategorien, während die Dichte, Reichhaltigkeit und auch Ambiguität menschlicher Sinnkonstruktionen besser durch qualitative Forschung sichtbar gemacht werden. Sind einmal als Ergebnis qualitativer Forschung wiederkehrende Muster oder Typen beschrieben, lassen sich diese umgekehrt natürlich auch in quantitativer Forschung weiter nutzen und im Hinblick auf Verbreitung und Zusammenhänge zu anderen Merkmalen untersuchen, so dass die Offenheit gegenüber dem Forschungsgegenstand nicht von Dauer zu sein braucht.

Im Hinblick auf ihren zweiten Punkt, die *Reduktion von Komplexität*, geht Helfferich davon aus, dass Forschung immer Komplexität reduzieren müsse. Das unter anderem von Jorge Borges (1982) angestellte Gedankenexperiment einer Karte, die genauso groß und detailliert ist wie die Wirklichkeit und die eben deshalb nutzlos wird, veranschaulicht dies. Quantitative und qualitative Forschungsansätze, so Helfferich weiter, würden sich aber wesentlich darin unterscheiden, wann sie im Forschungsprozess Komplexität reduzieren. Quantitative Forschung schränke Komplexität bereits früh im Prozess der Erhebung und Auswertung von Daten ein, indem etwa standardisierte Instrumente angewendet werden, die nur bestimmte Ausschnitte der Wirklichkeit und Ausprägungen von Merkmalen zulassen und erfassen. Auch bei qualitativer Forschung gebe es Vorstrukturierungen (z.B. durch die Wahl einer Fragestellung), generell erfolge durch die Offenheit von Erhebungsverfahren und induktive Auswertemethoden, die eine nachträgliche Veränderung zunächst vorhandener Kategorisierungen erlauben, die Verringerung von Komplexität aber erst spät im Forschungsprozess, etwa durch die endgültige Festlegung von Kategorien oder die Bildung von Typen. Helfferich diskutiert, die frühe Reduktion von Komplexität in quantitativer Forschung ermögliche sehr viel größere Stichproben und, so lässt sich hinzufügen, häufig auch eine große Anzahl an angesprochenen Themen und Aspekten. Ob, trotz der frühen Reduktion von Komplexität, aber das, was gemessen werden soll, überhaupt noch eingefangen werde, müsse nachgewiesen werden. Dies sei Aufgabe von Verfahren zur Kontrolle der Validität. Qualitative Forschung schütze sich durch die späte und häufig weniger einschneidende Reduktion der Komplexität, die Möglichkeit zur Anpassung von Auswertekategorien, wenn das Material dies nahelege, sowie die genaue Dokumentation des Vorgehens vor prinzipiell ebenfalls drohenden Einschränkungen der Validität.

Mit dem hier von Helfferich genannten Thema der Validität (Aussagekraft) als generelle Anforderung und Qualitätskriterium von Sozialforschung wird ein wissenschaftstheoretisch zentrales Thema angesprochen. Das Konzept der Validität hat innerhalb der quantitativen Forschungstradition eine bereits längere Geschichte (für einen Überblick siehe Kane & Bridgeman 2021), in deren Verlauf es sich ausdifferenziert (z.B. in die Aspekte der Inhalts-, Konstrukt- und Kriteriumsvalidität) und erweitert hat. Die wichtigste Erweiterung der jüngeren Vergangenheit betrifft ein Verständnis, wonach nicht ein Messverfahren für sich genommen valide sein kann, sondern nur ein Messverfahren in seiner Anwendungssituation, so dass Fragen von Fairness und gerechtfertigten Konsequenzen einer Erhebung mit in den Blick geraten (Messick 1995). Diese Entwicklung stellt einerseits eine Annäherung an ein stärker situiertes Verständnis von Wissen in qualitativen Forschungstraditionen dar, andererseits wird damit klar, dass Qualität von Forschung eigentlich kaum mehr auf der Ebene von einzelnen Untersuchungen beurteilt werden kann, sondern vor allem auf der Ebene von Forschungsprogrammen bzw. als Stand kollektiver Lernprozesse, da in der Regel eine ganze Reihe von Studien erforderlich ist, um die Validität von Erhebungsverfahren abzuklopfen. Dies ist eine Veränderung, die die methodische Literatur häufig erst noch mitvollziehen muss. Auch in der qualitativen Forschungstradition stellt sich die Frage nach der Rechtfertigbarkeit von Komplexitätsreduktionen. Flick (2019) nennt nachvollziehbar als Möglichkeiten der Absicherung Rückmeldungen aus der beforschten Zielgruppe, Rückmeldungen von Expertinnen und Experten sowie schließlich die Absicherung durch andere Forschung, möglichst mit anderen Methoden. Vor allem die zuletzt genannte Möglichkeit wird durch das Aufkommen von Metasynthesen, also systematischen Übersichtsarbeiten qualitativer Forschung, stark vorangetrieben (Malterud 2019). Auch hier zeigt sich eine Verschiebung von Einzelstudien zu gemeinsamen Forschungsanstrengungen. Validität, verstanden als gerechtfertigte Komplexitätsreduktion, wird damit als gemeinsames Anliegen der Qualitätssicherung in quantitativer wie qualitativer Forschung sichtbar.

Als dritten Punkt für den Vergleich quantitativer und qualitativer Forschung wählt Helfferich den Aspekt der *Verallgemeinerbarkeit* aus. Sie benennt es als Ziel jeder Forschung, über die jeweils konkret erhobenen Daten hinaus Aussagen zu treffen. Im Feld quantitativer Forschung rücke dabei die untersuchte Stichprobe in den Mittelpunkt. Wenn die Stichprobe die mit der Forschung adressierte Grundgesamtheit im Hinblick auf wesentliche Merkmale gut abbilde, könnten Ergebnisse zu Verteilungen und Zusammenhängen für diese Grundgesamtheit generalisiert werden. Für qualitative Forschung, so Helfferich weiter, gehe es meist um eine andere Art verallgemeinerbarer Aussagen. Behaupten lasse sich als Ergebnis die Existenz bestimmter, in einer Studie rekonstruierter Sinnstrukturen in einer Grundgesamtheit. Diese Sinnstrukturen könnten von anderen unterschieden werden. Die Gewinnung einer Stichprobe ziele vor allem auf Vielfalt, so dass eine Bandbreite von verschiedenen Sinnstrukturen abgebildet werden könne. Es werde aber weder behauptet, die in der Grundgesamtheit vorhandenen Konstruktionen würden vollständig abgebildet, noch würden Aussagen zu Verteilungen gemacht.

Soweit meine kursorische Lektüre methodologischer Literatur zu qualitativer Forschung trägt, stellt die von Helfferich eingenommene Position, wonach Verallgemeinerbarkeit Ziel jeder Forschung sei, keinen Konsens dar. Zumindest einige Übersichtsarbeiten zum Feld qualitativer Forschung erklären, Verallgemeinerbarkeit werde hier meist entweder als „unwichtig, unerreichbar oder beides angesehen" („unimportant, unachievable, or both", Schofield 1993: 202). Trotzdem findet sich auch viel Unterstützung für den Gedanken, es sei zwangsläufig, dass auch in der qualitativen Forschung versucht werde, Forschungsergebnisse zu generalisieren (z.B. Osbeck & Antczak 2021). Wie Helfferich nimmt dabei Levitt (2021) die Position ein, zwei Arten von Generalisierung seien zu unterscheiden. Eine populationsbezogene Form von Generalisierung verlange die möglichst repräsentative Ziehung einer Stichprobe. Eine auf das untersuchte Phänomen bezogene Form von Generalisierung verlange dagegen einen Fokus auf Variation in der Stichprobe. Dies könne von qualitativer Forschung geleistet werden, setze aber ebenfalls viel Aufmerksamkeit für die Gewinnung einer Stichprobe voraus, damit vorhandene Vielfalt sich auch abbilde, und sei insofern ein Qualitätsmerkmal, das sich nicht leicht einstelle.

Zuletzt greift Helfferich noch einen recht umfassenden Aspekt für ihre vergleichende Erörterung heraus, den sie mit der Überschrift „Umgang mit Subjektivität und die Vermeidung von Beliebigkeit" versieht. Ausgangspunkt ihrer Überlegungen ist hier der Gedanke, alle Forschungsmethodologien würden sich gegen eine Beliebigkeit von Ergebnissen absichern wollen. Dieses gemeinsame Ziel werde aber auf verschiedene Weisen verfolgt. In der quantitativen Forschung werde die Güte der Messung bzw. Erhebung in den Mittelpunkt gerückt. Ziel sei die möglichst weitgehende Objektivität der Erhebung, also die möglichst weitgehende Unabhängigkeit des Ergebnisses von den durchführenden Personen. Die Subjektivität der Wissenschaftlerinnen und Wissenschaftler werde entsprechend vor allem als Störfaktor gesehen. In der qualitativen Forschung gehe es dagegen nicht nur um die subjektiven Sinnkonstruktionen beforschter Personen, vielmehr könne Sinn nur interaktiv erzeugt werden, so dass auch die Subjektivität der Forschenden unhintergehbar bei Erhebung und Auswertung ins Spiel komme. Dies gleite deshalb nicht in Beliebigkeit ab, weil es methodische Regeln zur Kontrolle und Reflexion von Subjektivität gebe. Ziel sei eine solcherart kontrollierte und reflektierte Subjektivität, keine Objektivität.

Der von Helfferich hier angesprochene Punkt erscheint mir brisant. Objektivität als historisch gewordene, epistemische Tugend (Daston & Galison 2007) stößt nämlich in der naturwissenschaftlich ausgerichteten Psychologie und benachbarten Bereichen an Grenzen, zum einen weil viele Erhebungen auf die (notwendig subjektiven) Innenperspektiven von Subjekten als Informationsquellen angewiesen sind, zum anderen weil bei einigen untersuchten komplexeren mentalen oder sozialen Phänomenen, wie etwa Bewusstsein oder Kultur, unklar ist, ob und wie sie völlig objektiv, also ohne Referenz auf Subjektivität definiert werden könnten. Entsprechend sehen viele Methodikerinnen und Methodiker Objektivität als Ideal in der Psychologie und angrenzenden Feldern kritisch, ohne sie freilich völlig aufzugeben (Levitt et al. 2020). Der Punkt ist deshalb brisant, weil er die Schwierigkeiten erhöht, einen Realismus zu begründen, also die grundlegende Überzeugung zu rechtfertigen, eine unabhängige externe Wirklichkeit existiere und schließe mentale wie soziale Phänomene prinzipiell ein. Nachdem sich der radikale Konstruktivismus aufgrund seines inneren Widerspruchs, eine Wahrheit (alles Wissen ist Konstruktion) gleichzeitig zu behaupten und zu bestreiten (weil ja eben alles Wissen eine Konstruktion ist), weitgehend aus der Diskussion verabschiedet hat (Boghossian 2013), werden Formen von Realismus überwiegend als Grundlage auch sozialwissenschaftlicher Disziplinen angesehen, und möglicherweise ist es kein Zufall, dass in den letzten Jahren mehrere, eher bescheiden und vorsichtig argumentierende Rechtfertigungen realistischer Positionen erschienen sind (z.B. Dreyfus & Taylor 2016; Nida-Rümelin 2020). Für die Diskussion hier ist aber vor allem wichtig, dass auch in quantitativen Forschungstraditionen das Ziel methodischer Kontrolle von Subjektivität (ohne hierdurch völlige Objektivität zu erreichen) mittlerweile akzeptabel erscheint, auch wenn im Modus des Überprüfens von Theorien weiter höhere Ansprüche an diese Kontrolle gelten, als dies in der qualitativen Tradition der Fall ist. Insofern benennt Helfferich auch hier weniger einen kategorialen, sondern eher einen graduellen Unterschied.

Wichtig an dem Beitrag von Helfferich erscheint mir, dass nicht nur Unterschiede zwischen quantitativen und qualitativen Forschungszugängen in einer prägnanten Weise herausgearbeitet werden, sondern auch *Gemeinsamkeiten* betont werden. Alle Arten von Forschung streben, Helfferich zufolge, nach einem systematischen Vorgehen, methodischer Kontrolle von Fehlerrisiken und Transparenz. Alle Arten von Forschung stehen vor der Herausforderung, Komplexität zu reduzieren, und versuchen, Ergebnisse zu produzieren, deren Bedeutung über die erzeugten Daten hinausreicht. Ein Bewusstsein dieser verbindenden Elemente sollte kategorischen Abgrenzungen entgegenwirken. Helfferich sieht verschiedene Vorgehensweisen und Strategien in der Forschung insgesamt eher auf einem Kontinuum denn in zwei getrennten Welten. Die Möglichkeit verschiedener Vorgehensweisen und Strategien schärft das Bewusstsein dafür, dass, je nach Forschungsthema und darauf bezogenem Stand der Wissenschaft, Entscheidungen über methodisch geeignete Vorgehensweisen getroffen werden können, aber auch müssen. Dies lädt Wissenschaftlerinnen und Wissenschaftler ein, integrative epistemische Identitäten zu entwickeln und im Miteinander den Nutzen einer Zusammenarbeit verschiedener Forschungsstrategien auszuloten. Dies umzusetzen, hat sich die Mixed-Methods-Bewegung auf die Fahnen geschrieben.

3 Die Mixed-Methods-Bewegung

In der Geschichte verschiedener Sozialwissenschaften lassen sich seit ihrem Entstehen Wurzeln unterschiedlicher Forschungsmethoden und -strategien nachzeichnen (z.B. für die Geschichte qualitativer Methoden in der Psychologie siehe Wertz 2014). Schreier und Odağ (2020) betonen, dass in vielen klassischen Studien, wie etwa der soziologisch- sozialpsychologischen Untersuchung „Die Arbeitslosen von Marienthal“ (Jahoda, Lazarsfeld & Zeisel 1933), bereits solche Methoden kombiniert worden seien, die aus heutiger Sicht teils quantitativ, teils qualitativ einzuordnen seien. Als reflektierte Forschungsstrategie hat sich das Konzept von „Mixed-Methods-Studien" aus Überlegungen heraus entwickelt, wonach überhaupt die Kombination mehrerer Forschungsmethoden zu insgesamt aussagekräftigeren Antworten auf eine Forschungsfrage führen kann (Campbell & Fiske 1959). Denzin (1978) hat dann, soweit ersichtlich, unter dem Begriff der Triangulation die Idee eines Gewinns durch eine Kombination verschiedener Datenquellen, verschiedener Forschungsgruppen oder verschiedener Forschungsmethoden erstmals systematisiert und dabei auch die Möglichkeit einer Kombination von quantitativen und qualitativen Methoden explizit angesprochen. In der Folge wurden die möglichen Vorteile einer Kombination von quantitativen und qualitativen Methoden von verschiedenen Autorinnen und Autoren diskutiert (für eine Übersicht siehe Johnson, Onwuegbuzie & Turner 2007). Jick (1979) führte beispielsweise folgende Punkte auf: 1. Auf sehr unterschiedlichen Wegen gewonnene, trotzdem aber stimmige Ergebnisse würden mehr Vertrauen verdienen; 2. die durch Kombinationen erweiterten methodischen Möglichkeiten könnten kreative Formen der Datenerhebung anregen und so 3. zu reicheren, umfassenderen Daten führen; 4. reichere und umfassendere Daten könnten kritischere Tests von Theorien erlauben und dadurch 5. Widersprüche aufdecken, was 6. die Weiterentwicklung und Integration von Theorien fördern könnte. In den 1990er Jahren scheint die Begrifflichkeit „Mixed Methods" gebräuchlich geworden zu sein. Erste Lehrbücher erschienen (z.B. Tashakkori & Teddlie 1998), auch in Deutschland (z.B. Kelle 2008), und ab 2007 folgte eine ausschließlich Mixed-Methods-Studien gewidmete wissenschaftliche Zeitschrift. Bei einer Zählung der Häufigkeit von Mixed-Methods-Studien in Zeitschriften aus verschiedenen Sozialwissenschaften fanden Alise und Teddlie (2010) dann einen Anteil von 11 Prozent mit diesem Ansatz, wobei dieser in angewandten Wissenschaften mit 16 Prozent höher lag als in Grundlagenwissenschaften (6 Prozent).

Der Erfolg der Mixed-Methods-Bewegung wurde von anhaltenden theoretischen Diskussionen darüber begleitet, was eigentlich auf welche Weise in Mixed-Methods-Studien kombiniert wird und welche Bedeutung dabei grundlegenden Unterschieden zwischen qualitativen und quantitativen Methoden noch zukommt. Johnson, Onwuegbuzie und Turner (2007) formulierten auf der Grundlage einer systematischen Analyse vorhandener Definitionen von Mixed-Methods-Studien die Ansicht, dass „Methoden" hier ganz überwiegend in einem sehr breiten Sinne verstanden und Forschungsdesigns, Methoden der Datenerhebung und der Datenanalyse umfassen würden. Was kombiniert oder gemischt werde, könne von einem eher lockeren Zusammenhang eines Sammelns qualitativer und quantitativer Daten innerhalb eines Forschungsprojekts bis hin zu einer sehr engen Zusammenarbeit und dem Versuch, eine gemeinsame, beide Forschungszugänge verbindende Sprache zu finden, reichen. Überwiegend, so Johnson, Onwuegbuzie und Turner (2007), würden Mixed-

Methods-Projekte bottom-up von schwer zu lösenden Forschungsfragen her entstehen und eher selten als vorgegebener methodischer Ansatz von vornherein feststehen.

Zumindest für die beiden Mixed-Methods-Projekte, in denen meine Kolleginnen und ich mit Cornelia Helfferich und ihrem Team zusammenarbeiten durften, würde ich zustimmen, dass wir eher von den uns gemeinsam beschäftigenden Problemen ausgegangen sind und deshalb zusammengefunden haben. Im ersten Projekt („Prävention von Reviktimisierung bei sexuell missbrauchten Jugendlichen in Fremdunterbringung – PRÄVIK“) war dies die Frage, wie sich sexuelle Re-Viktimisierung von jungen Frauen nach sexuellem Missbrauch in der Kindheit verstehen (und verhindern) lässt. Unser Ansatz waren dabei qualitative Interviews mit jungen Frauen in stationären Einrichtungen der Jugendhilfe, die in einem Ein-Jahres-Längsschnitt mit verschiedenen standardisierten Maßen eingebettet waren. Neben dem erschreckenden Befund einer sehr hohen Re-Viktimisierungsrate im kurzen Zeitraum eines Jahres war eine wesentliche Erkenntnis aus dem Projekt, dass eine aus den qualitativen Interviews stammende Einschätzung zur sexuellen Integrität der jungen Frauen, definiert als geschilderte Berechtigung über den eigenen Körper und die eigene Sexualität allein entscheiden zu können und hierfür über soziale Strategien zu verfügen, im Längsschnitt den besten Vorhersagefaktor für die Vermeidung schwerer sexueller Re-Viktimisierung darstellte (Kindler et al. 2018). Einer hier gelegten Spur, wonach Schutz vor sexueller Gewalt im Jugendalter Resonanz und Regeln in der Gleichaltrigengruppe braucht, sind wir in einem zweiten, erst teilweise publizierten Projekt („Schutzprozesse gegen sexuelle Übergriffe: Partizipative Prävention im sozialen Umfeld vulnerabler Jugendlicher – SP:PAS“) mit einer standardisierten Befragung vulnerabler Jugendlicher und qualitativen Gruppendiskussionen weiter gefolgt. Auch hierbei ist deutlich geworden, wie sehr im Jugendalter Selbstschutz und wechselseitiger Schutz und Unterstützung in Gleichaltrigengruppen miteinander verknüpft sind (Helfferich et al. 2021). Dies scheint uns ein wesentliches Argument für die Entwicklung gruppenbezogener Schutzkonzepte im Verhältnis zur derzeit dominierenden Diskussion um institutionelle Schutzkonzepte. Auch wenn in der Literatur mittlerweile teilweise von einer „Entzauberung“ des Mixed-Methods-Ansatzes gesprochen wird (Flick 2017), hat mich die praktische Erfahrung der Projekte noch sehr viel mehr vom Nutzen dieses Ansatzes überzeugt.

Helfferich (2013) hat systematisierend insbesondere drei Formen der Kombination von qualitativen und quantitativen Methoden angedacht: 1. eine Kombination als Sequenz, wobei qualitative Methoden ihre besondere Stärke der Offenheit bei der Entwicklung von Hypothesen einbringen und quantitative Methoden dann bei der kritischen Überprüfung eingesetzt werden; 2. eine Kombination mit dem Ziel der wechselseitigen Validierung von Ergebnissen und 3. eine Methodenkombination als dialogische Auseinandersetzung mit ineinander eingebetteten oder verschränkten Erhebungen, die in der gemeinsamen Auseinandersetzung mit den Auswertungen dann zu weitergehenden, integrierten Erkenntnissen führen. Alle angesprochenen Formen der Kombination von qualitativen und quantitativen Methoden verlangen von den beteiligten Wissenschaftlerinnen und Wissenschaftlern epistemische Identitäten, die zwar eine innere Nähe zu bestimmten Methoden zulassen, aber ihren Selbstsinn nicht aus der Exklusion anderer Methoden ziehen.

Literatur

Ainsworth, Mary D. (1967): Infancy in Uganda: Infant Care and the Growth of Love. Baltimore: John Hopkins Press.

Alise, Mark A. & Teddlie, Charles. (2010): A continuation of the paradigm wars? Prevalence rates of methodological approaches across the social/behavioral sciences. In: Journal of Mixed Methods Research 4, 2, S. 103–126.

Apel, Karl-Otto (1979): Die Erklären: Verstehen-Kontroverse in transzendentalpragmtischer Sicht. Frankfurt am Main: Suhrkamp.

Becher, Tony & Trowler, Paul (2001): Academic tribes and territories: intellectual enquiry and the cultures of discipline (2. Aufl:). Buckingham: Society for Research into Higher Education & Open Society Press.

Boghossian, Paul (2013): Angst vor der Wahrheit. Ein Plädoyer gegen Relativismus und Konstruktivismus. Frankfurt am Main: Suhrkamp.

Borges, Jorge L. (1982): Borges und ich. München: Hanser.

Bretherton, Inge & Waters, Everett (Hrsg.) (1985): Growing Points in Attachment Theory and Research. Monographs of the Society for Research in Child Development 50 (1–2, Serial No. 209). Chicago: University of Chicago Press.

Bryman, Alan (1988): Quantity and Quality in Social Research. New York: Routledge.

Bryman, Alan (2008): The End of the Paradigm Wars? In: Alasuutari, P./Bickman, L. & Brannen, J. (Hrsg.): The Sage Handbook of Social Research Methods. London: Sage, S. 13–25.

Campbell, Donald T. & Fiske, Donald W. (1959): Convergent and discriminant validation by the multitrait-multimethod matrix. In: Psychological Bulletin 56, 2, S. 81–105.

Cassidy, Jude & Shaver, Phillip R. (Hrsg.) (2016): Handbook of Attachment. Theory, Research, and Clinical Applications (3. Aufl.). New York: Guilford.

Cooley, Charles H. (1998): On Self and Social Organization. Chicago and London: University of Chicago Press.

Daston, Lorraine & Galison, Peter L. (2007): Objektivität. Frankfurt am Main: Suhrkamp.

Denzin, Norman K. (1978): The research act: A theoretical introduction to sociological methods. New York: McGraw-Hill.

Dreyfus, Hubert & Taylor, Charles (2016): Die Wiedergewinnung des Realismus. Frankfurt am Main: Suhrkamp.

Flick, Uwe (2017): Mantras and myths: The disenchantment of mixed-methods research and revisiting triangulation as a perspective. In: Qualitative Inquiry 23, 1, S. 46–57.

Flick, Uwe (2019): Gütekriterien qualitativer Sozialforschung. In: Baur, N. & Blasius, J. (Hrsg.): Handbuch Methoden der empirischen Sozialforschung. Wiesbaden: Springer VS, S. 473–488.

Gardner, Howard (1985): The Mind's New Science: A History of the Cognitive Revolution. New York: Basic Books.

Goodenough, Ward H. (1957): Cultural Anthropology and Linguistics. In: Garvin, P. (Hrsg.): Report of the Seventh Annual Round Table Meeting on Linguistics and Language Study. Washington: Georgetown University Press, S. 167–173.

Hammersley, Martyn (2018): Values in social research. In: Iphofen, R. & Tolich, M. (Hrsg.): The Sage handbook of qualitative research ethics. London: Sage, S. 23–34.

Helfferich, Cornelia (2013): Messen, Rekonstruieren, Verstehen. Begründungen und Reichweite von Forschungsmethoden. In: Heuser, A./Hoffmann, C. & Walther, T. (Hrsg.): Erfassen Deuten Urteilen. Empirische Zugänge zur Religionsforschung. Zürich: Theologischer Verlag Zürich, S. 73–85.

Helfferich, Cornelia/Doll, Daniel/Feldmann, Jasmin & Kavemann, Barbara (2021): Sexuelle Übergriffe unter Jugendlichen als Frage von Macht, Geschlecht und sozialer Einbindung in Gruppen – eine qualitative Rekonstruktion. In: Zeitschrift für Soziologie der Erziehung und Sozialisation (ZSE), 41, 1, S. 73–89.

Hösle, Vittorio (2018): Kritik der verstehenden Vernunft. München: Beck.

Illari, Phyllis & Russo, Federica (2014): Causality. Philosophical Theory Meets Scientific Practice. New York u.a.: Oxford University Press.

Jahoda, Marie/Lazarsfeld, Paul & Zeisel, Hans (1975): Die Arbeitslosen von Marienthal. Ein soziographischer Versuch über die Wirkungen langandauernder Arbeitslosigkeit. Frankfurt am Main: Suhrkamp [Orig. 1933].

Jick, Todd D. (1979): Mixing qualitative and quantitative methods: Triangulation in action. In: Administrative Science Quarterly, 24, S. 602–611.

Johnson, R. Burke/Onwuegbuzie, Anthony J. & Turner, Lisa A. (2007): Toward a definition of mixed methods research. In: Journal of Mixed Methods Research 1, 2, S. 112–133.

Kane, Michael & Bridgeman, Brent (2021): The Evolution of the Concept of Validity. In: Clauser, B. & Bunch, M. (Hrsg.): The History of Educational Measurement. New York: Routledge, S. 181–205.

Kelle, Udo (2008): Die Integration qualitativer und quantitativer Methoden in der empirischen Sozialforschung. Wiesbaden: VS Verlag.

Kindler, Heinz/Nagel, Bianca/Helfferich, Cornelia/Kavemann, Barbara & Schürmann-Ebenfeld, Silvia (2018): Missbrauch und Vertrauen. Pädagogische Prävention einer Re-Viktimisierung bei Mädchen mit sexuellem Missbrauch in der stationären Jugendhilfe. In: Zeitschrift für Pädagogik Sonderheft 64 (Sexuelle Gewalt in Kindheit und Jugend), S. 125–137.

Levitt, Heidi M. (2021): Qualitative generalization, not to the population but to the phenomenon: Reconceptualizing variation in qualitative research. In: Qualitative Psychology 8, 1, S. 95–110.

Levitt, Heidi M./Surace, Francisco I./Wu, Max B./Chapin, Brad et al. (2020): The meaning of scientific objectivity and subjectivity: From the perspective of methodologists. In: Psychological Methods, DOI: 10.1037/met0000363.

Malterud, Kirsti (2019): Qualitative metasynthesis: A research method for medicine and health sciences. Abingdon: Routledge.

Messick, Samuel (1995): Validity of psychological assessment: Validation of inferences from persons' responses and performances as scientific inquiry into score meaning. In: American Psychologist, 50, 9, S. 741–749.

Nida-Rümelin, Julian (2020): Eine Theorie der praktischen Vernunft. Berlin: De Gruyter.

Osbeck, Lisa M. & Antczak, Stephen L. (2021): Generalizability and qualitative research: A new look at an ongoing controversy. In: Qualitative Psychology 8, 1, S. 62–68.

Osbeck, Lisa M. & Nersessian, Nancy J. (2012): The Acting Person in Science Practice. In: Proctor, R. & Capaldi, E. (Hrsg.): Psychology of science: Implicit and explicit processes. New York: Oxford University Press, S. 89–111.

Osbeck, Lisa M. & Nersessian, Nancy J. (2017): Epistemic identities in interdisciplinary science. In: Perspectives on Science 25, 2, S. 226–260.

Popper, Karl (2002): Realismus und das Ziel der Wissenschaft. Tübingen: Mohr Siebeck.

Reichertz, Jo (2003): Die Abduktion in der qualitativen Sozialforschung: Über die Entdeckung des Neuen. Wiesbaden: Springer VS.

Salmon, Wesley (1984): Scientific Explanation and the Causal Structure of the World. Princeton: Princeton University Press.

Schofield, Janet W. (1993): Increasing the generalizability of qualitative research. In: Hammersley, M. (Hrsg.): Social research: Philosophy, politics and practice. London: Sage, S. 200–225.

Schreier, Margrit & Odağ, Özen (2020): Mixed methods. In: Mey, G. & Mruck, K. (Hrsg.): Handbuch qualitative Forschung in der Psychologie. Bd. 2: Designs und Verfahren. Wiesbaden: Springer, S. 159–184.

Tashakkori, Abbas & Teddlie, Charles (1998): Mixed methodology: combining qualitative and quantitative approaches. Thousand Oaks: Sage.

Taylor, Charles (1994): Quellen des Selbst. Die Entstehung der neuzeitlichen Identität. Frankfurt am Main: Suhrkamp.

Tomasello, Michael (2020): Mensch werden. Eine Theorie der Ontogenese. Frankfurt am Main: Suhrkamp.

Walsh-Bowers, Richard (2002): Constructing qualitative knowledge in psychology: Students and faculty negotiate the social context of inquiry. In: Canadian Psychology/Psychologie canadienne 43, 3, S. 163–178.

Wertz, Frederick J. (2014): Qualitative inquiry in the history of psychology. In: Qualitative Psychology 1, 1, S. 4–16

„Ich hatte öfters das Gefühl, die Interviewpartnerin übernimmt Verantwortung für uns.“ Die Betroffenheit von Forschenden als forschungsethische Herausforderung in partizipativ-wissenschaftlichen Kontexten zu sexualisierter Gewalt in Kindheit und Jugend

Frederic Vobbe, Katharina Kärgel

1 Betroffenenpartizipation als Paradigma von Forschung und Forschungsethik

Der Begriff „Betroffene*r“ hat sich seit dem öffentlichen Bekanntwerden des Ausmaßes sexualisierter Gewalt in Abhängigkeitsverhältnissen 2010 als Sammelbezeichnung für Menschen etabliert, denen sexualisierte Gewalt in Kindheit und Jugend widerfahren ist (etwa Geschäftsstelle der Unabhängigen Beauftragten zur Aufarbeitung des sexuellen Kindesmissbrauchs 2011). In Anlehnung an eine Formulierung des Betroffenenrats (BR) des Unabhängigen Beauftragten für Fragen des sexuellen Kindesmissbrauchs (UBSKM) verstehen wir Betroffene als „Menschen, die wissen, was sexualisierte Gewalt ist und wie sie sich anfühlt“ (Arbeitsstab des UBSKM 2018: 3). Dieses Verständnis stärkt das subjektive Erleben Betroffener – also ihre Definitionsmacht über das Gewaltgeschehen – und begründet das Paradigma der Betroffenenpartizipation in Forschungskontexten.

Betroffenenpartizipation bedeutet, Menschen, denen Gewalt widerfuhr, auch in Forschungszusammenhängen als Subjekte und nicht als Forschungsgegenstände zu behandeln. Das Konzept alterniert einen machtasymmetrischen Umgang mit Gewaltbetroffenen und deren Abwertung in Forschungssettings (Helfferich 2016; Wazlawik et al. 2018). Infolgedessen wird Betroffenenpartizipation besonders in den jüngeren beiden Runden der Förderlinie „Forschung zu sexualisierter Gewalt gegen Kinder und Jugendliche in pädagogischen Kontexten“ des Bundesministeriums für Bildung und Forschung (BMBF 2019) als zentrales Bewilligungskriterium genannt. Vergleichbares gilt für internationale Förderlinien, etwa „Rights, Equality and Citizenship“

der Europäischen Union. Wer sozial- und erziehungswissenschaftlich drittmittelfinanziert zu sexualisierter Gewalt forschen will, wird am Anspruch der Partizipation gemessen.

Mit dem Paradigma der Betroffenenpartizipation wurde die Forschungsethik für Kontexte sexualisierter Gewalt weiterentwickelt. Als Meilenstein gilt die „Bonner Ethikerklärung", welche Besonderheiten der Forschung mit Betroffenen behandelt und hieraus Handlungsanforderungen ableitet. Neben allgemeinen Maximen wie einer Überprüfung der Notwendigkeit eigener Erhebungen oder der Freiwilligkeit der Teilnahme von Proband*innen bezieht die Erklärung auch Stellung zu speziell gewaltassoziierten Ansprüchen. Dazu gehört der fachgerechte Umgang mit einer Aufdeckung von akuter Kindeswohlgefährdung sowie einer Reaktivierung von Belastungen bei Proband*innen – beispielsweise Abbruch von Befragungen, Sicherstellung des Personenschutzes, Vermittlung von Hilfen (Poelchau et al. 2018). Die Ethikerklärung stellt entsprechend fest:

> „Die Risiken, die sich durch die Forschung ergeben können, sind so weit wie möglich zu minimieren. Alle am Forschungsprozess Beteiligten tragen dafür Verantwortung, weshalb jede_r Forschende eine angemessene Qualifizierung zur Durchführung ethischer und sicherer Forschung haben muss" (ebd.: 998).

Diese Verantwortung gilt in erster Linie den Projektleitungen, wird in den tradierten Hierarchien des Wissenschaftsbetriebs in Teilen delegiert. Dabei ist zu berücksichtigen, dass ein Ziel des BMBF ist, „in Deutschland eine Wissenschafts- und Forschungslandschaft aufzubauen" (BMBF 2019: 4). Konkret soll wissenschaftlicher Nachwuchs gefördert und Gewaltforschung im Studium implementiert werden. Aus dem Paradigma der Betroffenenpartizipation und dem Aufbau einer Forschungslandschaft resultieren somit:

1. die Intensivierung eines Kontakts mit Gewaltbiografien durch partizipativ Forschende,
2. Ansprüche an Forschende, die nicht auf forschungsethische Kompetenzen beschränkt sind, sondern anwendungsorientierte Kompetenzen der Krisenintervention erfordern,
3. Co-Verantwortung für den adäquaten Umgang mit Gewaltwiderfahrnissen auf Seiten von (Nachwuchs-)Wissenschaftler*innen,
4. Belastungen und Überforderungen Forschender, die auch damit zusammenhängen, dass insbesondere Universitäten traditionell kaum Räume sind, in denen berufspraktisch-anwendungsorientierte Kompetenzen der Krisenintervention vermittelt werden.

2 Die Betroffenheit von Forschenden als Tabu

Mit Rode (2013: 188) sprechen wir uns für ein erweitertes Verständnis von Betroffenheit aus. Wir sind als Menschen „nicht ‚an und für sich' betroffen, sondern von etwas betroffen". So können wir zwischen dem diskursiv verwendeten Begriff „Betroffene*r" und „Betroffenheit" unterscheiden. „Betroffenheit" ist weniger als personenumfassende Zuschreibung, denn als etwas Situatives zu verstehen. Das können eigene Widerfahrnisse sexualisierter Kindesmisshandlung sein, wenngleich sich auch diese biografisch nicht jederzeit als Hilflosigkeit, Belastungsstörung, Trauer oder Wut äußern. Affektive Betroffenheit kann umgekehrt auch durch die Auseinandersetzung mit Gewalterfahrungen im Rahmen von Forschung mittelbare Ohnmacht oder sogar Episoden traumaähnlicher Belastungen auslösen, die vergleichbar mit Reaktionen auf eine Zeugenschaft von Gewalt sind (Jegodtka & Luitjens 2016; Vobbe 2017). Wir sprechen uns daher für „Betroffenheit" als Kontinuum aus; zumal auch eine mittelbare Betroffenheit Forschender oft an vormalige Ohnmachtserfahrungen anknüpft. Unserer Erfahrung nach umfassen Letztere nicht selten ein eigenes (Mit-)Erleben (sexualisierter) Grenzverletzungen, die erst durch die wissenschaftliche Sensibilisierung als solche anerkannt werden. Betroffenheiten Forschender dürften insofern verbreiteter sein, als ihre Berücksichtigung im forschungsethischen Diskurs vermuten ließe. Zwar konstatiert die Bonner Ethikerklärung:

> „Sowohl bei Proband_innen als auch bei Wissenschaftler_innen kann es […] zu schmerzhaften Erinnerungen eigener negativer Erlebnisse kommen" (Poelchau et al. 2018: 1004).

Sucht man darüber hinaus im deutschsprachigen Raum nach konkreten Erfahrungen mit der Betroffenheit Forschender oder Best-Practice-Beispielen im Umgang damit, wird man kaum fündig. Die Unsichtbarkeit hängt u.E. eng zusammen mit der Tabuisierung sexualisierter Gewalt, die sich in akademischen Kontexten entgegen dem intellektuellen Selbstanspruch fortsetzt. Schlingmann (2016) reflektiert, das Tabu einer Betroffenheit Forschender gehe so weit, dass es mit dem Verlust des wissenschaftlichen Ansehens verbunden werde (ebd.: 8). Wir gehen mit Schlingmann davon aus, dass sich der Widerstand des Feldes aus der verbreiteten Diskreditierung von „Opfern", Ohnmachtsabwehr und der Sorge vor dem Etikett mangelnder „Objektivität" speist. Diese Faktoren stehen den Leistungsprinzipien des Wissenschaftsbetriebs entgegen. Die Betroffenheit Forschender hat in Forschungsprozessen wenig Raum. Sie wirkt sich aber latent darauf aus. Mangels Thematisierbarkeit werden forschungsethische Konzepte nicht ausdifferenziert. Angesichts dieser Leerstelle wenden wir uns exemplarischen Herausforderungen zu, um den Diskurs anzuregen.

3 Methodisches Vorgehen

In unterschiedlichen Zusammenhängen[1] haben wir gemeinsam mit Menschen, denen sexualisierte Gewalt in Kindheit und Jugend widerfuhr, und Studierenden partizipativ[2] geforscht. Teilnehmende inklusive Autor*innen haben autoethnografische Forschungstagebücher (Friebertshäuser 2013) (N = 38), wissenschaftliche Reflexionsberichte (N = 30) und Protokolle eroepischer Gespräche (Girtler 2009) (N = 19) angefertigt und exploriert (Bergmann & Jahn 2008) zu der Frage: Welche forschungsethischen Herausforderungen ergeben sich durch eine Betroffenheit Forschender in partizipativen Kontexten zu sexualisierter Gewalt?

Wir haben uns im Zusammenhang des vorliegenden Beitrags gegen eine souverän-distanzierte Darstellungsform entschieden, um jener Abwehr von Betroffenheit vorzugreifen, die eine adäquate Weiterentwicklung des forschungsethischen Diskurses hemmt. Wir orientieren uns an der autoethnografischen Position, dass methodische Kontrolle die Offenlegung subjektiver Forschungserfahrungen umfasst, genauer am Modell des Reflexive Account (Langer 2013: 116), wenngleich wir nicht ein einzelnes Fallbeispiel, sondern Auszüge aus einem längeren Forschungsprozess zur Verdeutlichung heranziehen. Angesichts der Kürze des Beitrags und zur Anonymisierung der Abgebildeten setzen wir lediglich exemplarische Akzente. Alle Abgebildeten haben in die Publikation eingewilligt.

Während des Prozesses nahmen wir regelmäßig Supervision in Anspruch und tauschten uns in Intervisionssitzungen zu eventuellen Belastungen aus. Die Teilnahme von Studierenden und anderen Interviewenden wurde vorbereitet, indem Hinweise auf Belastungsreaktionen vermittelt und der Übergang zur Krisenintervention simuliert wurden. Studierende konnten nach vorheriger Absprache mit Interviewpartner*innen wählen, ob sie in der Interviewsituation begleitet werden. Den Interviewpartner*innen wurde mitgeteilt, dass das Interview eine Lernsituation für alle Beteiligten darstellt.

1 Lehrforschungsprojekte mit Studierenden, Drittmittelprojekte, Forschungsmodule im Bachelor- und Masterstudiengang Soziale Arbeit der SRH Hochschule Heidelberg.

2 Partizipativ heißt in Anlehnung an Bahls et al. (2018), die obigen Akteur*innen wurden an Forschungsentscheidungen wie der Entwicklung von Fragestellungen, dem Feldzugang sowie als Interviewpartner*innen/Erfahrungsexpert*innen beteiligt.

4 Exemplarische Herausforderungen der Betroffenheit Forschender

Die wissenschaftliche Beschäftigung mit Gewalt belastet. Zwar entscheiden der Konkretionsgrad von Schilderungen, eigene Vorerfahrungen der Auseinandersetzung, eine vertrauensvolle Atmosphäre in Forschungsgruppen und Ressourcen über den Belastungsgrad mit. Dies ändert nichts an einer grundlegenden Betroffenheit. Wir, die Autor*innen, reagierten besonders auf Fälle ritueller Gewalt und Gewalt gegen junge Menschen, die aufgrund von Benachteiligungszusammenhängen wie Armut oder Fluchterfahrung ohnehin marginalisiert leben. Teils konnten wir mehrere Tage nicht mit dem Material arbeiten.

Bereits die Vorbereitung auf Befragungen löst bei Forschenden aller Ebenen (Hauptamtliche, Co-Forscher*innen, Hilfswissenschaftler*innen sowie Studierende) starke Emotionen und Verunsicherungen aus. Nachwuchsforschende sorgten sich im Rahmen eines Projektes, die Grenzen von Interviewpartner*innen durch die Befragung zu überschreiten oder nicht adäquat auf Belastungen zu reagieren. Ebenso befürchteten sie, eigene Belastungen in der Interviewsituation nicht äußern zu können:

> *Wie gehe ich ohne sozialarbeiterischen/beraterischen/therapeutischen Hintergrund mit einer Reaktivierung oder Retraumatisierung in der Interviewsituation um? [...] Was tue ich, wenn ich merke, dass ich während des Interviews an meine persönliche Belastungsgrenze stoße?* (Gesprächsprotokoll #7)

> *Ich selbst hatte das Bedürfnis, mich innerlich [...] vorzubereiten. Doch daraus wurde nichts, da [andere Person] zwar ebenfalls den Drang der Vorbereitung verspürte [...]. Sie war unglaublich nervös, zeichnete ihrerseits unterschiedlichste Horrorszenarien, die sie im nächsten Moment als Form der Selbstberuhigung ins Lächerliche zog.* (Forschungstagebuch #36)

Intervisionsgespräche zeigten, dass formulierte Sorgen weniger davon abhingen, ob Forschende über sozialarbeitspraktische Vorerfahrungen verfügten. Entscheidend war, dass sie bereits mit Betroffenen sprechen konnten. Die Überflutung, die allein Fantasien von der Interviewsituation bei weniger erfahrenen Forscher*innen auslöst, ist im Zusammenhang konzeptioneller Vorüberlegungen kaum hoch genug einzuschätzen.

Intervisionsgespräche zeigten ferner, dass die Hemmungen Forschender, über eigene Betroffenheit und Bedürfnisse zu sprechen, subjektiv erlebte Gegenübertragungen – also Ohnmachtsspiralen (Dörr 2018) – eher verstärken. Als Haupthemmnis nannten Nachwuchswissenschaftler*innen auffällig oft ein überzeichnetes Rollenverständnis forscherischer Neutralität. Im Gegensatz dazu berichteten Forschungsbeteiligte, sie seien erleichtert gewesen, wenn andere ein Gespräch zur situativen Überforderung ihres Rollenverständnisses öffneten.

Mehrfach deckten (Co-)Forschende im Rahmen von Forschungsvorbereitung eigene sexualisierte Gewaltwiderfahrnisse auf. In einem Teil der Fälle schienen die Aufdeckenden den Rahmen für Disclosure gezielt zu wählen. Sie sprachen uns in unserer jeweiligen Funktion in einem ungestörten Moment an, informierten uns und richteten konkrete Erwartungen an uns. In anderen Fällen erfolgte eine (Teil-)Aufdeckung eher spontan. Beispielsweise verließ ein Nachwuchsforschender während Vorbereitungen weinend den Raum. In vergleichbaren Fällen fanden anschließende Gespräche vorwiegend mit Personen statt, die die Betroffenen als Peers erlebten. Erst aus Forschungstagebüchern und Reflexionsberichten ging hervor, dass die Betroffenen festlegten, wem gegenüber nicht aufgedeckt werden dürfe, zumeist hierarchisch höher Gestellte und Kollektive. Teils fungierten Peers als Vermittler*innen. Die Eingeweihten schilderten selbst Ambivalenzen, Betroffene nicht „verraten" zu wollen, zugleich jedoch Ohnmachtsgefühle zu erleben, die damit einhergingen, nicht zu wissen, wie sachgerecht mit der Situation umzugehen sei.

> *Was sagt man denn, wenn man aus dem Nichts erzählt bekommt, dass dem Gegenüber sexualisierte Gewalt widerfuhr? [...] Danke, aber nein danke, das tut mir alles sehr leid, aber ich [sic!] keine Beraterin und keine Therapeutin*? (Forschungstagebuch #9)

Uns selbst fiel es bisweilen schwer zu entscheiden, ob wir wahrgenommene Belastungen oder Vermutungen ansprechen sollten oder ob es im machtasymmetrischen Hochschulsetting grenzachtender wäre, die Initiative zur Selbstfürsorge den Teilnehmenden selbst zu überlassen.

Die Interviewsituationen selbst beschreiben Nachwuchsforschende zwar als anspruchsvoll:

> *Es gestaltete sich für mich als unglaublich schwierig, Nach- und Rückfragen zu stellen [...]. Darunter fällt [...] auch die Angst, die Rückfrage könne seitens der Betroffenen als Ausdruck mangelnder Glaubhaftigkeit verstanden werden.* (Gesprächsprotokoll #6)

Sie berichten jedoch auch, eine Entlastung besonders durch die Interviewpartner*innen erlebt zu haben:

> *Ich hatte öfters das Gefühl, die Interviewpartnerin übernimmt Verantwortung für uns.* (Reflexionsbericht #27)

> *Der Betroffene hat den Interviewer gefragt, ob es ihm zu viel ist, was er ihm über seine Vergewaltigung erzählt und ob er aufhören soll.* (Gesprächsprotokoll #18)

5 Ableitungen

Die Darstellungen bilden nur einen Bruchteil unserer tatsächlichen Erfahrungen ab. Nichtsdestotrotz liefern sie Anhaltspunkte, die weiterverfolgt werden sollten, wenn Betroffenheit als Gegenstand von Forschungsethik konsequent weitergedacht wird. Analog zum von uns formulierten Ziel, den Diskurs anregen zu wollen, schließen wir im Rahmen unserer „Ableitungen" mit Fragen, die eine Berücksichtigung verdienten:

Wie können Rahmenbedingungen verbessert werden, um eigene Betroffenheit im Zusammenhang von Forschung geschützt zu thematisieren? Wie viel Selbsterfahrung kann in Peergroups verhandelt werden? Wie müssen diese gebettet sein, damit Nachwuchswissenschaftler*innen nicht mit Verantwortung überladen und Probleme abgeschoben werden? Wo verläuft die Grenze einer Thematisierbarkeit im traditionell asymmetrischen Nähe-Distanz-Paradoxon zwischen Leitung und Abhängigen (insbesondere Student*innen, Prüflingen)? Wie weit reicht die Fürsorgepflicht von Projektleitenden? Wie genau kann sie grenzachtend wahrgenommen werden? Wie ist damit zu verfahren, wenn Forschende entgegen ihres eigenen Anspruchs zu stark belastet sind, um am Thema sexualisierter Gewalt zu forschen? Welche juristischen Grenzen werden der Thematisierung von Betroffenheit dabei gesetzt? Welche Reibungen ergeben sich zwischen methodischer Kontrolle und Partizipation? Welche Vorerfahrungen setzt Forschung zu sexualisierter Gewalt voraus? Wie können Betroffene als Erfahrungsexpert*innen und Gesprächspartner*innen besser in die akademische Lehre und hochschulische Ausbildung integriert werden? Wird so die Beschäftigung mit Betroffenheit erneut outgesourct? Liegt unseren Überlegungen ein ausschließlich defizitorientiertes Verständnis zugrunde, statt das Sensibilisierungspotential von Betroffenheit zu verstehen? Ist eine Beschäftigung mit sexualisierter Gewalt möglich, ohne den Hochschul- und Wissenschaftsbetrieb machtkritisch zu hinterfragen?

Orientierung beim Blick über den Tellerrand hinaus finden wir in den Ansätzen jener Pionier*innen, die Gewaltforschung neu gedacht haben. Besonders hervorheben möchten wir das Werk Cornelia Helfferichs, die sowohl Akzente zur validen, d.h. methodisch kontrollierten Absenkung der Asymmetrie zwischen Forschenden und Forschungsteilnehmenden sowie eine forschungsethische Weiterentwicklung der Qualität Qualitativer Daten im Zusammenhang der Gewaltforschung anregt. Für die zahlreichen Anstöße danken wir ihr von Herzen.

Literatur

Arbeitsstab des Unabhängigen Beauftragten für Fragen des sexuellen Kindesmissbrauchs (2018): Betrifft alle. Die Arbeit des Betroffenenrats. Berlin.

Bahls, Christian/Eßer, Florian/Hölling, Iris/Müller, Steffen/Rusack, Tanja/Schlingmann, Thomas/Schröer, Wolfgang/Stern, Alex/Tuider, Elisabeth/Wazlawik, Martin/Wolff, Mechthild & Wright, Michael (2018): Partizipative Forschung – Memorandum. In: Retkowski, A./Treibel, A. & Tuider, E. (Hrsg.): Handbuch sexualisierte Gewalt und pädagogische Kontexte. Theorie, Forschung, Praxis. Weinheim & Basel: Beltz Juventa, S. 1007–1009.

Bergmann, Matthias & Jahn, Thomas (2008): Intendierte Lerneffekte: Formative Evaluation inter- und transdisziplinärer Forschung. In: Matthies, H. & Simon, D. (Hrsg.): Wissenschaft unter Beobachtung. Wiesbaden: VS Verlag für Sozialwissenschaften, S. 222–247.

Bundesministerium für Bildung und Forschung (2019): Sexualisierte Gewalt gegen Kinder und Jugendliche. Forschung fördern, Prävention verbessern, pädagogische Praxis stärken. Berlin.

Dörr, Margret (2018): Nähe-Distanz-Verhältnisse und sexualisierte Gewalt. In: Retkowski, A./Treibel, A. & Tuider, E. (Hrsg.): Handbuch sexualisierte Gewalt und pädagogische Kontexte. Theorie, Forschung, Praxis. Weinheim & Basel: Beltz Juventa, S. 178-186.

Friebertshäuser (2013): Handbuch qualitative Forschungsmethoden in der Erziehungswissenschaft. Weinheim: Beltz Juventa.

Geschäftsstelle der Unabhängigen Beauftragten (2011): Abschlussbericht der Unabhängigen Beauftragten zur Aufarbeitung des sexuellen Kindesmissbrauchs, Dr. Christine Bergmann. Berlin.

Girtler, Roland (2009): Methoden der Feldforschung. Stuttgart: UTB.

Jäckle, Monika/Wuttig, Bettina & Fuchs, Christian (Hrsg.) (2017): Handbuch Trauma – Pädagogik – Schule. Bielefeld: transcript.

Helfferich, Cornelia (2016): Qualitative Einzelinterviews zu Gewalt. Die Gestaltung der Erhebungssituation und Auswertungsmöglichkeiten. In: Helfferich, C. & Kavemann, B. (Hrsg.): Forschungsmanual Gewalt. Wiesbaden: Springer Fachmedien, S. 121–142.

Jegodtka, Renate & Luitjens, Peter (Hrsg.) (2016): Systemische Traumapädagogik. Göttingen: Vandenhoeck & Ruprecht.

Langer, Phil C. (2013): Chancen einer interpretativen Repräsentation von Forschung: die Fallvignette als „Reflexive Account“. In: Langer, P.C./Kühner, A. & Schweder, P. (Hrsg.): Reflexive Wissensproduktion, Bd. 6. Wiesbaden: Springer Fachmedien Wiesbaden, S. 113–132.

Poelchau, Heinz-Werner/Briken, Peer/Wazlawik, Martin/Bauer, Ullrich/Fegert, Jörg M. & Kavemann, Barbara (2018): Bonner Ethik-Erklärung. In: Retkowski, A./Treibel, A. & Tuider, E. (Hrsg.): Handbuch sexualisierte Gewalt und pädagogische Kontexte. Theorie, Forschung, Praxis. Weinheim & Basel: Beltz Juventa, S. 998–1005.

Rode, Tanja (2013): Das Konzept der Nicht-Betroffenheit (eines Beraters/einer Beraterin) als Neutralität. Einige Implikationen und Differenzierungen. In: Kindesmisshandlung und -vernachlässigung 16, 2, S. 188–195.

Schlingmann, Thomas (2016): Was bisher war, das reicht nicht. Eine kritische Einschätzung der bisherigen Forschung gegen sexualisierte Gewalt. In: Trauma – Zeitschrift für Psychotraumatologie 14, 4, S. 16–24.

Vobbe, Frederic (2017): Die Sprachlosigkeit der Gruppe. Belastungen von Zeug_innen massiven Bullyings und sexualisierter Peergewalt. In: Jäckle, M./Wuttig, B. & Fuchs, C. (Hrsg.): Handbuch Trauma – Pädagogik – Schule. Bielefeld: transcript, S. 479–493.

Wazlawik, Martin/Briken, Peer/Christmann, Bernd & Dekker, Arne (2018): Forschungsethik im Kontext der Erforschung sexualisierter Gewalt. In: Retkowski, A./Treibel, A. & Tuider, E. (Hrsg.): Handbuch sexualisierte Gewalt und pädagogische Kontexte. Theorie, Forschung, Praxis. Weinheim & Basel: Beltz Juventa, S. 989–997.

Partizipative Jugendforschung. Forschung mit jungen Menschen aus der berufsbezogenen Jugendsozialarbeit zu Sexualität und Gewalt

Anja Henningsen, Meike Kampert, Veronika Winter

1 Einführung

In der partizipativen Jugendforschung sind neben Wissenschaftler*innen Jugendliche maßgeblich beteiligt. Im besten Falle wird im Forschungsprozess von der Fragestellung über die Datenerhebung und Ergebnisdiskussion bis zum „Output" gemeinsam gearbeitet. Der Gewinn dieser Forschungsstrategie liegt auf der Hand: Partizipative Forschung lässt einen unmittelbaren Einblick in die Lebenszusammenhänge von Jugendlichen zu. Sie selbst definieren, was zum Gegenstand der Forschung gemacht wird, und erklären damit, welche Interessens- und Problemlagen bestehen. Im Forschungsprozess entsteht somit eine Auseinandersetzung mit alltagsbewegenden Themen.

Mit der partizipativen Forschung ist ein enger Bogen zwischen Forschung und Praxis geschlagen, weshalb sie sich an zunehmendem Zuspruch erfreut. Partizipative Forschung kann zu einem „Gewinn für beide Seiten" (Bergold & Thomas 2012: Abs. 1), also der Wissenschaft und der Praxis, beitragen. Zugleich muss sie sich auch der doppelten Kritik stellen, die offenkundige Herausforderungen der Forschungsstrategie betont. Aus Forschungsperspektive ist dann zu fragen: Inwiefern kann partizipative Forschung dem Anspruch qualitativer Sozialforschung genügen? Aus vornehmlicher Praxisperspektive ist zudem zu fragen, wie partizipative Forschungsstrategien die Beteiligung von Jugendlichen tatsächlich erhöhen und pädagogische Rahmenbedingungen transformieren können. Perspektivübergreifend bleibt kritisch zu durchleuchten, was überhaupt als Forschungsergebnis gewertet wird und welcher Praxistransfer sich für das jeweilige Handlungsfeld ableiten lässt.

Laut dem Kinder- und Jugendhilfegesetz (§ 11 Abs. 1 SGB VIII) besteht die Aufgabe der Kinder- und Jugendarbeit darin, jungen Menschen „die zur Förderung ihrer Entwicklung erforderlichen Angebote der Jugendarbeit zur Verfügung zu stellen" und zu gewährleisten, dass diese Angebote „an den Interessen junger Menschen anknüpfen und von ihnen mitbestimmt und mitgestaltet werden". Diese partizipative Ausrichtung der Kinder- und Jugendarbeit stellt einen wesentlichen Anknüpfungspunkt für partizipative Jugendforschung in diesem Handlungsfeld dar. Gleichzeitig lässt sich aus diesem partizipativen Selbstverständnis der Kinder- und Jugendarbeit auch eine partizipative Entwicklung und Implementierung von Schutzkonzepten ableiten. Die Partizipation von jungen Menschen wird in der Fachdebatte um Schutzkonzepte in pädagogischen Kontexten immer wieder als ein wichtiges (Gestaltungs-)Prinzip herausgestellt. Über sie soll sichergestellt werden, dass Schutzkonzepte nachhaltig sowie passgenau sind und den Bedarfen der Adressat*innen entsprechen (Kappler et al. 2019; Wolff et al. 2021).

Vor diesem Hintergrund wurde in dem vom Bundesministerium für Bildung und Forschung (BMBF) geförderten Verbundprojekt „SchutzNorm" der Hochschulen Hildesheim, Kassel, Kiel und Landshut eine partizipative Jugendforschung angelegt, um jugendliche Perspektiven stärker in die Schutzkonzeptentwicklungen zu involvieren. In vier unterschiedlichen Feldern der Jugendarbeit (Jugendverbandsarbeit, internationale Jugendarbeit, berufsbezogene Jugendsozialarbeit und offene Jugendarbeit) wurde hierzu partizipativ mit den jeweiligen jungen Menschen zu ihren Normalitätskonstruktionen – verstanden als sozial gerahmte Wahrnehmungen, Einschätzungen und Handlungsweisen – zu Sexualität und Gewalt geforscht. Ziel war es dabei, die jeweils spezifischen Bedarfe und Anforderungen für eine passfähige und jugendperspektivzentrierte Weiterentwicklung von Schutzkonzepten zu erfassen und auszuwerten (Henningsen & Winter 2020). Schutzkonzepte werden dabei verstanden als organisational verortete Schutzprozesse, die persönliche Rechte von jungen Menschen, wie z.B. auch das Recht auf sexuelle Selbstbestimmung und Beteiligung, sichern und stärken sollen. Analysen bestehender Schutzkonzeptentwicklungen weisen darauf hin, dass Denk- und Sichtweisen junger Menschen bisher kaum in die Entwicklung und Ausgestaltung von Schutzkonzepten einbezogen worden sind (Domann et al. 2014; Kampert 2015; Strahl 2015). Jugendliche und Erwachsene verfügen in der Regel sowohl strukturell als auch persönlich über ungleiche Gestaltungs- und Einflussmöglichkeiten. Beschäftigt man sich in Praxis oder Wissenschaft mit dem Schutz Jugendlicher vor Gewalt, scheint es nur folgerichtig, diese Ungleichgewichte zum reflexiven Ausgangspunkt professionellen Handelns oder Forschens zu machen. Genau an diesem Punkt setzt das partizipative Forschungsansinnen des Projektes „SchutzNorm" an. Im Fokus dieses Beitrags steht der partizipative Forschungsprozess im Feld der berufsbezogenen Jugendsozialarbeit, der in der Verantwortung des Teilprojektes an der Fachhochschule Kiel lag, und gemeinsam mit einer Praxiseinrichtung realisiert wurde. Wir werden im Folgenden wesentliche forschungsethische und -methodische Überlegungen im partizipativen Forschungsprozess zu der Frage herausarbeiten: Wie kann mit jungen Menschen in der berufsbezogenen Jugendsozialarbeit gewinnbringend zu Themen wie Sexualität und Gewalt geforscht werden?

Ein wesentlicher Referenzpunkt unserer forschungsmethodischen Reflexionen ist das Forschungsmanual Gewalt von Helfferich et al. (2016), insbesondere weil es macht- und gewaltreflexive Perspektiven in der Forschung stärkt. Die dortige Intention des herausgebenden Teams um Cornelia Helfferich ist es, als erste Forschungsgeneration in der Gewaltforschung, „ihre Erfahrungen an eine neue Generation weiter[zu]geben" (ebd.: 3). Den Faden nehmen wir gerne auf und bewegen die dort aufgeworfenen Fragen im Kontext unserer partizipativen Jugendforschung, wenn wir uns mit der Bedeutung von Machtasymmetrien im Generationenverhältnis beschäftigen. Auch die besonderen Anforderungen an eine ethische und reflektierende Haltung der Forscher*innen in der Gewaltforschung bewegen wir, indem wir die Nützlichkeit unserer Forschung diskutieren: Cui bono? – Inwiefern erweist sich die Forschung für die Beteiligten als nützlich und wie ist ein möglicher Schaden abzuwenden?

2 Partizipative Forschung

Seit den Ursprüngen der partizipativen Forschung in den 1960er und 1970er Jahren und aktueller seit den 1990er Jahren ist eine Vielfalt partizipativer Ansätze und Forschungsstrategien entstanden (Bergold & Thomas 2012; von Unger 2014). Inzwischen haben sich Akzentuierungen herausgebildet, darunter vor allem die partizipative Forschung und Aktionsforschung. Sie dienen „sozialemanzipatorischen und demokratiefördernden Zwecke[n]" (von Unger 2014: 13) und dennoch ergeben sich, auch bedingt durch die deutsch- und englischsprachige Entwicklungsgeschichte, unterschiedliche Schwerpunktsetzungen. Im angloamerikanischen Raum wird im Zuge von partizipativer Aktionsforschung (Participatory Action Research) vor allem auf das Engagement von benachteiligten Personengruppen eingegangen. In entsprechenden Forschungsprojekten wird zwischen Forscher*innen und mitwirkender lokaler Bevölkerung nicht unterschieden. Alle gelten als gleichsam in die Aktion involviert und „zielen hierin auf Emanzipation, Empowerment und sozialen Wandel" (Anastasiadis & Wrentschur 2019: 12). Auch im deutschsprachigen Raum war vor allem in den 1970er Jahren eine solche Aktionsforschung breit vertreten. Partizipative Forschung setzt nuanciert anders an, denn sie vollzieht „einen Wechsel der Schwerpunktsetzung von der Betonung des Handlungs- und Veränderungsaspektes hin zu der gemeinsamen Gestaltung von Forschung" (Bergold & Thomas 2012: Abs. 8). Über die partizipative Forschung hinaus hat sich ganz grundsätzlich ein Verständnis empirischer Forschung als einschreitende Praxis durchgesetzt. Dies liegt vor allem darin begründet, dass vielfach der Anwendungsbezug von Forschung bemängelt wird. Des Weiteren wird argumentiert, dass dieser interventionistische Forschungsansatz angesichts des sozialen Wandels und steigender sozialer Ungleichheit zunehmend notwendig werde, denn er eröffne es marginalisierten Gruppen, empirisch fundiert zu sozialen Veränderungen beizutragen (Anastasiadis & Wrentschur 2019: 12).

Eine Antwort auf die Fragen „Was ist gute Forschung und was sind gute Forschungsergebnisse?" ist insbesondere in der partizipativen Forschung nicht leicht zu formulieren, denn in den jeweiligen Kontexten von Wissenschaft, Wissenschaftsförderung, Praxis und unmittelbar Beteiligten ergeben sich divergierende Ansprüche an die Qualität. Die Anerkennungs- bzw. Rechtfertigungsgründe in der Wissenschaft hängen zu einem großen Anteil immer noch von klassischen Gütekriterien wie Objektivität, Reliabilität und Validität ab, die einer traditionellen empirischen, also positivistischen, Position folgen. Innerhalb der partizipativen Forschung werden alternative Gütekriterien diskutiert, die sich an Qualitätskriterien qualitativer Sozialforschung anlehnen. Um die Güte partizipativer Forschung zu definieren, braucht es Kriterien, die stärker auf die Kontexte der Forschung und ihre prozesshafte Gestaltung eingehen. Bergold und Thomas (2012) schlagen deshalb vor, „Rechtfertigungsargumente wie Nützlichkeit, Authentizität, Glaubwürdigkeit, Reflexivität und Nachhaltigkeit zu diskutieren" (ebd.: Abs. 101).

Aus der vorausgegangenen Darstellung partizipativer Forschung geht konsequenterweise hervor, dass sie als Auftrag der Sozialen Arbeit zu verstehen ist. Durch partizipative Forschung werden professionelles Handeln und organisationale Strukturen reflektiert und vor allen Dingen die Perspektive ihrer Adressat*innen deutlich herausgearbeitet (Anastasiadis & Wrentschur 2019).

3 Partizipative (Jugend-)Forschung und Jugendpartizipation: Mit Jugendlichen an einem Strang ziehen

In der Kinder- und Jugendarbeit stehen die Stärkung der Selbstbestimmung und soziale Partizipation von jungen Menschen in ihren alltäglichen sozialräumlichen Bezügen im Mittelpunkt aller Angebote und Maßnahmen (Eßer, Rusack & Schröer 2018). Verankert ist dieser Grundzug auch in der Vorgabe, dass sie „an den Interessen junger Menschen anknüpfen und von ihnen mitbestimmt und mitgestaltet werden" solle (§ 11 Abs. 1 SGB VIII). Auch ein ethisch-rechtlicher Bezug sei an dieser Stelle gezogen: Laut UN-Kinderrechtskonvention sind Kinder und Jugendliche zu beteiligen, ihre Position ist zu stärken und ihnen ist ein Gewicht in Organisationen zu geben. Partizipative Forschung findet hier einen sehr konkreten auftragsbezogenen Anknüpfungspunkt – nämlich die an Jugendlichen orientierte Weiterentwicklung ihrer pädagogischen Praxis und organisationaler Rahmung. Jugendpartizipation und -forschung dienen einer reflexiven Bearbeitung von Machtasymmetrien, indem sie junge Menschen in die Deutung ihrer Lebenswelten und -realitäten integrieren, statt sie lediglich als Forschungsobjekte zu verstehen. Durch die Verhandlung um die Ausrichtung und Ziele der Forschung werden demokratische Entscheidungsprozesse initiiert. Die Beteiligung junger Menschen an Forschung kann zudem als grundlegender Bildungsprozess verstanden werden, der eine Stärkung der Selbstbestimmung auf Seiten der jungen Menschen und auf Seiten der (forschenden) Fachkräfte ein besseres Verständnis der Sichtweisen junger Menschen impliziert.

Diesen grundsätzlichen demokratisierenden Potentialen jugendpartizipativer Forschung in der Jugendarbeit sind einige kritische Überlegungen hinzuzufügen, die sich anhand der Bedingungen im Handlungsfeld Jugendsozialarbeit zeigen. Die dort angesiedelte berufsbezogene Jugendsozialarbeit kann als begleitendes Angebot für benachteiligte oder als benachteiligt geltende junge Menschen verstanden werden, das sie auf dem Weg zur oder bei der Berufsausbildung und Erwerbsarbeit unterstützt (Enggruber 2018; Enggruber & Fehlau 2019). Ziel der berufsbezogenen Jugendsozialarbeit ist es, Benachteiligungen entgegenzuwirken und eine individuelle Weiterentwicklung zu fördern (Pingel 2018). Insbesondere junge Menschen aus prekären Lebenskonstellationen und mit wenig Unterstützung aus dem familiären Umfeld, aber auch junge Menschen mit psychischen und kognitiven Beeinträchtigungen werden angesprochen (Beierling 2019). Ihnen fehlen somit vor allem eine notwendige Stabilität und Perspektive für die Ausbildung und Erwerbsarbeit und daneben auch die formalen Einstellungs- oder Zugangsvoraussetzungen (Enggruber & Fehlau 2019). Die individuelle Weiterentwicklung zu fördern, ist mit dem Ziel verbunden, vorhandenen Benachteiligungen entgegenzuwirken und jungen Menschen bei der Bewältigung persönliche Herausforderungen zu unterstützen. Um dieses Ziel zu erfüllen, ist es erforderlich alle miteinander verwobenen alltags- und lebensweltlichen Herausforderungen junger Menschen wahrzunehmen und anzuerkennen (Henningsen & Winter 2020).

In der Phase der Jugend sind dabei vor allem auch Sexualität, Grenzüberschreitungen und sexualisierte Gewalt präsente Themen (Winter & Rusack 2020; Überblick Forschungsstand z.B. bei Rusack 2019). In der Folge gilt es, speziell diese teils stark tabuisierten, zumindest sehr intimen Themen auch oder sogar speziell in der Jugendberufshilfe in den Blick zu nehmen; dies vor allem, weil das „Private" gegenüber der Berufsorientierung ins Hintertreffen gerät und ein ganzheitlicher Zugang zu den Jugendlichen fehlt. Zudem ist das Recht der jungen Erwachsenen auf eine angemessene Entwicklungsförderung und auf Schutz zentral. Insbesondere wenn es um höchstpersönliche Angelegenheiten wie ihre sexuelle Entwicklung und den nicht hoch genug zu hängenden Schutz vor (sexualisierter) Gewalt geht.

4 Das Forschungsprojekt „SchutzNorm“

Anliegen des Projektes „SchutzNorm – Schutzkonzepte in der Kinder- und Jugendarbeit. Normalitätskonstruktionen von Sexualität und Gewalt unter Jugendlichen“ war es herauszufinden, 1. welche Einschätzungen, Perspektiven und Handlungsformen zu Gewalt und Sexualität unter jungen Menschen existieren, 2. wie sich bestehende Schutzkonzepte in der Jugendarbeit bereits auf die Lebenswelten der jungen Menschen beziehen und 3. welche Herausforderungen/Empfehlungen sich für die Weiterentwicklung von Schutzkonzepten in der Jugendarbeit ergeben. Zur Beantwortung dieses Erkenntnisinteresses wurden neben der Durchführung einer bundesweiten Onlinebefragung (Lips et al. 2021) von Jugendlichen und einer Dokumentenanalyse zu Schutzkonzepten in der Kinder- und Jugendarbeit vier partizipative Forschungsteams mit jungen Menschen in den jeweiligen beforschten Feldern der Jugendarbeit eingerichtet (Henningsen & Winter 2020). Ziel dieser partizipativen Forschungsteams war es, dass die jungen Menschen als Peer-Researcher*innen ihre eigenen Fragestellungen zu Sexualität und Gewalt entwickeln und diesen mit unterschiedlichen Methoden und Instrumenten in ihren jeweiligen handlungsfeldbezogenen Communities nachgehen.

In der berufsbezogenen Jugendsozialarbeit wählten die beteiligten Peer-Researcher*innen das Forschungsthema (Hetero-)Sexismus im Alltag. Dabei bildeten sich Fragestellungen heraus, die sie im Peer- und Ausbildungskontext interessierten: „Was denken andere Jugendliche über (Hetero-)Sexismus im Alltag?“, „Wie kann ich in schwierigen Situationen eingreifen?“, „Was kann ich tun, wenn ich selbst betroffen bin?“

Der recht offene thematische Rahmen, den die antragsstellenden Forscher*innen vorgaben und an die Jugendlichen herantrugen, wurde mit der mangelnden Orientierung von Schutzkonzepten an Normalitätskonstruktionen und Bedarfen von jungen Menschen zu Sexualität und Gewalt begründet. Die Tatsache, dass sich das Forschungsprojekt ohne die Beteiligung von jungen Menschen konstituierte, belegt ihren eher partizipatorischen als aktionistischen Ansatz und weist zugleich auf die förderpolitischen Hürden für partizipatorische Forschungsanträge hin. Für das Forschungsprojekt und auch die Förderung bedeutete dies eine Offenheit gegenüber unklaren Fragestellungen und Erhebungsmethoden, die erst nach einer Akquise von interessierten Jugendlichen mit ihnen geklärt werden konnten. Vor allem war aber von den Forscher*innen eine hohe Prozessoffenheit, verbunden mit einer methodischen Kompromissbereitschaft, gefordert.

Die Akquise von jungen Menschen als Peer-Researcher*innen erfolgte über eine kooperierende Praxiseinrichtung aus dem Handlungsfeld der berufsbezogenen Jugendsozialarbeit. Mit der unterstützenden Praxiseinrichtung konnten insgesamt 16 junge Menschen im Alter von 17 bis 22 Jahren aus berufsvorbereitenden Maßnahmen und außerbetrieblichen Ausbildungen als Peer-Researcher*innen gewonnen werden, wobei die Gruppengröße (u.a. aufgrund von Beendigungen von berufsbegleitenden Maßnahmen) über die Projektlaufzeit zwischen 16 und 7 Teilnehmenden variierte. Die Zusammenarbeit der Peer-Researcher*innen und Forscher*innen wurde über die Durchführung von 14 Forschungswerkstätten organisiert. Diese fanden im Zeitraum von Februar 2019 bis Februar 2020 in regelmäßigen Abständen in der kooperierenden Praxiseinrichtung statt und wurden von zwei sog. Bildungsbegleiterinnen der Kooperationseinrichtung organisatorisch begleitet. Auf Wunsch der Peer-Researcher*innen wurden die beiden Bildungsbegleiterinnen nicht in die inhaltlichen Treffen involviert, jedoch über abgesprochene Inhalte informiert sowie punktuell zu strukturellen und personellen Einschätzungen im Kontext der Entwicklung von Schutzkonzepten und geeigneten Fortbildungsformaten etc. einbezogen. Die Forschungswerkstätten untergliederten sich jeweils in:

1. eine Findungsphase, in der sich das partizipative Forschungsteam formierte und erste Themenschwerpunkte gemeinsam identifiziert wurden,
2. eine Konzeptionsphase, in der die jungen Menschen partizipativ für sie relevante Fragestellungen zum Thema Sexualität und Gewalt erarbeiteten sowie eine passfähige Forschungsmethode auswählten,
3. eine Erhebungsphase, in der von den Peer-Researcher*innen das Forschungsinstrument entwickelt sowie die qualitative Datenerhebung (leitfadengestützte Interviews) durchgeführt wurde,
4. eine Auswertungsphase, in der die erhobenen Daten gemeinsam analysiert wurden, und
5. eine Outputphase, in der aus den Erkenntnissen der Analysen unterstützende Materialien für andere jungen Menschen entwickelt wurden.

Jede dieser Phasen umfasste drei bis vier halb- oder ganztägige Treffen, wobei die Peer-Researcher*innen in den einzelnen Arbeitsschritten bei Bedarf und entsprechend ihres Wissenstands bzw. (Vor-)Kenntnissen von den Forscher*innen begleitet wurden.

5 Besondere Aspekte partizipativer Forschung im Projekt „SchutzNorm“

Verbunden mit der Intention, den wissenschaftlichen Wert und die ethische Verantwortbarkeit von partizipativer Jugendforschung zu Sexualität und Gewalt zu legitimieren, legen wir im Folgenden unsere forschungsmethodischen und -ethischen Überlegungen offen. Im Kern geht es uns um eine machtreflexive Positionierung im Hinblick auf die jugendbeteiligte Prozessgestaltung.

5.1 Ethische Reflexion der Zusammenarbeit mit jugendlichen Forscher*innen

Für die Forschung zu Sexualität und Gewalt ist eine dezidierte Auseinandersetzung mit Macht und damit verbundenen strukturellen sowie individuellen Gewaltverhältnissen unabdingbar. Aus einer Tradition feministischer Gewaltforschung heraus „müssen wir sorgfältig die Machtdimensionen im Forschungsprozess selbst reflektieren" (Hagemann-White 2016: 23), um nicht Gefahr zu laufen, dass die Wahrnehmung von Gewaltqualitäten vereinseitigt oder durch Abhängigkeiten verdeckt wird. Das Verhältnis zu den Peer-Researcher*innen konstituierte sich im Wesentlichen durch das generationale Verhältnis und durch die dominante „wissende" Position der Forscher*innen. Die jungen Menschen aus der berufsbezogenen Jugendsozialarbeit sind hingegen zu den marginalisierten Gruppen zu zählen, und dies nicht nur, weil ihr Weg nicht unmittelbar auf den Arbeitsmarkt führte, sondern unter einer intersektionalen Betrachtungsweise weitere Benachteiligungen mit dieser Lebenssituation bei den jungen Menschen verbunden waren. Die offenkundige starke Machtasymmetrie verunmöglicht partizipative Forschung nicht per se, sie fordert jedoch in besonderem Maße dazu auf, „Augen und Ohren für Erfahrungen zu öffnen, die aus der relativ mächtigen Position der Forschenden allzu leicht unsichtbar bleiben" (ebd.: 24). Im Umgang mit dieser Machtbeziehung ist für die Forscher*innen ausdrücklich zu reflektieren, wie einerseits die hervorzuhebende Verantwortung für Schutz gestaltet werden und wie andererseits eine drohende Deutungshoheit abgewendet werden kann.

Für die Forschung mit jungen Menschen sollte es selbstverständlich sein, ein größtmögliches Maß an informierter und autonomer Einwilligung zu eröffnen und dabei eine „besondere Anstrengung" (Kindler 2016: 74) walten zu lassen. Es gilt, eine für die jungen Menschen verständliche Aufklärung über die Ziele und das mögliche Belastungspotential anzubieten. Dabei ist auch sicherzustellen, dass die Informationen tatsächlich verstanden wurden. Für Forscher*innen als auch Peer-Researcher*innen ist das Risiko von Gesprächen über Sexualität und Gewalt nur schwer abzuschätzen – vor allem in einem partizipativen Forschungsprojekt mit zunächst offener Fragestellung. So blieb überdauernd der Hinweis auf eine selektive Authentizität bestehen, verbunden mit der Aufforderung, sich bewusst für das Erzählen oder Schweigen zu Erfahrungen und Sichtweisen zu entscheiden. Auch das Auslassen einzelner Treffen oder deren Unterbrechung wurden mit den jungen Menschen als Ausstiegs- und Entlastungsstrategien diskutiert. Sie wurden auf diese Weise als kompetente Entscheider*innen angesprochen. Ihnen wurden zudem entsprechend unserer Schutzabwägungen unterschiedliche Gesprächs- und Hilferessourcen angeboten. Wir folgten, wie es in der Jugendarbeit generell anzuwenden ist, den Prinzipien von freiwilliger Teilnahme *(choice),* die eigene Position deutlich zu machen *(voice)* und der Möglichkeit jederzeit auszusteigen *(exit)*, und erhofften uns, dadurch die persönlichen Rechte in allen Situationen und Beziehungskonstellationen zu stärken (Wolff, Schröer & Winter 2018: 590). Während Schutz vor allem in Bezug auf junge Studienteilnehmende diskutiert wird (Kindler 2016), stellt sich in der jugendbeteiligten Forschung auch die Frage nach dem Schutz der Peer-Researcher*innen selbst. Um für den Schutz der Peer-Researcher*innen angemessen Sorge zu tragen, sind konsequenterweise sämtliche Gefährdungen, die von einer Teilnahme ausgehen, größtmöglich abzuwenden. Dabei spielte die Abwägung bedrohlicher Folgen im sozialen Umfeld wie der Familie, der Einrichtung, aber auch in der unmittelbaren Forschungsgruppe eine Rolle. So wurde gemeinsam vereinbart, welche Informationen die Forschungsgruppe verlassen durften, etwa um die Fachkräfte in der Einrichtung über unsere Arbeit zu informieren. Aussagen über Einzelne durften grundsätzlich von keinem Forschungsgruppenmitglied getätigt werden. Das „Prinzip der Vertrauenswürdigkeit" wird in Bezug auf seinen Bruch „heftig diskutiert", etwa wenn von schwerwiegenden Problemen oder Gewalt berichtet wird (Kindler 2016: 86). Wir legten den Peer-Researcher*innen offen, dass wir eine Ausnahme von der vereinbarten Vertraulichkeit machen würden, wenn uns von akuten Bedrohungen berichtet werden würde. Im Projekt wurden keine Fälle dieser Art offenbart, was sowohl mit einer Abwägung der jungen Menschen als auch der Abwesenheit von akuten Bedrohungen zusammenhängen könnte. Demgegenüber trug die entstandene Vertraulichkeit zu unterschiedlichen Berichten über krisenhafte Lebenssituationen in der Gruppe oder gegenüber den Forscher*innen bei.

Partizipation als Aushandlungsprozess bedeutet im Wesentlichen, dass Jugendliche in Problemanalysen und Entscheidungsfindungen integriert werden (Petersen 2002). Und dennoch ist die Differenz zwischen jüngeren und älteren Forscher*innen sensibel wahrzunehmen, denn partizipative Forschung darf keinesfalls den „Risiken eines Übergriffs auf lebensweltliche Handlungsweisen und Perspektiven von Kindern und Jugendlichen" (Sturzenhecker 2018: 136) unterliegen. Das bedeutet, die Sichtweisen der jungen Menschen nicht durch die Deutungen der Forscher*innen zu kolonialisieren. In der Zusammenarbeit mit den Peer-Researcher*innen wurde eine auseinandergehende Wahrnehmung der Peer-Researcher*innen und Forscher*innen von Gewalt und insbesondere verbaler Gewalt deutlich. Für die Forscher*innen bedeutet dies, die Sprechweisen der Peer-Researcher*innen als jugendweltlich geprägt anzuerkennen und nicht eine erwachsene Deutungshoheit geltend zu machen. Im Sinne des Schutzes galt es zu klären, dass kein Risiko der verbalen Verletzung für Gruppenmitglieder – und dazu waren auch die erwachsenen Forscher*innen zu zählen – bestand. Wir machten folglich deutlich, dass wir einen jugendorientierten Konsens vereinbaren wollten, und welche Ansprachen unsererseits eine Grenzüberschreitung bedeuteten. Verschärfend kommt hinzu, dass die Auseinandersetzungen mit Sexualität und Gewalt emotional und moralisch aufgeladen sind. Forschung kann dementsprechend nicht unvoreingenommen stattfinden und fordert heraus, „[a]ngesichts der Unmöglichkeit einer wertneutralen Haltung eine unangreifbare emotionale und moralische Position zu finden" (Hagemann-White 2016: 13). Wir entschieden uns, den Wahrnehmungen und Bewertungen der Jugendlichen zu folgen und gleichzeitig achtsam für die Nichtschädigung Einzelner (uns eingeschlossen) zu bleiben.

In der Zusammenarbeit kristallisierte sich als wesentlicher Reflexionspunkt heraus, den sich ergänzenden Rollen als Forscher*innen und Sozialpädagog*innen gerecht zu werden. Als Forscher*innen gilt es, mit den Peer-Researcher*innen einen geschützten und zugleich demokratisch-partizipativen Raum für jugendorientierte Interessensbearbeitung zu gestalten. Dieses Selbstverständnis liegt nicht fern von dem der Sozialpädagog*innen und zugleich ist eine Abgrenzung möglich, denn wir als Forscher*innen haben keinen expliziten Bildungsauftrag gegenüber den Peer-Researcher*innen. Vielmehr können sie ihre Arbeit als einen wechselseitigen bzw. gemeinsamen Bildungsprozess im Forschungsteam verstehen – im Sinne einer dialogischen Reflexion. Fachkräfte der Einrichtung können in diesen Prozess einsteigen, wenn dies von allen Beteiligten gewünscht ist und in Räumen geschieht, die verhandlungsoffen sind, und somit Regulierungen und Abhängigkeit außerhalb des Raumes durchbrechen, so wie es in partizipativen Entwicklungsprozessen für Schutzkonzepte vorgesehen ist. Dieser weiterführende Schritt konnte zeitlich nicht im „SchutzNorm"-Projekt angelegt werden, so blieb es aber eine mit den Peer-Researcher*innen abgestimmte Aufgabe der Forscher*innen, sich für die Sichtbarkeit des Projekts in der Einrichtung zu engagieren und die Perspektiven der Gruppe auf die strukturellen Bedingungen der Einrichtung deutlich zu machen.

Nur kurz sei noch angemerkt, dass die Zusammenarbeit mit jungen Menschen nicht nur von der Anerkennung als vollwertige Mitglieder im Forschungsteam oder in ihrem Sinne etwas Gutes tun zu wollen getragen sein sollte. Darüber hinaus wurde ihre Teilnahme am Forschungsprozess mit Aufwandsentschädigungen in Form von Gutscheinen honoriert. Dabei sollten keine monetären Anreize geschaffen werden, sondern eine Wertschätzung entsprechend ihres zeitlichen Engagements in der Gruppe (Kindler 2016: 89).

5.2 Methodische Besonderheiten im partizipativen Forschungsprozess

Bestimmende Konstante in unserem partizipativen Forschungsprozess war die fortwährende Frage nach der Nützlichkeit unserer Forschung, weshalb wir unsere methodischen Überlegungen hierauf konzentrieren werden. Das Gütekriterium Nützlichkeit ist zum einen am wissenschaftlichen Erkenntnisgewinn zu messen und zum anderen daran festzumachen, inwiefern die forschenden jungen Menschen einen unmittelbaren Nutzen für sich feststellen können. Für die jungen Menschen standen der „Spaß am Projekt“ und „klare Antworten auf unsere Fragen“ im Vordergrund. Für die Forscher*innen wiederum war es wichtig, orientiert an den oben benannten Gütekriterien, die Möglichkeiten und Limitationen jugendpartizipativer Forschung auszuloten. Im Prozess zeigte sich, dass der doppelte Nutzen partizipativer Forschung in einem Spannungsverhältnis steht, das durch eine fortlaufende Ausgewogenheit zwischen Aktion und Reflexion bearbeitet werden kann und eine fortlaufende Diskussion der Peer-Researcher*innen und Forscher*innen erfordert.

5.2.1 Besonderheiten bei der Konstitution der Forschungsgruppe

Für die Peer-Researcher*innen hängt der Nutzen von ihrem Zugang zum Forschungsprozess und ihrem Einbezug ab. Wenn jugendliche Forscher*innen lediglich als Schlüsselpersonen Einblicke in ihre Lebenswelt liefern, bei der Deutung der Daten allerdings ausgeschlossen werden, dann kann höchstens von einer „gut gemeinten“ (Sturzenhecker 2018: 136), aber halbierten Beteiligung gesprochen werden. Das „Etikett Partizipation“ (ebd.) ist damit allerdings nicht verdient, und Beteiligte können nur in geringem Maße ihr Wissen erweitern oder gemeinschaftlich handlungsfähig werden. Um dem Anspruch einer demokratisch-partizipativen Forschung gerecht zu werden, ist deshalb ein gemeinsamer, vollumfänglicher Forschungsprozess aller Beteiligten anzustreben; das bedeutet, dass die Peer-Researcher*innen über die Projektgestaltung mitentscheiden (Mitbestimmung), Projektteile eigenverantwortlich umsetzen (teilweise Entscheidungskompetenz) und wichtige Projektentscheidungen im Wesentlichen selbst treffen (Entscheidungsmacht) (von Unger 2014).

Um den Peer-Researcher*innen gleich zu Beginn des Forschungsprozesses den anvisierten hohen Beteiligungsgrad glaubhaft zu machen, wurde die Entscheidung über die thematische Eingrenzung und zentrale Forschungsfrage den Jugendlichen in die Hand gegeben. Obgleich nicht davon ausgegangen werden kann, dass jegliche Beeinflussung der Jugendlichen durch Forscher*innen abzuwenden ist, können Maßnahmen ergriffen werden, die eine größtmögliche thematische Offenheit anstreben. Dazu gehörte zunächst, die Zugänge der Jugendlichen zu Sexualität und Gewalt und damit die vorhandene thematische Breite und Akzentuierung zu ermitteln. Das hieß, offen zu sein für die „mitgebrachten“ Themen in ihren ganz unterschiedlichen, jugendweltlichen Erscheinungsformen und die dadurch zum Ausdruck kommende Lebenswelt und -realität der jungen Menschen anzuerkennen, sie nachvollziehen zu können und in letzter Konsequenz nicht nur für den Forschungsprozess, sondern auch für die Umwandlung in hilfreiche Strategien für die Jugendlichen selbst zu nutzen (Henningsen & Winter 2020). Über Diskussionen zu Bildern aus dem Internet, Assoziationen zu Gegenständen in einem „Grabbelsack“ oder soziometrische Übungen konnten Diskussionen der Peer-Researcher*innen initiiert werden.

Eine besondere Herausforderung in der partizipativen Forschung ist es, allen Beteiligten einen Zugang zu empirischer Sozialforschung und notwendigen Kompetenzen zu vermitteln. Sicherlich ist von den Peer-Researcher*innen, die bisher sehr wenige Berührungspunkte mit Forschung hatten, kein Anspruch wie an hauptberufliche Forscher*innen zu stellen. Für die erwachsenen Forscher*innen galt es zunächst, aus einer akademischen Weltsicht herauszutreten und von den Peer-Researcher*innen zu lernen, was sie wissen und können (Bergold & Thomas 2012: Abs. 42). Mit diesem Zugang konnte an den Motivationen und Kompetenzen der Peer-Researcher*innen angeknüpft und ein gemeinsames Verständnis von Forschung entwickelt werden. Im nächsten Schritt konnte durch unterschiedliche Methoden unterstützt werden, dass die jungen Menschen sich selbst als Forschende wahrnahmen, indem sie beispielsweise ihre Beobachtungsfähigkeiten entwickelten, Gesprächs- und Fragetechniken einübten und sich mit der Rolle von Forscher*innen auseinandersetzten. Sie konnten folglich auch einen Kompetenzgewinn und eine persönliche Entwicklung durch das Projekt als ihren persönlichen Nutzen verzeichnen.

5.2.2 Besonderheiten bei der Erhebung und Auswertung

Während das Erkenntnisinteresse stark durch die Peer-Researcher*innen gelenkt werden konnte, musste bei der Erhebung aus forschungsethischen bzw. -methodischen Überlegungen heraus stärker durch die Forscher*innen gelenkt werden. Da die Peer-Researcher*innen die Erhebung mitgestalten und durchführen wollten, machten sie den Vorschlag, ein Sozialexperiment bzw. eine Beobachtungsstudie durchzuführen. Entsprechend ihres Forschungsthemas „(Hetero-)Sexismus im Alltag“ wollten sie an einem öffentlichen Ort verbale und körperliche Attacken einem Mädchen gegenüber inszenieren und die Reaktionen unbeteiligter junger Menschen beobachten. In einer anderen Szene wollten sie einen männlichen Teilnehmer entsprechend ihres Verständnisses „total schwul“ durch die Einkaufsstraße laufen lassen. Mit dem Argument, dass den inszenierenden Peer-Researcher*innen unvorhersehbarer Schaden zugefügt werden konnte, konnte eine neue Ausrichtung vereinbart werden: Sie stellten die Szenen in Videosequenzen dar und nutzten sie als Gesprächsimpuls für leitfadengestützte Interviews mit Jugendlichen. Die Erhebung profitierte dadurch ungemein, denn die Peer-Researcher*innen verfügten über ein vertieftes Verständnis ihrer Altersgenossen und knüpften auf authentische Weise an jugendliche Alltagserfahrungen an.

Halbstrukturierte Interviews werden in partizipativen Forschungsprojekten besonders häufig verwendet (Bergold & Thomas 2012: Abs. 67). Sie durchzuführen war für die Peer-Researcher*innen eine wertvolle Erfahrung, weil sie ihnen vor Augen führte, wie unterschiedlich sich Gleichaltrige zu (Hetero-)Sexismus positionierten. So wurden die Peer-Researcher*innen im doppelten Sinne Expert*innen in eigener Sache – indem sie sich ihrer eigenen Position im Abgleich mit Gleichaltrigen klarer wurden und damit auch an Sprachfähigkeit für sich und Einblicke in die Sichtweisen und Bedarfe anderer gewannen.

Bei der Erhebungs- und Auswertungsphase unseres Projektes musste dennoch mit einer eingeschränkten verbalen Kommunikationsfähigkeit der Peer-Researcher*innen produktiv umgegangen werden. Auch wenn in der Forschungsgruppe viel kommunikative Prozessreflexion gelang, fiel die diskussionsorientierte Auswertung des Interviewmaterials schwerer. An dieser Stelle werden die Grenzen sprachgebundener Forschungsmethoden für diese Peergroup sehr deutlich und bedingen eine entsprechende Reflexion partizipativer Forschungsansinnen bzw. -methoden, um dem Ziel des dichteren, authentischeren Herankommens an die Perspektiven der jeweiligen Zielgruppen gerecht zu werden. In den oftmals mit marginalisierten Gruppen durchgeführten partizipativen Forschungsprojekten kann dies durch alternative Kommunikationsweisen und Methoden überwunden werden. Insgesamt unterstreichen die filmischen Umsetzungen in der Erhebung, dass durch das „Schauspiel" Inhalte, Problemstellungen und Herausforderungen mit mehr Tiefe und Ausdifferenzierung zum Ausdruck gebracht werden können als über das reine Verbalisieren. Ihnen gelang es dadurch, ihre eigene Position deutlich zu machen. Vor allem in der Auswertung und den dortigen Diskussionsphasen waren abwechslungsreiche Methoden mit hoher Beteiligung und Aktivierung hilfreich. Aussagen wie „Das Reden war mir zu lang und eintönig, wenn wir das mehr einteilen mit den Spielen, dann ist das besser" und „Das ganze Diskutieren macht mich aggressiv" standen Rückmeldungen wie „Ich find's super, dass es hier so gerecht ist, jeder darf seine Meinung sagen" und „Da kann man Vertrauen zur Gruppe aufbauen" zu einem Positionierungsspiel unter Beteiligung der gesamten Gruppe und „Man kann mehr über Dinge sprechen" zu einer Kommunikationsübung mittels einer gemeinsam zu bewältigenden (Bastel-)Aufgabe gegenüber. Im Sinne der Nützlichkeit partizipativer Forschung ist zu diskutieren, ob das Datenmaterial angereichert werden kann. Entsprechend dem Diktum „all is data" (Glaser 2001: 145) vereinbarten die Forscher*innen mit den Peer-Researcher*innen, dass wir uns mit der Auswertung der Interviews befassten, zugleich jedoch auch unseren Arbeitsprozess und unsere Diskussionen in der Gruppe ethnografisch protokollierten (Breidenstein 2012). Für die Forscher*innen liegt ein hoher Wert in den lebensweltlichen Einblicken von jungen Menschen, durch die komplexe Erfahrungen und ambivalente Bewertungen von Sexualität und Gewalt verdeutlicht wurden. Während also der Komplexitätsaufbau einerseits von Wert war, wünschten sich die Peer-Researcher*innen ihrerseits vor allem eine Komplexitätsreduktion.

5.2.3 Besonderheiten bei der Ergebnisdarstellung

Am Ende des Forschungsprozesses stand eine intensive Klärung unserer Ergebnisse, in der sich auseinandergehende Erwartungen im Forschungsteam ausdrückten und dementsprechend verhandelt werden musste, welchen Nutzen die Ergebnisse hatten und wie sie dargestellt und verbreitet werden sollten. Für die Forscher*innen sind wissenschaftliche bzw. praxisrelevante Publikationen von Wert und deshalb auch Teil der Ergebnisdarstellung, denn Publikationen, die lebensweltliche Sicht- und Handlungsweisen der jungen Menschen zu Sexualität und Gewalt abbilden, bieten angesichts des skizzierten Auseinandersetzungsgrades wertvolle Impulse für die Kinder- und Jugendarbeit.

Sichtbar müssen jedoch auch die von den jungen Menschen als nützlich bewerteten Ergebnisse werden. Eine gemeinsam verschriftlichte Ergebnisdarstellung, so zeichnete es sich schon im Arbeitsprozess ab, war entgegen der ursprünglichen Planung der Forscher*innen nicht umsetzbar. Sie entsprach nicht den Fähigkeiten und Erwartungen der jungen Menschen. Die Peer-Researcher*innen entschieden sich stattdessen beispielsweise für Videos mit komprimierten Botschaften für junge Menschen. Grundsätzlich blieben sie bei dem Wunsch der Komplexitätsreduktion und wollten „klare Aussagen" machen.

Diese unterschiedlichen Interessen standen nicht unbedingt in einem unmittelbaren Widerspruch, verlangten jedoch Kompromisse bzw. eine bewusste Zurücknahme der Forscher*innen. Wenn Peer-Researcher*innen die Ergebnisse mitbestimmen, kann ein Gewinn durch wechselseitiges Verständnis entstehen, das Sturzenhecker auch als „gegenseitigen Bildungsprozess" (2018: 140) definiert. Als ein wesentliches verallgemeinerbares Ergebnis des Forschungsprozesses zeichnet sich also ab, dass demokratisch-partizipative Forschung hochspezifische Perspektiven zusammenführt und zu einer wechselseitigen Verständigung konstruktiv beitragen kann. Partizipative Jugendforschung weist sich damit als ein hilfreicher Ansatz aus, um jugendbeteiligende Organisationsentwicklung voranzutreiben. Unter der Voraussetzung, jugendliche Perspektiven nicht zu kolonialisieren, bringt sie ein gemeinsames Drittes hervor. Im Projekt „SchutzNorm" konnte gezeigt werden, welches Verständnis junge Menschen von Sexualität und Gewalt und welche Umgangsweisen sie haben. Darauf aufbauend können notwendige Perspektiven für ihren Schutz entwickelt werden. Eine partizipative Schutzkonzeptentwicklung, verstanden als organisationaler Lernprozess, in den Professionelle, Kinder und Jugendliche involviert sind, kann hier unmittelbar Anschluss finden.

6 Fazit: Erträge einer partizipativen Forschung für die Jugendarbeit

Es zeigt sich durch den reflektierten Forschungsprozess deutlich, dass ein gewisser Realismus bei der Erkenntnisgewinnung walten muss. Die Ergebnisse sind sicherlich weniger generalisierbar, denn methodische Kontrollen sind schwerer möglich. Umso wichtiger erscheint es, den Prozess intersubjektiv zu validieren. Dabei fällt auch der hohe zeitliche Aufwand, der durch das Mitnehmen aller Beteiligten im Prozess erforderlich ist, bei einer kritischen Revision ins Gewicht. Als weiterer neuralgischer Punkt sei noch die Partizipation in machtasymmetrischen Forschungsteams erwähnt. Es erscheint uns wesentlich, dass Peer-Researcher*innen und Forscher*innen in einen gegenseitigen Bildungsprozess eintreten und für wechselseitige Verständigung sorgen. Vor allem die Forscher*innen müssen von akademischen Erwartungen zurücktreten und verhandlungsoffen bzw. lernbereit bleiben. Das gilt nicht nur für die Prozessgestaltung, sondern auch, wenn ein Austausch in den moralisch aufgeladenen Feldern der Sexualität und Gewalt stattfinden soll. Ein macht- und differenzsensibler Raum für sexualitäts- und gewaltbezogene Sichtweisen und Erfahrung muss geöffnet und zugleich geschützt werden.

Trotz dieser hohen Anforderungen fällt ein deutlicher Gewinn des partizipativen Forschungsansatzes mit jungen Menschen ins Gewicht. Wenn partizipative Forschung ihr Versprechen einlöst, dann gelingt es ihr, über die Beteiligung von jungen Menschen differenziertes Wissen über ihre Wahrnehmungen, Einschätzungen und Sichtweisen zu generieren. Im besten Fall erwächst dadurch ein transformativer Beitrag – zum einen für die partizipierenden Jugendlichen selbst, zum anderen für die pädagogische Professionalisierung und Organisationsentwicklung. Im partizipativen Forschungsprojekt fällt somit der Nutzen für die Peer-Researcher*innen mit dem Erkenntnisgewinn unmittelbar zusammen. Forschung rückt näher an die pädagogische Praxis und verfolgt damit klassische Präventions- und Bildungsziele, nämlich „besser darüber sprechen zu können – untereinander und mit Erwachsenen". Partizipative Forschung hat damit einen hohen Wert für die Demokratisierung der Forschung und Praxis, weil sie Impulse für eine stärkere Jugendorientierung in der Jugendarbeit birgt und damit auch Authentizität durch Jugendbeteiligung. Hier sehen wir ein hohes Potential für eine wirksame Stärkung der Rechte von jungen Menschen, ein Überwinden von Machtgefällen und damit einhergehend für ein Vorantreiben des Schutzes von jungen Menschen.

Literatur

Anastasiadis, Maria & Wrentschur Michael (2019): Forschungsräume öffnen und das Soziale gestalten. Intentionen und Realisierungen partizipativer Forschung in der Sozialen Arbeit. In: Österreichische Zeitschrift für Soziologie 44, 3, S. 9–25.

Beierling, Birgit (2019): Zeit für eine Profilschärfung der Jugendberufshilfe. In: Sozialmagazin. Die Zeitschrift für Soziale Arbeit 7–8, S. 77–83.

Bergold, Jarg & Thomas, Stefan (2012): Partizipative Forschungsmethoden: Ein methodischer Ansatz in Bewegung. In: Forum Qualitative Sozialforschung 13, 1, Art. 30 [110 Absätze], https://www.qualitative-research.net/index.php/fqs/article/view/1801/3333 [Zugriff: 3.6.2021].

Breidenstein, Georg (2012): Ethnographisches Protokollieren. In: de Boer, H. & Reh, S. (Hrsg.): Beobachtung in der Schule. Beobachten lernen. Wiesbaden: Springer VS, S. 27–44.

Domann, Sophie/Eßer, Florian/Kampert, Meike/Rusack, Tanja/Schloz, Carolin & Rau, Thea (2014): Ich bin sicher! Schutzkonzepte aus der Sicht von Jugendlichen und Betreuungspersonen. Ein interdisziplinäres Forschungsprojekt stellt sich vor. In: Dialog Erziehungshilfe 1, S. 54–55.

Enggruber, Ruth (2018): Jugendberufshilfe – ein vielfältiges und widerspruchsvolles Tätigkeitsfeld Sozialer Arbeit. In: Enggruber, R. & Fehlau, M. (Hrsg.): Jugendberufshilfe. Eine Einführung. Stuttgart: Kohlhammer, S. 39–53.

Enggruber, Ruth & Fehlau, Michael (2019): Jugendberufshilfe. Fokus auf die Fachlichkeit lebensweltorientierter und ganzheitlicher Zusammenarbeit. In: Sozialmagazin. Die Zeitschrift für Soziale Arbeit 7–8, S. 42–48.

Eßer, Florian/Rusack, Tanja & Schröer, Wolfgang (2018): Sexualisierte Gewalt in der Kinder- und Jugendarbeit. In: Retkowski, A./Treibel, A. & Tuider, E. (Hrsg.): Handbuch Sexualisierte Gewalt und pädagogische Kontexte. Weinheim und München: Beltz Juventa, S. 451–459.

Glaser, Barney (2001): The Grounded Theory Perspective: Conceptualization Contrasted with Description. Mill Valley, CA: Sociology Press.

Hagemann-White, Carol (2016): Grundbegriffe und Fragen der Ethik bei der Forschung über Gewalt im Geschlechterverhältnis. In: Helfferich, C./Kavemann, B. & Kindler, H. (Hrsg.): Forschungsmanual Gewalt. Grundlagen der empirischen Erhebung von Gewalt in Paarbeziehungen und sexualisierter Gewalt. Wiesbaden: Springer VS, S. 13–31.

Henningsen, Anja & Winter, Veronika (2020): SchutzNorm: Partizipative Forschung im Kontext von Jugendschutz als Bildungsprozess. In: FORUM Sexualaufklärung und Familienplanung 2020, 1. https://forum.sexualaufklaerung.de/ausgaben-ab–2010/2020/ausgabe1/schutznorm-partizipative-forschung im kontext von jugendschutz-als-bildungsprozess/ [Zugriff 3.6.2021].

Helfferich, Cornelia/Kavemann, Barbara & Kindler, Heinz (2016): Forschungsmanual Gewalt. Grundlagen der empirischen Erhebung von Gewalt in Paarbeziehungen und sexualisierter Gewalt. Wiesbaden: Springer VS.

Kampert, Meike (2015): „Unser Schutzkonzept ist in einem Ordner, ich weiß aber nicht, wo der gerade steht“. In: Sozial Extra 39, 5, S. 22–24.

Kappler, Selina/Hornfeck, Fabienne/Pooch, Marie-Theres/Kindler, Heinz & Tremel, Inken (2019): Kinder und Jugendliche besser schützen – der Anfang ist gemacht. Schutzkonzepte gegen sexuelle Gewalt in den Bereichen: Bildung und Erziehung, Gesundheit, Freizeit. Berlin: Unabhängiger Beauftragter für Fragen des sexuellen Kindesmissbrauchs.

Kindler, Heinz (2016): Ethische Fragen in der Forschung mit Kindern und Jugendlichen zu sexueller Gewalt: Ein Überblick. In: Helfferich, C./Kavemann, B. & Kindler, H. (Hrsg.): Forschungsmanual Gewalt. Grundlagen der empirischen Erhebung von Gewalt in Paarbeziehungen und sexualisierter Gewalt. Wiesbaden: Springer VS, S. 69–100.

Lips, Anna/Herz, Andreas/Fixemer, Tom/Rusack, Tanja/Schmitz, Alina M./Schröer, Wolfgang & Tuider, Elisabeth (2021): Online-Befragung im Verbundprojekt „SchutzNorm – Schutzkonzepte in der Kinder- und Jugendarbeit. Normalitätskonstruktionen von Sexualität und Gewalt unter Jugendlichen". https://data.gesis.org/sharing/#!Detail/10.7802/2260[Zugriff: 3.6.2021].

Petersen, Kerstin (2002): Partizipation. In: Schröer, W./Struck, N. & Wolff, M. (Hrsg.): Handbuch Kinder- und Jugendhilfe. Weinheim und München: Beltz Juventa, S. 909–924.

Pingel, Andrea (2018): Jugendsozialarbeit. In: Böllert, K. (Hrsg.): Kompendium Kinder- und Jugendhilfe. Wiesbaden: Springer VS, S. 737–754.

Rusack, Tanja (2019): Sexualität und Gewalt in Paarbeziehungen Jugendlicher. Weinheim und Basel: Beltz Juventa.

Strahl, Benjamin (2015): Schutz und Sicherheit. In: Sozial Extra 39, 5, S. 31–33.

Sturzenhecker, Benedikt (2018): Riskant: Wird partizipativ gemeinte Jugend- und Jugendarbeitsforschung kolonialisierend? In: Soziale Passagen 10, 1, S. 135–140. https://www.researchgate.net/publication/326072043_Riskant_Wird_partizipativ_gemeinte_Jugend-_und_Jugendarbeitsforschung_kolonialisierend [Zugriff: 03.06.2021].

von Unger, Hella (2014): Partizipative Forschung. Einführung in die Forschungspraxis. Wiesbaden: Springer VS.

Winter, Veronika & Rusack, Tanja (2020): Schutzkonzepte und Jugendberufshilfe?! In: LAG/JAW 2020, Themenheft 2, S. 16–21. http://nord.jugendsozialarbeit.de/uploads/media/2020_02_Themenheft_Sexualisierte_Gewalt.pdf [Zugriff: 26.5.2021].

Wolff, Mechthild/Riedl, Sonja/Kampert, Meike & Röseler, Kirsten (2021): Schutzkonzepte als partizipative Prozesse der Organisationsentwicklung. In: Bütow, B./Reicher, H. & Sting, S. (Hrsg.): Österreichisches Jahrbuch für Soziale Arbeit 2021, 1, S. 47–68.

Wolff, Mechthild/Schröer, Wolfgang & Winter, Veronika (2018): Die Gefährdungsanalyse – das zentrale Element von Schutzkonzepten. In: Oppermann, C./Winter, V./Harder, C./Wolff, M. & Schröer, W. (Hrsg.): Lehrbuch Schutzkonzepte in pädagogischen Organisationen. Mit Online-Materialien. Weinheim und Basel: Beltz Juventa, S. 79–95.

Thoughts on Intersectionality: Diskurse und Begriffe in zwei Sprachen

Carol Hagemann-White

In dem Vier-Länder-Projekt CEINAV[1] hatten wir den Anspruch zu untersuchen, wie Frauen und Kinder aus benachteiligten oder rassistisch diskriminierten Minderheiten die Interventionen erleben, die sie vor (weiteren) Gewalt schützen sollen. Zunächst mussten wir allerdings feststellen, dass in den vier Ländern im Projekt (Deutschland, England/Wales, Portugal und Slowenien) ganz Unterschiedliches mit dem Begriff Minderheit verbunden wird.[2] Dies war ein Anlass, den Begriff *intersectionality* auf seine Brauchbarkeit oder Passung zu den im jeweiligen Land etablierten Interventionskonzepten für Kinderschutz und Schutz von Frauen vor Gewalt zu diskutieren. Dabei stellte sich die subtile, aber hohe Bedeutung von Begriffen im Kontext von Sprache heraus – in unserem Projekt wurde ja in vier Sprachen empirisch gearbeitet und oft gedacht, während Englisch die Arbeitssprache für die vergleichende Analyse und die Diskussion war. Da es in dem vorliegenden Beitrag auch um die Diskurse und Begriffe geht, wechselt die Sprache im Fortgang, wobei ich Abschnitte auf Englisch belasse, die aus der interkulturellen Diskussion stammen, und ins Deutsche wechsele, wenn es primär um die hiesigen Ansätze geht.

On the one hand

- Numerous respected authors continue to cite "intersectionality" as a key if not the most important theoretical innovation in feminist theory/theory of oppression.
- The UK practitioner networks working against violence find this concept very important in their own work, especially because it frames all members of society as having cultures.
- There is a vast literature in which the concept is central, or at least emblematic.

1 Cultural Encounters in Intervention Against Violence, 2013–2016, http://ceinav-jrp.blogspot.de/ und http://tinyurl.com/ceinavproject.

2 Die deutsche und die slowenische Verfassung enthalten beide Definitionen von Minderheiten, die klein und lange verwurzelt sind, während es für die weitaus größere Anzahl derer, die von „gruppenbezogener Menschenfeindlichkeit" betroffen sind, keinen Minderheitenbegriff gibt; in Portugal gilt der Begriff Minderheit als völlig inakzeptabel und per se diskriminierend; in England und Wales gibt es nicht nur den Begriff „BME" (Black, Minority, Ethnic) sondern auch institutionell verankerte Interessenvertretungen und Unterstützung für Betroffene sowie selbstverständliche Verweise auf *communities*.

On the other hand;

- The same authors often issue caveats: e.g. that intersectionality has become too much linked to identity rather than serving as a tool to analyze social relations, that the concept is used in an additive way and contributes to fragmenting the perception of oppression, that its use tends to flatten rather than illuminate relations of power, that its use often constructs people as belonging to multiple, but each of these fixed and mutually exclusive categories.
- In Germany, none of the homepages or information flyers of networks working against violence against women (VAW) use the term; if it is mentioned at all (for example in the gender training network) it is usually tagged on and appears interchangeable with diversity;
- The concept is primarily used in academic circles.

Why might this be?

1. The metaphor does not translate into German (and other languages?). The German word for an intersection of roads (evoked by Crenshaw) is "Kreuzung" and relates only to lines. The word for an intersection or overlap of spaces (such as geometrical figures, or sets in mathematics, or territories) is entirely different ("Schnittmenge"). There is no one word that resonates with the wide and multiple meanings of intersection in English. Kreuzung, if at all, resonates with interbreeding (so does "crossing" in English, but not "crossroads"), which would be an unfortunate association here (shades of Mendel!). As a result, the concept only enters German discourse as a technical foreign-language word with no visual or emotional resonance. I believe that resonance is important, both to understanding and to clear thinking, and that it affects how concepts work in discourses.
2. In addition, the emergence of the concept in feminist discourse on discrimination was grounded in the specificity of US law. Especially after the failure of the Equal Rights Amendment to the Constitution, in the US class action suits[3] proving discrimination became a key "game changer" for women's rights, since rich and powerful firms faced massive and truly dissuasive financial penalties. (By contrast, for decades someone who could prove discrimination in hiring in German courts was granted reimbursement of the cost of the postage for her/his application. EU law did change this, but compensation is still fairly modest, and there is no possibility for class action suits.) In this context, as the authors from a legal background emphasize, it was crucial to prove collective identity as the grounds for discrimination: the plaintiff had to be identified as a member of a discriminated group and qualify to represent that group. "Sustaining the representational claim that one belongs to, and can stand in for, the group is crucial, since intent to discriminate and disproportionate impact are both measured with respect to a collectivized identity" (Carastathis 2013: 703).

3 *Class action* (Gruppenklage) bezeichnet die juristische Möglichkeit, zivilgerichtliche Klagen im Namen aller Betroffenen zu führen.

> While it is edifying to observe this case of unintended effects of social action, as far as I know, neither ruinous civil suits related to discrimination nor class action are to be found in European case law, so the political motivation to claim a collective identity is weak and often attributed from the "outside" as in itself a form of discrimination. In recent years, a discourse on collective identity of minorities has unfolded in Germany, but very much linked to naming and resisting both discriminatory treatment and racist violence, as well as to confronting new political activism that openly claims an exclusionary national German identity.

Im feministischen Theoriediskurs wurden unterschiedliche Konzepte dafür entwickelt, mächtige Unterschiede, die sowohl strukturell als auch individuell wirksam sind, zusammenzudenken: „The intersected categories of socio-political difference are seen to be *simultaneously co-constructed* and not only interrelated or equally important for the analysis" (Jalušič 2019: 30). Besondere Bedeutung kommt der Begrifflichkeit bei Patricia Hill Collins zu, die von einer „matrix of domination" (Collins 1990) spricht. Collins gelangte zu diesem Konzept, indem sie die intellektuelle Geschichte des Denkens und Schreibens schwarzer Frauen in den USA durcharbeitete – das Buch hieß nicht ohne Grund „Black Feminist Thought". In dem Ringen schwarzer Frauen gegen ihre Unterdrückung – „knowledge gained at the intersection of race, gender and class oppression" (ebd.: 10) – findet sie den historischen Schlüsselbegriff „Lifting as we climb" , das heißt, dass der Erkenntnisgewinn und die Verbesserung der eigenen Lage ihren wesentlichen Sinn darin haben, zugleich die kollektive Lage zu verbessern. Auch für Crenshaw war die Position „an der Kreuzung" alles andere als ein individuelles Dilemma, ihr ging es um die strukturelle Unsichtbarkeit schwarzer Frauen und um deren (vorenthaltene) Handlungsmächtigkeit. In der rapide wachsenden Literatur über Intersektionalität sind eher selten vergleichbare Gedanken zu finden. Ina Kerner entschied sich, in ihrer theoretischen Analyse weder mit dem Begriff der Intersektionalität noch mit „Diversity" zu arbeiten, sondern „statt Differenzkategorien Machtverhältnisse zum Thema zu machen" (Kerner 2009: 11). Sie zielt auf „eine Kartographie verschiedener Formen von Rassismus und Sexismus" (12), um deren empirische Formenvielfalt sowie „die Komplexität ihres Verhältnisses und Zusammenspiels zu verdeutlichen" (ebd.: 13). Ihr geht es darum zu begreifen und zu beschreiben, wie Macht durch die Hervorbringung und den Einsatz von naturalisierten Kategorien zugeschriebener Differenz funktioniert. Im Schlusskapitel schließt Kerner sich dem Ansatz von Cornelia Klinger und Gudrun-Axeli Knapp (2007) an, das Verhältnis verschiedener Achsen der Ungleichheit zu untersuchen, mit dem Anspruch, „sowohl Zusammenhänge als auch Wechselwirkungen und Differenzen zwischen verschiedenen Formen der Ungleichheit zu ergründen" (Kerner 2009: 351). Zugleich unterstreicht sie, dass solche Analysen ihr eigenes Anliegen, die Anatomie von Sexismus und Rassismus sichtbar zu machen, nicht ersetzten. Hier könnte vielleicht die Unterscheidung zwischen der Metapher „intersections" und dem abstrakten Begriff „intersectionality“ zu mehr Klarheit verhelfen (Knapp 2013). Metapher und Analogien beleuchten Ähnlichkeiten zwischen dem Bild und der komplexen Wirklichkeit, verdecken aber zugleich andere Aspekte. Daher entscheidet sich Knapp dafür, intersektionales Denken als eine Heuristik zu verstehen, die Sensibilität und Aufmerksamkeit befördern kann. Ich habe es selbst vorgezogen, kontextbezogen von einer „intersektionalen Perspektive“ zu sprechen (Hagemann-White 2011).

Perhaps the lack of a discourse on intersectionality outside of academic circles has to do with the fact that relatively few activist groups or stakeholders in Germany have claimed to represent the experiences and interests of ethnic groups, of minorities, or of “women of color”. The key political term has been “migrant women”, usually understood to mean persons who came to Germany from another country or whose parents had migrated to Germany; it is also the official statistical definition. There is no common ethnic, cultural or religious “belonging” attached to the concept of “migrant women”, nor to the term PoC that has recently gained currency, much less any idea of a collective identity; it references shared experiences of oppression, exclusion, discrimination, withheld citizenship rights, and disrespect, and calls for the analysis of structural inequalities and the abuse of power. Some feminists with a migration background, and an even smaller number of Afro-German women (born in Germany) have spoken out, or written eloquently and incisively, critiquing mainstream white feminism, and there have been – for some 30 years now – a gradually increasing number of practical projects offering advice or help to women in migration exposed to violence. However, the majority of services, including those heavily used by migrant women, such as shelters, are not specialized on serving minorities.

So begreift sich die langjährig bestehende Frauenunterstützungsorganisation agisra e.V. als „Informations- und Beratungsstelle für Migrantinnen und Flüchtlingsfrauen“; in ihrem Leitbild wird betont, dass die Beraterinnen fast alle selbst einen Migrationshintergrund haben. Der bundesweite Koordinierungskreis gegen Menschenhandel (KOK) engagiert sich auf regionaler, nationaler und internationaler Ebene für die Bekämpfung von Menschenhandel und Ausbeutung sowie für die Durchsetzung der Rechte Betroffener, und setzt sich für die Verwirklichung der Menschenrechte von Migrantinnen ein. Obwohl manche Projekte als Selbsthilfegruppen entstanden sind, wie z.B. „kargah“ in Hannover, betont das Leitbild in aller Regel die Vielfalt von Sprachen und Herkunftsländern, die in ihrem Beratungsangebot zur Verfügung steht.

In der Reihe „Forum Frauen- und Geschlechterforschung“ erschien ein Band „Intersectionality between Gender and Diversity“ (Smykalla & Vinz 2011). Keine/r der 21 AutorInnen identifiziert sich als einer Minderheit oder einer Gruppe mit Migrationshintergrund zugehörig. Auch in den Literaturlisten der Beiträge finden sich kaum Hinweise auf in Deutschland lebenden AutorInnen, die aus migrationsbezogenen Erfahrungen zur Diskussion des Oberthemas beitragen. So könnten Lesende schlussfolgern, dass deutsche FeministInnen *über* Minderheiten, aber nicht *mit* Minderheiten nachdenken und schreiben. Andererseits zeigen schreibende Angehörige von Minderheiten (oft eher in den Medien) wenig Interesse daran, Begriffe oder Theoreme für ihre gemeinschaftlich erlebten Erfahrungen zu suchen, wie dies Collins und Crenshaw (1991, 2011) mit großem Einsatz getan haben; Schriften aus der Sicht von Frauen, die selbst oder durch ihre Familien auf dem Weg der Migration nach Deutschland gekommen sind, zielen eher darauf, die hierzulande herrschenden Machtverhältnisse aufzudecken und zu benennen (so z.B. Dietze, Brunner & Wenzel 2009 oder Baile et al. 2019).

Reporting on the 2009 Conference on intersectionality in Frankfurt (see Lutz et al. 2011), Gail Lewis describes "what felt at times to verge dangerously close to the production of a hard binary divide between a place called the USA and a place called Europe. In part (and I accept here that this hearing was that of a black woman living in Britain with its own particular historical and contemporary vagaries of 'race' discourse) this binary divide seemed to be constructed on the ground of 'race' as if this were only an issue of pertinence to women's studies scholarship and feminist enquiry in the USA (and perhaps Britain) and that the discourse that 'race' and racism did not *really* matter in the wider European context had been bought into" (Lewis 2009: 208). In a later, more broadly framed reflection on the conference she identifies "processes of displacement and disavowal. On the one hand was the fact that there were contributions from women of color living and working outside Germany (in the United States, Britain, and the Netherlands), and I was among them, but none of their German counterparts were involved" (Lewis 2013: 886).

As Myra Marx Ferree (2012) has shown in her very profound comparative research, political frames and feminist discourses have a very different history and context in Germany (and perhaps on a larger part of the European continent) than in the US, so it is not surprising to find a concept such as intersectionality functioning very differently. Rights discourses vary in different contexts, as she points out, and the centrality of race, class and gender in the US does not play out the same way in Europe. In theoretical writing, we often see a tendency to compile lists of binaries that might be studied intersectionally: Some authors propose as many as 14 key binaries, Jeff Hearn (2011) has suggested several more that he considers relevant to men. Such suggestions do seem to locate intersectionality in the sphere of methodological individualism. If, as Hearn points out, ageing men lose their hegemonic grip on power (as individuals), then must we treat age as an axis of intersectional analysis equal in significance to race or gender? That contrasts indeed with the societal picture in which old, well-connected and well-resourced men strategically dominate major social institutions.

Until recently the conceptual approach of Klinger and Knapp (2007) (*multiple axes of inequality*) found a wider resonance in German discourse than did the writings on intersectionality; its strength is the focus on structural power relations, moving away from the "strong emphasis on the construction of group identities" and the concurrent focus on individual experience. Similarly, Ferree describes her intersectional understanding of gender as "relational realism, a way of approaching gender relations as part of a complex, multilevel system" (2012: 7), in which "race, class and gender are social forces that continually define each other through institutional interactions" (ebd.: 8), and through which power operates materially and discursively. I find Ferree's approach enlightening with respect to minorities as well. She points to "Europe's history of racializing religion as a major line of division, within and between countries, since demands to renounce one's religion have been used by Christians against Jews and Protestants and Catholics against each other. Today, Muslim is a similar category, one from which a person cannot escape merely by secularizing. Racialization (imputing of an unchangeable essence to ethnic groups) turns religion into a quasi-biological trait that legitimates exclusion and repression" (ebd.: 214).

These theoretical approaches position themselves as having an intersectional perspective, but make use of the concept with restraint; it often seems that little would be lost from the substance if the term intersectionality were quietly removed. I think Knapp (2013) is right in seeing intersectionality as a "sensitizing concept" that highlights previously unseen aspects of the "target domain", and represents a practice of boundary breaking with a strategy of "dynamic centering on multiple social groups" (Collins 1990). Yet in doing so, it also (unavoidably) leaves other aspects hidden, as she shows, for example, when the intersection metaphor indirectly affirms the objective and given existence of the identity categories as such, thus glossing over the fact that the categories are in no way natural or given but historically and scientifically constructed.

Welche Begriffe und Theorien können wir wählen, um jenseits einer selbstbezogenen akademischen Welt und dazu noch in verschiedenen Sprachen den Gedankenaustausch fruchtbar zu führen? Dafür sind Begriffe notwendig, die in dem jeweiligen Sprachraum Resonanz finden und sich dafür eignen, zumindest in den Praxisfeldern, wo über das Wirken von Machtverhältnissen im gelebten Alltag gesprochen werden soll, verständlich sind und deshalb Teil des ungezwungenen Sprechens werden können. Die Übertragung der Metapher *intersections* in den deutschen Begriff Intersektionalität ist eher ein Paradebeispiel misslungener interkultureller Verständigung. Je nachdem, in welcher Sprache ich schreibe oder rede und zu welchem (evtl. imaginierten) Personenkreis ich spreche, wähle ich unterschiedliche Begriffe. In englischen Texten verwende ich am ehesten Begriffe wie *power, inequality, inclusion/exclusion, participation, discrimination.* Wenn ich auf Deutsch über das Ineinandergreifen verschiedener „Achsen der Ungleichheit" schreiben will, suche ich nach

Begriffen, die den Empfehlungen von Floya Anthias (2002) folgen, als sie den Begriff *intersectionality* durch *positionality and location* zu ersetzen anregte; naheliegend wären z.B. „Grenzsetzung/Ausgrenzung". Es gibt auch deutsche Theorietraditionen, um die Verortung in komplexen, mehrschichtigen Systemen, die ihrerseits im Wandel sind, zu benennen; hierfür bieten sich Begriffe wie „sozialer Ort" (als strategischer Begriff bei Siegfried Bernfeld in den 1920er Jahren) oder „Lebenslage" (eingeführt in die Sozialpolitik in den 1950er Jahren),[4] für die Erforschung der komplexen Lebensrealität von Frauen (Enders-Dragässer & Sellach 2002).

Vielleicht würden wir unsere Wertschätzung für die theoretische Kreativität und Tiefe von Autorinnen wir Crenshaw und Collins am besten zum Ausdruck bringen, indem wir vermehrt auf diejenigen im hiesigen Sprachraum hören, die durch naturalisierte Kategorien und zugeschriebene Fremdheit fortlaufend in ihrer Menschenwürde verletzt und ausgegrenzt werden?

Literatur

Anthias, Floya (2002): Where do I belong? Narrating collective identity and translocational positionality. In: Ethnicities 2, 4, S. 491–514.

Baile, Mohamed W./Dankwa, Serena O./Naguib, Tarek/Purtschert, Patricia/Schilliger, Sarah (Hrsg.) (2019): Racial Profiling. Struktureller Rassismus und antirassistischer Widerstand. Postcolonial Studies 31. Bielefeld: transcript.

Carastathis, Anna (2013): Basements and Intersections. The Diversity Prize Essay. In: Hypatia 28, 4, S. 698–715.

Collins, Patricia Hill (1990): Black Feminist Thought. Knowledge, Consciousness, and the Politics of Empowerment. Boston: Unwin Hyman.

Crenshaw, Kimberlé (1991): Mapping the Margins: Intersectionality, Identity Politics, and Violence against Women of Color. In: Stanford Law Review, 43, 6, S. 1241–1299.

Crenshaw, Kimberlé (2011): Postscript. In: Lutz, H./Vivar, M.T.H./Supik, L. (Hrsg.): Framing Intersectionality. Debates on a Multi-Faceted Concept in Gender Studies. Farnham: Ashgate, S. 221–233.

Dietze, Gabriele/Brunner, Claudia/Wenzel, Edith (Hrsg.) (2009): Kritik des Okzidentalismus. Transdisziplinäre Beiträge zu (Neo-)Orientalismus und Geschlecht. Bielefeld: transcript.

Enders-Dragässer, Uta/Sellach, Brigitte (2002): Weibliche „Lebenslagen" und Armut am Beispiel allein erziehender Frauen. In: Hammer, V./Lutz, R. (Hrsg.): Weibliche

4 Gerhard Weissers Definition war: „Als ‚Lebenslage' gilt der Spielraum, den die äußeren Umstände dem Menschen für die Erfüllung der Grundanliegen bieten, die er bei unbehinderter und gründlicher Selbstbesinnung als bestimmend für den Sinn seines Lebens ansieht". Zitiert nach Leßmann 2006: 33, die die Verwandtschaft zum Capability-Ansatz von Amartya Sen herausarbeitet.

Lebenslagen und soziale Benachteiligung. Theoretische Ansätze und empirische Beispiele. Frankfurt und New York: Campus, S. 18–44.

Ferree, Myra Marx (2012): Varieties of Feminism. German Gender Politics in Global Perspective. Stanford, CA: Stanford University Press.

Hagemann-White, Carol (2011): Intersektionalität als theoretische Herausforderung für die Geschlechterforschung. In: Smykalla, S./Vinz, D.(Hrsg.): Intersektionalität zwischen Gender und Diversity. Theorien, Methoden und Politiken der Chancengleichheit (Forum Frauen- und Geschlechterforschung Band 30). Münster: Westfälisches Dampfboot, S. 20–33.

Hearn, Jeff (2011): Neglected Intersectionalities in Studying Men: Age(ing), Virtuality, Transnationality. In: Lutz, H./Vivar, M.T.H./Supik, L. (Hrsg.): Framing Intersectionality. Debates on a Multi-Faceted Concept in Gender Studies. Farnham: Ashgate, S. 89–104.

Jalušič, Vlasta (2019): Theorising complex inequalities to meet the challenges of intervention against violence. In: Hagemann-White, C./ Kelly, L./Meysen, T. (eds.): Interventions Against Child Abuse and Violence Against Women. Ethics and culture in practice and policy. Cultural Encounters in Intervention Against Violence Bd. 1. Opladen, Berlin & Toronto: Barbara Budrich, S. 28–48.

Kerner, Ina (2009): Differenzen und Macht. Zur Anatomie von Rassismus und Sexismus. Frankfurt am Main: Campus.

Klinger, Cornelia/Knapp, Gudrun-Axeli (2007): Achsen der Ungleichheit – Achsen der Differenz: Verhältnisbestimmungen von Klasse, Geschlecht, „Rasse"/Ethnizität. In: Klinger, C./Knapp, G.-A./Sauer, B. (Hrsg.): Achsen der Ungleichheit. Zum Verhältnis von Klasse, Geschlecht und Ethnizität. Frankfurt & New York: Campus, S. 19–41.

Knapp, Gudrun-Axeli (2013): Über Kreuzungen: Zu Produktivität und Grenzen von „Intersektionalität" als „Sensitizing Concept". In: Bereswill, M./Liebsch, K. (Hrsg.): Geschlecht (re)konstruieren. Zur methodologischen und methodischen Produktivität der Frauen- und Geschlechterforschung. Münster: Westfälisches Dampfboot, S. 242–262.

Leßmann, Ortrud (2006): Lebenslagen und Verwirklichungschancen (capability) – Verschiedene Wurzeln, ähnliche Konzepte. In: Vierteljahreshefte zur Wirtschaftsforschung 75, 1, S. 30–43.

Lewis, Gail (2009): Celebrating Intersectionality? Debates on a Multi-faceted Concept in Gender Studies: Themes from a Conference. In: European Journal of Women's Studies 16, 3, S. 203–210.

Lewis, Gail (2013): Unsafe travel: experiencing intersectionality and feminist displacements. In: Signs: a Journal of Women in Culture and Society, 38, 4, S. 869–892.

Lutz, Helma/Vivar, Maria Teresa Herrera/ Supik, Linda (Hrsg.) (2011): Framing Intersectionality. Debates on a Multi-Faceted Concept in Gender Studies. Farnham: Ashgate, S. 1–22.

Smykalla, Sandra/Vinz, Dagmar(Hrsg.) (2011): Intersektionalität zwischen Gender und Diversity. Theorien, Methoden und Politiken der Chancengleichheit. Münster: Westfälisches Dampfboot.

Gewalt in unterschiedlichen Kontexten

„Epistemische Ungerechtigkeit“ als theoretischer Zugang zum Verständnis der Folgen von sexueller Gewalt in Kindheit und Jugend

Barbara Kavemann, Adrian Etzel, Bianca Nagel

1 Einleitung

Seit 2000 gibt es im Sozialwissenschaftlichen Forschungsinstitut zu Geschlechterfragen Freiburg – damals noch Sozialwissenschaftliches FrauenForschungsInstitut – (SoFFI F.)[1] unter der Leitung von Cornelia Helfferich – den Forschungsschwerpunkt „Gewalt im Geschlechterverhältnis und sexueller Missbrauch“. Von insgesamt 16 Forschungsprojekten zum Thema „sexuelle Gewalt in Kindheit und Jugend“ waren neun mit Forschung zu fachlichen und politischen Entwicklungen in diesem Feld befasst. Themen waren u.a. die Evaluation bzw. wissenschaftliche Begleitung innovativer Praxis wie interdisziplinäre Fortbildungskonzepte für Erziehungsberatungsstellen und Allgemeine Soziale Dienste, Entwicklung von Schutzkonzepten im Bereich der Kinder- und Jugendhilfe bzw. Behindertenhilfe oder in Einrichtungen für Geflüchtete sowie Bestandsaufnahmen zur Versorgungslage.[2] In den sieben Forschungsprojekten zu grundlegenden Fragestellungen wurden qualitative Interviews und Gruppendiskussionen mit erwachsenen und jugendlichen Betroffenen von sexueller Gewalt in Kindheit und Jugend geführt. Erwachsene, die auf ihre Kindheit und Jugend und die erlebte Gewalt zurückblickten und über das damalige Erleben und ihre heutige Situation sprachen, wurden zu ihren Erwartungen an Aufarbeitung, zu Fragen von Disclosure und zu Anerkennung befragt. Andere Forschung wertete Anhörungen der Unabhängigen Kommission zur Aufarbeitung sexuellen Kindesmissbrauchs aus bzw. Briefe, die an die damalige Unabhängige Beauftragte für sexuellen Kindesmissbrauch geschickt worden waren. In den Interviews mit Jugendlichen, vor allem aus Einrichtungen der stationären Jugendhilfe oder Behindertenhilfe, ging es um eine Weiterentwicklung von Präventionskonzepten und Schutzprozessen. Dieser For-

1 http://www.soffi-f.de
2 Eine Übersicht, die auch Auftraggeber und Kooperationen nennt, findet sich unter http://soffi-f.de/sexuelle-gewalt-kindheit-und-jugend

schungsschwerpunkt hat einen bemerkenswerten, umfangreichen und vielstimmigen Fundus an Erkenntnissen über das Erleben sexueller Gewalt in Kindheit und Jugend zusammengetragen, aber auch über das Weiterleben mit dieser Vergangenheit Möglichkeiten des Darüber-Sprechens und Gehör-Findens, über Verläufe des Umgangs mit der Gewalt, über Erwartungen an die Gesellschaft und Forderungen an die Politik. In einigen Projekten wurden Betroffene aktiv an der Formulierung von Forschungsfragen und an der Auswertung beteiligt.

Gemeinsames Ziel dieser Projekte war, entsprechend dem Gegenstand qualitativer Forschung den Befragten mit der Forschung gerecht zu werden, den individuellen Sinn zu rekonstruieren und zu verstehen (Helfferich 2011). Dem auszuwertenden Material und damit den Interviewten kommt mit der Arbeit am Verstehen ein anderer Status zu, als lediglich Informationsquelle zu sein.

In den Interviews mit Betroffenen ging es immer wieder um die Fragen von Unrecht und Gerechtigkeit. In einem Forschungsprojekt, das die Erwartungen Betroffener an die Gesellschaft zum Thema hatte (Kavemann et al. 2019), wurde gefragt, ob Gerechtigkeit nach sexueller Gewalt in Kindheit und Jugend herstellbar ist. Die Forschungsfrage zielte primär darauf, ob Gerechtigkeit überhaupt existiert, ob sie unter den gegebenen Umständen einer nicht mehr veränderbaren Vergangenheit prinzipiell denkbar ist. Dies wurde überwiegend verneint, allenfalls eine Annäherung sei denkbar. „Im Angesicht der erlittenen Tat, die durch keine Handlung nachträglich ‚ungeschehen' gemacht werden kann, ist so etwas wie Gerechtigkeit nicht herstellbar. Voraussetzung dafür müsste sein, dass es *‚irgendwo eine Augenhöhe oder einen Ausgleich gibt zwischen Täter und Opfer*'" (ebd.: 84)[3]. Den Interviewpartnerinnen und -partnern ging es um Prozesse und Handlungen, die Lebensverhältnisse verändern und hin zu einem gerechteren Zustand führen sollen. Hier waren die Wünsche und Vorstellungen sehr heterogen. *„Jeder braucht etwas anderes"* (ebd.). Es hing von der individuellen Lebenssituation und dem zurückgelegten Lebensweg ab, was für die Interviewten als *„etwas gerechtere Verhältnisse"* vorstellbar war. Allen gemeinsam war, dass sie lebensweltlich immer noch mit Ungerechtigkeiten konfrontiert waren, gegen die sie ankämpften, und es wurde ein Anspruch formuliert, diese zu verringern. 2020 haben wir ein daran anschließendes Forschungsprojekt begonnen, das sich erklärtermaßen der Frage zuwendet: Was können „Wege zu mehr Gerechtigkeit nach sexueller Gewalt in Kindheit und Jugend" sein?[4]

Während die Frage nach Gerechtigkeit abstrakt blieb und ihre Existenz eher pauschal verneint wurde, konnten Unrecht und Ungerechtigkeit in den Interviews sehr konkret benannt werden. Dieser Zugang erscheint uns vielver-

3 Hervorhebung im Original. Interviewzitate sind in diesem Beitrag kursiv gesetzt.
4 https://forschungsprojekt-gerechtigkeit.de

sprechender, weil hinter den individuellen Beschreibungen von Ungerechtigkeit gesellschaftliche Missstände und strukturelle Gewalt stehen, von denen ausgehend über gesellschaftliche Strategien der Veränderung nachgedacht werden kann. Damit folgen wir einer Überlegung der Rechtsphilosophin Judith N. Shklar, dass es für die Entwicklung einer gerechteren Praxis erheblich konkreter ist, die „anscheinend unendliche Vielfalt und Häufigkeit von Akten der Ungerechtigkeit“ (Shklar 1997: 26) zum Thema zu machen als einen abstrakten Gerechtigkeitsbegriff. Diese Vielfalt zeigt sich im empirischen Material unserer Studien, in denen Betroffene zu Wort kommen. Dabei können vor allem zwei Ebenen unterschieden werden. Auf der einen finden sich Beschreibungen von Ungerechtigkeiten durch einzelne Personen, persönliche Verletzungen, die absichtlich oder aus Unachtsamkeit erfolgt sind, auf der anderen strukturelle Ungerechtigkeiten, für die keine konkreten Verursacher*innen ausgemacht werden können. Beide Ebenen korrespondieren miteinander, die strukturelle Ungerechtigkeit kann von einzelnen Personen ausgenutzt werden.

2 Frickers Theorie der epistemischen Ungerechtigkeit

Ungerechtigkeit kann aus unterschiedlichen Perspektiven betrachtet werden. Dazu liegen mehrere theoretische Konzepte vor, wie z.B. das der sozialen (Un-)Gerechtigkeit von Amartya Sen (2010) und Martha Nussbaum (1999; bzw. gemeinsam 1993) oder das Konzept der *ethical loneliness* von Jill Stauffer (2015) und das der *epistemic injustice* von Miranda Fricker (2007). Diese Ansätze diskutieren oft Ungerechtigkeiten in Form von Rassismus, Armut, Geschlechterungleichheiten und Sexismus. Die Situation der Betroffenen von sexueller Gewalt in Kindheit und Jugend kann im Vergleich dazu als ein anders gelagertes Problem erscheinen,[5] es gibt jedoch in all diesen theoretischen Konzepten Anschlussstellen für unser Thema. In dem vorliegenden Beitrag beziehen wir uns auf Fricker, da sich in unserem Interviewmaterial Anschlüsse an ihr Konzept finden. Die Analyse der von ihr definierten Formen von Ungerechtigkeit gibt Hinweise darauf, wie Wege zu mehr Gerechtigkeit aussehen können.

Miranda Fricker (2007) entwickelte die Theorie der „epistemischen Ungerechtigkeit“. Im Fokus dieser spezifischen Form von Ungerechtigkeit steht Diskriminierung, die sich auf die systematische Benachteiligung von Personen

5 Einerseits geht es um Unrecht in Generationenverhältnissen und ein Unrecht in der Kindheit, andererseits ist eine Betroffenheit nicht vergleichbar sichtbar wie z.B. Hautfarbe oder Geschlecht.

in Bezug auf persönliches Wissen bezieht. Fricker beschreibt epistemische Ungerechtigkeit als etwas, das Menschen in ihrer Funktion als „Wissende“ verdinglicht und damit von Subjekten zu Objekten (von Auskunft gebenden Personen zu Informationsquellen) degradiert. Es werden zwei Formen von epistemischer Ungerechtigkeit unterschieden: 1. das Übermitteln von Wissen (nicht Informationen) an andere (testimonial bzw. das Ablegen von Zeugnis) und 2. das Verstehen eigener sozialer Erfahrungen (hermeneutisch).

Testimoniale Ungerechtigkeit liegt dann vor, wenn negative Stereotype dazu führen, dass Personen aufgrund von (evtl. unbewusst vorliegenden) Vorurteilen ihr Erkenntnisvermögen und ihre Glaubwürdigkeit abgesprochen werden. Gemeint sind damit nicht Missverständnisse oder Fehler in der Kommunikation. Viele Situationen können ungerecht sein, doch nicht immer handelt es sich dabei auch um epistemische Ungerechtigkeit. Vorurteile können dafür sorgen, dass ganze Gruppen mit ihrem Wissen nicht aktiv in gesellschaftliche Diskurse einbezogen werden, die ihre eigenen Lebensverhältnisse betreffen – z.B. wenn Frauen nicht ernst genommen werden, wenn sie von Sexismuserfahrungen berichten oder wenn Schwarze Menschen alltäglichen Rassismus thematisieren. Den Deutungen machtvoller gesellschaftlicher Gruppen/Mehrheiten wird ein unangemessen großes Maß an Glaubwürdigkeit zugesprochen *(credibility excess),* während denen, die weniger machtvolle soziale Positionen innehaben bzw. zu weniger machtvollen gesellschaftlichen Gruppen zählen, weniger Glaubwürdigkeit zugesprochen wird, als ihnen zusteht *(credibility deficit)* und sie darum kämpfen müssen, gehört zu werden (ebd.: 17). Die gravierendsten Formen von testimonialer Ungerechtigkeit sind andauernd und systematisch, betreffen also die ganze soziale Identität einer Person und das in unterschiedlichen Situationen. Das Vertrauen von Betroffenen in sich selbst kann dadurch beeinträchtigt werden.

Unter *hermeneutischer Ungerechtigkeit* versteht Fricker eine Form struktureller Diskriminierung: Bestimmte Erfahrungen von Ungerechtigkeit können von denen, die sie erleben, sprachlich nicht eingeordnet und nicht angemessen artikuliert werden, weil gesellschaftlich keine geeigneten hermeneutischen Ressourcen zur Verfügung stehen. Um dies zu verdeutlichen, wählt Fricker (2007: 149) u.a. ein Beispiel von Gewalt im Geschlechterverhältnis. Sexuelle Belästigung am Arbeitsplatz konnte von betroffenen Frauen nicht als solche thematisiert werden, solange es keinen Begriff dafür gab, der ausdrückte, was sie erlebten. Das übergriffige Verhalten wurde gesellschaftlich als „Flirten“ eingeordnet und damit in etwas Positives, in ein Kompliment umgedeutet. Es konnte damit trotz allen subjektiven Unbehagens von den Betroffenen nicht als sexueller Übergriff adressiert werden. Betroffene werden durch hermeneutische Ungerechtigkeit am Verstehen und Deuten der eigenen Erfahrungen gehindert und gleichzeitig davon abgehalten, etwas gegen die Übergriffe zu unternehmen. Zudem können diese Erfahrungen dann nicht in kollektive gesellschaftliche Verständigungsprozesse eingehen. Fricker führt weiter aus, dass mächtigen gesellschaftlichen Gruppen tendenziell eher hermeneutische Ressourcen zur Verfügung stehen, mit denen sie ihre eigenen Erfahrungen sinnhaft deuten können. Sie können diese auf dem Hintergrund ihrer Organisationsmacht in den gesellschaftlichen Diskurs einbringen, da sie Gehör finden.

3 Epistemische Ungerechtigkeit bei sexueller Gewalt in Kindheit und Jugend

Der gesellschaftliche Kontext sexueller Gewalt in Kindheit und Jugend in all ihren Formen und Tatkontexten ist das Machtverhältnis zwischen Kindern und Erwachsenen, das hier als Rahmen der gesellschaftlichen Systematik der Gewaltverhältnisse aufgegriffen wird. Mit der Theorie von Fricker nähern wir uns im Folgenden zwei Dimensionen epistemischer Ungerechtigkeit an. Zunächst werden Kinder als eine gesellschaftliche Gruppe in den Blick genommen, der aufgrund ihres Alters und Entwicklungsstandes weniger Rechte zugestanden werden als Erwachsenen und der eingeschränktes Erkenntnisvermögen zugeschrieben wird. Anschließend geht es darum, wie sich nach sexueller Gewalt in der Kindheit Ungerechtigkeiten im Erwachsenenleben fortsetzen und als anhaltend oder wiederkehrend beschrieben werden können.

3.1 Generationenverhältnisse als Ausgangspunkt

Macht kann als charakteristisches Strukturmerkmal jeglicher menschlichen Beziehung beschrieben werden und ist immer da, wenn eine Person stärker von einer anderen abhängt als vice versa (Elias 1986). Auch innerhalb familiärer und pädagogischer Beziehungen lassen sich Machtverhältnisse nicht „herausrechnen […], weil sie Strukturmoment aller sozialen und kommunikativen Beziehungen und Selbstbeziehungen sind“ (Ricken 2012: 108). In der Konstitution dieser Machtdifferentiale fungieren Orientierungsmittel als Machtquellen wie z.B. Wissensbestände, auf die Erwachsene und Kinder prinzipiell unterschiedlich Zugriff haben. Im Generationenverhältnis besteht eine nicht auflösbare, entwicklungsbedingte, existenzielle Abhängigkeit der Kinder von sie versorgenden Erwachsenen, die gesetzlich geregelt ist und sich erst mit dem Heranwachsen verändert. Eine weitere Machtquelle ist die körperliche Überlegenheit der Erwachsenen (Wolf 2016). Die Verteilung von Machtquellen und in der Folge die Machtbalance zwischen Kindern und Erwachsenen sind stets gesellschaftlichen Entwicklungen unterworfen. Hinsichtlich sexueller Gewalt in Kindheit und Jugend kann konstatiert werden, dass geltende Kulturen, Haltungen und Prozesse innerhalb von Institutionen, Organisationen oder pädagogischer Einrichtungen – nicht zu vergessen Familien – die Wahrscheinlichkeit sexueller Übergriffe beeinflussen können (Wolff 2014; Nagel et al. 2021). Auch wenn hier nach unterschiedlichen Ausprägungen zu differenzieren ist, kann grundsätzlich festgehalten werden, dass Kinder weniger ernst genommen werden als Erwachsene insofern, als sie weniger als Personen gesehen werden, die etwas über ihr eigenes Leben zu sagen haben (Burroughs & Tollefsen 2016). Dieses Machtgefälle wird auch in der definitorischen Konturierung von sexueller Gewalt in der Kindheit hervorgehoben: „Der aus den gesetzlichen Regelungen stammende Begriff des sexuellen Missbrauchs definiert sexuelle Gewalt also als eine asymmetrische Beziehungskonstellation qua Alter und/oder qua sozialer Position" (Retkowski 2018: 254).

Diese Machtverhältnisse bilden die Rahmenbedingung für sexuelle Gewalt durch Erwachsene, und hier treffen wir epistemische Ungerechtigkeit (sowohl testimoniale als auch hermeneutische) an. Die Kindern zur Verfügung stehenden Mittel, darauf aufmerksam zu machen, dass ihnen Gewalt angetan wird, sind abhängig davon, welches Wissen Kindern durch Erwachsene vermittelt wird. So können Übergriffe nur als solche benannt und als Unrecht markiert werden, wenn entsprechende Begriffe vermittelt werden und Verständnis ermöglicht bzw. zugehört wird. Fehlen diese, kann die Gewalt nicht erkannt werden:

> *„Ich wurde missbraucht, da war ich so zwischen sieben und neun und ich habe verstanden oder ich hatte eine sprachliche Kategorie dafür als ich vielleicht – also ich habe verstanden, dass das böse war, als ich elf war und ich hatte dann ein Wort dafür als ich ungefähr zwölf war"* (Interview in Kavemann et al. 2019: 59).

Wenn Begriffe, die die Gewalt benennen und diese damit als Unrecht kennzeichnen, gesellschaftlich nicht ausreichend verbreitet sind, können Betroffene an der Unwissenheit Dritter scheitern, bei denen sie Unterstützung suchen. Im folgenden Beispiel sind der Mutter durchaus Formen der Gewalt gegen Kinder geläufig, aber sexuelle Gewalt offenbar nicht.

> *„Ich habe einmal versucht, meiner Mutter das zu erklären und da habe ich gesagt, die machen ganz schlimme Sachen mit mir. Und meine Mama so: ‚Ja, aber was machen die denn mit dir? Hauen die dich, sperren die dich ein?' Und ich so: ‚Nein' und dann kann ich mich erinnern, habe ich gesagt: ‚Ich weiß es nicht.' Aber es war für mich ganz schlimm, aber ich habe dafür keine Begriffe gehabt, keine Erklärung, ich habe nur gefühlt, es ist ganz schlimm"* (Interview aus Kavemann et al. 2019).

Prinzipiell wird Kindern weniger Glaubwürdigkeit zugesprochen als Erwachsenen (Burroughs & Tollefsen 2016) und somit können vielfältige Erfahrungen testimonialer Ungerechtigkeit Kindern gegenüber beschrieben werden. Testimoniale Ungerechtigkeit liegt dann vor, wenn Kindern und Jugendlichen aufgrund ihres Alters und Entwicklungsstandes nicht geglaubt wird – selbst, wenn sie explizit Übergriffe benennen – und sie als „epistemische Subjekte“ nicht anerkannt werden.

> *„Ich hatte versucht zu sagen: Hier, der Opa tut mir weh. Und dann kam die Reaktion: Ach Kind, das ist doch nicht so, das meint der doch nicht so. Der hat dich doch lieb“* (Interview in Kavemann et al. 2019: 124).

Bei sexueller Gewalt gegen Kinder und Jugendliche haben nicht nur Täter*innen, sondern auch Dritte ein Interesse daran, „die [...] Betroffenen sprachlos zu machen“ (Thompson 2012: 118). Ein Schweigezwang kann aktiv verordnet werden oder über die Machtdifferenziale des Generationenverhältnisses vermittelt sein (Kavemann et al. 2016). Kinder und Jugendliche haben jedoch nicht nur Erwachsene allgemein vor sich, sondern sind zum Teil mit Tätern oder Täterinnen konfrontiert, die spezifische Machtpositionen innehaben, die aus ihrer sozialen Position erwachsen, beispielsweise wenn sie angesehenen Institutionen angehören (wie kirchlichen Einrichtungen als Priester oder Nonnen) oder ihnen aufgrund eines anderen privilegierten Status eine erhöhte Reputation zugeschrieben wird (wie Richtern oder Bürgermeistern). Ein Betroffener hebt die soziale Position des Täters hervor, der Lehrer war und *„der seine Macht im Umfeld und Geiste einer damals autoritären obrigkeitshörigen Gesellschaft schamlos ausnutzte“* (Briefe-Projekt).[6] Die positive Stereotypisierung von Täter*innen sorgt dabei für epistemische Ungerechtigkeit, da sie den Betroffenen Glaubwürdigkeit aberkennt und für das unangemessene Verhalten des Lehrers keine Begrifflichkeit verfügbar war.

Das wiederum kann Folgen für das Selbstbild betroffener Kinder und Jugendlicher haben: Die Selbstzweifel bzw. das Gefühl, die eigene Wahrnehmung, die eigenen Bedürfnisse wären „falsch“ und die der anderen wären „richtig“, können verstärkt werden, wenn die Täter*innen als respektabel und vorbildlich gelten und dies fortwährend von anderen Erwachsenen validiert wird. Diesen Täter*innen gegenüber Abneigung oder andere negative Gefühle zu empfinden, führt dann vor dem Hintergrund der allgemeinen Verehrung dieser Personen zu Zweifeln am eigenen Empfinden (zu persönlichen Erfahrungen: Mehrick 2021). In diesen Fällen kann von hermeneutischer Ungerechtigkeit gesprochen werden, da eine Einordnung der Gewalt als solche nicht möglich ist. Die eigenen Erfahrungen können nur emotional gefühlt, jedoch nicht intellektuell erfasst werden (Hänel 2021). Je nach zeithistorischen Bedin-

6 Das Zitat stammt aus einem weiteren unserer Projekte, in dem in einer Kooperation mit der Klinik für Kinder- und Jugendpsychiatrie/Psychotherapie am Universitätsklinikum Ulm Briefe und E-Mails an die damalige und erste Unabhängige Beauftragte zur Aufarbeitung sexuellen Kindesmissbrauchs ausgewertet wurden. Im Weiteren werden Verweise und Zitate aus veröffentlichten (Rassenhofer et al. 2021) und noch unveröffentlichen Ergebnisse dieses Projekts mit „Briefe-Projekt“ gekennzeichnet. Weitere Informationen zum Projekt unter: http://soffi-f.de/auswertungsprojekt-briefe-amtszeit-c.%20bergmann-folgeprojekt.

gungen sind hierbei die zur Verfügung stehenden Referenzpunkte zu differenzieren. So wurde im Briefe-Projekt von den Schreibenden wiederholt auf die Umstände ihrer eigenen Kindheit verwiesen. Mehrheitlich wurde sich in diesen Schreiben auf sexuelle Gewaltverhältnisse aus der Zeit vor 1970 bezogen und festgehalten: *„Frauenhäuser und Kindernothilfe gab es damals noch nicht"* oder: *„Es war eine Zeit, in der Kinder keine Rechte hatten"*.

> *„Und damals wurden wir ja sehr angepasst erzogen. Zum Funktionieren eigentlich nur. Das Kind kann sowieso nix und darf nix. Also damals die Situation war ja grauenhaft. Da hab' ich für mich überhaupt keine Lösung gefunden"* (Interview in Kavemann et al. 2016: 86).

Den Vorgang des Zum-Schweigen-Bringens von Personen, die über Erfahrungen sprechen wollen und an der Unwissenheit und Unwilligkeit der Zuhörenden scheitern, nennt Kristie Dotson (2011) *silencing*. Sie spricht von epistemischer Gewalt, für die sie zwei Ausdruckformen identifiziert: *testimonial quieting* – die Zuhörenden erkennen die Sprechenden nicht als „Wissende" an – und *testimonial smothering* – die Sprechenden teilen nur das mit, von dem sie annehmen, dass es in den Horizont der Zuhörenden passt und angenommen wird. In beiden Fällen geschieht den Sprechenden Unrecht, denn ihr Erleben bleibt nicht mitteilbar. Die gesellschaftlich vermittelten Einflussgrößen auf sexuelle Gewalt wie Werte, Einstellungen und Vorstellungen von der Welt können eine veränderliche normative Gültigkeit besitzen (Kolshorn 2018) und bestimmen eine allgemeine Sensibilität gegenüber der Thematik sexueller Gewalt: „Für Menschen aus dem sozialen Umfeld ist es zunächst von entscheidender Bedeutung, ob es in ihre Weltsicht passt, dass auch der engagierte Trainer, der liebevolle Vater oder der nette Kollege ein Missbraucher sein kann oder vielleicht sogar eine Frau ein Kind missbraucht" (ebd.: 145). Vor dem Hintergrund des *testimonial smothering* werden bestimmte Erlebnisse nicht berichtet, wenn Betroffene davon ausgehen, dass niemand ihnen glauben wird, entweder weil die beschuldigte Person als unangreifbar gesehen wird oder weil der Tatkontext nicht den gesellschaftlich verfügbaren Bildern von sexueller Gewalt gegen Kinder und Jugendliche entspricht. *„Der Pfarrer war für meine Mutter eine unangreifbare Respektsperson"* (Unabhängige Kommission zur Aufarbeitung sexuellen Missbrauchs 2019: 219; Kavemann et al. 2016; Donovan & Hester 2014).

Trotz der Veränderlichkeit gesellschaftlicher Verhältnisse und der Kontingenz eines allgemeinen Verständnisses von Kindheit bleiben Machtdifferenziale im Generationenverhältnis bestehen. Angesichts der kindlichen Entwicklungsprozesse und der Verantwortlichkeit von Erwachsenen sind sie in jungem Alter nicht auflösbar und haben ihre Legitimation. Führen sie jedoch dazu, dass für Kinder und Jugendliche Möglichkeiten des Verstehens und des Einordnens eigener Erlebnisse eingeschränkt werden im Sinne dessen, was Fricker als epistemische Ungerechtigkeit beschreibt, besteht dringender Handlungsbedarf, um der Normalisierung bzw. der Vertuschung von Gewalt etwas entgegenzusetzen.

3.2 Epistemische Ungerechtigkeit und Anerkennung

In Interviews mit Betroffenen führte die Frage nach Gerechtigkeit immer wieder zur Thematisierung von Anerkennung, die als wichtiger Beitrag zu gerechteren Verhältnissen verstanden wurde (Kavemann et al. 2019). Erwartet wurde Anerkennung auf unterschiedlichen Ebenen: Anerkennung des Geschehenen als Gewalt und Unrecht sowie Anerkennung der Berichte der Betroffenen als glaubhaft, Anerkennung bestehender Probleme und Belastungen als Folgen der Gewalt und Anerkennung der Bedarfe an Hilfe und Unterstützung als berechtigte Ansprüche. Die subjektiven Dimensionen von Anerkennung von Leid und Unrecht, aber auch von Stärke und Überlebenskraft, nach denen in den Interviews gefragt wurde, sind sehr vielfältig und berühren unterschiedliche Ebenen. Angesprochen wurde Anerkennung durch konkrete Personen sowie auf der gesellschaftlichen Ebene. Dies konnte bedeuten, dass die Familie endlich glaubt, dass Täter*innen ihre Schuld eingestehen, dass die Täterinstitution Verantwortung übernimmt, aber auch, dass das Thema sexuelle Gewalt in Kindheit und Jugend auf breiter Ebene öffentlich diskutiert wird.

Anerkennung darf nicht auf die zurückliegende Gewalt in Kindheit und Jugend beschränkt bleiben. Betroffene erleben auch im Erwachsenenleben vielfältig und wiederholt Situationen von Missachtung bzw. der Verweigerung von Anerkennung (Kavemann et al. 2019; Doll & Nagel 2019; Kavemann, Nagel & Etzel 2021). Wir treffen in den Interviews auf Berichte Erwachsener, deren zentrales Thema ist, „dass es nicht vorbei ist“, auch wenn die Kindheit lange zurückliegt (Kavemann et al. 2019 ; vgl. auch Briefe-Projekt).

Hilkje C. Hänel (2020) sieht in der Kombination von Frickers Theorie der epistemischen Ungerechtigkeit mit Theorien der Anerkennung (z.B. Honneth 1992) einen Schlüssel zum Verständnis der lang anhaltenden Folgen dieser Ungerechtigkeit. Fälle von hermeneutischer Ungerechtigkeit[7] sieht sie als tief verstrickt mit Missachtungserleben: Missachtung früh im Leben stellt ein Entwicklungsrisiko dar, denn sie kann zu einer Vulnerabilität für das Erleben von Missachtung im weiteren Lebensverlauf führen.[8] Dies ist für uns von Interesse, denn wir sehen Anschlüsse zu der Frage, wie epistemische Ungerechtigkeit bei sexueller Gewalt in Kindheit und Jugend und späteren diskriminierenden Prak-

7 Hänel bezieht sich auf die Verknüpfung von hermeneutischer Ungerechtigkeit und Anerkennung. Hier sollen Fricker folgend beide Formen epistemischer Ungerechtigkeit einbezogen werden.

8 Zum Thema Reviktimisierung siehe auch Helfferich et al. 2019.

tiken, mit denen Betroffene konfrontiert sind, strukturell begegnet werden kann.

Hänel knüpft u.a. an die Anerkennungstheorie von Axel Honneth (1992) an, der den Wunsch nach Anerkennung als menschliches Grundbedürfnis und als Voraussetzung für Gerechtigkeit betrachtet. Anerkennung ist nach Honneth ein „Akt, in dem zum Ausdruck kommt, dass die andere Person Geltung besitzen soll und Quelle von legitimen Ansprüchen ist" (ebd.: 38). Dafür unterscheidet er drei Sphären von Anerkennung: Liebe,[9] Recht und soziale Wertschätzung. Anerkennung in jeder dieser drei Sphären bewirkt unterschiedliche Formen von positiver Beziehung zu sich selbst: Anerkennung auf der persönlichen Ebene fördert Selbstvertrauen, Anerkennung durch Recht fördert Selbstachtung und Anerkennung durch soziale Wertschätzung ermöglicht Selbstschätzung. Während persönliche Beziehungen und Wertschätzung Anerkennung auf einer individuellen Ebene vermitteln können (etwa durch emotionale Zuwendung oder Unterstützung und die Würdigung von persönlichen Fähigkeiten oder Erfolgen), bewegt sich Anerkennung im Recht auf der strukturellen Ebene (Hänel 2020). Recht geht nach Honneth über einen juristischen Rechtsbegriff hinaus, und zwar um grundsätzliche Achtung (Hänel spricht von Respekt), die allen Menschen zusteht und die durch andere Personen, aber auch durch Institutionen bedingungslos gegeben werden muss. Epistemische Ungerechtigkeit, das Missachten von Personen als „Wissende", verweigert diesen grundsätzlichen Respekt. „Die Erfahrung von Missachtung verhält sich dabei spiegelbildlich zu den Sphären der Anerkennung und hat teilweise fortdauernde Konsequenzen für Fragen von Anerkennung" (Doll & Nagel 2019: 305).

Hänel bezeichnet hermeneutische Ungerechtigkeit als das Ergebnis von Missachtungen, die kumulieren können.[10] Anerkennung wird einerseits verwehrt, indem Erfahrungen aufgrund der Zugehörigkeit zu einer gesellschaftlichen Gruppe, z.B. die der Kinder, nicht artikuliert werden können bzw. nicht gehört werden. Andererseits ist es auch eine Missachtungserfahrung, also testimoniale Ungerechtigkeit, wenn Zuhörende mit Unglauben oder Stigmatisierung reagieren, wie es Betroffene von sexualisierter Gewalt häufig erleben, wenn sie darüber sprechen (Kavemann et al. 2016). Das betrifft auch Situationen, in denen Betroffene ihre Erfahrungen noch nicht vollständig einordnen können und auf den Versuch einer Versprachlichung abwehrend oder abwertend reagiert wird.

9 Da der Begriff der Liebe einerseits dazu neigt, auf (sexuelle) Paarbeziehungen oder Eltern-Kind-Beziehungen bezogen zu werden, und andererseits im pädagogischen Kontext vor allem im Rahmen von pädagogischem Eros und Reformpädagogik eine sehr problematische Verwendung findet, wird im Folgenden nicht von der Sphäre der Liebe, sondern von Anerkennung auf der Ebene „persönlicher Beziehungen" gesprochen (siehe hierzu Doll/Nagel 2019).

10 Hier ist eine Parallele zu sequentieller Traumatisierung zu sehen (Keilson 1979).

Eine Ressource, mit diesen Ungerechtigkeiten umzugehen, sieht Hänel in einem positiven Verhältnis zu sich selbst, das durch Selbst-Anerkennung entwickelt werden kann und das umso stärker wirkt, je mehr positive Anerkennungserfahrungen gemacht werden können. Um das zu entwickeln, ist Anerkennung auf der Ebene von persönlichen Beziehungen und sozialer Wertschätzung wichtig, doch die strukturelle Ebene muss konkret mitgedacht werden.

3.3 Anhaltende Ungerechtigkeiten im Erwachsenenleben

Der Schaden, den epistemische Ungerechtigkeit anrichtet, besteht in Missachtung und zieht sich in einigen Interviews wie ein roter Faden durch die biografische Erzählung. Die Macht- und Rechtlosigkeit von Kindern liegt nun hinter den Betroffenen, aber strukturelle Probleme bleiben. Missachtung kann als eine Form der Unterdrückung gesehen werden, die Menschen ein falsches Bild von sich selbst vermittelt. Sie trifft vorrangig Personen, die bereits aufgrund ihrer sozialen Stellung benachteiligt bzw. marginalisiert sind, z.B. Kinder, Menschen mit geringer Bildung oder mit eingeschränkter Leistungsfähigkeit. Die Hoffnung auf ein Leben jenseits der sexuellen Gewalt erfüllt sich für diejenigen nicht, deren Alltag nach wie vor von den Folgen beeinträchtigt ist. Erhebliche Hürden bestehen z.B. im Strafrecht und im Gesundheitssystem (Schoon & Briken 2021). Damit sind wir bei einem Aspekt der Theorie von Fricker, der vielfältig in den Berichten erwachsener Betroffener auftaucht: Epistemische Ungerechtigkeit kann dazu führen, dass Betroffene „nicht die sein können, die sie wirklich sind“ (Fricker 2007: 168), sondern dass sie als etwas konstruiert werden, das sie nicht sind bzw. das ihnen nicht entspricht. Zuschreibungen wie ein Opfer zu sein hat, die Gleichsetzung von sexueller Gewalt mit Sexualität sowie die Deutung von beeinträchtigter Leistungsfähigkeit als Faulheit oder von Anträgen auf Opferentschädigung als Geldgier können eine positive Bewältigung und Weiterentwicklung schwer behindern und die Ungerechtigkeit auf Dauer stellen, wenn den Betroffenen selbst keine Deutungsmacht eingeräumt wird (Kavemann et al. 2019).

> *„Aber nach ein paar Jahren hört man nichts mehr von den armen Opfern, sondern nur: stell dich nicht so an, ist schon so lange her, du bist zu faul zum Arbeiten etc.“* (Briefe-Projekt).

> *„Von der Richterin hieß es, es hätte eine jahrelange Beziehung zwischen mir und dem Täter gegeben und dass er deshalb eine mildere Strafe bekommen hätte. Es war keine Beziehung! Es war Missbrauch! Ich habe es nicht freiwillig getan. Ich leide sehr unter dieser Behauptung der Richterin“* (Unabhängige Kommission zur Aufarbeitung sexuellen Missbrauchs 2019: 219).

Es geht bei hermeneutischer Ungerechtigkeit nicht nur um fehlende Begriffe, sondern auch um ideologische Hintergrundkräfte, die das eigene Wahrnehmen und Handeln mitstrukturieren (Hänel 2021). Dies können vorherrschende oder akzeptierte Vergewaltigungsmythen sein, die im Zusammenhang damit stehen, dass sexuelle Gewalt als solche nicht erkannt wird bzw. eine Schuldumkehr stattfindet. Auch wenn gesellschaftlich *victim blaming* bei sexueller Gewalt in Kindheit und Jugend nicht mehr in dem Maße verbreitet ist wie noch in den 1980er oder 1990er Jahren (Kavemann et al. 2016: 5), halten sich z.B. Bilder von sexuell provokanten Teenagern oder lügenden Kindern, die als Entlastung von Tätern und Täterinnen dienen und auch Dritten – Angehörigen, Fachkräften – eine Flucht aus der Verantwortung eröffnen. Hier spielen Aufklärung und öffentliche Diskussion eine ausschlaggebende Rolle. Kollektive hermeneutische Ressourcen bestimmen, inwiefern Erlebnisse und Lebensrealität Betroffener verständlich gemacht werden können (Hänel 2021).

Betroffene sind eine höchst heterogene Gruppe, so dass von unterschiedlichen Zuschreibungen von Glaubwürdigkeit ausgegangen werden muss, abhängig von den Wissensbeständen, die Eingang in ein breites gesellschaftliches Bewusstsein gefunden haben. Glaubwürdigkeit wird u.a. abhängig von der Bildungsbiografie und dem sozialen Status zuerkannt. Das gilt nicht nur für Täter*innen, sondern macht auch Unterschiede zwischen Betroffenen sichtbar. Mit Blick auf selbstorganisierte, öffentlich aktive Betroffenengruppen aus Eliteinternaten schreiben Mosser und Straus (2020: 105), dass sich diese vor allem aus Personen konstituierten, „die im Laufe ihrer Biografie bereits tragfähige Erfahrungen von Anerkennung, Zugehörigkeit und gesellschaftlichem Prestige gemacht haben". Die Möglichkeiten eines selbstorganisierten Zusammenschlusses verweisen auf Möglichkeiten der sozialen Validierung eigener Erfahrungen, der kollektiven Artikulation von Interessen und somit auch einen Austausch von Begriffen und Deutungsfolien. Anders gestaltet sich die Situation von Betroffenen, denen als Kinder und Jugendliche z.B. in der Heimerziehung oder in DDR-Werkhöfen (Sachse, Knorr & Baumgart 2017) oder in katholischen Kinderheimen (Caspari 2021) Bildung vorenthalten wurde und die gesellschaftlich stigmatisiert wurden. *„Wir sind in die Schule gekommen und das Erste, was sie gesagt haben, war: ‚Die Knastkinder kommen'"* (Unabhängige Kommission zur Aufarbeitung sexuellen Missbrauchs 2019: 139). Die Selbsthilfegruppen in diesen Bereichen erlangen bislang nicht vergleichbare Anerkennung und politisches Gewicht. Unterschiedliche soziale Kontexte der Gewalt in Kindheit und Jugend führen zu unterschiedlichen biografischen Konsequenzen und diese zu unterschiedlichen Kompensationsmöglichkeiten. Wenn Anerkennung weiterhin verweigert wird, z.B. wenn Entschädigungen für Betroffene aus der DDR nicht zugänglich sind, wenn eine Kindheit in der Heimerziehung heute noch als soziales Stigma wirken kann, wenn anhaltende Belastungen zur Stigmatisierung als „psychisch Kranke" führen, eine ausreichende Therapiefinanzierung aber nicht gewährt wird, dann wiederholen sich epistemische Ungerechtigkeit und Missachtung.

4 Gibt es Wege zu mehr Gerechtigkeit?

Eine Verurteilung in einem Strafprozess ist die stärkste Form der Anerkennung von Unrecht, die unsere Gesellschaft kennt. Dieser Weg ist für viele Betroffene aus unterschiedlichen Gründen verschlossen. Uns interessieren Möglichkeiten, die geeignet sind, die Verhältnisse *„etwas gerechter“* zu machen und dies jenseits von Strafjustiz, anknüpfend an testimoniale und hermeneutische Ungerechtigkeit: Wie wird der Stimme der Betroffenen gesellschaftlich Gewicht verliehen? Wie wird Wissen gesellschaftlich implementiert, das der Lebensrealität von Kindern und Jugendlichen, die sexuelle Gewalt erleben, entspricht – und der von Erwachsenen, deren Kindheitserfahrungen zurückliegen, die aber Unterstützung einfordern bzw. Ansprüche geltend machen? Wie fließen die Erfahrungen Betroffener in gesellschaftliche Wissensbestände und Deutungen ein?

4.1 Anerkennung von Leid und Unrecht

Im Interviewmaterial finden sich unterschiedliche persönliche Wünsche: mit der eigenen Geschichte endlich auf Glauben zu stoßen, eine Entschuldigung der Täter*innen zu bekommen, Verantwortungsübernahme durch die Institution zu erleben, in der die Gewalt erlitten wurde, Entschädigung und ausreichende Finanzierung für die Dauer der Therapie zu erhalten u.a. Vielfältige Schritte werden benannt, wie sich jeweils individuell ein Gefühl gerechterer Verhältnisse einstellen könnte. Es soll nicht um alles, was die Folgen der Gewalt abmildert, gekämpft werden müssen, denn der Kampf zehrt zu viele Kräfte auf, die für das (Über-)Leben benötigt werden (Kavemann et al. 2019; Briefe-Projekt). Vorstellungen von etwas gerechteren Verhältnissen gehen unterschiedlich weit. Sehr bescheiden z.B. tritt eine Interviewpartnerin (aus ebd.) auf, die fordert, *„dass den Opfern wenigstens aus der größten Not geholfen wird“,* durch Finanzierung von Therapie, Zahlungen des Opferentschädigungsrechts oder Renten. Epistemische Ungerechtigkeit führt dazu, dass Betroffene in die Rolle von Bittstellenden gedrängt werden, und die Beeinträchtigung des Selbstwerts durch wiederholte Missachtung kann zur Folge haben, dass sie sich selbst so wahrnehmen. Ihnen geht es um die Anerkennung von Leid. Mehr Gerechtigkeit wird in der Beseitigung von Versorgungsmängeln, in einem Nachteilsausgleich gesehen. Andere, vor allem diejenigen, deren Alltag nicht mehr von der zurückliegenden Gewalt bestimmt wird bzw. die über Ressourcen verfügen, Missachtungen zu kompensieren, erwarten nicht vorrangig das Lindern von Notlagen in Anerkennung des Leids, sondern Entschädigungszahlungen in Anerkennung des Unrechts.

Ob eine Annäherung an gerechtere Verhältnisse gelingt, ist eine Frage des politischen Willens und damit eine Frage von Machtverhältnissen und politischen Mehrheiten. Deshalb wollen wir hier abschließend zwei Themen aufgreifen, die in unmittelbarem Zusammenhang zur Theorie von epistemischer Ungerechtigkeit und Anerkennung stehen. Wie können Deutungsmacht und Organisationsmacht der Betroffenen gestärkt werden?

4.2 Deutungsmacht

Deutungsmacht (zurück) zu gewinnen bedeutet, Diskriminierungen und Stigmatisierungen entgegentreten zu können. Für viele Betroffene beginnt dieser Prozess damit, dass sie Gehör einfordern. Dazu gibt es inzwischen ein Angebot. Die Unabhängige Kommission zur Aufarbeitung sexuellen Kindesmissbrauchs bietet seit 2016 die Möglichkeit der vertraulichen Anhörungen, der schriftlichen Berichte und der öffentlichen Hearings.[11] In den Anhörungen haben Betroffene die Gelegenheit, selbstbestimmt ihre Geschichte zu erzählen, ohne Bewertung und ohne drohende Konsequenzen.

> *„Und wenn durch so eine Kommission einfach deutlich wird, das ist kein Einzelfall, dass dann einfach das Augenmerk der Öffentlichkeit doch mehr darauf gerichtet ist und dass eher einem Opfer geglaubt wird“* (Interview in Kavemann et al. 2019: 18).

Die Anhörungen verbinden Anerkennung auf der persönlichen Ebene mit sozialer Wertschätzung und Respekt. *„Ich fühle mich wieder als Mitglied dieser Gesellschaft“,* sagte eine Frau nach der Anhörung. Gleiches gilt, wenn Betroffene einen Bericht schriftlich einreichen. Die Kommission nimmt diese Zeugnisse stellvertretend für die Gesellschaft auf, wertet sie aus und erstattet regelmäßig öffentlich Bericht (Unabhängige Kommission zur Aufarbeitung sexuellen Missbrauchs 2019). So fließen die Erfahrungen der Betroffenen in gesellschaftliche Wissensbestände ein, erweitern und differenzieren sie. Betroffene tragen so zur „Demokratisierung des Wissens“ (Weiß 2021: 92) über sexuelle Gewalt bei.

Betroffene fordern, dass die Kommission über Kompetenzen verfügen soll, die eine Wiederholung epistemischer Ungerechtigkeit ausschließen.

11 https://www.aufarbeitungskommission.de/ihre-geschichte/

> *„Die Kommission sollte dazu in der Lage sein, mit Erinnerungslücken, Erinnerungsverzerrungen, chaotischen Berichten und unsicheren sowie unklaren Aussagen zurechtzukommen und kompetent im Umgang damit sein, ohne die Richtigkeit anzuzweifeln“* (Interview in Kavemann et al. 2019: 24).

Eine ähnliche Funktion kann qualitative Forschung erfüllen, die Erfahrungen von Betroffenen erhebt und auswertet und eine ethische Verpflichtung darin sieht, die subjektiven Sichtweisen oder auch (politischen) Anliegen von Betroffenen zu rekonstruieren und zu verstehen (Helfferich 2011) und die entsprechenden Ergebnisse an Entscheidungsträger*innen zu vermitteln.

4.3 Organisationsmacht

Organisationsmacht zu gewinnen, versetzt Betroffene in die Lage, für eigene Interessen einzutreten. Diejenigen, denen es leichtfällt, hier aktiv zu werden und bei Bedarf an die Öffentlichkeit zu gehen, können eine stellvertretende Position einnehmen für andere, die das nicht wollen oder können (Mosser 2020). Die Deutungsmacht liegt dann bei den Betroffenen selbst, obwohl Medien und Öffentlichkeit eigenen Regeln folgen, die nicht leicht zu beeinflussen sind, und Erfahrungen mit Medien zum Teil sehr negativ ausfallen (Etzel et al. 2022). Grundsätzlich geht es um die Anerkennung Betroffener als Wissende bzw. Expertinnen und Experten und damit darum, den Erfahrungen abgesprochener Glaubwürdigkeit sowohl im Kindes- als auch im Erwachsenenalter, die hier als testimoniale Ungerechtigkeit gefasst werden, etwas entgegenzusetzen.

> *„Also ich fand zum Beispiel dieses öffentliche Hearing, das es im Januar gab, ne gute Sache, weil das hatte ja eine Qualität von irgendwie Betroffene zu hören, weil sie eben Expertinnen auch sind“* (Interview aus Kavemann et al. 2019).

Als Gegenentwurf zu testimonialer Ungerechtigkeit wird nicht nur das Annehmen der Erzählungen von Betroffenen gefordert, sondern auch in einer überindividuellen Dimension die Anerkennung des spezifischen Wissens und der Erfahrung Betroffener als hilfreiche Wissensquelle:

> *„Und ich kann von mir ausgehen, das, was ich inzwischen gelernt habe und was ich weiß, kann vielen helfen ... Kann ich bestimmt viel unterstützen. Und das geht nur mit Hilfe von einem Betroffenen“* (Interview aus ebd.).

Betroffene werden inzwischen häufiger gehört und ihre Expertise zur eigenen Lebenswelt in Entscheidungsprozesse einbezogen, z.B. in die Vereinbarungen des Nationalen Rats gegen sexuelle Gewalt an Kindern und Jugendlichen.[12] Die Entwicklung steht allerdings noch am Anfang. Die Gründung des Betroffe-

12 https://www.nationaler-rat.de

nenrats beim Unabhängigen Beauftragten für Fragen des sexuellen Kindesmissbrauchs hat maßgeblich zur Präsenz der Expertise von Betroffenen in der Öffentlichkeit beigetragen.[13] Ähnlich wirksam sind Vereine wie der Eckige Tisch e.V.[14] von Betroffenen der Gewalt in Einrichtungen der katholischen Kirche oder gegen missbrauch e.V.[15] Auch in Beiräte, die Aufarbeitungsprozesse in Institutionen begleiten, z.B. in der katholischen oder evangelischen Kirche, werden vermehrt Betroffene einbezogen. Hier werden häufig negative Erfahrungen gemacht, immer wieder kommt es zu missachtenden Vorgängen von Abwertung durch Vertreter*innen der Institutionen und Funktionalisierung für die Interessen der Institution und damit zu erneuter testimonialer und hermeneutischer Ungerechtigkeit (s. hierzu z.B. evangelisch.de 2021). Noch fehlen eine Anerkennung der „epistemischen Autorität" von Betroffenen (Hänel 2020: 8) und ein Bewusstsein für Machtverhältnisse.

Empowerment durch Selbstvertretung ist eine geeignete Strategie, Organisationsmacht zu erlangen. Hier muss es um Strukturen gehen, nicht ausschließlich um individuelle Prozesse der Selbstanerkennung, wenngleich diese auch Voraussetzung für das individuelle Aktivwerden ist. Bislang sind Zusammenschlüsse von Betroffenen meist um bestimmte Tatkontexte – Kirchen, Internate, Heime – herum zustande gekommen. Sie sind Ausdruck eines Prozesses von Empowerment und haben zur Formulierung gemeinsamer Forderungen geführt, die in Einzelfällen auch Erfolg hatten. Wenn jedoch der Kampf um Anerkennung und für gerechtere Verhältnisse ausschließlich den Betroffenen aufgebürdet wird und andere gesellschaftliche Organisationen und Kräfte sich nicht beteiligen, muss von der Fortsetzung ungerechter Verhältnisse gesprochen werden. Offen ist zudem die Frage nach Möglichkeiten der Organisationsmacht bei Betroffenen aus dem familiären Kontext.

Zusammenfassend können wir sagen: Epistemische Ungerechtigkeit ist ein strukturelles Problem, das nach einer strukturellen Lösung verlangt. Neben Schutz und angemessener Unterstützung müssen Diskriminierung und Stigmatisierung bekämpft sowie der Zugang zu Rechten und Ansprüchen sichergestellt und gesellschaftlicher Ausschluss vermieden werden. Gesellschaftliche Anstrengungen, Wege zu mehr Gerechtigkeit nach sexueller Gewalt in Kindheit und Jugend zu eröffnen, sind mit Blick auf testimoniale und hermeneutische Ungerechtigkeit auf mehreren Ebenen gefordert:

- Sprechen ermöglichen und verantwortlich und aktiv zuhören (Burroughs & Tollefsen 2016): Nicht nur, aber vor allem Kinder und Jugendliche brauchen anerkennende Kommunikationsangebote, die sie als Wissende in ihrer Lebenswelt ernst nehmen. Dabei darf die Verantwortlichkeit nicht einseitig auf dem Sprechen der Betroffenen liegen, die gesellschaftliche Verantwortung

13 https://beauftragter-missbrauch.de/betroffenenrat/der-betroffenenrat
14 https://www.eckiger-tisch.de
15 https://www.gegen-missbrauch.de

des Zuhörens muss gleichermaßen im Fokus stehen. Die Stärkung von Kinderrechten trägt dazu bei.

- Deutungsmacht und Organisationsmacht von Betroffenen fördern: Es müssen gesellschaftliche Ressourcen eingesetzt werden, um Austausch, Selbstorganisation und Selbstvertretung und damit das gemeinsame Arbeiten an Deutungen, die sich aus unterschiedlichen Sichtweisen speisen, zu unterstützen. Weiterhin geht es um die Zugänglichkeit von – altersgemäßer – Sprache und Information über Sexualität und sexuelle Gewalt sowie um Information über Unterstützungsangebote und rechtliche Ansprüche.
- Wiedergutmachung leisten, auch wenn das zurückliegende Unrecht nicht ungeschehen gemacht werden kann: Betroffene beklagen, dass eine ernst gemeinte gesellschaftliche Antwort auf ihr öffentliches Sprechen ausbleibt (Mehrick 2021; Etzel et al. 2022). Es gilt, gesellschaftliche Instrumente für *moral repair* (Walker 2006) zu entwickeln. Die Gesellschaft schuldet den Betroffenen, Bedingungen für moralisch tragfähige Beziehungen im sozialen Miteinander zu schaffen: Aufarbeitung, Anerkennung und Erinnerungskultur (Andresen et al. 2021). Diese Prozesse müssen maßgeblich von Betroffenen gesteuert werden.

Im weiteren Verlauf unseres Forschungsprojekts gehen wir diesen Fragen nach.

Literatur

Andresen, Sabine/Brachmann, Jens/Briken, Peer/Kavemann, Barbara/Keupp, Heiner/Nagel, Bianca/Pohling, Andrea/Reimann, Daniel/Schaumann, Nina/Schoon, Wiebke/Schwennigcke, Bastian & Straus, Florian (2021): Die Bedeutung von Aufarbeitung sexualisierter Gewalt gegen Kinder und Jugendliche für Gegenwart und Zukunft. Leitthemen aus dem Verbundprojekt Aufarbeitung für wirksame Schutzkonzepte in Gegenwart und Zukunft (Auf-Wirkung). http://auf-wirkung.de/?page_id=345 [Zugriff: 03.01.2022].

Burroughs, Michael D. & Tollefsen, Deborah (2016): Learning to Listen: Epis-temic Injustice and the Child. In: Episteme 13, 3, S. 359–377.

Caspari, Peter (2021): Sexualisierte Gewalt. Aufarbeitung und Bewältigung aus einer reflexiv-sozialpsychologischen Perspektive. Tübingen: dgvt-Verlag.

Doll, Daniel & Nagel, Bianca (2019): Erwartungen an Anerkennung nach sexueller Gewalt in der Kindheit und Implikationen für die Soziale Arbeit. In: Soziale Passagen 11, 2, S. 305–322.

Donovan, Catherine & Hester, Marianne (2014): Domestic Violence and Sexuality. What’s Love Got to Do with It? [s.l.]: Bristol University Press.

Dotson, Kristie (2011): Tracking Epistemic Violence, Tracking Practices of Silencing. In: Hypatia 26, S. 236–257.

Elias, Norbert (1986): Wandlungen der Machtbalance zwischen den Geschlechtern. In: Kölner Zeitschrift für Soziologie, S. 425–449.

Etzel, Adrian/Gerke, Jelena/Helfferich, Cornelia/Hoffmann, Ulrike/Kavemann, Barbara/Lipke, Kathrin/Rassenhofer, Miriam & Fegert, Jörg M. (2022): „Those who break the silence break the power of the perpetrators“. The media campaign of the firt Independent Commissioner for the Investigation of Child Sexual Abuse in Germany 2010–2011. In: Stelzmann, D. & Ischebeck, J. (Hrsg.): Child Sexual Abuse and the Media. Baden-Baden: Nomos.

evangelisch.de (2021): Betroffenenbeirat kritisiert EKD bei Missbrauchsaufar-beitung. https://www.evangelisch.de/inhalte/183297/03-03-2021/missbrauch-betroffenen-beirat-kritisiert-zusammenarbeit-mit-ekd [Zugriff: 27.4.2021].

Fricker, Miranda (2007): Epistemic injustice. Power and the ethics of knowing. New York, NY: Oxford University Press.

Hänel, Hilkje C. (2020): Hermeneutical Injustice, (Self-)Recognition, and Academia. In: Hypatia 35, 2, S. 1–19.

Hänel, Hilkje C. (2021): Who's to Blame? Hermeneutical Misfire, Forward-Looking Responsibility, and Collective Accountability. In: Social Episte-mology 35, 2, S. 173–184.

Helfferich, Cornelia (2011): Die Qualität qualitativer Daten (4. Aufl.). Wiesbaden: VS-Verlag.

Helfferich, Cornelia/Kavemann, Barbara/Kindler, Heinz/Nagel, Bianca & Schürmann-Ebenfeld, Silvia (2019): Re-Viktimisierung nach sexuellem Missbrauch in einer Hochrisikogruppe. Ergebnisse einer Mixed Methods Studie bei Mädchen und jungen Frauen in stationären Einrichtungen der Jugendhilfe. In: Wazlawik, M./Henningsen, A./Dekker, A./Voß, H.-J. & Retkowski, A. (Hrsg.): Sexuelle Gewalt in pädagogischen Kontexten. Aktuelle Forschungen und Reflexionen. Sexuelle Gewalt und Pädagogik, Band 3. Wiesbaden: Springer VS, S. 55–70.

Honneth, Axel (1992): Kampf um Anerkennung. Zur moralischen Grammatik sozialer Konflikte. Frankfurt am Main: Suhrkamp.

Kavemann, Barbara/Graf-van Kesteren, Annemarie/Rothkegel, Sibylle & Nagel, Bianca (2016): Erinnern, Schweigen und Sprechen nach sexueller Gewalt in der Kindheit. Ergebnisse einer Interviewstudie mit Frauen und Männern, die als Kind sexuelle Gewalt erlebt haben. Wiesbaden: Springer VS.

Kavemann, Barbara/Nagel, Bianca/Doll, Daniel & Helfferich, Cornelia (2019): Erwartungen Betroffener sexuellen Kindesmissbrauchs an gesellschaftliche Aufarbeitung. Studie. Berlin.

Kavemann, Barbara/Nagel, Bianca & Etzel, Adrian (2021): Anerkennung als Haltung in Recht, Unterstützungssystemen und Gesellschaft.

Keilson, Hans Alex (1979): Sequentielle Traumatisierung bei Kindern. Deskriptiv-klinische und quantifizierend-statistische follow-up Untersuchung zum Schicksal der jüdischen Kriegswaisen in den Niederlanden. Forum der Psychiatrie, F. [5]. Stuttgart: Enke.

Kolshorn, Maren (2018). Die Ursachen sexualisierter Gewalt – ein komplexes Bedingungsgefüge. In: Retkowski, A./Treibel, A. & Tuider, E. (Hrsg.): Handbuch Sexualisierte Gewalt und pädagogische Kontexte. Theorie, Forschung, Praxis. Weinheim: Beltz Juventa, S. 138–145.

Mehrick, Max (2021): Zerplatzte Sprechblasen. 10 Jahre Aufarbeitung aus Erzählendenperspektive. Norderstedt: Books on Demand.

Mosser, Peter (2020): Handeln und Agieren als Formen der Ermächtigung. Be-troffene sexualisierter Gewalt auf ihrem Weg in die Öffentlichkeit. In: Verhaltenstherapie & psychosoziale Praxis 52, 2, S. 331–350.

Mosser, Peter & Straus, Florian (2020): Verlaufskurven der Bewältigung – Bedingungen des Umgangs mit Misshandlungs- und sexualisierten Gewalterfahrungen im institutionellen Kontext aus einer Lebenszeitperspektive. In: Verhaltenstherapie & psychosoziale Praxis 52, 1, S. 103–110.

Nagel, Bianca/Kavemann, Barbara/Pham, Stefanie & Helfferich, Cornelia (2021): Räume und Organisationskultur in stationären pädagogischen Einrichtungen. In: Trauma & Gewalt 15, 1, S. 64–77.

Nussbaum, Martha Craven (1999): Gerechtigkeit oder Das gute Leben. Frankfurt am Main: Suhrkamp.

Nussbaum, Martha Craven & Sen, Amartya (Hrsg.) (1993): The quality of life. A study prepared for the World Institute for Development Economics Research (WIDER) of the United Nations University. Studies in development economics/WIDER. Oxford: Clarendon.

Rassenhofer, Miriam; Etzel, Adrian; Gerke, Jelena; Lipke, Kathrin; Hoffmann, Ulrike; Helfferich, Cornelia; Kavemann, Barbara; Fegert, Jörg M. (2021): Sprechen hilft? Rückblick auf die Kampagne der ersten Unabhängigen Beauftragten zur Aufarbeitung des sexuellen Kindesmissbrauchs nach 10 Jahren. http://soffi-f.de/files/Briefe projekt-Broschuere%20_final.pdf [Zugriff: 24.02.2022].

Retkowski, Alexandra (2018): Sexualisierte Gewalt und Generationenverhält-nisse. In: Retkowski, A./Treibel, A. & Tuider, E. (Hrsg.): Handbuch Sexualisierte Gewalt und pädagogische Kontexte. Theorie, Forschung, Praxis. Weinheim: Beltz Juventa, S. 252–260.

Ricken, Norbert (2012): Macht, Gewalt und Sexualität in pädagogischen Beziehungen. In: Thole, W./Baader, M.S./Helsper, W./Kappeler, M./Leuzinger-Bohleber, M./ Reh, S./Sielert, U. & Thompson, C. (Hrsg.): Sexualisierte Gewalt, Macht und Pädagogik. Vorstandsreihe der Deutschen Gesellschaft für Erziehungswissenschaft. Leverkusen: Budrich, Barbara, S. 103–117.

Sachse, Christian/Knorr, Stefanie & Baumgart, Benjamin (2017): Sexueller Missbrauch in der DDR. Historische, rechtliche und psychologische Hintergründe des sexuellen Missbrauchs an Kindern und Jugendlichen in der DDR. Wiesbaden: Springer VS.

Schoon, Wiebke & Briken, Peer (2021): Obstacles in the Process of Dealing With Child Sexual Abuse-Reports From Survivors Interviewed by the Independent Inquiry Into Child Sexual Abuse in Germany. In: Frontiers in psychology 12, S. 1049.

Sen, Amartya (2010): Die Idee der Gerechtigkeit. München: Beck.

Shklar, Judith N. (1997): Über Ungerechtigkeit. Erkundungen zu einem moralischen Gefühl. Berlin: Rotbuch.

Stauffer, Jill (2015): Ethical Loneliness: The Injustice of Not Being Heard. New York, N.Y.: Columbia University Press.

Thompson, Christiane (2012): Die Gewalt der Sprachlosigkeit. In: Thole, W./Baader, M.S./Helsper, W./Kappeler, M./Leuzinger-Bohleber, M./Reh, S./Sielert, U. & Thompson, C. (Hrsg.): Sexualisierte Gewalt, Macht und Pädagogik. Vorstandsreihe der Deutschen Gesellschaft für Erziehungswissenschaft. Leverkusen: Budrich, Barbara, S. 118–128.

Unabhängige Kommission zur Aufarbeitung sexuellen Missbrauchs (2019): Bilanzbericht. https://www.aufarbeitungskommission.de/bilanzbericht_2019/ [Zugriff: 23. 8.2020].

Walker, Margaret Urban (2006): Moral Repair. Reconstructing Moral Relations after Wrongdoing. Cambridge, New York: Cambridge University Press.

Weiß, Wilma (2021): Philipp sucht sein Ich. Zum pädagogischen Umgang mit Traumata in den Erziehungshilfen (9., vollständig überarbeitete Aufl.). Basistexte Erziehungshilfen. Weinheim & Basel: Beltz Juventa.

Wolff, Mechthild (2014): Missbrauch von Kindern und Jugendlichen durch Professionelle in Institutionen. Perspektiven der Prävention durch Schutz-konzepte. In: Böllert, K. & Wazlawik, M. (Hrsg.): Sexualisierte Gewalt. Institutionelle und professionelle Herausforderungen. Wiesbaden: Springer Fachmedien Wiesbaden, S. 95–109.

Wolf, Klaus (2016): Zur Notwendigkeit des Machtüberhangs in der Erziehung. In: Kraus, B. & Krieger, W. (Hrsg.): Macht in der Sozialen Arbeit. Interaktionsverhältnisse zwischen Kontrolle, Partizipation und Freisetzung (4., überarb. u. erw. Aufl.). Lage: Jacobs-Verlag, S. 173–213.

Sexuelle Gewalt in der katholischen Kirche: Herausforderungen für das staatliche Recht

Stephan Rixen

1 Lerneffekte interdisziplinärer Gewaltforschung – Auch in der Rechtswissenschaft

Cornelia Helfferich verdanke ich wichtige Einsichten. Zusammen mit Barbara Kavemann verantwortete sie den sozialwissenschaftlichen Teil der „Bestandsaufnahme zur Situation der Frauenhäuser, der Fachberatungsstellen und anderer Unterstützungsangebote für gewaltbetroffene Frauen und deren Kinder", zu dem ich einen rechtswissenschaftlichen Teil beisteuern konnte (Helfferich, Kavemann & Rixen 2012). Mindestens drei Einsichten sind es, die ich, wenn ich an unsere Diskussionen während des Forschungsprojekts zurückdenke, mit Cornelia Helfferich verbinde:

- Interdisziplinäre Zusammenarbeit gelingt, indem sie praktiziert wird. Kein noch so gut geschriebener Beitrag über die vorgeblichen Fallstricke interdisziplinären Arbeitens kann interdisziplinäres Arbeiten in seiner immer neu zu justierenden Wechselbezüglichkeit der Disziplinen ersetzen. Es ist wie beim Schwimmen: Es mag kein Nachteil sein, ein Buch über das Schwimmen zu lesen, aber allein durch Reflexionen über das Schwimmen lässt sich das Schwimmen nicht erlernen. Das gilt auch für interdisziplinäres Forschen.
- Der geschlechtertheoretisch wie feministisch justierte und intersektional geschärfte Blickwinkel verbessert die Wahrnehmung derer, die zu oft übersehen werden und damit im öffentlichen Diskurs, deren Teil Wissenschaft ist, als irrelevant gelten. Indem Wissenschaft Denkstrukturen in Frage stellt, die Menschen unsichtbar machen, verändert sie die Aufmerksamkeitsökonomie einer Gesellschaft im Interesse dieser Menschen.
- Was das wissenschaftliche Interesse an Gewaltphänomenen – ihrer Erklärung, Vermeidung und Folgenverarbeitung – begründet, hat mit einer Schockerfahrung zu tun, nämlich der Erschütterung, die auch Forschende erfasst, wenn sie sich von der Missachtung der Vulnerabilität von Menschen berühren lassen. Frühere Zeiten konnten das Problem anästhesieren, indem sie die unfassbare Destruktivität der Gewalt zu Anwendungsfällen des unbegreiflich Bösen umdeklarierten. Für eine moderne Wissenschaft, die forschen muss, als ob es Gott nicht gäbe *(etsi deus non daretur),* ist dieser Ausweg verschlossen. Gewalt, so unbegreiflich sie erscheinen mag, lässt sich erklären, und noch mehr

lässt sich erklären, dass Gewaltprävention möglich ist und wie sie – auch mit rechtlichen Mitteln – gelingen kann.

Vor diesem Hintergrund möchte ich aus rechtswissenschaftlicher Perspektive thesenartig einige Überlegungen zur Prävention sexualisierter Gewalt in der römisch-katholischen Kirche (im Folgenden auch „katholische Kirche" genannt) skizzieren. Manche Vertiefung wäre hier angezeigt (siehe hierzu etwa Rixen 2021; Rixen, Schüller & Wagner 2021). Die nachfolgenden Überlegungen verdeutlichen immerhin exemplarisch, dass die politisch Verantwortlichen mithilfe des staatlichen Rechts auf die Prävention sexualisierter Gewalt im Raum der katholischen Kirche hinwirken können, wenn sie es denn wollen.

2 Verfassungsrechtliche Parameter: Kein Vorrang kirchlich-institutioneller Interessen

2.1 Ungleichzeitigkeiten als Verfassungsproblem

Für die katholische Kirche in Deutschland, also insbesondere ihre maßgeblichen territorialen Organisationseinheiten (Diözese/Bistum, Erzdiözese/Erzbistum) – bei katholischen Orden ist teilweise Abweichendes zu beachten –, gilt, dass sie Körperschaften des öffentlichen Rechts sind. Damit werden sie nicht etwa in den Staat eingegliedert. Vielmehr wurde und wird die eigentlich dem Staat vorbehaltene öffentlich-rechtliche Rechtsform Religionsgemeinschaften verliehen, um ihre Bedeutung für die Öffentlichkeit hervorzuheben. Dahinter stehen historische Vorstellungen über das Verhältnis von Staat und Kirche. Sie führten vor allem im 19. Jahrhundert dazu, dass insbesondere den Kirchen, namentlich den Großkirchen, eine öffentlich-rechtliche Rechtsform zuerkannt wurde. Das lange 19. Jahrhundert dauerte in der Weimarer Reichsverfassung (WRV) fort, und zwar in den sog. Weimarer Kirchenartikeln, die über die Brücke des Art. 140 Grundgesetz (GG) den Weg in unsere heutige Verfassung gefunden haben. Bei der Entstehung des Grundgesetzes musste ein Kompromiss über die Regelung des Verhältnisses des Staates zu den Kirchen gefunden werden. Die Mütter und Väter des Grundgesetzes griffen daher auf die Bestimmungen der Weimarer Verfassung zurück, die freilich schon in der Weimarer Zeit Resultat eines Kompromisses gewesen waren.

Die im 19. Jahrhundert für den staatlichen Rechtskreis erfolgte Zuerkennung des öffentlich-rechtlichen Status der katholischen Kirche ist im 21. Jahrhundert weiterhin beachtlich, obgleich die empirisch-soziologische Unterstellung einer praktisch alle Bevölkerungsteile umfassenden Kirchenzugehörigkeit inzwischen zu einer Fiktion geworden ist. Das Grundgesetz konserviert kontrafaktisch eine untergegangene Welt kirchlicher Dominanz, die mit der heutigen säkular-pluralen Wirklichkeit nicht in Einklang zu bringen ist. Das heißt nicht, dass es keine empirisch-soziologisch nachweisbaren sozialen Trägermilieus der katholischen Kirche mehr gäbe, sozusagen eine alltagsweltlich gelebte Kirchlichkeit. Es soll nur in Erinnerung gerufen werden, dass die vormalige Dominanz jener religiösen Mentalität und Lebenspraxis, die eine religiöse Institution – hier: die katholische Kirche – letztlich tragen, rapide nachgelassen hat (erinnert sei vor allem an die weithin kirchenferne Situation in den Großstädten und Ostdeutschland). Die Institution Kirche mag einstweilen immer noch, etwa als Arbeitgeberin, einflussreich sein. Ihr Einfluss scheint jedoch wie auf Sand gebaut, weil die religiöse Basis schwindet.

Das aber bedeutet: Das Verfassungsrecht sichert in besonders augenfälliger Weise eine Ungleichzeitigkeit von Sollen und Sein ab. Die zunehmenden Spannungen, die daraus resultieren – Streitigkeiten aus dem kirchlichen Arbeitsrecht verdeutlichen dies –, können bei unverändertem Verfassungstext nur durch Neuinterpretationen des Grundgesetzes aufgelöst werden, die gegen die Macht der Institution für grundrechtliche Unruhe sorgen. Wie geschieht dies?

2.2 Staatlicher Schutz der Grundrechte vor systematischer Missachtung

Das Bundesverfassungsgericht betont, dass Religionsgemeinschaften, die als öffentlich-rechtliche Körperschaften anerkannt werden wollen, „rechtstreu" (Bundesverfassungsgericht 2015: 351) sein müssen. Insbesondere müssen sie „die Gewähr dafür bieten, dass ihr künftiges Verhalten […] die dem staatlichen Schutz anvertrauten Grundrechte Dritter […] nicht gefährdet" (ebd.).

> „Das Grundgesetz erklärt damit neben dem in Art. 1 Abs. 1 GG verankerten Grundsatz der Menschenwürde und den von ihm umfassten Kerngehalt der nachfolgenden Grundrechte […] auch andere Garantien für unantastbar, die in Art. 20 GG festgehalten sind. Dazu gehören die Prinzipien von Rechtsstaat und Demokratie […]. Eine *systematische* Beeinträchtigung oder Gefährdung dieser vom Grundgesetz auf Dauer gestellten Grundsätze darf der Staat nicht hinnehmen, auch nicht von Seiten einer als Körperschaft des öffentlichen Rechts verfassten Religionsgemeinschaft" (Bundesverfassungsgericht 2000: 392, kursive Hervorhebung hinzugefügt).

Das heißt: Auch öffentlich-rechtlich organisierte Religionsgemeinschaften wie die katholische Kirche müssen sicherstellen, dass es in ihrem Einflussbereich nicht systematisch zu Grundrechtsgefährdungen oder -beeinträchtigungen kommt; Indikatoren dafür sind dauerhafte, über Jahrzehnte anhaltende und auf

Strukturprobleme verweisende Gefährdungen oder Beeinträchtigungen. Dagegen lässt sich nicht einwenden, das Bundesverfassungsgericht habe nur Religionsgemeinschaften im Blick gehabt, die noch nicht als Körperschaften des öffentlichen Rechts anerkannt seien. Das war in der Tat der Anlass für die Befassung des Bundesverfassungsgerichts. Die Aussagen, die das Gericht trifft, sind allerdings allgemein gefasst und gelten nicht weniger für bereits als Körperschaften des öffentlichen Rechts anerkannte Kirchen wie die katholische Kirche. Wer das Gegenteil annähme, müsste unterstellen, dass das Grundgesetz Reservate der Grundrechtsferne anerkennen würde, in denen Grundrechte systematisch missachtet werden dürfen – eine absurde Vorstellung, denn die Bindung an die in der Menschenwürde (Art. 1 Abs. 1 GG) wurzelnden Grundrechte (Art. 1 Abs. 3 GG) ist das Erkennungszeichen des Grundgesetzes als einer Verfassung, die „unverletzlichen und unveräußerlichen Menschenrechten" (Art. 1 Abs. 2 GG) effektive Geltung verschafft.

Das Bundesverfassungsgericht hat ferner anerkannt, dass das kirchliche Selbstbestimmungsrecht (Art. 140 GG in Verbindung mit Art. 137 Abs. 3 Satz 1 WRV) keinen Bereich des kirchlichen Binnenlebens gegen Eingriffe durch staatliches Recht absolut abschirmt (so aber die sog. Bereichslehre). Vielmehr können staatliche Interventionen in den kirchlichen Bereich gerechtfertigt sein, wenn sie verhältnismäßig sind (Rixen 2012: 230; 2017: 49–51). Das setzt voraus, dass der Staat ein legitimes Regelungsziel – hier: Gewaltprävention, namentlich den Schutz vulnerabler Personen, also insbesondere den Schutz des Kindeswohls – mithilfe einer gesetzlichen Regelung verfolgt, die „geeignet" ist, also die Erreichung des Regelungsziels fördern kann. Die gesetzliche Regelung muss ferner „erforderlich" sein, d.h. es darf keine gleich wirksame, aber mildere Regelung geben. Schließlich muss die gesetzliche Regelung auch „zumutbar" bzw. „angemessen" sein, sie darf also das kirchliche Selbstbestimmungsrecht nicht übermäßig beschränken. Hinsichtlich der Geeignetheit und der Erforderlichkeit hat der Gesetzgeber einen Einschätzungs- und Gestaltungsspielraum. Es geht um eine Abwägung (sog. Abwägungslehre), bei der dem kirchlichen Selbstverständnis zwar „besonderes Gewicht" (Bundesverfassungsgericht 2014: 304) beizumessen ist, ohne dass es aber eine „offene Gesamtabwägung" (ebd.: 317) verhindern könnte, die zulasten der Kirche ausgeht (Rixen 2015: 205).

3 Präventionsrecht

3.1 Mögliche Regelungsfelder

Ein Gesetzgeber, der die Prävention sexueller Gewalt im Raum der katholischen Kirche verbessern will, muss zunächst klären, welche Präventionsmaßnahmen sich in fachlicher Hinsicht empfehlen. Hierbei werden etwa die Personalauswahl und -qualifikation ebenso eine Rolle spielen wie die Definition von Verhaltensstandards und Aufsichtspflichten, Aufklärungsroutinen bei mutmaßlichem Fehlverhalten, die Einbeziehung externer (etwa staatsanwaltlicher) Kontrolle sowie die Implementierung von Compliance-Systemen, die die effektive Normbefolgung im jeweiligen kirchlichen Feld umfassend gewährleisten.

Denkbar wären z.B. Regelungen für den Bereich der Kinder- und Jugendhilfe (einschließlich der Kindertagesstätten), die kirchliche Einrichtungen zur Umsetzung von im Einzelnen definierten Präventionsmodellen verpflichten. Dazu gehört auch die Implementierung von Routinen zur Klärung von Kindeswohlgefährdungen, die – anders als bislang – nicht von der Zustimmung kirchlicher Träger abhängig gemacht werden darf (vgl. § 8 Abs. 4 Sozialgesetzbuch Achtes Buch – SGB VIII). Denkbar sind auch Vorgaben zur Personalauswahl, die sich nicht auf die Vorlage von Führungszeugnissen beschränken (vgl. § 72a SGB VIII), sondern die Kirche beispielsweise verpflichten, Personalauswahlausschüsse unter Einbindung externen Sachverstands einzurichten. Sie könnten anhand gesetzlich definierter Parameter die Eignung etwa von (angehenden) Klerikern, die im Bereich der Kinder- und Jugendhilfe tätig werden sollen, unter Wahrung des kirchlichen Selbstverständnisses überprüfen. Ein solcher Ausschuss könnte, was das kirchliche Selbstbestimmungsrecht nur mäßig beeinträchtigte, Empfehlungen aussprechen. Denkbar ist auch ein Genehmigungsverfahren, für das es im Kinder- und Jugendhilferecht schon jetzt zahlreiche Vorbilder gibt. Denkbar sind auch Tätigkeitsverbote, die ausgesprochen werden könnten, wenn es um eine berufliche Tätigkeit geht, bei der Kontakt zu Kindern und Jugendlichen entstehen kann (vgl. § 25 Jugendarbeitsschutzgesetz, § 33 in Verbindung mit § 29 Nr. 1 Berufsbildungsgesetz, § 24 in Verbindung mit § 22a Nr. 1 Handwerksordnung, § 70 Strafgesetzbuch). Unter dem Damoklesschwert dieser Interventionen wird die katholische Kirche ihre Personalauswahlkriterien und -prozeduren klugerweise überdenken und ändern.

Entsprechende Regelungen könnten die Bundesländer für den Bereich der privaten Schulen in kirchlicher Trägerschaft erlassen. Soweit es um Tätigkeiten geht, die zwar nicht der Schule oder der Kinder- und Jugendhilfe zuzuordnen sind, aber mit Kontakt zu Kindern und Jugendlichen einhergehen können (z.B. Messdienerinnen und Messdiener oder Kinderchöre, die den Gottesdienst mitgestalten), könnten die Länder ebenfalls präventionssichernde Bestimmungen erlassen (vgl. Art. 140 GG in Verbindung mit Art. 137 Abs. 8 WRV). Vergleichbare Bestimmungen könnten für weitere Einrichtungen im Sozial-, Gesundheits- und Bildungsbereich in kirchlicher Trägerschaft erlassen werden. Die Beachtung aller staatlichen Vorkehrungen sollte idealerweise zur Voraussetzung für staatliche Geldleistungen gemacht werden, die die jeweilige kirchliche Tätigkeit finanzieren. Auf die Missachtung staatlicher Vorgaben sollte ebenfalls durch finanzielle Sanktionen reagiert werden.

3.2 Einwände?

Seitens der Verantwortlichen der katholischen Kirche ist mit Einwänden zu rechnen. So dürfte der Vorwurf eines undifferenzierten Generalverdachts erhoben werden. Außerdem wird es vermutlich heißen, die Kirche habe aus der Vergangenheit gelernt und setze nunmehr auf effektive Prävention. Auch mit polemischen Äußerungen ist zu rechnen, wenn etwa staatliche Interventionen mit dem sog. Kulturkampf der Bismarck-Zeit oder dem Kirchenkampf der Nationalsozialisten parallelisiert werden. Hier ist – auch bei der medialen Skandalisierung solcher Äußerungen – eine klare Abgrenzung geboten. Wer als Leitungsverantwortlicher der katholischen Kirche einen menschenrechtsgebundenen Verfassungsstaat mit dem vordemokratischen Kaiserreich oder gar dem totalitären NS-Regime gleichsetzt, lässt nur erkennen, wie dringend eine verfassungsstaatliche Intervention zum Schutz der Menschenrechte im kirchlichen Raum geboten ist.

Von einem Generalverdacht kann im Übrigen keine Rede sein, weil die historisch nachgewiesene, lang andauernde sexuelle Gewalt im Raum der katholischen Kirche allen Anlass gibt, skeptisch im Hinblick auf Ankündigungen zu sein, nunmehr werde Prävention ernst genommen. Die Präventionspraxis in den 27 katholischen Bistümern in Deutschland und erst recht in den mehreren hundert Orden(sniederlassungen), die in Deutschland vertreten sind, sind nach Programm und Implementierung so unterschiedlich, dass ein Gesetzgeber bis auf weiteres vertretbar annehmen darf, dass die katholische Kirche in Deutschland Prävention nicht selbst effektiv regulieren kann. Angesichts des systematischen Versagens der Institution in der Vergangenheit stellt sich die Frage, wie sehr die vorgebliche Vergangenheit noch Gegenwart ist, weil die seinerzeit gewaltbegünstigenden Faktoren der Sache nach unverändert wirken. Fraglich ist etwa, ob bestimmte theologische Annahmen ein gewaltbegünstigendes Potential haben, zumal dann, wenn die theologischen Ansichten bestimmte Sexualitätsbilder implizieren oder die strukturelle Privilegierung von Männern bei der innerkirchlichen Machtverteilung legitimieren sollen, obgleich der weitaus größte Teil der Taten von Männern begangen wurde. In einer solchen Lage darf der Staat im Sinne des Vorsorgeprinzips, das der möglicherweise enthemmenden Wirkung bestimmter theologischer Ansichten entgegenwirkt, regulatorische Intervention für geboten erachten. Den Staat trifft allerdings eine Beobachtungs- und Nachbesserungspflicht. Sie gebietet, bei einer dauerhaften, Strukturprobleme fokussierenden, also systematischen Verbesserung der innerkirchlichen Präventionsverhältnisse die Interventionsdichte zu reduzieren.

Ein weiterer Einwand, der zu erwarten ist, ist der Verweis auf die Gleichheit: Was für die katholische Kirche gelte, müsse auch für alle anderen Religionsgemeinschaften gelten. Dieser Einwand übersieht, dass der Gleichheitssatz (Art. 3 Abs. 1 GG) verbietet, wesentlich Ungleiches gleich zu behandeln. Nach allem, was wir wissen, kommt es auch bei anderen Religionsgemeinschaften zu sexueller Gewalt. Aber nach dem, was national, aber auch international bekannt ist – die katholische Kirche kann ihren Charakter als transnational organisierte, im Ansatz zentralistisch gesteuerte Religionsgemeinschaft nicht in Abrede stellen –, unterscheidet sich das Ausmaß der sexuellen Gewalt im Raum der katholischen Kirche deutlich vom Ausmaß sexueller Gewalt, das für andere Religionsgemeinschaften bekannt ist. Solange sich anhand der Fakten eine andere Normabweichungspraxis und damit ein deutlich höheres Risiko für Untaten sexueller Gewalt in der katholischen Kirche begründen lässt, ist es jedenfalls gut vertretbar, die katholische Kirche ihrer negativen Besonderheit entsprechend anders zu behandeln. Der Gesetzgeber könnte sich entscheiden, Präventionsregelungen für alle Religionsgemeinschaften gelten zu lassen, aber er kann sie auch – dem Ausmaß der Normabweichungsrealität entsprechend – auf die katholische Kirche beschränken.

4 Schlussbemerkung

Wie wahrscheinlich gesetzliche Regelungen sind, die die katholische Kirche stärker auf bestimmte Präventionsmaßnahmen verpflichten, hängt davon ab, ob sich parlamentarische Mehrheiten für solche Maßnahmen finden. Nicht nur Parteien, die traditionell der katholischen Kirche nahestehen, werden sich vor staatlichen Interventionen scheuen. Das gilt auch für andere Parteien, zumal dann, wenn sie auf Landesebene politische Verantwortung tragen und den Konflikt mit der katholischen Kirche wegen ihres Engagements im Sozial-, Gesundheits- und Bildungsbereich vermeiden wollen. Hinzukommen dürfte der Druck anderer Religionsgemeinschaften, vor allem der evangelischen Kirchen. Sie werden sich vermutlich gegen Regelungen, die nur die katholische Kirche betreffen, aussprechen, weil sie nur die Vorstufe zu Vorschriften sein könnten, die irgendwann womöglich für alle Religionsgemeinschaften gelten.

Und dennoch: Die Wissenschaft sollte die Politik daran erinnern, dass der Verfassungsstaat seiner Verantwortung, sexueller Gewalt entgegenzutreten, genügen muss, ganz gleich, wie wichtig die Organisation erscheint, deren Verantwortung eingefordert wird.

Literatur

Bundesverfassungsgericht (2000): Urteil vom 19.12.2000. Aktenzeichen 2 BvR 1500/97. In: Amtliche Sammlung der Entscheidungen des Bundesverfassungsgerichts, 102, S. 370–400.

Bundesverfassungsgericht (2014): Beschluss vom 22.10.2014. Aktenzeichen 2 BvR 661/12. In: Amtliche Sammlung der Entscheidungen des Bundesverfassungsgerichts. 137, S. 273–345.

Bundesverfassungsgericht (2015): Beschluss vom 30.06.2015. Aktenzeichen 2 BvR 1282/11. In: Amtliche Sammlung der Entscheidungen des Bundesverfassungsgerichts. 139, S. 321–378.

Helfferich, Cornelia/Kavemann, Barbara & Rixen, Stephan (2012): Bestandsaufnahme zur Situation der Frauenhäuser, der Fachberatungsstellen und anderer Unterstützungsangebote für gewaltbetroffene Frauen und deren Kinder. Bundestagsdrucksache 17/10550 vom 16.8.2021. Berlin: Deutscher Bundestag.

Rixen, Stephan (2012): Zwischen den Stühlen: Die Inpflichtnahme von „Berufsgeheimnisträgern“ durch das Bundeskinderschutzgesetz (BKiSchG). In: Sozialrecht aktuell 16, 6, S. 221–231.

Rixen, Stephan (2015): Anmerkung zum Beschluss des BVerfG vom 22.10.2014 (Aktenzeichen 2 BvR 661/12) zum kirchlichen Individualarbeitsrecht („Chefarzt“). In: Juristenzeitung 70, 4, S. 202–206.

Rixen, Stephan (2017): Katholische Krankenhäuser im Kontext des staatlichen Rechts. In: Heimbach-Steins, M./Schüller, T. & Wolf, J. (Hrsg.): Katholische Krankenhäuser – Herausgeforderte Identität. Paderborn: Ferdinand Schöningh, S. 43–67.

Rixen, Stephan (2021): Wie mit den Opfern sexuellen Missbrauchs in der Kirche umgehen? Weiterentwicklung im „Verfahren zur Anerkennung des Leids“. In: Sozialrecht aktuell 25, 1, S. 1–9.

Rixen, Stephan/Schüller, Thomas & Wagner, Gerhard (2021): Aufarbeitungsberichte über sexuelle Gewalt in der katholischen Kirche als äußerungsrechtliches Problem. Verfassungs-, zivil- und kirchenrechtliche Gesichtspunkte. In: Neue Juristische Wochenschrift 71, 24, S. 1702–1709.

„Vertrauen“ und „Schuld“ in Diskussionen über das Versenden von Nacktbildern unter Jugendlichen

Daniel Doll

1 Einleitung

Soziale Medien können spezielle Räume der Gleichaltrigengeselligkeit darstellen, in denen der Jugendphase typische, unterschiedlichste Verhaltensweisen und Probleme, ebenso wie Potentialitäten und Zwänge, ähnlich wie in anderen Kontexten jugendlicher Lebenswelten, manifest werden (Borgstedt 2019). Hierbei können soziale Medien Räume außerhalb erwachsener Intervention bereitstellen, deren Inhalte im Rahmen der technischen Möglichkeiten von den Akteuren des Raums selbst gestaltet werden können. Diese Handlungsmöglichkeiten können sowohl als positive Erweiterung des Alltags dienen, bspw. im Hinblick auf Sexualität, aber auch bspw. im Kontext gewaltförmiger Interaktion negative Erfahrungen mit sich bringen, mit weitreichenden und langfristigen sozialen wie gesundheitlichen Nachteilen. (Kärgel & Vobbe 2020; Schimpf & Stehr 2018).

Im vorliegenden Beitrag soll auf das Versenden von Nacktbildern unter Peers aus der Sicht von Jugendlichen eingegangen werden. Grundlage bilden Gruppendiskussionen mit Jugendlichen zum Thema sexuelle Übergriffe, die im Rahmen des Forschungsprojekts „Schutzprozesse: Partizipative Prävention im sozialen Umfeld vulnerabler Jugendlicher (SP:PAS)“ vom Sozialwissenschaftlichen Forschungsinstitut zu Geschlechterfragen Freiburg (SoFFI F.) durchgeführt wurden. Neben einer Thematisierung von einvernehmlichem Sexting fokussiert der Beitrag auf Diskussionen über nichteinvernehmliches Weiterleiten von Nacktbildern von Mädchen durch männliche Peers. Dabei wird einerseits herausgestellt, dass das Verschicken von Nacktbildern als eine Form von jugendlicher Sexualität nicht grundsätzlich abgelehnt wird. Anderseits werden Topoi der Beschuldigung von Mädchen beschrieben, deren Bilder ohne ihr Einvernehmen durch Jungen geteilt werden, die als eine fortdauernde Reproduktion einer Geschlechterasymmetrie zum Nachteil von Mädchen rekonstruiert werden kann.[1]

1 Ich danke Barbara Kavemann für die Unterstützung beim vorliegenden Beitrag.

2 Soziale Medien, Nacktbilder und sexuelle Übergriffe

Die Nutzung sozialer Medien kann für weite Teile von Jugendlichen in Deutschland als alltäglich betrachtet werden (mpfs 2020). Jugendliche können innerhalb sozialer Medien als gestaltende Akteure auftreten, wobei soziale Medien Räume außerhalb erwachsener Einflussmöglichkeiten eröffnen (Schimpf & Stehr 2018). Im Rahmen einer Mediatisierung von Lebenswelten (Krotz 2007) können solche Räume der Gleichaltrigengeselligkeit als spezifische soziale Arenen von Peers (mit Bezug auf die englische Jugendsoziologie siehe Helfferich 2017) verstanden werden. Soziale Peerarenen spielen im Hinblick auf eine sexuelle und geschlechtliche Sozialisation eine bedeutende Rolle. Dabei ist der Jugendphase inhärent, dass sich die Geschlechterbeziehungen verändern und verstetigen: „Eine Schlüsselbedeutung kommt hier dem ‚Imperativ der sexuellen Erfahrenheit‘ und der Aneignung von sexuellem und Geschlechterwissen zu“ (Helfferich 2010: 31). Soziale Peerarenen können off- wie online als „Beziehungsmarkt, Erprobungsraum und Schauplatz der Verhandlungen über sexuelle Erfahrungen“ (Helfferich et al. 2021: 74) fungieren. Die Verknüpfung von Sexualität, Geschlecht und sozialen Medien in einem die Handlungsmöglichkeiten erweiternden Sinne lässt sich beispielhaft am Phänomen des Sextings verdeutlichen. Unter dem Begriff Sexting wird in der Folge der „einvernehmliche Austausch selbstproduzierter freizügiger Bilder“ (Döring 2015: 16) verstanden. Sexting kann, im Rahmen eines Normalitätsdiskurses (in Abgrenzung zum Devianzdiskurs), als ein „zeitgenössischer Ausdruck des Begehrens“ (ebd.: 26) verstanden werden, der körperliche Sexualität nicht ersetzt, sondern erweitern kann.

Forschung im Themenbereich verweist darauf, dass Sexting ein Jugendphänomen ist, wobei es Unterschiede in Abhängigkeit zum Alter gibt (ebd.). So gaben in der JIM-Studie 2015 26 Prozent der befragten 12- bis 19-Jährigen an, mitbekommen zu haben, dass im Peerumfeld jemand erotisches Material verschickt habe. Während dies bei den 12- bis 13-Jährigen 10 Prozent angaben, waren es bei den 18- bis 19-Jährigen bereits 36 Prozent (mpfs 2015). In einer Onlinebefragung von 254 Jugendlichen im Alter zwischen 14 und 17 Jahren antworteten 27,6 Prozent der Befragten „schon ein- oder mehrmals ein eigenes Sexting-Bild/Video verschickt zu haben“ (Vogelsang 2017: 273). Solche Bilder oder Videos erhalten zu haben, gaben 54,7 Prozent der Jugendlichen an, wobei keine geschlechtsbezogenen Unterschiede festgestellt wurden (ebd.). Sexting findet in verschiedenen Stadien sexueller und freundschaftlicher Beziehungen statt, wobei sich die zugrunde liegenden Motive und Gefühle unterscheiden können (Burkett 2015). Es ist davon auszugehen, dass der Austausch von Nacktbildern ebenso wie andere Formen jugendlicher Sexualität „größtenteils einvernehmlich und normalerweise weitgehend problemlos abläuft" (Döring 2015: 29).

In Abgrenzung vom Bereich des Sextings lassen sich sexuelle Übergriffe durch digitalen Medieneinsatz beschreiben. Der Unterschied liegt in der Nichteinvernehmlichkeit: Dazu zählen beispielsweise nichtkonsensuelles Weiterleiten intimer Bilder und Videos (ebd.), Formen des Cyberbullyings, das Erpressen von Abgebildeten durch Nacktbilder oder auch heimlich aufgenommene Bilder und Videos (Budde, Böhm & Witz 2020). Auch hier sind die Einsatzmöglichkeiten digitaler Medien vielseitig (Kärgel & Vobbe 2020).

Im Hinblick auf aktuelle Prävalenzen geben im Rahmen der Onlinebefragung von Jugendlichen 23 Prozent an, Nacktbilder, die sie erhalten haben, weitergeleitet zu haben. Mit 29,3 Prozent antworten das Jungen deutlich häufiger als Mädchen (15,6 Prozent). Als Gründe werden „Spaß" (46,9 Prozent), das Interesse der Adressat_innen der Weiterleitung an den Bildern (50 Prozent) und Antipathien gegenüber den Abgebildeten (12,5 Prozent) angegeben (Vogelsang 2017; für weitere Motive siehe Naezer & Oosterhout 2020).

Gefragt nach der Schuld an nichteinvernehmlichem Versenden von Nacktbildern stimmen 67,3 Prozent der Befragten der Onlinestudie eher oder voll und ganz der Aussage zu, dass die Schuld bei der betroffenen Person liegt. Diese Beschuldigung der betroffenen Person kann hierbei als Victim Blaming verstanden werden (Vogelsang 2017), wobei spätestens hier die Geschlechterdimension von großer Relevanz ist: Es gibt verschiedene Hinweise darauf, dass die Folgen von nichteinvernehmlichem Weiterleiten von Nacktbildern für Mädchen deutlich weitreichender sind als für Jungen. Dies lässt sich in der Reproduktion stereotyper Geschlechterbilder, vor allem normativer Vorstellungen von Weiblichkeiten und Männlichkeiten verorten (Budde, Böhm & Witz 2020; Hipfl 2015; Vogelsang 2017).

In der Folge soll auf Diskussionen über Nacktbilder unter Jugendlichen aus dem Projekt SP:PAS eingegangen werden.

3 Das Projekt SP:PAS – Dynamiken sexueller Übergriffe unter Jugendlichen

Auch in der Studie SP:PAS, die u.a. vom SoFFI F. durchgeführt wurde (Laufzeit 2018–2021; in Kooperation mit dem DJI, gefördert vom BMBF) und aus der hier berichtet wird, waren sowohl Sexting als auch nichteinvernehmliches Weiterleiten von Nacktbildern im Rahmen von Diskussionen zu sexuellen Übergriffen mit Jugendlichen von Relevanz.

Das Teilprojekt des SoFFI F. unter Leitung von Cornelia Helfferich erforschte sexuelle Übergriffe unter Jugendlichen und deren Verhinderung als regelhaftes soziales Geschehen unter Peers. Hierfür wurden u.a. Gruppendiskussionen mit Jugendlichen geführt. Gegenstand der Auswertungen waren kollektive Deutungen sexueller Übergriffe unter Jugendlichen und von Geschlecht sowie Prozesse der Entscheidungsfindung für und gegen ein Eingreifen zum Schutz anderer. Ziel war die Entwicklung geeigneter Strategien und Handlungsmöglichkeiten der Prävention gegen sexuelle Übergriffe unter Peers, aus der Perspektive und unter Mitwirkung von Jugendlichen.

Für den vorliegenden Beitrag wurden sechs geschlechterhomogene und -heterogene Gruppendiskussionen mit Jugendlichen aus stationärer und offener Jugendhilfe ausgewertet. Die Zusammensetzung der Gruppen, differenziert nach Geschlecht, Alter und Hilfeform, kann Tabelle 1 entnommen werden.

Tabelle 1: Teilnehmer_innen (TN) der Gruppendiskussionen

J1	4 TN, Jungen, 14–17 Jahre, offene Jugendarbeit
M2	5 TN, Mädchen, 12–17 Jahre, offene Jugendarbeit
G3	4 TN, 3 Mädchen/1 Junge, 17 Jahre, stationäre Jugendhilfe
J4	5 TN, Jungen, 16–19 Jahre, stationäre Jugendhilfe
M5	3 TN, Mädchen, 15–21 Jahre, stationäre Jugendhilfe
G6	9 TN, 3 Mädchen/6 Jungen, 16–19 Jahre, stationäre Jugendhilfe

Quelle: Eigene Darstellung

Die Auswertung der Gruppendiskussionen lehnte sich an ein qualitatives Vorgehen an, das Cornelia Helfferich im Rahmen zahlreicher Forschungsprojekte weiterentwickelt hat. Hierbei wird das methodische Vorgehen der Dokumentarischen Methode (Bohnsack 2014) mit einer konversationsanalytisch fundierten mikrosprachlich-hermeneutischen Vorgehensweise, wie sie von Lucius-Hoene und Deppermann (2002) vorgelegt wurde, verknüpft. Das sequentielle Vorgehen ist diesen empirischen Zugängen inhärent. Die Unterschiede zwischen den Verfahren beziehen sich vor allem auf den Grad der Formalisierung der separaten Schritte, insbesondere der Zusammenfassung des thematischen Verlaufs und die daran anschließenden Schritte der formulierenden und reflektierenden Interpretation bei der Dokumentarischen Methode (Bohnsack 2014). Bei der sequentiellen, mikrosprachlichen Durcharbeitung der Gruppendiskussionen, wie sie Helfferich weiterentwickelt hat, erfolgt eine Interpretation erst im Nachgang an eine deskriptive, mikrosprachliche Analyse. Zentral ist hierbei auf die sprachliche Interaktion zu fokussieren und spezifische Selbst- und Fremdpositionierungen zu rekonstruieren, wie dies auch in der Gesprächsanalyse Praxis ist (Helfferich 2011). Parallelen zur Dokumentarischen Methode bestehen im Hinblick auf die Fokusmetaphern bei Bohnsack und dem Kohärenzprinzip, nach dem zentrale Motive, wie wiederkehrende Interaktionsmuster und thematische Fokussierungen sowie ihre sprachlich-interaktive Generierung und Durchsetzung, erarbeitet werden (Kruse 2015). Wie bei der Dokumentarischen Methode (Bohnsack 2014) bilden die komparative Analyse, also die Kontrastierung von Gruppen mit unterschiedlichen sozialen Merkmalen, und eine interpretierende Herleitung der unterschiedlichen rekonstruierten kollektiven Deutungen aus einem gemeinsam geteilten Erfahrungshintergrund der Gruppenmitglieder den Schlusspunkt der Auswertungen.

4 Empirische Befunde: Nacktbilder als Jugendsexualität und Gewalt

Nacktbilder wurden in zwei Diskussionen von der Gruppe selbst thematisiert. In den anderen entwickelten sich Aushandlungen zum Thema im Nachgang an den Stimulus „Ein Pärchen hat sich gegenseitig Nacktbilder geschickt, und eine Person hat das an Freunde weitergegeben".

In allen Fällen sind die diskutierten Abgebildeten Mädchen, wobei dies vom Stimulus nicht vorgegeben wurde. Die Empfänger_innen können sowohl Jungen als auch Mädchen sein. Die Aushandlungen dieser vergeschlechtlichten Akteure sind dabei stets an eigene Erfahrungen rückgebunden, die von den Teilnehmenden in die Diskussionen eingebracht werden. Das Verschicken von Nacktbildern lässt sich als eine soziale Praxis rekonstruieren, die innerhalb jugendlicher Lebenswelten als alltäglich diskutiert wird. So kennen alle Beteiligten von sich oder von Peers Beispiele von versendeten Nacktbildern. Diese Beispiele werden diskutiert oder flankieren Argumentationen hinsichtlich des Verschickens und Weiterleitens von Nacktbildern. Dies geschieht auf zwei Ebenen: zum einen als konsensueller Austausch in heterosexuellen Paarbeziehungen oder unter Freundinnen, zum anderen im Kontext nichtkonsensuellen Weiterleitens durch Empfänger. Den diskutierten Akteuren werden im Rahmen vergeschlechtlichter Positionierungen unterschiedliche Verantwortungen zugesprochen, die in der Folge beschrieben werden.

4.1 Vertrauen und Nacktbilder

In den Diskussionen spielt das rekonstruierbare semantische Feld des Vertrauens eine zentrale Rolle. So findet mehrheitlich Zustimmung, dass man Nacktbilder nur auf Grundlage eines Vertrauensverhältnisses versenden sollte: *„normalerweise tut man das ja nur bei Leu- bei Partnern, denen ma wirklich vertraut"* (G3). Eine Grundlage von Vertrauen ist die Qualität der Beziehung.

Wem man „wirklich“ vertrauen kann, wird in einer Diskussion mit Mädchen konkret angesprochen: den eigenen Freundinnen.

> *„Cindy: Und des is kein Vertrauensmissbrauch.*
>
> *Doro: <<lachend> Manchmal schick ich ihr Nacktbilder.*
>
> *Anna: Aber schicks nich weiter.*
>
> *[...]*
>
> *Doro: Ich hab mal (lachend) Edda eins nackt geschickt.*
>
> *Anna: Ja, also, wir schicken uns in der Gruppe jeden Tag Nacktbilder.*
>
> *Doro: Auf jeden fall (lachen 1 Sek.)“* (M2).

Hier wird, neben einer gewissen Alltäglichkeit der Praxis, eine weitere, mit der ersten korrespondierende Qualität von Vertrauen deutlich: Vertrauen bezieht sich auf ein Versprechen, auf das sich abgebildete Mädchen verlassen können, dass Bilder nicht weitergeleitet werden und damit exklusiv bleiben.

Das Verschicken von Nacktbildern wird überwiegend im Kontext von heterosexuellen Paarbeziehungen diskutiert. In den Diskussionen wird deutlich, dass die Frage nach Vertrauen für Mädchen heikel ist. So besteht stets die Gefahr, dass das Vertrauen durch die Jungen *„missbraucht; gebrochen; ausgenutzt“* werden und die Bilder nicht exklusiv bleiben könnten, was mit unterschiedlichen sozialen Folgen für die Mädchen und Jungen verbunden sein kann:

> *„Bea: Denk mal, in manchen Kreisen wird dann der Täter dafür gefeiert, dass er das gemacht hat? Und dass er Fotos von dieser Person bekommen hat, und das Opfer wird dann halt niedergemacht, wahrscheinlich wird dann auch noch über den Körper von dieser Person halt gelästert, und es wird beleidigt halt und vielleicht als Schlampe dargestellt, weil sie das getan hat, denk ich mal, is im Normalfall dann so“* (G3).

Negative soziale Folgen für weiterleitende Jungen werden nicht diskutiert. An diese Aushandlungen knüpfen Episoden an, die sich im semantischen Feld der „Schuld“ rekonstruieren lassen und die eine rekonstruierbare vergeschlechtlichte Ungleichheit hervorheben, die in der Folge beschrieben wird.

4.2 Zur Beschuldigung der Betroffenen

Geht es in den Diskussionen um nichtkonsensuell durch Jungen weitergeleitete Nacktbilder von Mädchen, geht es auch um die Frage, wer Verantwortung tragen sollte. Grundsätzlich lässt sich nicht nur eine Einigkeit darüber explizieren, dass die sozialen Folgen off- wie online für Mädchen gravierender sind als für Jungen. Zudem wird den Mädchen in den Diskussionen mindestens eine Teilverantwortung zugesprochen, wobei die Beziehungen unter den Akteuren in den Hintergrund rücken. In fünf Diskussionen geschieht dies unter dem Begriff der Schuld. Im empirischen Material lassen sich zwei Begriffe der Schuld rekonstruieren: ein juristischer und ein moralischer.

Der juristische Schuldbegriff wird in drei Diskussionen im Rahmen des Rechts am eigenen Bild verhandelt, wobei das Argument in allen Fällen von Jungen vertreten wird. Zwar werden mögliche Strafen für Täter diskutiert und Folgen im Sinne einer Strafverfolgung als Möglichkeit eingebracht, jedoch wird dadurch keine Beendigung der Verbreitung der Bilder erwartet. Der juristische Schuldbegriff ist keiner, der sich im Rahmen der Diskussionen um Schuld durchsetzt, sondern er wird einem moralischen Schuldbegriff höchstens kurzzeitig entgegengestellt.[2]

> *„Carl: Ja, aber nichtsdestotrotz hat jeder Mensch, egal was für ne Art BILD er von sich, also das Recht am eigenen Bild, egal ob Vertrauen oder nit.*
>
> *Bea: Ja, aber da hätte er, sie, es*[3] *ja nich weiterschicken müssen, ich mein, er, sie, es, ich geh jetzt einfach ma von ner SIE aus, sie hätte ihm die ja auch einfach so aufm Handy zeigen können, sie hätt sie ihm ja nich unbedingt schicken müssen (lachen 2 Sek.), deswegen, deswegen is es meiner Meinung nach auch schuld, Naivität und so."* (G3)

Demgegenüber lässt sich ein moralischer Schuldbegriff rekonstruieren, über den betroffene Mädchen für die Verbreitung der Bilder mitverantwortet werden. Diese Überantwortung der moralischen Teilschuld, im vorherigen Zitat eingebracht durch ein Mädchen, korrespondiert mit einer Konstruktion der Verantwortung der Mädchen, „richtig" zu vertrauen. Als moralisch mitschuldig konstruiert werden in den Diskussionen Mädchen, die *„jung"*, *„naiv"* bzw. *„dumm"* seien, sich in Bezug auf ihr Vertrauen *„geirrt"* oder *„nicht nachgedacht"* hätten. Diese Mädchen werden nicht nur abgewertet, sondern mindestens im gleichen Maße wie die Jungen für deren Handeln verantwortlich gemacht.

In einer Jungendiskussion wird deutlich, dass dieses Vertrauen innerhalb von Partnerschaft und Beziehung, vermittelt über ein explizites Versprechen, gezielt adressiert wird, um an Bilder zu gelangen, die dann mit anderen Jungen geteilt werden.

2 Die Verantwortung der Jungen, Bilder ohne Einvernehmen keinesfalls weiterzuleiten, lässt sich nur in einer Diskussion finden, in der gegen einen teilnehmenden Jungen wegen des Vorwurfs des Versendens von Nacktbildern Anzeige erstattet wurde; hier jedoch nicht als Gegensatz zu einer moralischen Schulddiskussion.

3 In dieser Diskussion werden Akteure vorerst geschlechtsneutral mit „er, sie, es" verhandelt. Im konkreten Beispiel dann aber stets vergeschlechtlicht: Opfer sind Mädchen, Täter sind Jungen.

„Cem: Viele Mädchen sind naiv.

Andi: Alle vierzehnjährigen.

Ben: Die vertrauen zu viel den Jungs (lachen 1 Sek.).

Cem: Ja, da kommt, da kommt jemand: Ja Schatz, du kannst mir doch vertrauen, ich bin nich so einer, der Nacktbilder verschickt."

Im weiteren Verlauf diskutieren diese Jungen Nacktbilder von Mädchen aus ihrem Umfeld und versprechen einander, diese im Nachgang auszutauschen. Das Weiterleiten wird über eine abwertende Konstruktion des unterlegenen, sexuell aktiven Mädchens dann moralisch legitimiert:

„Cem: Egal, ich zeigs dir später.

Andi: Ja und die ganzen Mädchen schicken Nacktbilder heutzutage.

Cem: Die meisten Mädchen sind heutzutage nur so Schlampen, es gibt wenig, gerade Mädchen noch, die so normal im Kopf sind, das is schade, alle ziehen sich AN wie die größten Bitch, Hotpants, Leggins, alles, laufen so rum, dass ma Arsch pusht oder so, meinen, sie wären was Besseres, weil sien Arsch ham.

Andi: Rückenbruch.

Cem: Lieber hab ich ein Mädchen, was weniger Arsch hat, aber dafür was im Kopf, alsn Mädchen, was mehr Arsch hat.

Ben: So anständiges Mädchen besser.

Cem: Ja, eine, die nich fremdgeht oder so.

Ben: Statt eine, die schon zehnmal gebaggert wurde.

Cem: <<Lachend> nee, von zehn verschiedene." (J1)

In der Konsequenz manifestiert sich am moralischen Schuldbegriff eine doppelte Ungleichheit, mit der Mädchen im Falle nichteinvernehmlicher Weiterleitung ihrer Bilder potentiell konfrontiert sind: Nicht nur, dass Einigkeit darüber besteht, dass die sozialen Folgen für sie gravierender sind und das Verhalten der Jungen sozial kaum problematisiert wird, vielmehr laufen sie zusätzlich Gefahr, für die Handlungen anderer, für das nichteinvernehmliche Weiterleiten, mit in Verantwortung genommen zu werden. Aus der Überantwortung der moralischen Teilschuld können Dritte dann eine Legitimierung für eigenes Weiterleiten konstruieren, und zwar über eine Abwertung dieser Mädchen. Mit dieser Überantwortung wird eine Gleichheit der Verantwortung postuliert, die eine Ungleichheit im Geschlechterverhältnis reproduziert, die im Rahmen des Victim Blaming aus verschiedenen Kontexten sexueller Gewalt bekannt ist (Niemi & Young 2016). Die Ungleichheit wird dabei durch die Abwertung der Mädchen weiter fundiert.

Mädchen, die Nacktbilder nicht grundsätzlich problematisch finden, kommen deshalb zu dem Schluss, dass sie Nacktbilder lieber nicht an Jungen verschicken; eine Lösung, die von einigen Mädchen eingebracht wird, ist, anstatt

Jungen Nacktbilder zu zeigen, sich in intimen Situationen vor ihm auszuziehen, um so die Exklusivität sicherzustellen:

> „*Alina: Immer der Meinung: Komm vorbei, wenn dus sehen möchtest, aber nie Fotos schicken, weil das kann immer SCHLECHT gehen*“ (M5).

5 Schlussfolgerungen

Das Verschicken von Nacktbildern kann eine Erweiterung direkter körperlicher Sexualität sein (Döring 2015). Auch in den vorliegenden Diskussionen stehen Jugendliche dem nicht grundsätzlich abgeneigt gegenüber, wobei es sich um eine spezielle Zielgruppe handelt und eine Verallgemeinerung der Ergebnisse zu überprüfen wäre.

Als eine Grundlage für Sexting wird der Begriff Vertrauen verwendet, wobei Vertrauen sowohl auf die Beziehungsqualität als auch auf das Versprechen der mit Sexting verbundenen Exklusivität zielt, auf die man sich verlassen können muss. Ein vertrauensvolles Verhältnis sicherzustellen scheint dabei vor allem Aufgabe und Herausforderung für Mädchen zu sein, da sie Gefahr laufen, bei einem Vertrauensbruch durch Jungen für die Folgen eines nichteinvernehmlichen Weiterleitens mit in die Verantwortung genommen zu werden. Potentiell weitreichende soziale Folgen, wie beispielsweise soziale Ausschließung oder Bullying, vor allem jedoch massive Abwertungen der Mädchen durch Dritte, können diese Überantwortung flankieren. Die Folgen spielen sich in den Diskussionen dabei größtenteils offline ab.

Dies wird mit dem Begriff Schuld diskutiert. Der Schuldbegriff lässt sich in einen juristischen und einen moralischen differenzieren. Während der juristische Schuldbegriff grundsätzlich an das Recht am eigenen Bild und so an die Unschuld der Betroffen erinnert, lässt sich dies in den Diskussionen als keine zentrale Einordnung der Diskutierenden fassen. Auch wenn ein Bewusstsein über die juristische Seite des nichteinvernehmlichen Verschickens von Nacktbildern explizierbar ist, überwiegt eine moralische Beschuldigung abgebildeter Mädchen, deren Bilder ohne ihr Einvernehmen weitergeleitet wurden. Die Beschuldigung weist dabei Überschneidungen zum Victim Blaming auf, bei dem Betroffene sexueller Gewalt selbst beschuldigt und abgewertet werden (Budde, Böhm & Witz 2020; Vogelsang 2017). Die Abwertungen können wiederum als moralische Legitimation herangezogen werden, Nacktbilder von Mädchen ohne deren Einwilligung an Dritte weiterzuleiten.

Diese Gefahr scheint den Mädchen in den vorliegenden Diskussionen bekannt zu sein. Auch wenn sie das Verschicken von Nacktbildern nicht grundsätzlich ablehnen, lehnen sie es angesichts des Risikos, Vertrauen nicht gänzlich sicherstellen zu können, für sich ab, Nacktbilder an Jungen zu schicken.

Eine Alternative zu Nacktbildern ist dabei die exklusive Präsentation des Körpers in der physischen Anwesenheit des Jungen.

Im Rahmen der Diskussionen um Schuld wird dabei deutlich, dass eine rechtliche Bewertung in den Hintergrund rückt und das Risiko, belangt zu werden und somit als Junge selbst rechtliche oder soziale Folgen zu erfahren, als gering eingeschätzt wird. Dies geht so weit, dass eine Gruppe von Jungen in Anwesenheit der Diskussionsleitung Bilder von Mädchen aus ihrem Umfeld diskutieren und einander den Austausch versprechen und gleichzeitig weitreichende soziale Folgen für die Mädchen diskutieren. Die Grundlage bildet eine Abwertung dieser Mädchen. Auch von Mädchen gibt es kaum Einspruch, wenn Mädchen beschuldigt werden. Vielmehr führen auch einzelne Mädchen diese Argumente an.

Diese Formen der Beschuldigungen und Abwertungen sollten im Rahmen von Präventions- und Bildungsarbeit adressiert werden. Im Forschungsprojekt SP:PAS wurde ein Workshopkonzept vorgelegt, auf dessen Grundlage Prävention im sozialen Umfeld der Jugendlichen, ihren Peerarenen, selbst anknüpfen kann. Ziel ist es, mit Peergruppen an den eigenen Deutungen zu sexuellen Übergriffen, wie beispielsweise Victim Blaming, on- wie offline anzusetzen und im Rahmen dessen auch Geschlechterstereotype adressierbar zu machen, ohne jedoch Sexualität und sexuelles Begehren in ihrer jeweiligen Gruppenspezifik auszuklammern. Neben Macht, Gewalt und Geschlecht ist deshalb Sexualität eine zentrale zu integrierende Ebene in der Prävention (Doll et al. 2021).

Literatur

Bohnsack, Ralf (2014): Rekonstruktive Sozialforschung. Einführung in qualitative Methoden (9., überab. Aufl.). Opladen & Toronto: Verlag Barbara Budrich.

Borgstedt, Silke (2019): „Das Internet ist immer da“ Die digitalen Lebenswelten der 14- bis 24-Jährigen. BZgA Forum Sexualaufklärung und Familienplanung, 1, S. 8–11.

Budde, Jürgen/Böhm, Maika & Witz, Christina (2020): Sexting – Sexuelle Grenzverletzung – Geschlecht. In: Breitenbach, E./Hoff, W. & Toppe, S. (Hrsg.): Geschlecht und Gewalt. Opladen, Berlin & Toronto: Verlag Barbara Budrich, S. 63–78.

Burkett, Melissa (2015): Sex(t) Talk: A Qualitative Analysis of Young Adults' Negotiations of the Pleasures and Perils of Sexting. Sexuality & Culture, 19, 4, S. 835–863.

Doll, Daniel/Quinten, Johanna/Kavemann, Barbara & Helfferich, Cornelia (2021): Jugendliche stark machen für Schutz vor sexuellen Übergriffen in ihrem sozialen Umfeld – Konzept für einen Präventionsworkshop mit theaterpädagogischen Elementen. (Sozialwissenschaftliches Forschungsinstitut zu Geschlechterfragen im

FIVE e.V. Freiburg, Hrsg.). Freiburg. http://soffi-f.de/files/SPPAS_Praeventions-workshop_zum_Schutz_von_Jugendlichen_vor_sexuellen_Uebergriffen.pdf.

Döring, Nicola (2015): Sexting. Aktueller Forschungsstand und Schlussfolgerungen für die Praxis. Berlin: Bundesarbeitsgemeinschaft Kinder- und Jugendschutz e.V.

Helfferich, Cornelia (2010): Geschlechterbeziehungen, Lebenslauf und private Lebensformen. Zur Grundlegung der Familiensoziologie. Köln: Rüdiger Köppe Verlag.

Helfferich, Cornelia (2011): Die Qualität qualitativer Daten. Wiesbaden: VS Verlag für Sozialwissenschaften.

Helfferich, Cornelia (2017): Familie und Geschlecht. Eine neue Grundlegung der Familiensoziologie. Opladen & Toronto: Verlag Barbara Budrich.

Helfferich, Cornelia/Doll, Daniel/Feldmann, Jasmin & Kavemann, Barbara (2021): Sexuelle Übergriffe unter Jugendlichen als Frage von Macht, Geschlecht und sozialer Einbindung in Gruppen – eine qualitative Rekonstruktion. Zeitschrift für Soziologie der Erziehung und Sozialisation 1, S. 73–89.

Hipfl, Brigitte (2015): Medialisierung und Sexualisierung als Assemblagen gegenwärtiger Kultur – Herausforderungen für eine (Medien)- Pädagogik jenseits von „moral panic". In Aigner, J.C./Hug, T./Schuegraf M./Tillmann A. (Hrsg.): Medialisierung und Sexualisierung: Vom Umgang mit Körperlichkeit und Verkörperungsprozessen im Zuge der Digitalisierung. Wiesbaden: Springer Fachmedien, S. 15–32.

Kärgel, Katharina & Vobbe, Frederic (2020): Mediatisierte Gewalt – Diffusion – Transzendenz Erscheinungsformen und Herausforderungen sexualisierter Gewalt mit digitalem Medieneinsatz. In: Kindesmisshandlung und -vernachlässigung 23, 1, S. 30–43.

Krotz, Friedrich (2007): Mediatisierung. Wiesbaden: VS Verlag für Sozialwissenschaften.

Kruse, Jan (2015): Qualitative Interviewforschung. Ein integrativer Ansatz (2. Aufl.). Weinheim & Basel: Beltz Juventa.

Lucius-Hoene, G. & Deppermann, A. (2002): Rekonstruktion narrativer Identität. Ein Arbeitsbuch zur Analyse narrativer Interviews. Wiesbaden: VS Verlag für Sozialwissenschaften.

mpfs (Medienpädagogischen Forschungsverbund Südwest) (Hrsg.) (2015): JIM-Studie 2015. Jugend, Information, (Multi-)Media. Stuttgart.

mpfs (Medienpädagogischen Forschungsverbund Südwest) (Hrsg.) (2020): JIM-Studie 2020. Jugend, Information, Medien. Basisuntersuchung zum Medienumgang 12- bis 19-Jähriger. Stuttgart.

Naezer, Marijke & Oosterhout, Lotte Van (2020): Sexting ist für Schlampen: Sexuelle Standards in der digitalen Zeit. In: Betrifft Mädchen 3, S. 112–116.

Niemi, Laura & Young, Liane (2016): When and Why We See Victims as Responsible: The Impact of Ideology on Attitudes Toward Victims. In: Personality and Social Psychology Bulletin 42, 9, S. 1227–1242.

Schimpf, Elke & Stehr, Johannes (2018): Soziale Medien als Ressource und Arena jugendlicher Konfliktbewältigung. In: Stehr, J./Anhorn R. & Rathgeb, K. (Hrsg.): Konflikt als Verhältnis – Konflikt als Verhalten – Konflikt als Widerstand: Widersprüche der Gestaltung Sozialer Arbeit zwischen Alltag und Institution. Wiesbaden: Springer Fachmedien, S. 55–82.

Vogelsang, Verena (2017): Sexuelle Viktimisierung, Pornografie und Sexting im Jugendalter. Wiesbaden: Springer Fachmedien.

Sexualisierte Gewalt gegen trans*, inter* und nicht-binäre Menschen: Eine weitgehende Leerstelle in der Gewaltforschung

Malte Täubrich, Mart Busche, Jutta Hartmann, Bernard Könnecke

Im Forschungsmanual Gewalt werden drei Gründe genannt, warum sexualisierte Gewalt Menschen „in besonderer Weise berühren und beunruhigen" kann: Es handelt sich um eine interpersonale Begegnung, die in einer intimen und hochverletzbaren Sphäre auf die Integrität der Opfer abzielt, diese nachhaltig zu verletzen vermag und dabei Dominanzverhältnisse nutzt, mit herstellt und aufrechterhält (Helfferich, Kavemann & Kindler 2016: V). Dabei richtet sexualisierte Gewalt sich in besonderer Weise auf die geschlechtliche und sexuelle Seinsweise eines Menschen, indem sie den Körper, das diesbezügliche Selbstverständnis und/oder die Lebensweise angreift (Ohms 2018: 128). Zentral geht es um die Einschränkung der geschlechtlichen und sexuellen Selbstbestimmung des Gegenübers.

Wie sehr sexualisierte Gewalt dabei in heteronormativen Gesellschaftsstrukturen verankert ist, wird nochmals neu begreifbar, wenn Angriffe gegen Personen, die sich außerhalb der vermeintlichen Eindeutigkeit von Weiblichkeit, Männlichkeit und Heterosexualität bewegen, einer genauen Betrachtung unterzogen werden. Doch ist sexualisierte Gewalt gegen „TIN-Personen" – also gegen trans*, inter* und nicht-binär positionierte Menschen[1] – im

1 Als trans* verstehen wir Menschen, die sich mit ihren körperlichen Geschlechtsmerkmalen (Genitalien, Keimdrüsen oder Chromosomen) nicht identifizieren und diese körperlich und/oder sozial modifizieren, also quasi eine hegemonial gesetzte Geschlechtergrenze überschreiten (trans = jenseits). Dies kann die Identifikation mit einem binär gedachten Gegengeschlecht umfassen, muss es aber nicht. Als inter* verstehen wir Menschen, denen bei Geburt oder im Laufe ihres Lebens ein Mix aus medizinisch definierten chromosomal-genetischen und/oder hormonellen und/oder gonadalen und/oder genitalen weiblichen und männlichen Merkmalen attestiert wurde. Sie werden so gesehen mit mehrgeschlechtlichen Merkmalen geboren, die ggf. bereits in der Kindheit operativ und hormonell in Richtung männlich oder weiblich vereindeutigt werden. Wird eine inter* Person ohne Zustimmung vereindeutigt und identifiziert sich anschließend mit dieser Position, wird dies Ipso-Gender genannt. Auch inter* Personen können trans* sein, wenn sie das ihnen zugeschriebene Geschlecht nicht annehmen bzw. selbstbestimmt modifizieren. Als cis*-geschlechtliche verstehen wir Menschen, die sich hinsichtlich ihrer Geschlechtspositionierung – als Mädchen/Frau oder Junge/Mann – mit dem Ge-

deutschsprachigen wie internationalen Raum noch kaum erforscht. In der Regel werden empirische Daten lediglich binär mit Blick auf Männer oder Frauen erhoben. Dies führt dazu, dass sexualisierte Gewalterfahrungen von Menschen jenseits dieser binären Geschlechterordnung weder sichtbar noch als Angriffe auf deren spezifisches Geschlechtlichsein anerkannt werden können. Entsprechend eingeschränkt können dann auch nur die aus den Daten abgeleiteten Rückschlüsse zur Entwicklung von Unterstützungsmöglichkeiten ausfallen.

Geschlechterdiversität ist ein sozialer und mittlerweile auch juristischer Fakt: In Deutschland bestehen durch die Einführung des dritten Personenstandes „divers" im Jahr 2018 und durch die Möglichkeit, den Personenstand auch offen zu lassen, vier offizielle Möglichkeiten der geschlechtlichen Zuordnung – die individuell gewählten Selbstpositionierungen sind weitaus ausdifferenzierter (vgl. z.B. Busche et al. 2016: 151). Daraus ergibt sich nicht nur eine ethische, sondern auch eine rechtlich vermittelte Notwendigkeit, die Datenlage hinsichtlich sexualisierter Gewalt und Geschlechterdiversität zu verbessern und empirische Gewaltforschung entlang aktuellerer gendertheoretischer Erkenntnisse entbinarisiert anzulegen. Für einige der damit verbundenen Herausforderungen und offenen Fragen möchten wir mit dem vorliegenden Beitrag sensibilisieren.

1 Prävalenzen sexualisierter Gewalt gegen trans*, inter* und nicht-binäre Menschen und Herausforderungen quantitativer Forschung

Obwohl in Deutschland auf eine lange Tradition im Kampf gegen sexualisierte Gewalt zurückgeblickt werden kann, ist die Datenlage bezogen auf TIN-Personen sehr begrenzt und wird vorwiegend von Communityorganisationen erhoben (z.B. LesMigraS 2012). Studien aus dem englischsprachigen Raum erfassen eine Prävalenz sexualisierter Gewalt gegen trans* und nicht-binäre Personen im Lebenslauf zwischen 47 Prozent[2] (James et al. 2016) und 53,2 Pro-

schlecht, das ihnen bei Geburt auf Grundlage einer binären Einordnung ihrer körperlichen Geschlechtsmerkmale als weiblich oder männlich zugewiesen wurde, mehr oder weniger identifizieren. Als nicht-binär bezeichnen wir Geschlechterpositionierungen jenseits der binären Ordnung, die im Raum dazwischen, in Abgrenzung dazu, aber auch mehr- oder andersgeschlechtlich erfolgen. Die Körper von nicht-binär lebenden Personen können vielfältig sein und inter*, trans* oder cis* Personen können sich als nicht-binär verstehen.

2 U.S. Transgender Survey; N = 27.715. Gefragt wurde: „Have you ever experienced unwanted sexual contact (such as oral, genital, or anal contact, penetration, forced fondling, or rape)?" (ebd.: 210).

zent[3] (Callander et al. 2019). In der auf Deutschland bezogenen Studie „… nicht so greifbar und doch real“ gaben 30,9 Prozent der 216 befragten trans* Personen an, mindestens einmal sexualisierte Übergriffe erlebt zu haben (LesMigraS 2012: 95), und in der „PARTNER 5“-Studie stellen 90 Prozent der 115 befragten Personen mit diverser Geschlechtsidentität heraus, mindestens einmal unerwünschte, unnötige körperliche Berührungen im Kontext sexueller Belästigung erfahren zu haben (Kruber et al. 2021: 9).

Bei Studien zu sexualisierter Gewalt gegen TIN-Personen bestehen neben den bekannten Herausforderungen bei der Erfassung von sexualisierter Gewalt – wie unterschiedlicher Verständnisse darüber, welche Handlungen unter sexualisierter Gewalt gefasst werden – auch methodisch-ethische Fragen in Bezug auf Gender: Wie kann eine vielfältige Geschlechtlichkeit erfasst werden, ohne epistemische – also durch Wissensordnungen generierte und transportierte – Gewaltformen fortzuschreiben, etwa indem die Untersuchten unangemessen geschlechtlich angesprochen werden? Da keine einheitlichen Definitionen von trans*, inter* und nicht-binär bestehen, gehen Studien bei der Erhebung von Geschlecht unterschiedlich vor. Einige Studien ermöglichen vielfältige Kategorisierungen und eigene Einträge; dies räumt Selbstbestimmung Raum ein und verhindert, dass Personen aufgrund fehlender Bezeichnungsweisen ausgeschlossen werden. Selbstbezeichnungen werden z.B. im „US Transgender Survey“ (James et al. 2016: 23)[4] oder der Studie von LesMigraS (2012: 226) genutzt. Um unterschiedliche geschlechtliche Dimensionen zu erfassen, erheben manche Surveys zudem die offizielle Geschlechtszuweisung und/oder den Geburtsurkundeneintrag sowie die sexuelle Lebensweise (James et al. 2016: 254f.) und weitere soziale Differenzmarker. Zu bedenken ist, dass sich die Befragten auch mit mehreren Bezeichnungen identifizieren sowie dass sie angebotene Bezeichnungen als den heteronormativen Rahmen zu wenig, dafür aber ihre eigenen Grenzen überschreitend wahrnehmen können.

In der Auswertung stellt sich die Frage, ob und wie die erhobenen Geschlechtsdimensionen für das Generieren eines aussagekräftigen statistischen Phänomens zusammengefasst werden. Im australischen „Trans and Gender Diverse Sexual Health Survey“ wurden die Daten beispielsweise zu vier Kategorien – „1. non-binary assigned female at birth, 2. non-binary assigned male at birth, 3. trans men sowie 4. trans women“ – zur Beschreibung von Antwortgruppen zusammengefasst (vgl. Callander et al. 2019: 6). Das bei der Geburt

3 The 2018 Australian Trans and Gender Diverse Sexual Health Survey; N = 1613. Gefragt wurde: „Have you ever been forced or frightened into doing something sexually that you did not want to do?“ (ebd.: 10).

4 Teilnehmende konnten auf die Frage „Which of these terms do you identify with?“ mehrere von 25 Antwortmöglichkeiten auswählen sowie eigene Selbstidentifikationen angeben: „A gender not listed above (please specify)“ (Callander et al. 2019: 254). Dabei gaben 12 Prozent der Befragten eine weitere Selbstidentifikation an, unter denen sich 500 einmalige Geschlechtsbezeichnungen fanden.

festgelegte Geschlecht stellt bei manchen inter* Personen allerdings bereits das Ergebnis sog. geschlechtsanpassender Maßnahmen dar, und das Wiederaufrufen der binären Geschlechtszuweisung kann den Anspruch auf eine selbstbestimmte Zuordnung jenseits davon unterlaufen. Zugleich mag deren Kenntnis jedoch auch Aufschluss geben über Transitionswege, insbesondere wenn inter* und inter*-trans* Selbstpositionierungen miterfasst werden. Dennoch könnte hier auch direkt nach einer erlebten Transition gefragt werden, ohne das gegebenenfalls mit unangenehmen Gefühlen verbundene Geburtsgeschlecht wiederaufrufen zu müssen.

Die genannten Studien geben wichtige Hinweise für die geschlechterreflektierende Gewaltforschung: Sollen sexualisierte Gewalterfahrungen von TIN-Personen (mit) in den Blick kommen, gilt es, die dominant verwendeten geschlechtsbezogenen Begriffe zu erweitern und die Möglichkeit von Selbstbezeichnungen und Mehrfachnennungen zu prüfen. So könnten die miteinander verschränkten Formen von sexualisierter und heteronormativer Gewalt auf personaler wie struktureller Ebene besser analysiert werden. Auf diese Weise lassen sich Erkenntnisse generieren, die für eine diversere Beratungs- und Gesundheitsversorgung instruktiv sein und heteronormativen Ausschlusspraktiken entgegenwirken könnten. Ferner gilt es zu reflektieren, dass die Dimensionen Geburtsgeschlecht, Geschlechtseintrag, Geschlechtsausdruck/Passing,[5] Selbstpositionierung und sexuelle Lebensweise miteinander verschränkt sind und andere Erfahrungen sexualisierter Gewalt mit sich bringen können, als dies bei endo-[6] oder cis-geschlechtlichen Personen der Fall ist. In Studien, die explizit nach Gewalterfahrungen fragen, sollten daher Frageitems vorgesehen werden, die spezifische Formen sexualisierter Gewalt gegen Personen, die nicht einer klassischen zweigeschlechtlichen Norm entsprechen (wollen), berücksichtigen.

2 Spezifika sexualisierter Gewalt gegen trans*, inter* und nicht-binäre Menschen

Cornelia Helfferich (2016: 123) folgend weiß qualitative Gewaltforschung „eigentlich nicht, was Gewalt ‚wirklich ist' – sie möchte ja gerade erst herausfinden, was Gewalt für wen ‚ist' oder ‚war', […] und welchen Platz ‚Gewalt' in dem Sinnsystem von Menschen oder im Organisationsgedächtnis von Institu-

5 Passing beschreibt die Fähigkeit, in einem erwünschten Geschlecht durchzugehen/erkannt zu werden (*to pass* [engl.] = etw. bestehen).

6 Als endogeschlechtlich werden Menschen bezeichnet, die nicht inter* sind, deren Körper also in eine medizinische Norm von männlichen bzw. weiblichen Körpern passt.

tionen einnimmt“. Gewalt aus TIN-Perspektive qualitativ zu erforschen, rückt neue, spezifische Formen von Gewaltwiderfahrnissen und deren geschlechtsbezogenem Erleben und Bearbeiten in den Blick. Dabei widerfahren TIN-Personen alle Formen sexualisierter Gewalt, die auch cis-geschlechtlichen Personen widerfahren. Sexualisierte Gewalt gegen TIN-Personen kann jedoch gleichzeitig auch als ein spezifischer Effekt heteronormativer Zweigeschlechtlichkeit und als funktional zur Aufrechterhaltung derselben interpretiert werden (Ohms 2018: 130). So stellen die im ersten Kapitel genannten empirischen Studien den Fakt heraus, dass sich die ausgeübte Gewalt insbesondere gegen die Personen richtet, die nicht konform mit den gängigen Bildern von Weiblichkeit und Männlichkeit gehen. Die „LesMigraS“-Studie (2012: 24) weist eine erhöhte Gewalterfahrung von trans* nach und bringt diese mit der sichtbaren Genderperformanz in Zusammenhang, die normative Geschlechtervorstellungen provoziert. Teilweise kommt es zu intersektionalen Verschränkungen, etwa wenn trans* Frauen von transfeindlicher Gewalt, Rassismus und Sexismus zugleich betroffen sind. Der heterosexistische Charakter von Gewalt zeigt sich Constance Ohms (2018: 131) folgend anhand der höheren Gewaltbelastung von Personen, die sich von (vormaliger) Männlichkeit Richtung Weiblichkeit bewegen im Vergleich zu denen, die ihr Geschlecht in die umgekehrte Richtung leben. In Bezug auf Rassismus konnte in der „LesMigraS“-Studie (2012: 4) festgestellt werden, dass trans* of Color „aufgrund ihrer Sichtbarkeit einem höheren Diskriminierungsniveau ausgesetzt“ seien als weiße trans*. Im Folgenden stellen wir einige spezifische Formen sexualisierter Gewalt gegen TIN-Personen dar und beleuchten, welche Effekte diese auf Betroffene entfalten können.

2.1 Sexualisierte Gewalt im Gesundheitssystem

Institutionalisierte Formen sexualisierter Gewalt widerfahren trans* und inter* Personen im Gesundheitssystem. Trans*, die eine Behandlung zur Veränderung ihres Körpers anstreben – sei dies durch Hormoneinnahme, Operationen oder andere Maßnahmen –, müssen sich einem gutachterlichen Prozess unterziehen. Bei dieser Gutachtenerstellung kommt es mitunter dazu, dass trans* von den ihnen unbekannten Verfasser_innen der Gutachten invasiv befragt werden – auch zu nicht behandlungsrelevanten Fragen. Diese Fragen gelten auch „sexuellen Präferenzen, Fantasien oder gar Positionen beim Sex“ (Hamm & Sauer 2014: 21). Sie werden sowohl Erwachsenen als auch minderjährigen trans* gestellt. Ebenfalls berichten Betroffene davon, dass Ärzt_innen sie dazu aufgefordert hätten, Sexualität zu leben, dabei die ihnen zugeschriebene, ihnen jedoch widerstrebende Geschlechtsposition einzunehmen und danach diese Erfahrung mit den Ärzt_innen zu besprechen (vgl. Katzer & Voss

2018: 273). Diese Form der sexuellen Übergriffe als sexualisierte Gewalt zu betrachten, stellt die Machtposition der Gutachtenden mit Blick auf das Abhängigkeitsverhältnis der Betroffenen in Rechnung: Ein negatives Gutachten erschwert den Zugang zu medizinischer Behandlung (vgl. Bühn & Stern 2018). Solche Praxen basieren auf einer pathologisierenden Perspektive auf trans* im Gesundheitssystem. Diese drückt sich zum Beispiel im Diagnoseschema des ICD 10 aus, in dem unter F64 unterschiedliche trans*Identifikationen als „Störungen" und als behandlungsbedürftig aufgeführt werden. Somit wird trans*sein nicht als selbstbestimmter Akt, sondern als Abweichung von einer (zweigeschlechtlichen) Norm und als medizinisch zu korrigierender Zustand bestimmt.[7]

Zu sexualisierten Gewaltwiderfahrnissen von inter* zählen die ohne Zustimmung der Betroffenen erfolgten Maßnahmen, die – meist ohne medizinische Indikation (vgl. TransInterQueer-Projekt 2016: 2) – zur Herstellung eines eindeutig männlichen* oder weiblichen* Körpergeschlechts erfolgen. Bereits im Baby- oder Kleinkindalter und zum Teil auch noch später werden operative Veränderungen, überwiegend an den Genitalien, vorgenommen. Das kann mit unterschiedlichen körperlichen oder psychischen Folgen einhergehen, z.B. mit einer Einschränkung der sexuellen Sensibilität (vgl. ebd.: 3f.). Nach Operationen folgen oft weitere medizinische Behandlungen, beispielsweise die Dehnung einer Neovagina durch das Einführen von Gegenständen, das sog. Bougieren – auch unter Anwesenheit oder vermeintlicher „Hilfestellung" von Erwachsenen (z.B. Erziehungsberechtigten oder Ärzt_innen). Aufgrund der vermeintlichen „Ungewöhnlichkeit" ihres Körpers werden einige inter* zudem anderen zur Anschauung vorgeführt, z.B. Studierenden im Rahmen des Medizinstudiums, und es werden auch nichtbehandlungsrelevante Fotos von ihnen gemacht (vgl. Katzer & Voss 2018: 272).

Die institutionelle Einbettung und scheinbare Legitimität der hier beschriebenen Gewalt beruht auf einer Normalitätsannahme cis-geschlechtlicher Positionierungen. So werden viele der gewaltförmigen Behandlungen mit dem Ziel einer vermeintlich „besseren sozialen Eingliederung der intergeschlechtlichen Person" (TransInterQueer-Projekt 2016: 2) begründet. Dabei werden die körperlichen oder psychischen Folgen dieser Maßnahmen außer Acht gelassen, oberstes Ziel ist die Herstellung eines vermeintlich funktionalen endogeschlechtlichen Körpers. Zwar zeigt sich die Normalität dieser Gewalt gegen inter* als zunehmend brüchiger und erklärungsbedürftiger, jedoch kam eine Studie aus dem Jahr 2016 zu dem Ergebnis, dass Operationen im Kindesalter auch gegenwärtig noch Realität für in Deutschland lebende inter* Kinder sei (vgl. Klöppel 2016: 9).

7 Dies zeigt sich historisch an den bis in die 2000er Jahre üblichen Zwangssterilisationen, die erst mit einem Urteil des Bundesverfassungsgerichts von 2011 als menschenrechtswidrig verboten wurden.

Die hier geschilderten Praktiken gegenüber trans* und inter* Personen sind als sexualisierte Gewalt anzusehen. Von Betroffenen selbst als sexualisierte Gewalt kritisiert (vgl. Bühn & Stern 2018: 3; Katzer & Voss 2018: 274), verletzen sie die sexuelle Selbstbestimmung von Kindern und legitimieren Ein- und Übergriffe, die bei cis-geschlechtlichen Kindern eindeutig als sexualisierte Gewalt kategorisiert und als solche nicht in Zweifel gezogen würden.

2.2 Sexualisierte Gewalt in sozialen Beziehungen

Jenseits medizinischer Formen widerfährt TIN-Personen auch in sozialen Nahbeziehungen sexualisierte Gewalt, die aufgrund der geschlechtlichen Positionierungen Besonderheiten umfasst. So berichten TIN-Personen über spezifische Widerfahrnisse sexualisierter Gewalt während des Aufwachsens (vgl. für non-binary Moehrs 2021). Auch wenn sie den Anrufungen als männliche* oder weibliche* Personen nicht entsprechen wollen oder diese nicht verstehen, werden sie in dieser Zeit mit nachdrücklichen Erwartungen ihres Umfelds konfrontiert, sich in vorgesehene Geschlechtervorstellungen einzupassen. Als sexualisierte Grenzverletzungen werden dabei z.B. das Ausfragen zu sexuellen Vorlieben erlebt oder die Aufforderung, die eigene körperliche oder sexuelle Entwicklung zu einer heterosexuell aktiven und geschlechtlich eindeutig binär positionierten Person unter Beweis zu stellen. Als sozialer Zwang erfahren, kann dies bei den Betroffenen zu Versuchen führen, den Erwartungen zu entsprechen. Der Versuch, möglichst eindeutig geschlechtlich gelesen zu werden, birgt das Risiko, sexuelle Grenzüberschreitungen gegen sich in Kauf zu nehmen und/oder eigene Grenzen bzw. die Grenzen anderer zu überschreiten (vgl. Moehrs 2021).

Weitere Formen sexualisierter Gewalterfahrungen treten in sozialen Nahbeziehungen beispielsweise dann auf, wenn Menschen sich über das „wahre“ Geschlecht ihres Gegenübers vergewissern wollen und ungewollte Berührungen und Insichtnahmen von Körperteilen vornehmen (vgl. Katzer & Voss 2018: 274f.). Auch in (Intim-)Beziehungen kann TIN-Personen Gewalt in spezifischer Weise treffen, etwa wenn sexuelle Hilfsmittel oder Prothesen unautorisiert herumgezeigt werden (vgl. Ohms 2018: 134). In der Vergewisserung der Gewaltausübenden bedient sich sexualisierte Gewalt gegen TIN-Personen spezifischer Techniken der Naturalisierung von Zweigeschlechtlichkeit und – auf dieser aufsitzend wie diese zugleich reproduzierend – der Exotisierung.

2.3 Spezifische Hürden in der Bearbeitung von Gewaltwiderfahrnissen und bei der Hilfesuche für trans*, inter* und nicht-binäre Menschen

Sind TIN-Personen Betroffene sexualisierter Gewalt, sind sie bei der Bearbeitung, Hilfesuche und Bewältigung mit spezifischen Problemen konfrontiert. Sowohl ihre geschlechtliche Positionierung als auch die Gewaltbetroffenheit können von ihnen selbst wie vom sozialen oder beraterischen Umfeld als etwas Normabweichendes verstanden und womöglich sogar als ursächlich miteinander verknüpft erachtet werden. Dann wird die geschlechtliche Lebensweise als (negative) Folge sexualisierter Gewalt und nicht als unabhängig davon oder gar als eine Form des Empowerments interpretiert (vgl. Patterson 2016: 10). Eine Verknüpfung von sexualisierter Gewalt und geschlechtlich-sexueller Lebensweise muss so lange als heterosexistisch bzw. queerfeindlich begriffen werden, solange nicht auch heterosexuelle und cis-gegenderte Seinsweisen von Gewaltbetroffenen auf einen ursächlichen Zusammenhang mit der erlebten Gewalt befragt werden. Sind eine TIN-Lebensweise und Betroffene_r-Sein durch die gängige Zuschreibung in einer doppelten Dysfunktionalität aneinander gekoppelt (vgl. ebd.), liegt es für manche TIN-Person näher, über das Widerfahrene zu schweigen, als sich mit diesem zu offenbaren – selbst innerhalb queerer Communities (vgl. ebd.); dies vor allem, um die hergestellten Stereotypisierungen nicht aufrufend zu bestätigen. Zugleich lassen sich jedoch tatsächlich gegebene Verbindungen finden, so, wenn z.B. eine quer zu den Geschlechtern lebende Person über sich sagt: „[M]y father's violence seared into me the deep conviction, that I did not want to be like him, i.e. a man" (Fagan 2016: 18). Wie cis-geschlechtliche und heterosexuelle Betroffene stellen auch gender-queere und nicht-binäre Betroffene keineswegs eine einheitliche Gruppe dar.

Inter*, die in einem jungen Alter unfreiwilligen Operationen und anderen Eingriffen ausgesetzt waren, sind sich dieser häufig nicht bewusst. Oftmals erhalten sie erst im Laufe der Auseinandersetzung mit ihrer Biografie bzw. aufgrund gesundheitlicher Probleme die entsprechenden Informationen. Diese Umstände sowie ein Schweigen bzw. Sprachlosigkeit über die Eingriffe auf Seiten von Personen des (familiären) Umfelds, die meist als Mitwissende oder als Mittäter_innen in die Gewalt einbezogen waren, können für Betroffene schwerwiegende und potentiell traumatisierende Konsequenzen mit sich bringen (vgl. TransInterQueer-Projekt 2016; Katzer & Voß 2018).

TIN-Personen, denen sexualisierte Gewalt widerfahren ist, brauchen soziale Umgebungen und Hilfestrukturen, die sich der komplexen Zusammenhänge zwischen sexualisierter Gewalt und nicht cis-geschlechtlichen Lebensweisen bewusst sind, um Betroffene bei der Bearbeitung ihrer Gewaltwiderfahrnisse zu unterstützen (vgl. Kohnke et al. 2019). Noch gibt es im deutschsprachigen Raum nur wenige Beratungsstellen, die über Kompetenzen in diesem Bereich verfügen.

3 Ausblick für die geschlechterreflektierte Gewaltforschung

Sexualisierte Gewalt erweist sich für TIN-Personen insofern als zusätzlich berührend und beunruhigend, als ihr Geschlechtlichsein gegen den heteronormativen Strom gelebt werden muss. Die erfahrene sexualisierte Gewalt richtet sich für sie immer auch gegen ihre sich ohnehin behaupten müssende Geschlechtlichkeit und trachtet danach, diese in die zweigeschlechtlichen Ordnungskategorien (zurück) zu zwingen. Eine geschlechterreflektierende Perspektive ist in der Gewaltforschung daher herausgefordert, nicht nur den Begriff der sexualisierten Gewalt weiter zu differenzieren, sondern vielmehr zugleich immer auch heteronormativitätskritisch zu sein.

Um in den Studien selbst möglichst wenig epistemische Gewalt auszuüben, gilt es, nicht nur die Konstruktion von Geschlechtern im Forschungsdesigns zu reflektieren, sondern trans*, inter*, nicht-binäre und weitere genderdiverse Geschlechterpositionen explizit mit einzubeziehen. Dies heißt in der quantitativen Forschung, die Vielfältigkeit geschlechtlicher Positionierungen mitzudenken und in der Planung, Erhebung und Auswertung von Studien zu berücksichtigen. Darüber hinaus bedarf es einer Reihe von Klärungen: Wie können beispielsweise die unterschiedlichen – personalen, institutionellen, strukturellen – Ebenen sexualisierter Gewalt hinsichtlich ihrer Spezifika und Überschneidungen zukünftig noch genauer gefasst werden? Eine solche Offenheit kann den Blick weiter schärfen für bisher eher vernachlässigte Gewalterfahrungen und die spezifischen Kontexte, in die sie eingebettet sind, für ihre Auswirkungen auf die Betroffenen und deren Umgang mit der widerfahrenen Gewalt und auch für den notwendigen Ausbau betroffenenorientierter Unterstützungseinrichtungen.

Literatur

Bühn, Renate & Stern, Alex (2018): Statement zu sexualisierter Gewalt gegen trans* und inter* Kinder und Jugendliche. https://dev.beauftragter-missbrauch.de/betroffenenrat/aktuelles/detail?tx_news_pi1%5Bnews%5D=240&cHash=b1fb457090602bde10a69307ac02f226 [Zugriff: 12.4.2021].

Busche, Mart/Domann, Sophie/Krollpfeiffer, Daniela/Norys, Tobias & Rusack, Tanja (2016): Perspektiven auf sexualisierte Gewalt im Kontext der Jugend(verbands)arbeit und des Jugendsports – Aspekte geschlechtlicher und sexueller Vielfalt. In: Claudia, M./Rendtorf, B. & Rieske, T.V. (Hrsg.): Erziehung – Gewalt – Sexualität. Opladen: Verlag Barbara Budrich, S. 147–169.

Callander, Denton/Wiggins, Jeremy/Rosenberg, Shoshana/Cornelisse Vincent/Duck-Chong, Elisabeth/Holt, Martin/Pony, Mish/Vlahakis, Emanuel/MacGibbon, James & Cook, Teddy (2019): The 2018 Australian Trans and Gender Diverse Sexual Health Survey: Report of Findings. Sydney, NSW: The Kirby Institute, UNSW Sydney.

Fagan, River Willow (2016): Fluctuations in Voice: A Genderqueer Response to Traumatic Violence. In: Patterson, J. (Hrsg.): Queering Sexual Violence. New York: Riverdale Avenue Books, S. 17–21.

Hamm, Jonas & Sauer, Arn Thorben (2014): Perspektivwechsel. Vorschläge für eine menschenrechts- und bedürfnisorientierte Trans*-Gesundheitsversorgung. In: Zeitschrift für Sexualforschung, 27, 1, S. 4–30.

Helfferich, Cornelia (2016): Qualitative Einzelinterviews zu Gewalt. Die Gestaltung der Erhebungssituation und Auswertungsmöglichkeiten. In: Helfferich, C./Kavemann, B. & Kindler, H. (Hrsg.): Forschungsmanual Gewalt. Grundlagen der empirischen Erhebung von Gewalt in Paarbeziehungen und sexualisierter Gewalt. Wiesbaden: Springer VS, S. 121–142.

Helfferich, Cornelia/Kavemann, Barbara & Kindler, Heinz (2016): Vorwort. In: dies. (Hrsg.): Forschungsmanual Gewalt. Grundlagen der empirischen Erhebung von Gewalt in Paarbeziehungen und sexualisierter Gewalt. Wiesbaden: Springer VS, S. V–VII.

James, Sandy E./Herman, Jody L./Rankin, Susan/Keisling, Mara/Mottet, Lisa & Anafi, Ma'ayan (2016): The Report of the 2015 U.S. Transgender Survey. Washington, DC: National Center for Transgender Equality.

Katzer, Michaela & Voß, Heinz-Jürgen (2018): Sexuelle Grenzverletzungen im Kontext von Intersexualität und Transsexualität. In: Retkowski, A./Treibel, A. & Tuider, E. (Hrsg.): Handbuch Sexualisierte Gewalt und pädagogische Kontexte. Weinheim & Basel: Beltz Juventa, S. 270–278.

Klöppel, Ulrike (2016): Zur Aktualität kosmetischer Operationen „uneindeutiger“ Genitalien im Kindesalter. In: Bulletin Texte 42. Zentrum für transdisziplinäre Geschlechterstudien der Humboldt-Universität zu Berlin. https://www.gender.hu-berlin.de/de/publikationen/gender-bulletins/bulletin-texte/texte-42/kloeppel-2016_zur-aktualitaet-kosmetischer-genitaloperationen [Zugriff: 4.3.2021].

Kohnke, Gabriel_Nox/Krämer, Katharina/Grabarz, Samira & Könnecke, Bernard (2019): Look Wide – Unterstützung von LSBTIQA+ nach Gewaltwiderfahrnissen. Anregungen aus der europäischen Projektzusammenarbeit. https://lookwide.dissens.de/fileadmin/lookwide/Dissens_Look_Wide_-_Unterstuetzung_von_LSBTIQA__nach_Gewaltwiderfahrnissen.pdf [Zugriff: 17.4.2021].

Kruber, Anja/Weller, Konrad/Bathke, Gustav-Wilhelm & Voss, Heinz-Jürgen (2021): PARTNER 5 Erwachsene 2020. Primärbericht: Sexuelle Grenzverletzungen und sexualisierte Gewalt. https://www.ifas-home.de/wp-content/uploads/2021/03/Bericht-Partner-5-Erwachsene-Dunkelfeld-FINAL.pdf [Zugriff: 17.4.2021].

LesMigraS (2012): „… nicht so greifbar, und doch real …“. Eine quantitative und qualitative Studie zu Gewalt und (Mehrfach-)Diskriminierungserfahrungen von lesbi-

schen, bisexuellen Frauen und Trans* in Deutschland. https://lesmigras.de/tl_files/lesmigras/kampagne/Dokumentation%20Studie%20web.pdf [Zugriff: 4.3.2021].
Moehrs, Kim (2021): Geboren als ein Mensch der zum Mann* wird? Sexualität und Männlichkeit(en) aus einer nicht-binären Perspektive. In: Doppe, B. & Holtermann, D. (Hrsg.): Vom Scheitern, Zweifeln und Ändern. Kritische Reflexionen von Männlichkeiten. Münster: Unrast Verlag, S. 93–106.
Ohms, Constance (2018): Sexualisierte Gewalt und Heteronormativität. In: Retkowski, A./Treibel, A. & Tuider, E. (Hrsg.): Handbuch Sexualisierte Gewalt und pädagogische Kontexte. Theorie, Forschung, Praxis. Weinheim & Basel: Beltz Juventa, S. 128–137.
Patterson, Jennifer (2016): Introduction. In: dies. (Hrsg.): Queering Sexual Violence. New York: Riverdale Avenue Books LLC, S. 5–13.
TransInterQueer-Projekt „Antidiskriminierungs-arbeit & Empowerment für Inter*“ in Kooperation mit IVIM/OII Deutschland (2016): Medizinische Eingriffe an Inter* und deren Folgen: Fakten & Erfahrungen. Berlin [o.V.].

Leiden für die Profession? Sicherheitsgefühl und Viktimisierungen bei Fachkräften der Sozialen Arbeit

Isolde Geissler-Frank, Katrin Toens, Mareike Ochs

1 Einleitung

Fachkräfte der Sozialen Arbeit sehen sich in verschiedenen Tätigkeitsfeldern mit Sicherheitsanfragen konfrontiert. Sie sind Institutionen zugehörig, denen Verantwortung für die Sicherheit Einzelner und für die Gesellschaft insgesamt zugewiesen wird. Die Sicherheitsfunktion der Sozialen Arbeit wird in einschlägigen professionstheoretischen Diskursen jedoch bisher allenfalls punktuell reflektiert (u.a. Kessl 2017; Dollinger 2017). Dadurch entstehen Forschungs- und Reflexionslücken, die sich auf die für Wissenschaft Soziale Arbeit, Professionstheorie und Fachpraxis relevanten Sicherheitsdiskurse auswirken könnten. Zudem drängt sich die Frage auf, ob die Sicherheit der Klient*innen, für die sich Fachkräfte verantwortlich fühlen, die professionelle Hilfebeziehung dominiert. Dieser Annahme folgend, könnte die Tendenz entstehen, dass Fachkräfte individuelle Viktimisierungserfahrungen zugunsten ihres professionellen Selbstverständnisses negieren oder zumindest rechtfertigen. Die systematische professionstheoretisch fundierte Auseinandersetzung mit dieser Frage scheint somit geboten. Ein kleiner Beitrag hierzu soll im Folgenden geleistet werden. Dazu wird zunächst der Sicherheitsbegriff unter Bezugnahme auf einschlägige interdisziplinäre Forschung diskutieren (Abschnitt 2). Im Anschluss werden die Befunde einer Sekundäranalyse mit vertiefendem Fokus auf Viktimisierungserfahrungen von Sozialarbeitenden im Handlungsfeld Flucht und Migration aufgezeigt (Abschnitt 3). Abschließend werden die Ergebnisse der vorliegenden Untersuchung professionstheoretisch eingeordnet und für weiterführende Forschungsfragen anschlussfähig gemacht (Abschnitt 4).

2 Wissenschaft und Profession Soziale Arbeit im Sicherheitsdiskurs

Sicherheit ist ein facettenreicher und zugleich schillernder Begriff. In den letzten Jahren sind im nationalen und internationalen Kontext zahlreiche Forschungsprojekte zu Sicherheit durchgeführt worden (Frevel 2018: 1f.; Hummelsheim-Doss 2017; Haverkamp & Arnold 2015a; Isenhardt, Mayer & Baier 2019 m.w.N.). Im europäischen Kontext wird das Interesse an Sicherheitsforschung u.a. durch den Schwerpunkt „Sichere Gesellschaften (Secure Societies)“ des Rahmenprogramms der EU für Forschung und Innovation deutlich (BMBF 2021). Sich als Garant für Sicherheit zu profilieren oder zumindest ein Mehr an Sicherheit anzubieten, spielt in politischen Kontexten eine wichtige Rolle. Der Ruf nach Sicherheit scheint eine von objektiven Sicherheitslagen losgelöste Größe zu sein (Bundeskriminalamt 2019: 3) und eignet sich daher für eine politische und mediale Instrumentalisierung. Dabei wird ein Missverhältnis zwischen der Häufigkeit eines die Sicherheit gefährdenden Ereignisses und der medialen Darstellung vermutet (Pfeiffer, Baier & Kliem 2018: 70).

Wissenschaft und die Fachpraxis Soziale Arbeit sollten, wie andere Disziplinen und Berufe, am Sicherheitsdiskurs beteiligt sein. Daase hat bereits in den 1990er Jahren unterschiedliche Dimensionen des Sicherheitsbegriffes entwickelt und diese später erweitert (Daase 2013: 25). Seine Dimensionen eignen sich, um das sich dauernd verändernde Konstrukt der Sicherheit zu systematisieren. Zugleich bieten die Raum-, Sach-, Gefahren- und Referenzdimension (ebd.) für die Praxis der Sozialen Arbeit passende Ordnungskriterien (Geissler-Frank & Krebs 2021). Soweit Daase (2013) Gesellschaft und Individuum, Strukturen und Systeme, Räume und Gefahren in den Blick nimmt, greift er klassische Kategorien des Wissenschaftsdiskurses der Sozialen Arbeit auf (Geissler-Frank & Krebs 2021; Kraus 2018, 2019). Die Erkenntnis, nur durch interdisziplinäre Forschungsdesigns könnten die vielfältigen Perspektiven des Sicherheitsbegriffes erfasst werden und folglich müsse eine „Sicherheitskultur als interdisziplinäres Forschungsprogramm“ etabliert werden (Daase 2013: 23), hat sich durchgesetzt. Dazu gehören im nationalen Kontext die „Studien zum Barometer Sicherheit in Deutschland“ (BaSid). An dem Projekt waren gesellschaftswissenschaftliche Disziplinen wie die Soziologie, Kriminologie, Medien- und Kommunikationswissenschaft, Psychologie, Rechtswissenschaft und Ethik beteiligt (Haverkamp & Arnold 2015a). Welche Disziplinen sich am Sicherheitsdiskurs maßgeblich engagieren, kann unterschiedlichen Publikationen entnommen werden (Haverkamp & Arnold 2015a; Fischer & Masala 2016; Steinbrecher et al. 2018; Puschke & Singelnstein 2018). Soziale Arbeit als Wissenschaft kommt in diesem Kontext nicht vor und kann sich allenfalls über die Kriminologie als betroffene Profession miteingebunden fühlen.

Traditionell leistet Soziale Arbeit in der Diskussion um „soziale“ Sicherheit nichtsdestotrotz einen wichtigen Beitrag. Soziale Gerechtigkeit herzustellen gehört zum Selbstverständnis der Profession (Kraus 2018). Hohe Standards der sozialen Sicherheit sowie niedrigschwellige Zugänge zu sozialen Transferleistungen stärkten nicht nur die soziale Sicherheit Einzelner, sondern verbesserten insgesamt die Sicherheitslage, da sicherheitsgefährdendes Verhalten vor allem aus prekären Lebenslagen entstehe (Scherr 2014: 11ff.). Der Beitrag der Wissenschaft Soziale Arbeit zum Sicherheitsdiskurs konzentriert sich in diesem Kontext eng auf Sicherheit herstellen durch soziale Transferleistungen.

Fachkräfte der Sozialen Arbeit beteiligen sich insbesondere in Sozialdiensten der Justiz und anderen Handlungsfeldern im justiznahen Bereich als Akteur*innen bei der Herstellung von Sicherheit, ohne dies im wissenschaftlichen oder professionstheoretischen Diskurs explizit zu thematisieren (Dollinger 2017: 206). Bislang befasst sich nur eine Publikation umfassend mit der Relevanz der unterschiedlichen Zugänge zum Konstrukt Sicherheit und zum Prozess der Sicherheitspraxis für die Wissenschaft und Fachpraxis Soziale Arbeit (Geissler-Frank & Krebs 2021). In dieser Arbeit werden Expert*innen aus Arbeitsfeldern interviewt, denen die Funktion zukommen könnte, Sicherheit im Kontext des jeweiligen Tätigkeitsfeldes, aber auch langfristig für „die Gesellschaft“ herzustellen (ebd.). Die Ergebnisse werden sowohl wissenschafts- als auch professionstheoretisch reflektiert.

Wenn es zur Profession gehört, Akteur*in bei der Herstellung von Sicherheit zu sein, stellt sich nicht nur die Frage, in welcher Weise dies geschieht. Zudem sollte Wissen darüber vorhanden sein, welches Sicherheitsverständnis die Fachkräfte der Sozialen Arbeit verfolgen, wie das jeweilige professionelle Umfeld wahrgenommen wird, und welche Haltungen gegenüber Viktimisierungen erkennbar sind. Eventuell beteiligen sich weder Fachpraxis noch Wissenschaft Soziale Arbeit am Sicherheitsdiskurs, weil sie sich möglichen Anforderungen, Sicherheit durch Kontrolle zu schaffen, verweigern und sich allein den Interessen ihrer Klientel verpflichtet fühlen bzw. sich durch deren Stärkung eine Reduzierung von Bedrohungspotentialen erhoffen (Kühne, Schlepper & Wehrheim 2017: 339).

2.1 Objektivierte und subjektive Sicherheit

Die Frage, ob sich Fachkräfte der Sozialen Arbeit sicher fühlen und wie sie mit gefährdenden Verhaltensweisen umgehen, kann nicht ohne Klärung der Begriffe objektive Sicherheit, objektivierte Sicherheit und subjektives Sicherheitsempfinden beantwortet werden. Insoweit ist eine Einbindung des Sicherheitsdiskurses erforderlich. Grundsätzlich kann Sicherheit auf zentrale Dimensionen von Lebenswelten und Lebenslagen (Kraus 2019: 104ff.) bezogen werden und zudem helfen konstruktivistische Ansätze bei der Erklärung unterschiedlicher Phänomene im Umgang mit Sicherheit und Risiken.

Es gibt kein objektives Maß, anhand dessen sich Sicherheit messen lässt. Die Instrumente unterscheiden sich je nach Sektor und möglichen Gefahren. Selbst wenn sicherheitsverletzende oder lediglich -gefährdende Ereignisse „gezählt" werden können, es also an deren objektivem Vorliegen keinen Zweifel geben kann (Haverkamp & Arnold 2015b: 11), variieren die jeweiligen subjektive Wahrnehmungen deutlich. Objektiv sei Sicherheit deshalb nur eingeschränkt messbar, man müsse von einer „objektivierten Sicherheit" sprechen (ebd.). Für den Bereich der Bedrohung der Sicherheit durch kriminelle Handlungen sind Einflussfaktoren auf subjektives Sicherheitsempfinden untersucht und identifiziert worden. So scheinen u.a. prekäre Lebenslagen Kriminalitätsfurcht zu verstärken (Pritsch & Oberwittler 2015: 238).

Instrumente, die Sicherheitslagen verbessern sollen, wie z.B. Überwachungskameras an sog. Hotspots der Kriminalität, können gegenteilige Effekte hinsichtlich des Sicherheitsempfindens erzielen. In Zeiten hoher Mobilität kommen immer weitere Risiken hinzu, die neue Nachfragen entstehen lassen, die wiederum nicht in einer das subjektive Sicherheitsempfinden stärkenden Weise befriedigt werden können. Diese Entwicklung wird mit „Sicherheitsparadoxon" (Evers & Nowotny 1987) oder auch Sicherheitsdilemma (Münkler 2010) beschrieben.

Wollen wir uns einem Tätigkeitsfeld der Sozialen Arbeit nähern, wie vorliegend der Arbeit mit Geflüchteten, gibt es weitere Dimensionen, die zu berücksichtigen sind. Medial wurde die Präsenz von Geflüchteten insbesondere nach dem starken Zuzug in den Jahren 2015/2016 mit Sicherheitsgefährdungen assoziiert. Dabei überwog bei Risikoeinschätzungen die Gefahr, Geflüchtete könnten die Sicherheit der Gesellschaft bedrohende Straftaten begehen, sei es allein, in Gruppen oder organsiert mit terroristischem Hintergrund (Luft 2016: 9; Jäger 2017: 94). In besonderem Maße gefährdet erschien aber auch die Gruppe der Geflüchteten selbst, durch Straftaten, Bedrohungen oder Rassismus sowie durch enge Erstaufnahmestellen und diesen nachfolgende Unterkünfte (Schulze Wessel 2017: 27; Hidalgo & Pickel 2019: 2f.). Insofern handelt es sich hierbei um ein Tätigkeitsfeld, das hinsichtlich Sicherheit und Risiko besondere Kennzeichen aufweist. Dies sollte bei der Auswertung der Interviewdaten berücksichtigt werden.

2.2 Forschungsstand zu Sicherheit von Fachkräften der Sozialen Arbeit

Eine Möglichkeit, national das Hellfeld der Viktimisierungen in einem Tätigkeitsfeld zu erfassen, ist die von der deutschen gesetzlichen Unfallversicherung geführte Statistik. Es überrascht nicht, dass die Berufsgruppe der Sozialarbeitenden nicht zu den am stärksten belasteten Berufsgruppen gehört. Besonders gefährdet sind im Bauwesen und in anderen Handwerksberufen im Außenbereich Tätige (DGUV 2020: 29f.). Interessant sind die Auswertungen zur Verletzungskategorie „Unfälle durch menschliche Gewalt, Angriff, Bedrohung und Überraschung“. Heime, Gesundheitswesen und Sozialwesen verbuchen von 13.500 Unfällen rund 4000 (ebd.: 91). Dabei kann die Verletzung durch eine betriebsfremde oder durch eine betriebsinterne Person erfolgt sein. Allerdings lassen sich zu den einzelnen Kategorien keine Sonderauswertungen finden. In einer Studie der Berufsgenossenschaft für Gesundheitsdienst und Wohlfahrtspflege gaben knapp 80 Prozent der rund 2000 befragten Beschäftigten aus Altenpflege, Krankenhäusern und Behindertenhilfe an, in den letzten zwölf Monaten am Arbeitsplatz Gewalt erlebt zu haben. Der Anteil der verbalen Gewalt überwiegt deutlich im Vergleich zur Erfahrung körperlicher Gewalt. Pflegekräfte stellen in der Befragtenpopulation die größte Berufsgruppe dar (rund 44 Prozent). Sozialarbeitende werden zu den „sozialen Berufen“ gezählt, die etwa 18 Prozent der befragten Berufsgruppe ausmachen (Schablon et al. 2018: 6). Untersucht wurden die Tätigkeitsfelder ambulante und stationäre Pflege, Krankenhaus und Werkstätten sowie Wohnbereiche für Menschen mit Behinderung. In der Diskussion der Ergebnisse weisen Schablon et al. auf die hohen Prävalenzraten und mit Verweis auf andere Studien auf deutliche Unterschiede zwischen Berufsgruppen in sozialen Tätigkeitsfeldern hin (ebd.: 13). Deutlich mehr Tätigkeitsfelder der Sozialen Arbeit wurden in die Studie von Isenhardt, Mayer & Baier (2019) einbezogen. Insgesamt konnten 250 Arbeitsbereiche, darunter Soziale Dienste (35), Justizsektor/Strafvollzug (24), Asylorganisation (21) und 5 weitere nicht genannte erfasst werden. Der Anteil der weiblichen Beschäftigten ist in allen Arbeitsbereichen überproportional hoch und schwankt zwischen 70 Prozent (Justizsektor) und 85 Prozent in der Kategorie „Sonstiges“ (ebd.: 11). Das Risiko, im Berufsalltag von Klient*innen viktimisiert zu werden, hängt stark von der Personengruppe ab, für die Sozialarbeitende zuständig sind bzw. für die sie Hilfe leisten. Dies gilt sowohl hinsichtlich verbaler als auch hinsichtlich körperlicher Gewalt. Arbeit mit Menschen mit Behinderungen, mit verhaltensauffälligen Kindern und Jugendlichen erhöhen das Risiko. Bei der Arbeit mit Menschen mit psychischer Störung gibt es eine höhere Belastung durch verbale Gewalt (ebd.: 15). Das Geschlecht der Befragten spielt hinsichtlich der Häufigkeit, Opfer irgendeiner Form von Gewalt zu werden, keine Rolle (ebd.: 16). Jedoch muss der hohe Anteil von Frauen berücksichtigt werden.

Sozialarbeitende fühlen sich in ihren Arbeitsfeldern überwiegend sicher. Zugleich wird ein Gewöhnungseffekt hinsichtlich aggressiven Verhaltens durch Klient*innen deutlich (ebd.: 24). Drohungen und Gewalt werden von einem Drittel der Befragten als Teil des Jobs angesehen. Das relativ hohe Viktimisierungsrisiko beeinträchtigt nicht das subjektive Sicherheitsempfinden der Fachkräfte.

Damit bestätigen Isenhardt, Mayer und Baier (2019) internationale Befunde zur Prävalenz von Gewalt in sozialen Berufen (ebd. m.w.N.).

3 Studie zu Vikitimisierungserfahrungen im Handlungsfeld Flucht und Migration

Bei der vorliegenden Ausarbeitung handelt es sich um eine Sekundäranalyse mit vertiefendem Fokus auf Viktimisierungserfahrungen von Sozialarbeitenden in Ausübung ihrer Tätigkeit im Handlungsfeld Flucht und Migration. Die verwendeten Daten wurden im Rahmen einer Masterthesis (Ochs 2020) an der Evangelischen Hochschule Freiburg 2020 erhoben.

3.1 Forschungsfragen und methodisches Vorgehen

Entsprechend der aufgeworfenen Thesen wurden bei der vorliegenden Ausarbeitung folgende Forschungsfragen formuliert:

- Wie äußert sich das subjektive und professionelle Sicherheitsempfinden und -verständnis der befragten Sozialarbeitenden?
- Welche Viktimisierungserfahrungen beschreiben die Sozialarbeitenden?
- Wie werden die beschriebenen Viktimisierungserfahrungen von den Sozialarbeitenden verarbeitet?

Da die Forschungsfragen den Fokus auf ein möglichst offenes Erkunden von Aussagen einer zuvor definierten Zielgruppe legen, wurde für die Datenerhebung und -auswertung ein qualitativer Zugang gewählt. Die Aussagen sollten dabei in ihrer Komplexität und Ganzheit erfasst werden. Zugleich lag der Schwerpunkt auf dem Handeln und Interagieren der Subjekte, um so empirisch begründete Hypothesen und Theorien zu entwickeln (vgl. Flick 2016: 27f.).

Als Erhebungsmethode diente das leitfadengestützte Expert*inneninterview. Bei der vorliegenden Ausarbeitung wurden Expert*innen als Repräsentant*innen einer definierten Gruppierung verstanden (Flick 2016: 214ff.; Helfferich 2019: 670), die über ein explizites Wissen über soziale Sachverhalte im Themenbereich der Forschungsfrage verfügen (Gläser & Laudel 2010: 10). Demnach bestand das Sampling aus fünf Sozialarbeitenden, die zum Zeitpunkt der Erhebung im Handlungsfeld Flucht und Migration tätig waren. Der Leitfaden wurde dabei nach der SPSS-Methode von Helfferich (2011: 182ff.) erstellt. Die Transkription orientierte sich an Kruse (2015: 354f.).

Die Datenauswertung erfolgte anhand der inhaltlich strukturierenden Inhaltsanalyse nach Kuckartz (2018). Die Inhalte wurden dabei verstärkt geordnet, um so die Vielfältigkeit des Materials miteinzubeziehen. Der Fokus lag somit nicht auf dem interpretativen Verstehen, sondern auf der strukturierten Beschreibung, so dass vermehrt manifeste denn latente Inhalte systematisch überprüft wurden (Pryzborski & Wohlrab-Sahr 2014: 189).

3.2 Darstellung der Ergebnisse

3.2.1 Subjektives und professionelles Sicherheitsverständnis

Die Aussagen der Befragten deuten auf einen multidimensionalen und multifaktoriellen Zugang zum Phänomen Sicherheit hin. Insgesamt können demnach keine generalisierenden Aussagen oder Definitionen abgeleitet werden, vielmehr lassen sich die Ergebnisse verschiedenen Aspekten des Phänomens Sicherheit zuordnen.

Ein übergreifendes personenbezogenes Sicherheitsgefühl bzw. -verständnis wird durch die Interviewten zunächst auf die psychische (f1; f2; f3; m1) und physische (f1; f3; m1; m2) Unversehrtheit bezogen. Interessanterweise werden beide Sicherheitsaspekte nicht näher ausgeführt, was darauf schließen lässt, dass es sich hierbei um für die Befragten recht eindeutig besetzte Begriffe handelt. Darüber hinaus werden finanzielle (f1; m1), familiäre (f3) sowie rechtliche und politische (f1; f2) Aspekte mit der subjektiven Sicherheit in Verbindung gebracht.

Das professionelle Sicherheitsverständnis steht bei den Interviewten im engen Zusammenhang mit ihrem eigenen subjektiven Sicherheitsverständnis. So finden sich in den Aussagen alle Aspekte wieder, die bereits bei der subjektiven Darstellung benannt wurden. Darüber hinaus werden weitere Merkmale, wie die fachliche Sicherheit und genderspezifische Faktoren, angeführt.

Bei den Aussagen in Bezug auf das professionelle Verständnis lässt sich generell eine Unterscheidung in das persönliche Sicherheitsempfinden am Arbeitsplatz und in das vermutete Sicherheitsgefühl seitens der Klient*innen feststellen. Dies ist insbesondere deshalb interessant, weil die Interviewten ihr professionelles Verständnis hinsichtlich des Phänomens Sicherheit zunächst auf die Perspektive der Klient*innen und nicht auf die der eigenen Person oder Profession beziehen. Bezüglich ihres Arbeitsplatzes äußern die Befragten keine Sicherheitsbedenken, das Gegenteil ist der Fall: Mit Ausnahme von m2 betonen alle anderen Interviewten explizit, dass sie sich an ihrem jeweiligen Arbeitsplatz sehr sicher fühlten.

Darüber hinaus lässt sich insgesamt feststellen, dass Fachkräfte der Sozialen Arbeit Risikofaktoren und Gefahren im Vergleich zur Gesamtgesellschaft geringer wahrnehmen. Dies lässt auf einen reflektierten Umgang mit dem öffentlichen Sicherheitsdiskurs schließen. Als sicherheitsstiftende Einflussfaktoren lassen sich dabei die eigene fachliche Sicherheit, der sichere Umgang mit den Klient*innen sowie eine professionelle und vor allem reflektierte Haltung beispielsweise hinsichtlich der Nähe-Distanz-Balance anführen.

3.2.2 Viktimisierungserfahrungen von Fachkräften der Sozialen Arbeit am Arbeitsplatz

Alle Interviewten berichten davon, dass sie in ihrem Arbeitsalltag zum Teil angeschrien, beleidigt oder bedroht würden und des Öfteren eskalativen Situationen, wie beispielsweise Gefährderansprachen, Schlägereien zwischen Klient*innen oder Ähnlichem, ausgesetzt seien.

Die männlichen Befragten berichten im Gegensatz zu den weiblichen Interviewten auch von physisch übergriffigem Verhalten auf ihre eigene Person. Die Interviewten (m1; m2) begründen dies damit, dass sie vorrangig mit männlichen Geflüchteten arbeiteten, die, gemäß eigener Aussagen, ein erhöhtes Frustrations- und Aggressionspotential aufwiesen.

Trotz der erlebten Viktimisierungserfahrungen fällt auf, dass die Interviewten insgesamt keine Sicherheitsbedenken, weder physisch noch psychisch, äußern. Das Gegenteil ist der Fall, insbesondere die weiblichen Interviewten betonen, keinerlei Befürchtungen zu haben. Gleichzeitig scheinen die weiblichen Befragten im Vergleich zu den männlichen ein erhöhtes Viktimisierungsrisiko wahrzunehmen, obwohl Letzteres gemäß den Aussagen der Interviewten an den jeweiligen Arbeitsplätzen im Vergleich für die männlichen Befragten deutlich höher zu sein scheint.

Darüber hinaus lässt sich in den Aussagen der Interviewten hinsichtlich eigener Viktimisierungserfahrungen, aber auch hinsichtlich devianten/kriminellen Verhaltens in anderen Kontexten, eine eher rechtfertigende Grundhaltung feststellen. So werden eventuelle Delikte, wie „Schwarzfahren", aber auch Impulsdurchbrüche oder gewaltbereites Verhalten seitens der Klient*innen durch unterschiedliche Annahmen (z.B. Lagerkoller, nicht erfüllte Erwartungen, Unwissenheit über kulturelle Gegebenheiten) und Theorien (z.B. Devianz aufgrund sozialer Zugehörigkeit/Erwünschtheit) begründet bzw. entschuldigt.

Daraus lässt sich ableiten, dass die Interviewten ihr professionelles Selbstverständnis bzw. ihre professionelle Identität zuungunsten ihres eigenen Sicherheitsgefühls in den Vordergrund rücken. Diese Annahme wird dadurch verstärkt, dass, mit Ausnahme von m1, die Interviewten auf die Frage, welchem Auftraggeber sie sich in ihrer alltäglichen Arbeit am ehesten verpflichtet fühlten, einstimmig mit „Klient*innen" antworten. Generell benennt nur eine interviewte Person (f3) die eigene Profession als explizite Auftraggeberin.

4 Professionstheoretische Reflexion und Ausblick

Obwohl die hier angeführten Untersuchungsergebnisse zu dem subjektiven und professionellen Sicherheitsempfinden von Fachkräften der Sozialen Arbeit (Ochs 2020) nicht generalisierbar sind, lässt sich die im Titel aufgeworfene Frage nach dem „Leiden für die Profession" in ihrem Licht präzisieren und weiterdenken. In der Wahrnehmung von Fachkräften bezieht sich die Sicherheitsfunktion der Sozialen Arbeit vor allem auf die Sicherheit der Klient*innen. Der Auftrag bzw. die Mandatierung seitens der Klient*innen steht im Vordergrund. Dies gilt auch dann, wenn dieses Mandat den eigenen Sicherheits- und Arbeitnehmer*innen-Interessen widersprechen könnte. Fachkräfte sind bereit, individuelle Viktimisierungserfahrungen hinter den Hilfeauftrag und das unmittelbare Wohl der Klient*innen zurückzustellen. Sie verzichten darauf, übergriffiges Verhalten zur Anzeige zu bringen oder sich in anderer Art und Weise dagegen zur Wehr zu setzen. Mit Blick auf die Frage, wie dieser Verzicht in die professionelle Identität integriert wird, sind unterschiedliche Rechtfertigungsmuster denkbar. Die Fachkräfte könnten die eigenen Viktimisierungserfahrungen mit Blick auf das strukturell bedingte „größere" Leid der Klient*innen relativieren. Als Sozialarbeitende sehen sie sich möglicherweise einer Profession verpflichtet, die eine moralische Gegenkraft zur Klischeebildung und Stigmatisierung „ihrer" Klient*innen bilden sollte. In diesem Zusammenhang scheinen die Sozialarbeitenden eine gelingende Beziehungsarbeit als integralen Bestandteil der Hilfebeziehung zu präferieren. Inwieweit es ihnen dabei gelingt, eine Balance zwischen dem „Verrat" der Klient*in und der Bagatellisierung eigener Viktimisierungserfahrungen zu finden, konnte nicht eindeutig herausgearbeitet werden. Es lässt sich vermuten, dass die Fachkräfte die Rechtfertigung individueller Viktimisierungserfahrungen sich selbst und anderen gegenüber als eine Stärke auslegen, durch die eine vermeintliche Schwäche der eigenen Profession kompensiert werden kann. Interessant ist diesbezüglich der Befund, dass gerade die weiblichen Interviewten in der Studie von Ochs (2020) keinerlei Sicherheitsbedenken, weder physisch noch psychisch, äußern, obwohl sie ein vergleichsweise erhöhtes Viktimisierungsrisiko wahrnehmen. Dies scheint die Aussagen des bereits dargestellten Forschungsstandes zu bestätigen.

Für die professionstheoretische Reflexion dieser Hypothesen bietet sich die Fokussierung auf die Bedeutung eines professionellen Habitus für die Berufspraxis der Sozialen Arbeit (Becker-Lenz & Müller-Hermann 2013) an. Das Konzept des professionellen Habitus bindet die unterschiedlichen professionsrelevanten Dimensionen Wissen, Kompetenz und Identität ein und weist somit über diese hinaus (Becker-Lenz et al. 2012: 27). Auf der Grundlage des Habitusbegriffs nach Pierre Bourdieu (1976) lassen sich Becker-Lenz und Müller-Hermann (2013: 208) zufolge professionspolitische Aspekte in die Ausdeutung der Sicherheitsfunktion der Sozialen Arbeit einbinden. So wird argumentiert, es bilde sich eine praxisstiftende Habitusformation (der Sozialarbeitenden) aus, und zwar durch die Verinnerlichung von objektiven Strukturen in der sozialen Umgebung (dieser Sozialarbeitenden) (Bourdieu 1976, zit. in Becker-Lenz & Müller Hermann 2013: 208). Zu dem Professionsverständnis, das der Konzeption eines idealen professionellen Habitus für Sozialarbeitende zugrunde gelegt wird, müsste somit auch das professionspolitische Interesse an einem sicherheitsbefördernden sozialen Umfeld von Sozialarbeitenden gehören. Dadurch könnten Sozialarbeitende darin unterstützt werden, sich mit ihren Sicherheitsinteressen und den gegebenenfalls widersprechenden Viktimisierungsrisiken und -erfahrungen auseinanderzusetzen, diese in ihrer Rolle als Fachkraft und als Arbeitnehmende ernst zu nehmen und sich in angemessener Weise zu schützen. Gefordert sind diesbezüglich also nicht nur die Fachkräfte selbst, sondern auch Hochschulen, die in Ausbildung einbezogene Fachpraxis, Leitungspersonen in ihrer Mitverantwortung für ein gewaltfreies Arbeitsklima und nicht zuletzt die politisch organisierte Profession in ihrer Verantwortung für die selbstbewusste Positionierung der Sozialen Arbeit in gesellschaftlichen Sicherheitsdiskursen.

Nicht zielführend ist dagegen eine berufsethische Positionierung, die sich ausschließlich an dem Wohl der Klient*innen orientieren soll, ohne professionspolitische Eigeninteressen und selbsterteilte Aufträge der Sozialen Arbeit zuzulassen (vgl. etwa Becker-Lenz & Müller Hermann 2013: 224). Auf der Grundlage der Habitualisierung dieses Professionsverständnisses würde das hier hypothetisierte Spannungsverhältnis zwischen den widerstreitenden Interessen von Klient*innen und Sozialarbeitenden einseitig zugunsten der Klient*innen aufgelöst.

Aus der geschlechtersensiblen Analyseperspektive läuft das hier zugrunde gelegte Professionsverständnis zudem Gefahr, die historisch bedingten Zumutungen verberuflichter Sozialer Arbeit („Mütterlichkeit als Beruf") lediglich vom sozialen Geschlecht auf den professionellen Habitus zu übertragen. Problematisch ist dies auch, weil die Profession Soziale Arbeit allen Aufklärungspotentialen fortgeschrittener Professionalisierungsdebatten zum Trotz immer noch überwiegend von Frauen gewählt wird. Das „Leiden für die Profession" ist nicht zielführend, wenn es darum gehen soll, Soziale Arbeit von den weiblichen Rollenbildern zu lösen und aktuelle professionstheoretische Diskurse voranzubringen.

Literatur

Becker-Lenz, Roland/Busse, Stefan/Ehlert, Gudrun & Müller-Hermann, Silke (2012): Wissen, Kompetenz, Habitus und Identität als Elemente von Professionalität im Studium Soziale Arbeit. In: Becker-Lenz, R. et al. (Hrsg.): Professionalität Sozialer Arbeit und Hochschule. Wiesbaden: VS Verlag für Sozialwissenschaften, S. 9–31.

Becker-Lenz, Roland & Müller-Hermann, Silke (2013): Die Notwendigkeit von wissenschaftlichem Wissen und die Bedeutung eines professionellen Habitus für die Berufspraxis der Sozialen Arbeit. In: Becker-Lenz, R. et al. (Hrsg.): Professionalität in der Sozialen Arbeit. Wiesbaden: VS Verlag für Sozialwissenschaften, S. 203–229.

Bourdieu, Pierre (1976): Entwurf einer Theorie der Praxis auf der ethnologischen Grundlage der kabylischen Gesellschaft. Frankfurt am Main: Suhrkamp.

Bundeskriminalamt (2019): Der Deutsche Viktimisierungssurvey 2017. Opfererfahrungen, kriminalitätsbezogene Einstellungen sowie die Wahrnehmung von Unsicherheit und Kriminalität in Deutschland. https://www.mpicc.de/media/filer_public/c9/13/c9135872-1876-48f0-8899-906a2f26d530/2018ersteergebnissedvs2017.pdf [Zugriff: 09.01.2022].

Bundesministerium für Bildung und Forschung (BMBF) (2021): Europäische Förderung zur Sicherheitsforschung. https://www.bmbf.de/bmbf/de/forschung/sicher-leben/europaeische-foerderung-zur-sicherheitsforschung/europaeische-foerderung-zur-sicherheitsforschung_node.html [Zugriff: 09.01.2022].

Daase, Christopher (2013): Sicherheitskultur als interdisziplinäres Forschungsprogramm. http://www.sicherheitskultur.org/fileadmin/files/WorkingPapers/13-Daase.pdf [Zugriff: 16.11.2019].

Deutsche gesetzliche Unfallversicherung (DGUV) (2020): Statistik Arbeitsunfallgeschehen. https://publikationen.dguv.de/widgets/pdf/download/article/3893. [Zugriff: 09.01.2022].

Dollinger, Bernd (2017): „Sicherheit" als konstitutive Referenz der Sozialpädagogik. Begriffliche und konzeptionelle Annäherungen. In: Soziale Passagen 9, 2, S. 231–227.

Evers, Adalbert & Nowotny, Helga (1987): Über den Umgang mit Unsicherheit: die Entdeckung der Gestaltbarkeit von Gesellschaft. Frankfurt am Main: Suhrkamp.

Fischer, Susanne & Masala, Carlo (Hrsg.) (2016): Innere Sicherheit nach 9/11. Sicherheitsbedrohungen und (immer) neue Sicherheitsmaßnahmen? Wiesbaden: Springer VS.

Flick, Uwe (2016): Qualitative Sozialforschung. Eine Einführung (7. Aufl.). Reinbek bei Hamburg: Rowohlt.

Frevel, Bernhard (2018): Innere Sicherheit. Eine Einführung. Wiesbaden: Springer Nature.

Geissler-Frank, Isolde & Krebs, Jessica (2021): Soziale Arbeit als Akteurin bei der Herstellung von Sicherheit– wie Soziale Arbeit Sicherheit ohne Sicherungs- oder Ermittlungsauftrag herstellt – Eine qualitative Studie zum Selbstverständnis von Sozialarbeiter*innen. In: Haverkamp, R./Kilchling, M./Kinzig, J./Oberwittler, D. & Wössner, G. (Hrsg.): Unterwegs in Kriminologie und Strafrecht – Exploring the

World of Crime and Criminology, Festschrift für Hans-Jörg Albrecht zum 70. Geburtstag. Berlin: Duncker & Humblot, S. 167–196.

Gläser, Jochen & Laudel, Grit (2010): Experteninterviews und qualitative Inhaltsanalyse (4. Aufl.). Wiesbaden: Springer VS.

Haverkamp, Rita & Arnold, Harald (Hrsg.) (2015a): Subjektive und objektivierte Bedingungen von (Un-)Sicherheit. Studien zum Barometer Sicherheit in Deutschland. Berlin: Duncker & Humblot.

Haverkamp, Rita & Arnold, Harald (2015b): Einführung. In: Haverkamp, R. & Arnold, H. (Hrsg.): Subjektive und objektivierte Bedingungen von (Un–)Sicherheit. Studien zum Barometer Sicherheit in Deutschland (BaSid). Berlin: Duncker & Humblot, S. 1–29.

Helfferich, Cornelia (2011): Die Qualität qualitativer Daten. Manual für die Durchführung qualitativer Interviews (4. Aufl.). Wiesbaden: Springer VS.

Helfferich, Cornelia (2019): Leitfaden- und Experteninterviews. In: Baur, N. & Blasius, J. (Hrsg.): Handbuch Methoden der empirischen Sozialforschung (2. Aufl.). Wiesbaden: Springer VS, S. 669–686.

Hidalgo, Oliver & Pickel, Gert (2019). Einleitung. In: Hidalgo, O. & Pickel, G. (Hrsg.), Flucht und Migration in Europa. Neue Herausforderungen für Parteien, Kirchen und Religionsgemeinschaften. Wiesbaden: Springer VS, S. 1–19.

Hummelsheim-Doss, Dina (2017): Objektive und subjektive Sicherheit in Deutschland. Eine wissenschaftliche Annäherung an das Sicherheitsgefühlt. In: Aus Politik und Zeitgeschichte 67, 32, S. 34–39.

Isenhardt, Anna/Mayer, Klaus & Baier, Dirk (2019): Sozialarbeitende als Opfer von Gewalt. Ergebnisse einer Studierendenbefragung. https://www.zhaw.ch/storage/shared/sozialearbeit/News/bericht-sozialarbeitende-opfer-zhaw.pdf [Zugriff: 09.01.2022].

Jäger, Margarete (2017): Skandal und doch normal. Verschiebungen und Kontinuitäten rassistischer Deutungsmuster im deutschen Einwanderungsdiskurs. In: Milbrandt, B./Biskamp, F./Albrecht, Y. & Kiepe, L. (Hrsg.): Ruck nach Rechts? Rechtspopulismus, Rechtsextremismus und die Frage nach Gegenstrategien. Opladen: Budrich Barbara, S. 73–98.

Kessl, Fabian (2017): „Mit Sicherheit Soziale Arbeit?“ Von einem weitgehend unterbestimmten Verhältnis und den damit verbundenen theoretisch–systematischen Konsequenzen. In: Soziale Passagen 9, 2, S. 229–243.

Kraus, Björn (2018): Sozialarbeitswissenschaft/Wissenschaft Soziale Arbeit. In: socialnet Lexikon. Bonn. https://www.socialnet.de/lexikon/Sozialarbeitswissenschaft-Wissenschaft-Soziale-Arbeit [Zugriff: 09.01.2022].

Kraus, Björn (2019): Relationaler Konstruktivismus – Relationale Soziale Arbeit. Von der systemisch–konstruktivistischen Lebensweltorientierung zu einer relationalen Theorie der Sozialen Arbeit. Weinheim & Basel: Beltz Juventa.

Kruse, Jan (2015): Qualitative Interviewforschung. Ein integrativer Ansatz. Weinheim: Beltz Juventa.

Kuckartz, Udo (2018): Qualitative Inhaltsanalyse. Methoden, Praxis, Computerunterstützung (4. Aufl.). Weinheim: Beltz Juventa.

Kühne, Sylvia/Schlepper, Christina & Wehrheim, Jan (2017): „Die sanften Kontrolleure“ revisited. In: Soziale Passagen 9, 2, S. 329–344.

Luft, Stefan (2016): Flucht nach Europa. Ursachen, Konflikte, Folgen. Bonn: Bundeszentrale für politische Bildung.

Münkler, Herfried (2010): Strategien der Sicherung. Welten der Sicherheit und Kulturen des Risikos. Theoretische Perspektiven. In: Münkler, H./Bohlender, M. & Meurer, S. (Hrsg.): Sicherheit und Risiko. Bielefeld: Transcript, S. 11–34.

Ochs, Mareike (2020): Soziale Arbeit – Zwischen Profession und Sicherheitsdiskurs? Eine qualitative Befragung zum Sicherheitsverständnis und zur sicherheitsstiftenden Funktion Sozialer Arbeit im Bereich Flucht und Migration. Masterthesis. Freiburg: Evangelische Hochschule/Soziale Arbeit (unveröff.).

Pfeiffer, Christian/Baier, Dirk & Kliem, Sören (2018): Zur Entwicklung der Gewalt in Deutschland. Schwerpunkte: Jugendliche und Flüchtlinge als Täter und Opfer. https//www.bmfsj.de/blob/121226/0509c2c7fc392aa88766bdfaeaf9d39b/gutachten-zur-entwicklung-der-gewalt-in-deutschland-data.pdf [Zugriff: 09.01.2022].

Pritsch, Julian & Oberwittler, Dietrich (2015): Kriminalitätsfurcht in Deutschland. Kontexteffekte auf ein individuelles Ereignis. In: Haverkamp, R. & Arnold, H. (Hrsg.): Subjektive und objektivierte Bedingungen von (Un-)Sicherheit. Studien zum Barometer Sicherheit in Deutschland (BaSid). Berlin: Duncker & Humblot, S. 232–257.

Pryzborski, Aglaja & Wohlrab-Sahr, Monika (2014): Qualitative Sozialforschung (4. Aufl.). München: Oldenbourg.

Puschke, Jens & Singelnstein, Tobias (2018): Der Staat und die Sicherheitsgesellschaft. Wiesbaden: Springer VS.

Schablon, Anja/Wendeler, Dana/Kozak, Agnessa/Nienhaus, Albert & Steinke, Susanne (2018): Belastungen durch Aggression und Gewalt gegenüber Beschäftigten der Pflege- und Betreuungsbranche in Deutschland. Ein Survey. https://www.bgw-online.de/DE/Arbeitssicherheit-Gesundheitsschutz/Grundlagen-Forschung/GPR-Medientypen/Downloads/Studie-Gewalt-Mitteilungen.pdf?__blob=publicationFile [Zugriff: 09.01.2022].

Scherr, Albert (2014): Kriminalität, innere Sicherheit und soziale Unsicherheit. Sicherheitsdiskurse als Bearbeitung gesellschaftsstrukturell bedingter Ängste. Wiesbaden: Springer VS.

Schulze Wessel, Julia (2017): Grenzfiguren. Zur politischen Theorie des Flüchtlings. Bielefeld: transcript.

Steinbrecher, Markus/Biehl, Heiko/Bytzek, Evelyn & Rosar, Ulrich (Hrsg.) (2018): Freiheit oder Sicherheit? Ein Spannungsverhältnis aus Sicht der Bürgerinnen und Bürger. Wiesbaden: Springer VS

Lebenslauf, Körper und Geschlecht

Jugend, Körper und Geschlecht: Eine Art Dialog über sexuelle Identität(en) und heteronormative Sozialisation

Monika Götsch

1994 veröffentlichte Cornelia Helfferich ihr Buch „Jugend, Körper und Geschlecht – Die Suche nach sexueller Identität". Vor dem Hintergrund eigener und weiterer damals aktueller Studien zu somatischen Kulturen Jugendlicher geht Helfferich der Frage nach, wie Risikoverhalten, asketische Körperkontrolle und Substanzmittelmissbrauch von Jugendlichen als subkulturelle Praktiken zu fassen sind, um die Herausforderungen der Jugendphase zu bewältigen.

> „In den kulturellen Körperpraktiken – das ist die zentrale These – verarbeiten Jugendliche die Probleme ihres sexuellen Heranwachsens in unserer heutigen Gesellschaft. Die Praktiken sind ‚imaginäre Lösungen' der kollektiven Probleme von Mädchen bzw. Jungen auf der Suche nach ihrer sexuellen Identität" (Helfferich 1994: 9).

Dass dies weiterhin relevante Fragen sind und diese zugleich für aktuelle Diskurse anschlussfähig sind, wurde für mich offensichtlich, als eine* meiner Studierenden im Wintersemester 2020/2021 eine Bachelorarbeit zu queeren Jugendlichen schrieb und dafür auch auf Helfferichs Buch zurückgriff. Letztendlich veranlasste mich das, „Jugend, Körper und Geschlecht" noch einmal (neu) zu lesen; neu, weil diesmal vor dem Hintergrund meiner eigenen Forschungen zu heteronormativer Sozialisation (Götsch 2014). Hierfür habe ich in Gruppendiskussionen und biografisch orientierten Interviews mit Real- und Berufsschüler*innen das heteronormative Wissen eruiert, das in und durch spezifische Erzählungen (auch über den Körper) reproduziert wird.

Entstanden ist aus diesem erneuten Lesen von Helfferichs Buch ein dialogisches Lesen und Schreiben, ein Aufspüren von Kontinuitäten, Verschiebungen und Widersprüchen.

1 Geschlechtlich-sexuelle (weibliche*) Körper zwischen Selbstoptimierung, Verletzlichkeit und Risikoverhalten

Mit und durch Körper werden geschlechtlich-sexuelle Identitäten mehr oder weniger heteronormativ ausgedrückt, inszeniert und offensichtlich. Jugendliche sind mit der Anforderung konfrontiert, sich auf dem Weg des Erwachsenwerdens damit auseinanderzusetzen und sich entsprechende (Körper-)Praxen anzueignen. Sie tun dies auf unterschiedliche Weise und realisieren ihre Suche nach geschlechtlich-sexuellen Identitäten in verschiedenen, vergeschlechtlichten Körperkulturen. Weiblichkeit* wird dabei von Mädchen* über Körperoptimierung und Verletzlichkeit hergestellt oder über Risikoverhalten abgewehrt.

Die weiblichen* Auszubildenden „in der polytoxikomanen Erlebniswelt der Disco“ (Helfferich 1994: 124) sind Teil einer somatischen Kultur, die die Zurschaustellung des weiblichen*, heteronormativen Körpers kultiviert, der mit Kleidung und Schminken hergerichtet wird. Dabei spielen insbesondere Attraktivität, Schönheit und Schlanksein eine Rolle. Die Gruppe der Mädchen* dient als geschützter Rahmen, in dem erwachsene Weiblichkeit*, der „Status der sexuellen Frau“ (Helfferich 1994: 125) erprobt und in dem entsprechende (Körper-)Normen ausgehandelt werden können, die sich dann in der Interaktion mit Jungen* und an öffentlichen Treffpunkten wie Kneipe oder Disco bewähren müssen:

> „Auf der einen Seite hat die Körperrepräsentation an diesen Stätten der ritualisierten und institutionalisierten Begegnung der Geschlechter einen hohen Stellenwert, zum anderen müssen sie an diesen Orten zeigen, daß sie mit all den symbolischen Repräsentanten des Erwachsenseins wie Alkohol und Rauchen souverän umgehen können“ (Helfferich 1994: 127).

Die von mir (20 Jahre nach Helfferichs Studie) befragten Real- und Berufsschüler*innen erzählen den Körper insbesondere als optimierbaren und optimiernotwendigen Körper. Die Körperhülle muss folglich eigenverantwortlich gestaltet und bestimmten Anforderungen angepasst werden. Als Maßstab einer Optimierung ist der Schein von Natürlichkeit aufrechtzuerhalten und eine Kohärenz zwischen Innen (dem Selbst, dem eigentlichen Ich) und Außen (der Körperhülle) herzustellen. Das betrifft auch den geschlechtlichen Körper, der dem „gefühlten Geschlecht“ angepasst und geschlechtlich vereindeutigt oder geschlechtsspezifisch (auch operativ) korrigiert werden kann, gegebenenfalls sogar muss. Ähnlich wie dies Helfferich aufzeigt, bedeutet das Erwachsenwerden für die Real- und Berufsschülerinnen*, den Körper heterosexy inszenieren zu können, durch Schminken, Schmuck, Kleidung sowie entsprechende Körperhaltung, Mimik und Gestik, während Jungen* ihren Körper durch Muskeltraining als attraktiv optimieren (Götsch 2014: 164ff.). Damit wird der weibliche* Körper zum Kapital, „nicht als Kraftpaket, wie bei Jungen, sondern als Köder, und seine Herrichtung über Diät, Mode, Make-Up ist eine Chance" (Helfferich 1994: 129), nicht zuletzt um fiktive Macht (über Jungen*) zu erlangen.

Jedoch können nur die Mädchen* mit ihrer heteronormativen Inszenierung scheitern und sind zugleich dem Risiko ausgesetzt, als „Schlampen" (s.u.) wahrgenommen zu werden. Sie müssen eine angemessene Inszenierung erst lernen und sind dafür auf kritische Rückmeldung wie auch Anerkennung von außen angewiesen. Zugleich sind die Mädchen* aufgefordert, ihren „verletzlichen Körper" eigenverantwortlich vor potentiell männlicher* Gewalt zu schützen und beispielsweise nicht alleine abends aus- oder nachts durch die Straßen zu gehen (Götsch 2014: 164ff.). „Der ‚weibliche' Körper wird damit und mit seinen spezifischen ‚weiblichen Funktionen' zum Schicksal der Mädchen, dem sie (auch) ausgeliefert sind" (Götsch 2014: 184). Mit Helfferich (1994: 124) lässt sich dem hinzufügen: „Auch wenn Mädchen nicht passive Opfer sind, sondern ‚mitspielen', müssen sie sich damit auseinandersetzen, daß ihnen ein Status als Objekt/Opfer/‚Stoff' zugedacht wird, und sich dagegen schützen". Weibliche* Körperoptimierung wird zwar normativ postuliert und ist doch nur bedingt erreichbar, weil der weibliche* Körper scheinbar von Natur aus verletzlich ist und bleibt.

Während in den 2010er Jahren für die Real- und Berufsschüler*innen bezüglich des Körpers Eigenverantwortlichkeit und der Schein der Natürlichkeit im Vordergrund standen, war für die Auszubildenden in den 1990er Jahren die Bewährung als heterosexuell-erwachsen attraktiv gewesen. In asketischen Körperkulturen der Anorexie und des Kunstturnens von Gymnasiastinnen* – ebenfalls in den 1990er Jahren – wurde insbesondere die leistungsorientierte Körperkontrolle relevant gemacht, die als weibliches* Risikoverhalten gedeutet werden kann (Helfferich 1994: 146ff.). Mädchen* mit Anorexie beschäftigen sich permanent mit ihrem Gewicht (der „Körper, der nicht mager genug sein kann" Helfferich 1994: 147) und rigiden Essritualen. Sie distanzieren sich hierdurch von anderen Jugendlichen bzw. stellen über die am Körper offensichtlich werdende Selbstdisziplin Überlegenheit gegenüber anderen Jugendlichen her. Zugleich sind sie damit von den kollektiven Bearbeitungsritualen bei der Suche nach geschlechtlich-sexuellen Identitäten ausgeschlossen. Die Anforderung des Erwachsenwerdens lösen Gymnasiastinnen* mit Anorexie, indem sie – im Gegensatz zu den weiblichen* Auszubildenden im Disco-Kontext – versuchen, die körperliche Entwicklung aufzuhalten und sexuelle Kontakte zu vermeiden.

Während riskante Körperkulturen und Abhärtung bei Jungen*/Männern* einer Aufwertung und Bestätigung der Männlichkeit* dient (s.u.), richtet sich „die Abhärtung bei Frauen […] gegen diese selbst, wertet Weiblichkeit/weibliche Sexualität ab und assoziiert sie mit Ohnmacht und Kontrollverlust" (Helfferich 1994: 155). In ähnlicher Weise geschieht dies auch beim Kunstturnen als institutionalisierte Form der leistungsorientierten, weiblichen* „Körpermanipulation“ (Helfferich 1994: 157) bzw. einer kollektiv „perfektionierten Körperkontrolle“ (ebd.) und hält eine spezifische Stilisierung und Inszenierung von Härte bereit. Der athletische, muskulöse Körper bietet Mädchen* Sicherheit und stellt zugleich eine Abwehr gegen den weiblich konnotierten, weichen, verletzlichen und schwachen Körper dar. Damit bietet der Sport bzw. das Kunstturnen, anders als die Anorexie, „eine legitime Möglichkeit, die heterosexuelle Reifungsaufgabe abzuwehren“ (Helfferich 1994: 159).

2 Sexualität(en) zwischen männlicher* Härte und Ritterlichkeit bzw. weiblicher* Passivität und Aktivität

(Heteronormative) Sexualität wird einerseits mit körperlich-geschlechtlicher Differenz imaginiert, mit den zwei Ungleichen (Frau* und Mann*), die sich als Paar ideal ergänzen (Götsch 2014: 12), andererseits werden darüber vergeschlechtlichte Hierarchien hergestellt. Zugleich zeigt sich seit den 1990er Jahren eine verstärkte und gesellschaftlich offen thematisierte Pluralisierung von Geschlechterverhältnissen und Sexualitäten. Die Folge sind widersprüchliche Anforderungen an das Erwachsenwerden, die Jugendliche je nach Generation, sozialer Herkunft und geschlechtlicher Positionierung unterschiedlich für sich lösen (können).

Für männer*bündische, subkulturelle Cliquen von Hauptschülern* und Auszubildenden sind kollektive, häufig körperlich riskante Aktivitäten wie Motorradfahren, Schlägereien, Provokation von Erwachsenen sowie exzessiver Alkoholkonsum spezifisch (Helfferich 1994: 113f.).

> „Der zentrale Wert ist eine spezifisch definierte Männlichkeit; Anerkennung und Prestige erlangen vor allem jene Fähigkeiten, die ‚männlich‘ sind und die zu einer Inszenierung der trotzigen Behauptung jugendlicher Autonomie dazugehören, wie Körperkraft und die Bereitschaft, Konflikte zu provozieren, Mut, Selbstkontrolle und -beherrschung, Geistesgegenwart und Risikofreude“ (Helfferich 1994: 114).

Kultiviert wird damit „männliche Härte“ (Helfferich 1994: 116), verbunden mit der Verachtung von Weiblichkeit*, von Mädchen* und „weichen“ (homosexuellen) Jungen*. Als Vergleichsfolie ist dies auch in meinen Gruppendiskussionen und Interviews präsent. Die Real- und Berufsschüler* lehnen eine solche „harte“ Männlichkeit* und ein von Über- und Unterordnung geprägtes Geschlechterverhältnis allerdings als unmodern und unreflektiert ab. Sie verorten sich damit zugleich in der aufgeklärten Mittelschicht in Abgrenzung zu sozial benachteiligten Milieus. Es sind demnach Hauptschüler*, die sich in sexuellen Beziehungen nicht-ritterlich verhalten, die egoistisch ihren eigenen sexuellen Spaß auf Kosten der Mädchen* durchsetzen. (Götsch 2014: 227ff.).

Die Hauptschüler* in männer*bündischen Cliquen stehen vor der Herausforderung, männlich* heterosexuell aktiv, schnell erwachsen und erwerbstätig zu werden, d.h. es handelt sich um eine „spezifische Verknüpfung von sexueller und beruflicher Initiation“ (Helfferich 1994: 119). Einerseits erfordert erwachsene männliche* Härte, Autonomie zu demonstrieren und Gefühle zu unterdrücken, andererseits besteht der Wunsch nach emotionaler Nähe und Liebesbeziehungen (zu Mädchen*). Entsprechend widersprüchlich gestaltet sich denn auch das Verhältnis zu Mädchen*, die einerseits abgewehrt und abgewertet und andererseits begehrt werden. Diese Widersprüchlichkeiten werden in der Gruppe bearbeitet: „Freunde helfen, die emotionale Distanz und damit die Überlegenheit durch Späße, neutrale Themen oder auch Verachtung und erneute Verpflichtung auf Härte wieder herzustellen“ (Helfferich 1994: 121). Hier spielt das kollektive und ritualisierte Alkoholtrinken eine wichtige Rolle: Überlegenheit wird erzeugt, indem der Rausch wie auch die sexuelle Eroberung „als ‚Trophäe[n]‘ gefeiert“ werden (Helfferich 1994: 122). Damit verbunden werden, ebenfalls in der Clique, die Mädchen* als entweder kollektiv verfügbare Sexualobjekte oder als persönliche Liebespartnerinnen unterschieden (ähnlich Prinzessinnen* vs. „Schlampen“, s.u.). In der Gruppe nehmen die Mädchen*, wenn sie überhaupt Teil der Gruppe werden können, eine untergeordnete Rolle ein. Indem sie diese Position akzeptieren, reproduzieren sie zugleich die symbolischen Werte der überlegenen Männlichkeit* (Helfferich 1994: 116).

Auch die Real- und Berufsschüler* müssen 20 Jahre später mit Widersprüchen umgehen: einerseits dem Anspruch einer pluralisierten Gesellschaft, Sexualpartner*innen frei (von geschlechtlicher Zuordnung) zu wählen und sexuelle Aktivitäten gleichberechtigt auszuhandeln, andererseits eine eindeutig heteronormative Geschlechtlichkeit und Geschlechterhierarchie herstellen zu müssen. Sie lösen das für sich über andere symbolische Werte überlegener Männlichkeit*, indem sie sich in Abgrenzung zu den harten, nicht-ritterlichen Hauptschülern* selbst als „Ritter“ positionieren, die (in heterosexuellen Beziehungen) Rücksicht auf die als spezifisch angenommenen Bedürfnisse der Mädchen* nehmen, d.h. zärtlich und einfühlsam sind. Mit Ritterlichkeit wird männliche* Dominanz scheinbar ausgehebelt und doch re-produziert. Heterosexuelle Mädchen* sind auf die Rücksichtnahme der Jungen* angewiesen, können diese jedoch nicht aktiv einfordern. Schicksalshaft haben sie Glück, wenn sie einen ritterlichen Partner* erwischen, und Pech, wenn nicht. Heterosexuelle Mädchen* erscheinen in der Folge von ihren Sexualpartnern* und deren „guten Willen“ abhängig, denn „die Jungen haben die (Handlungs-)Macht über die Beziehungsgestaltung“ (Götsch 2014: 235). Entsprechend werden Mädchen* als romantische und sensible Prinzessinnen* und als die heteronormativ gegensätzlichen und passenden, passiven Partnerinnen* zu den ritterlichen Jungen* konstruiert. Wie für die Ritter* gibt es auch für die Prinzessinnen* eine Abgrenzungsfolie, die (hetero-)sexuell aktiven, promiskuitiven Mädchen* bzw. die „Schlampen". Jedoch haben die „Schlampen" anders als die „Nicht-Ritter" eine wichtige Funktion in diesem heteronormativen Arrangement: „Während ihre potenziellen heterosexuellen Partner mit ‚Schlampen' Erfahrungen sammeln können, bleiben sie [die Prinzessinnen] selbst davon unbehelligt, behalten anders als die ‚Schlampen' ihren guten Ruf und haben dennoch Aussicht auf einen erfahrenen [ritterlichen] Sexualpartner" (Götsch 2014: 243). Helfferich verweist auf eine weitere Widersprüchlichkeit, die für Mädchen* mit dem Heterosexuell-(Aktiv-)Werden verbunden ist:

„Die imaginären Lösungen und kollektiven Verarbeitungen, die Jungen für ihre Probleme des Heranwachsens finden, schaffen für die Mädchen schwierige Ausgangsbedingungen und werden Teil des Problems, das sie selbst lösen müssen: Einerseits wollen sie das Reifezeugnis sexueller Erfahrenheit erwerben, andererseits wollen sie einer Stigmatisierung unter Jugendlichen entgehen" (Helfferich 1994: 125f.).

3 Rhetorische Modernisierung? Jugendphase zwischen Heteronormativität und Norm der Toleranz

Jugendliche stellen in somatischen Kulturen und über Erzählungen einerseits Heteronormativität her, andererseits verweisen Jugendliche in den 2010er Jahren auf pluralisierte Möglichkeiten geschlechtlich-sexueller Beziehungen in der „modernen" Welt. Rhetorisch wird damit die Norm der Toleranz verbunden, die zugleich heteronormative Machtverhältnisse verschleiert und offenbart.

Helfferich verdeutlicht, dass Jugendliche, die sich selbst nicht als heteronormativ begreifen, erleben und/oder positionieren, die homosexuell begehren oder eine zweigeschlechtlich eindeutige Geschlechtsidentität nicht beanspruchen können oder wollen, an den üblichen Initiationswegen und Verarbeitungsweisen scheitern. Dieses Scheitern verweist zugleich auf den Versuch, „mit den Problemen sexueller Identität umzugehen – vor dem Hintergrund, daß diese Probleme auf eine spezifische Weise erfahren werden, und daß die gesellschaftlich vorgezeichneten Wege nicht gangbar sind" (Helfferich 1994: 171).

Zugleich ist für Jungen* eine homosexuelle Identität mit größeren Widersprüchen verbunden als für Mädchen* (ebd.). Auch wenn sich Jungen durch ihr nichtmännliches* Verhalten (homosexuelles Begehren oder androgyne

Körperstile) der Symbolik von Männlichkeit* widersetzen, bekräftigen sie diese dennoch zugleich:

> „Für ihren Wunsch nach Anerkennung durch ‚männliche' Männer zahlen ‚unmännliche' Männer den Preis der Erniedrigung. Ihr Wunsch nach Anerkennung verhindert Anerkennung, denn nach der Symbolik der ‚Männlichkeit' als Unabhängigkeit wird nur der anerkannt, der auf Anerkennung pfeift" (Helfferich 1994: 172).

Männliche* Homosexualität erfährt besondere Abwertung, weil damit eine Identifikation mit generell abgewerteter Weiblichkeit* unterstellt wird; Weiblichkeit*, die das verdrängte Außen in der Konstitution höher bewerteter Männlichkeit* darstellt. Auch wenn weibliche* Homosexualität weniger stigmatisiert zu werden scheint, ist für Mädchen* Heteronormativität ebenso wirkmächtig. Aber:

> „Für Mädchen, die sich ‚männlich' identifizieren, stellt sich das Problem anders, sie identifizieren sich nicht mit einem verachteten Anteil. Sie identifizieren sich aber mit einem Anteil, der Weiblichkeit verachtet" (ebd.).

Hier lassen sich zumindest rhetorische Verschiebungen aufzeigen, wenn ca. 20 Jahre später Jugendliche die Norm der Toleranz bezüglich unterschiedlicher geschlechtlich-sexueller Identitäten als Indikator für erwachsene Reife sowie von Modernität benennen. Modernität zeichnet sich demnach durch die freie Wählbarkeit und Gestaltbarkeit sowie spaßorientierte Aushandlung sexueller Aktivitäten und Beziehungen aus. Mädchen* und Jungen* können „heutzutage", so die Jugendlichen, sowohl weiblich* wie auch männlich* leben, können fürsorglich, sportlich, zärtlich und dominant sein, können Mädchen* und/oder Frauen* begehren (Götsch 2014: 256f.). Damit erscheint es für Jugendliche nicht mehr nur einen Weg zu geben, sexuell (erwachsen) zu werden. Zugleich verweist gerade das Postulat der Toleranz auf die Aktualisierung und Absicherung von Heteronormativität. Denn die Toleranz von Homosexualität muss (in der Jugendphase) aktiv gelernt werden, während die Normalität von Heterosexualität selbstverständlich und schon immer gewusst wird.

> „Die produktive Macht heteronormativen Wissens zeigt sich darin, wie über die Notwendigkeit der Toleranz Hierarchien hergestellt werden. Toleranz ist nur bezüglich den ‚Anderen' (un)möglich. Folglich können nur Heterosexuelle als die ‚Normalen' gegenüber Homosexuellen als den ‚Anderen' tolerant sein. Umgekehrt erscheint diese Toleranz nicht denkbar" (Götsch 2014: 252).

So wird Heteronormativität nicht nur über heteronormativ abweichendes Verhalten re-produziert (Helfferich 1994: 173), sondern auch über die Toleranz gegenüber den „Anderen". Diese Toleranz ermöglicht es darüber hinaus, sich in einer pluralisierten Welt der eigenen heterosexuellen Normalität zu vergewissern (Götsch 2014: 252).

Dies geht einher mit einem Wissen der pluralisierten Differenz, der Differenz Frauen* vs. Männer*, Weiblichkeit* vs. Männlichkeit* und Homosexualität vs. Heterosexualität, die zwar verschiedenste geschlechtlich-sexuelle Positionierungen ermöglicht, aber auch hierarchisiert. Noch immer ist Männlichkeit* mit Normalisierung bzw. Aufwertung und noch immer ist Weiblichkeit* und/oder homosexuelles Begehren mit Abwertung verbunden. So lässt sich dann auch erklären, warum körperliche Nähe zwischen heterosexuellen Mädchen* weniger als „homosexuelle Gefährdung" wahrgenommen wird als körperliche Nähe zwischen heterosexuellen Jungen*. Denn diese ist für die männlichen* Jugendlichen sehr viel mehr mit dem Risiko der abwertenden Besonderung verbunden (Götsch 2014: 205f.). Diese heteronormativen Muster der Auf- und Abwertung bzw. der Normalisierung und Besonderung zeigen sich schließlich auch darin, dass nur homosexuelle Jungen* und heterosexuelle Mädchen* mit ihren Körperinszenierungen als „übertrieben weiblich" oder „übertrieben sexy" scheitern können – für heterosexuelle Männlichkeit* und ihre körperlichen Ausdrucksweisen scheint es dagegen kein Zuviel zu geben (Götsch 2014: 253). „Das Männlich-‚Normale' erscheint [.] selbstverständlich, einfach und unkompliziert. Während im Gegensatz dazu das davon abweichende Weibliche dramatisiert und problematisiert wird" (ebd.).

4 Fazit

Die Suche nach geschlechtlich-sexuellen Identitäten ist zwar immer noch vor allem eine Auseinandersetzung mit den Anforderungen und eine Re-Produktion von Heteronormativität. Aber Jugendliche gestalten ihr Erwachsenwerden nicht nur auf eine einzige, typische Weise, auch weil sie über unterschiedliche Ressourcen (z.B. längere oder kürzere Jugendphase) verfügen. Verknüpft mit intersektionalen Ungleichheiten, entstehen unterschiedliche somatische Kulturen, Normen und Wissensformationen, die wiederum spezifische soziale Positionierungen und Identitäten (nicht) ermöglichen – das zeigen beide Studien.

Bezüglich des Aufspürens von Verschiebungen und Kontinuitäten bleiben zuletzt mehr Fragen offen als beantwortet: Verschieben sich die Anforderungen an die Körperoptimierung tatsächlich in Richtung Eigenverantwortung oder handelt es sich um Unterschiede der sozialen Herkunft? Kann die Möglichkeit des Scheiterns der weiblichen* Körpermanipulation als Kontinuum und grundlegender Herstellungsmodus untergeordneter Weiblichkeit* begriffen werden, das alle weiblichen* somatischen Kulturen betrifft, beispielsweise die Kunstturnerinnen* und Mädchen* mit Anorexie wie auch die Prinzessinnen* und homosexuellen Jungen*? Verschieben sich mit dem Anspruch der Ritterlichkeit an Jungen* und der Norm der Toleranz gegenüber queeren Ausdrucks- und Begehrensformen heteronormative Verhältnisse oder handelt es sich einfach nur um eine neue Form männlicher* und heterosexueller Überlegenheit? Diesen Fragen sind zugleich Widersprüchlichkeiten inhärent, die auf Veränderungen und Veränderungsmöglichkeiten verweisen; also auf das, was Cornelia Helfferich mit ihren Forschungen immer auch verfolgt hat.

Literatur

Götsch, Monika (2014): Sozialisation heteronormativen Wissens. Wie Jugendliche Sexualität und Geschlecht erzählen. Opladen, Berlin & Toronto: Budrich UniPress.

Helfferich, Cornelia (1994): Jugend, Körper und Geschlecht. Die Suche nach sexueller Identität. Opladen: Leske + Budrich.

Frauen leben (auch) mit psychischen Krisen

Silvia Krumm

1 Psychische Erkrankungen und Geschlecht

Auch wenn sich die Gesamtprävalenz psychischer Erkrankungen zwischen Frauen und Männern nicht eindeutig unterscheidet, gibt es klare Unterschiede bei Erkrankungsart, Inzidenz, Risikofaktoren wie auch im Umgang mit psychischen Belastungen. Epidemiologische Studien belegen für Frauen signifikant höhere Prävalenzen für depressive sowie angstbezogene Erkrankungen (Lim et al. 2018) und Essstörungen (Wu et al. 2020), während Männer bei den externalisierenden Störungen und Abhängigkeitserkrankungen dominieren (Seedat et al. 2009). Bei schizophrenen Erkrankungen zeigen sich zwar vergleichbare Prävalenzraten, allerdings erkranken Frauen im Schnitt einige Jahre später, was zu Unterschieden im weiteren Verlauf führen kann (Li et al. 2016). Für Frauen wurde eine höhere subjektive Morbidität nachgewiesen, die als Folge sozialisatorischer Prägungen oder geschlechtsrollenstereotyper Erwartungen diskutiert wird, wonach Frauen psychische Beschwerden eher wahrnehmen und über diese sprechen (Möller-Leimkühler 2005).

Psychische Erkrankungen von Frauen können ohne den Einbezug der sozialen Rollen und Statuslagen, der spezifischen Risiko- und Belastungsfaktoren weder verstanden noch angemessen begleitet und behandelt werden. Die verbindende Klammer zwischen den Lebenssituationen von Frauen einerseits und psychischen Erkrankungen andererseits bildet im Folgenden eine sozialpsychiatrische Perspektive, aus der psychische Gesundheit und Krankheit vor allem hinsichtlich der sozialen und kulturellen Faktoren in der Entstehung, dem Verlauf und im individuellen sowie sozialen Umgang mit einer psychischen Erkrankung betrachtet werden (Becker, Reker & Weig 2005).

Im Folgenden möchte ich zwei Themenbereiche herausgreifen, die für das Verständnis psychischer Erkrankungen bei Frauen besonders relevant erscheinen, jedoch in der psychiatrischen Versorgung zu wenig beachtet werden. Zum einen geht es um Gewalterfahrungen von Frauen und deren Bedeutung sowohl für die Entwicklung psychischer Erkrankungen wie auch für das Verständnis aktueller Lebenssituationen von Frauen mit psychischen Krisenerfahrungen. Zum anderen geht es um die besonderen Herausforderungen, denen psychisch erkrankte Frauen im Umgang mit reproduktiven Aspekten gegenüberstehen. Beide Phänomene – sowohl Gewalterfahrungen wie auch reproduktive Handlungen – sind meist von zentraler Bedeutung für biografische Verläufe und zeichnen sich durch ein bidirektionales Wirkungsverhältnis aus: Ebenso wie sie eine Rolle bei der Entstehung oder Aufrechterhaltung psychischer Erkrankungen spielen, können psychische Erkrankungen umgekehrt auf sie zurückwirken.

2 Gewalterfahrungen von Frauen im Kontext psychischer Erkrankungen

2.1 Gewaltbetroffenheit von Frauen

Nach Schätzungen der WHO ist weltweit jede dritte Frau von körperlicher bzw. sexueller Gewalt betroffen; in der Regel handelt es sich um häusliche bzw. sexualisierte Gewalt durch männliche Täter (World Health Organization 2021). Für Deutschland ist von einem ähnlichen Ausmaß auszugehen, hier berichten 35 Prozent der Frauen von körperlichen und/oder sexuellen Gewalterfahrungen nach dem 15. Lebensjahr (European Union Agency for Fundamantal Rights 2014). Die gesundheitlichen und sozialen Folgen von Gewalt sind vielfach beschrieben worden. Insbesondere psychische Erkrankungen sind auf das Engste mit Gewalterfahrungen verknüpft. Zwischen 30 und 60 Prozent der psychiatrisch behandelten Frauen berichten über Partnergewalt und/oder sexuelle Gewalterfahrungen im Lebensverlauf (Oram et al. 2013) und etwa jede zehnte Frau in psychiatrischer Behandlung (gegenüber 3 Prozent der Männer) berichtet über sexuelle Gewalterfahrungen in den letzten zwölf Monaten (Khalifeh et al. 2016).

Während Frauen – unabhängig von einer psychischen Erkrankung – häufiger von sexueller Gewalt berichten, finden sich für körperliche Gewalterfahrungen bei psychisch erkrankten Personen keine geschlechtsspezifischen Unterschiede: Männer und Frauen mit schweren psychischen Erkrankungen sind bei einer Prävalenz von etwa 20 Prozent gleich häufig von körperlicher Gewalt betroffen (ebd.). Erst die geschlechtersensible Betrachtung zeigt, wie alarmierend dieser Befund ist: Im Vergleich zu Frauen in der Allgemeinbevölkerung haben psychisch erkrankte Frauen ein fast zehnfach erhöhtes Risiko für körperliche Gewalterfahrungen, während psychisch erkrankte Männer im Vergleich zur männlichen Allgemeinbevölkerung etwa fünfmal so häufig von körperlicher Gewalt betroffen sind (ebd.). Der nivellierte Geschlechtsunterschied in der Gruppe psychisch erkrankter Personen geht damit zulasten der Frauen: Frauen mit psychischen Erkrankungen sind sowohl gegenüber Männern wie auch gegenüber nicht psychisch erkrankten Personen besonders stark von sexueller und körperlicher Gewalt betroffen.

2.2 Bidirektionale Wechselwirkungen von Gewalt und psychischen Erkrankungen

Gewalterfahrungen und psychische Erkrankungen bedingen sich wechselseitig. Zum einen ist gut belegt, dass Gewalterfahrungen an der Entstehung psychischer Erkrankungen beteiligt sind. Besonders die frühen Gewalterfahrungen erhöhen das Risiko für psychische Erkrankungen im Erwachsenenalter und können auch die Schwere von Wahnvorstellungen und Symptomatik beeinflussen (Lang et al. 2020). Mögliche Folgen sexueller Gewalterfahrungen in der Kindheit sind kognitive Funktionseinschränkungen, Angst- und Anpassungsstörungen, Persönlichkeitsstörungen sowie dissoziative, depressive und psychotische Erkrankungen im Erwachsenenalter, Suizidalität, Posttraumatische Belastungsstörungen, Ess- und Schlafstörungen (Varese et al. 2012; Trotta, Murray & Fisher 2015; Norman et al. 2012; Dvir, Denietolis & Frazier 2013; Ferrara et al. 2016; Rafiq, Campodonico & Varese 2018). Partnergewalt erhöht bei Frauen das Risiko für Depressionen, Posttraumatische Stressbelastungen, Angststörungen, Suizidalität, Schlafstörungen und selbstverletzendes Verhalten (Dillon et al. 2013). Umgekehrt steigt mit einer psychischen Erkrankung auch das Risiko für Viktimisierung. Wie eine dänische Registerstudie nachgewiesen hat, erhöht sich insbesondere für Frauen nach der Diagnose einer psychischen Erkrankung das Risiko, Opfer eines Gewaltverbrechens zu werden. Frauen mit einer psychischen Erkrankung sind demnach 2,7-mal häufiger von Gewalt betroffen als Frauen ohne psychische Erkrankungen (Männer: 1,8-mal) (Dean et al. 2018). Der offenbar mit einer psychiatrischen Diagnose einhergehende Mangel an Schutzfaktoren, der der überproportional hohen Viktimisierungsrate psychisch erkrankter Frauen zugrunde liegt, ist noch wenig verstanden. Vereinzelt existierende Befunde nennen mangelnde familiäre Einbindung und mangelnde soziale Unterstützung, einen geringen Sozialstatus und den Wegfall physischer Schutzfaktoren bei Wohnungslosigkeit (Khalifeh & Dean 2010).

2.3 Gewalterfahrungen im psychiatrischen Versorgungssystem

Im psychiatrischen Versorgungssystem bleiben die Gewalterfahrungen von Frauen (und Männern) vielfach unberücksichtigt. Dies kann an den betroffenen Frauen selbst liegen, die ihre Gewalterfahrungen nicht offenlegen (Örmon et al. 2016). Häufig geschieht dies aus Scham, Angst vor Stigmatisierung und Gewalteskalationen oder davor, als unglaubwürdig zu gelten, sowie schlicht deshalb, weil nicht danach gefragt wird (Rose et al. 2011). Die Gründe auf Seiten der Professionellen im psychiatrischen Versorgungssystem umfassen Unsicherheit und Unwohlsein bei der Thematisierung von Gewalt, Befürchtungen hinsichtlich negativer Konsequenzen für die Betroffenen sowie fehlendes Wissen und Zeitmangel (McLindon & Harms 2011; Rose et al. 2011). Dabei gilt es zu bedenken, dass auch eigene Traumatisierungserfahrungen von Mitarbeiterinnen im Gesundheitssystem die Auseinandersetzung mit Gewalterfahrungen von Patient:innen beeinflussen könnten (McLindon & Harms 2011).

Die mangelnde Berücksichtigung von Gewalterfahrungen im psychiatrischen Versorgungsytem kann zum einen dazu führen, dass Traumatisierungen in ihrer Bedeutung für die Entwicklung und Aufrechterhaltung psychischer Krisen übersehen werden und/oder notwendige therapeutische Interventionen unterbleiben (Sachsse & Özkan 2004; Hameed et al. 2020). Zum anderen kann es im Rahmen stationärer Akutbehandlung zu fortgesetzten Viktimisierungen und Retraumatisierungen kommen. Geschlossene psychiatrische Einrichtungen werden teilweise als bedrohlich erlebt (Jones et al. 2010; Frueh et al. 2005). Für Frauen können geschlossene gemischtgeschlechtliche Stationen zu Orten werden, an denen sie sich von männlichen Mitpatienten bedroht fühlen (Gallop et al. 1999). Frauen in gemischtgeschlechtlichen Stationen berichten im Vergleich zu Frauen in getrenntgeschlechtlichen Stationen von mehr körperlichen und sexuellen Übergriffen, sie fühlen sich häufiger bedroht und geben seltener an, auf der Station einen sicheren Ort zu haben (Kulkarni et al. 2014; Mezey, Hassell & Bartlett 2005). Die von Frauen entwickelten Strategien, mit denen sie sich vor Übergriffen schützen, schränken wiederum den zur Verfügung stehenden (therapeutischen) Raum ein (Watson et al. 2020). Gewalterfahrungen während eines stationären Aufenthalts sind nicht auf Bedrohungen und Übergriffe durch Mitpatienten beschränkt, sondern finden sich auch dort, wo es zu Zwangsmaßnahmen (z.B. Festhalten, mechanische Fixierung) im Rahmen einer psychiatrischen Behandlung kommt. Zwangsmaßnahmen werden als erniedrigend, bedrohlich und als schwerwiegender Einschnitt in die Autonomie und Biografie erlebt (Katsakou & Priebe 2007; Sibitz et al. 2011). Es liegt auf der Hand, dass Frauen mit früheren Viktimisierungserfahrungen hier einem besonders hohen Risiko von Retraumatisierung ausgesetzt sind. Zu deren Erfahrungen im Rahmen stationärer Behandlungen und Wahrnehmungen von Zwangsmaßnahmen liegen bislang lediglich anekdotische Berichte vor (Watson et al. 2020).

3 Reproduktive Aspekte im Kontext psychischer Erkrankung bei Frauen

3.1 Psychiatrische Diskurse zu Elternschaft

Zwischen psychischen Erkrankungen und reproduktiven Aspekten bestehen wechselseitige Zusammenhänge. Einerseits können sich eine Schwangerschaft bzw. die Übernahme von Elternaufgaben auf den Krankheitsverlauf und Recovery-Prozesse auswirken. Andererseits können psychische Krisen auch Folgen für den Schwangerschaftsverlauf und damit für die Entwicklung der Kinder nach sich ziehen (Krumm, Söderblom & Solantaus 2020). Im psychiatrischen Diskurs dominiert vor allem der letztgenannte Zusammenhang, wie die große Zahl der Publikationen zu den negativen Folgen einer elterlichen psychischen Erkrankung auf die Kinder belegt. Die vorherrschende Betrachtung und Bewertung von Elternschaft durch die Brille des „Kindeswohls" bzw. der „Risikokonstellationen" für die Kinder verstellt bisweilen den Blick auf die Situation der Mütter mit psychischen Erkrankungen. Der einseitige Diskurs spiegelt sich in der psychosozialen Versorgung wider: Die Kinder- und Jugendhilfe richtet ihre Bemühungen am Kindeswohl aus und übersieht die Situation und Bedarfe der Mütter (und Väter). Die Erwachsenenpsychiatrie hat zwar das Wohl der Patient:innen im Blick, dafür aber ihre blinden Flecken auf deren Elternrollen. Die diskursive Praxis widerspricht nicht nur den Lebensrealitäten psychisch erkrankter Frauen und den Familien, die gerade vor der Aufgabe stehen, die mit einer psychischen Erkrankung einhergehenden Bedürfnisse mit jenen der Kinder in Einklang zu bringen. Verhindert wird auch eine systematische Beschäftigung mit der Frage, wie Frauen mit den Herausforderungen umgehen, welche Barrieren sie dabei wahrnehmen und welche Unterstützungsbedarfe sie haben.

3.2 Kinderwunsch, Elternschaft und psychische Erkrankungen

Frauen mit einer schweren psychischen Erkrankung oder Krisenerfahrung gestalten ihre reproduktive Biografie unter besonderen Bedingungen. Ein bestimmendes Merkmal kann der Mangel an biografischer Sicherheit sein. Dieser kann sich als Ungewissheit darüber ausdrücken, ob, wann und in welchem Ausmaß eine psychische Krise (wieder) eintritt. Eine Rolle spielt dabei die häufig medikamentös erfolgende Behandlung psychischer Erkrankungen. Während die Einnahme von Psychopharmaka vor bzw. während der Schwangerschaft eine Schädigung des Embryos nach sich ziehen kann, geht das (insbesondere abrupte) Absetzen der Medikamente mit einem Rezidivrisiko einher und kann die Gesundheit der Frau und damit auch die Entwicklung des ungeborenen Kindes gefährden. Zwar gibt es medizinische Leitlinien zur frühzeitigen Absetzung, Reduktion oder Umstellung bei einem Kinderwunsch sowie Beratungsangebote, die auf Basis der besten verfügbaren Evidenz die individuellen Entscheidungen zur Einnahme von Medikamenten vor und während der Schwangerschaft sowie der Stillzeit unterstützen können. Eine explorative Studie zeigte allerdings, dass in den subjektiven Sichtweisen von Frauen ein kategorischer Ausschluss von Schwangerschaft bei Medikamenteneinnahme dominiert und in die Wahrnehmung eines Dilemmas münden kann – „entweder Medikamente oder Schwangerschaft". Gleichzeitig ist ein zeitlicher Aufschub des Kinderwunschs auf einen zukünftigen Zeitraum, in dem keine Medikamenteneinnahme erforderlich ist, aufgrund der begrenzten reproduktiven Lebensphase nur bedingt möglich. Aus normativer Hinsicht kommt hinzu, dass die Wahrnehmung von Stigmatisierungsphänomenen der Offenlegung eines Kinderwunschs im professionellen Kontext entgegenstehen kann (Krumm, Kilian & Becker 2010). Bislang gibt es nur wenige Befunde zu den besonderen Herausforderungen im Umgang mit einem Kinderwunsch bei Frauen mit schweren psychischen Erkrankungen. In ihnen deutet sich aber an, dass vorliegende familiensoziologische Konzepte zum Verständnis der biografischen Einbettung eines Kinderwunsches von Frauen nur bedingt greifen. Ein umfassendes Verständnis des Kinderwunschs bei Frauen mit psychischen Erkrankungen, das die Grundlage für die Entwicklung von Beratungs- und Unterstützungsangebote bildet, muss diese besonderen Gestaltungsbedingungen der reproduktiven Biografie von Frauen mit psychischen Krisenerfahrungen berücksichtigen und an der Aufklärung über Medikamente wie auch an der Weiterbildung psychiatrischer Fachkräfte zum Thema ansetzen.

Dilemmasituationen sind nicht auf den Kinderwunsch beschränkt, sondern finden sich auch nach dem Übergang in die Elternschaft. Mütter mit psychischen Erkrankungen müssen die eigenen, auf die psychische Gesundheit bezogenen Bedürfnisse (z.B. nächtliches Durchschlafen, Ruhezeiten) und die Bedürfnisse der Kinder in Einklang bringen. Frauen berichten über (teils medikamentös bedingte) Einschränkungen in der Erziehungsfähigkeit, Erziehungsschwierigkeiten und die Furcht vor Kontrollverlust, Schuldgefühlen und Sorgen hinsichtlich einer möglichen psychosozialen oder erblichen Belastung der Kinder (Diaz-Caneja & Johnson 2004; Nicholson, Sweeney & Geller 1998; Mowbray, Oyserman & Ross 1995). Die Wahrnehmung von Stigmatisierung und permanente Befürchtungen, das Sorgerecht zu verlieren, können es erschweren, über Erziehungsprobleme zu sprechen oder einen konkreten Unterstützungsbedarf zu äußern (Sands 1995; Diaz-Caneja & Johnson 2004; Nicholson, Sweeney & Geller 1998). In einer telefonischen Befragung von Frauen in England, die sich in ambulanter psychiatrischer Behandlung befanden, berichteten 22 Prozent der Befragten von Diskriminierung in Bezug auf Familiengründung und 28 Prozent der Befragten in Bezug auf Elternaufgaben (Jeffery et al. 2013).

3.3 Schwangerschaftsabbruch, (ungewollte) Schwangerschaften und psychische Erkrankungen

Gemessen an den vielen Publikationen, die sich dem Zusammenhang zwischen Schwangerschaftsabbruch und psychischen Folgebelastungen widmen, liegt nur eine bescheidene Anzahl an wissenschaftlich seriösen Studien zu dieser Fragestellung vor. Dem Bericht einer Task Force der American Psychological Association zufolge, die mehr als 70 kontrollierte Studien dazu untersucht hat, sind viele Befunde zu den psychischen Folgen eines Schwangerschaftsabbruchs aufgrund methodischer Mängel als nicht valide anzusehen. Auf der Basis qualitativ hochwertiger Studien ist hingegen belegt, dass die psychische Gesundheit von Frauen nach dem Abbruch einer unintendiert eingetretenen Schwangerschaft sich nicht signifikant unterscheidet im Vergleich zu Frauen mit ausgetragenen unintendierten Schwangerschaften. Psychische Belastungen nach einem Schwangerschaftsabbruch, so die Autor:innen des Berichts, sind daher nicht auf den Abbruch an sich, sondern auf die Intention bzw. Gewolltheit einer Schwangerschaft zum Zeitpunkt des Eintritts der Schwangerschaft zurückzuführen (APA Task Force 2008). Gestützt wird dies durch die Befunde einer dänischen Bevölkerungsstudie, wonach die Inzidenz für psychische Erkrankungen nach einem Schwangerschaftsabbruch nicht signifikant ansteigt bzw. das Vorliegen einer psychischen Belastung nach einem Schwangerschaftsabbruch maßgeblich durch das Vorliegen psychischer Belastungen vor dem Eintritt einer Schwangerschaft erklärbar ist (Munk-Olsen et al. 2012). Die US-amerikanische „Turnaway"-Studie hat gezeigt, dass Frauen, denen ein Schwangerschaftsabbruch verwehrt wurde, stärker psychisch belastet waren als Frauen nach einem Schwangerschaftsabbruch (Biggs et al. 2017). Gleichzeitig gelten psychische Störungen als Prädiktor für ungewollte und unintendierte Schwangerschaften (Takahashi et al. 2012; Hall et al. 2014). Frauen mit unintendiert eingetretenen Schwangerschaften berichten häufiger über psychosoziale Belastungssituationen zum Zeitpunkt des Schwangerschaftseintritts im Vergleich zu Frauen mit intendierten Schwangerschaften (Hall et al. 2017). Mütter, die ihre Reaktion auf eine neun Monate zurückliegende, unintendierte Schwangerschaft als „ambivalent" bzw. „negativ" beschrieben, berichteten im Rahmen einer Kohortenstudie deutlich häufiger über psychosoziale Belastungssituationen und geringere soziale Unterstützung im Vergleich zu Müttern mit positiven Reaktionen (Barton et al. 2017).

Diese Befunde zeigen zum einen die Grenzen schlichter Zusammenhangsanalysen von Schwangerschaftsabbruch und psychischer Belastung auf. Zum anderen lenken sie den Blick auf die Lebenskontexte und die psychosozialen Belastungsfaktoren von Frauen (z.B. Partnerschaftskonflikte, prekäre sozioökonomische Lage), die eine ungewollte Schwangerschaft erleben, sowie auf die Herausforderungen, die sich für psychisch belastete Frauen im Umgang mit einer ungewollten Schwangerschaft ergeben. Es ist von einem besonderen Unterstützungsbedarf psychisch erkrankter bzw. belasteter Frauen im Umgang mit einer ungewollten (sowohl ausgetragenen als auch abgebrochenen) Schwangerschaft auszugehen. Zu den allgemeinen psychosozialen Belastungsfaktoren kommt hier hinzu, dass die Wahrnehmung der genannten Dilemmata im Umgang mit reproduktiven Risiken (Medikamente oder Schwangerschaft) die Gewolltheit einer Schwangerschaft bestimmen kann. Vorliegende Konzepte zum Konstrukt der Gewolltheit bei einer ungeplant eingetretenen Schwangerschaft während der Einnahme von Psychopharmaka müssen möglicherweise erweitert werden: Wie wird z.B. eine unter Medikamenten eingetretene, unintendierte, jedoch nicht ungewollte Schwangerschaft von den Frauen erlebt und bewältigt, wenn sie in einem Abbruch endet? Welche Bedeutung kommt dabei den Stigmatisierungsphänomenen zu?

Stigmatisierungen können hier in dreifacher Weise erfolgen: Zu den Stigmatisierungen in Bezug auf psychisch erkrankte Menschen allgemein und auf „psychisch kranke Mütter" kommen stigmatisierende Einstellungen gegenüber Frauen mit Schwangerschaftsabbrüchen hinzu (*abortion stigma* z.B. Shellenberg et al. 2011). Über die Belastungssituationen, die das Erleben und den Umgang mit einer ungewollten Schwangerschaft bei Frauen mit psychischen Erkrankungen beeinflussen, die subjektiven Wahrnehmungen und den Umgang mit Stigmata sowie die Inanspruchnahme und Bewertung von Hilfe- und Unterstützungsangeboten von Frauen mit psychischen Belastungen ist bislang nur wenig bekannt. Die vom Bundesgesundheitsministerium geförderte Studie „ELSA PSY" setzt an dieser Forschungslücke an. In dem Projekt werden die psychosozialen Problemlagen bei Eintritt sowie im weiteren Verlauf einer ungewollt eingetretenen Schwangerschaft untersucht, die Einstellungs- und Verhaltensweisen im Umgang mit einer ungewollten Schwangerschaft sowie auch die subjektiven Bedarfe und die Inanspruchnahme von Beratungs- und Unterstützungsangeboten von Frauen mit psychischen Belastungen. „ELSA PSY“ ist ein Teilprojekt der deutschlandweiten Studie „ELSA: Erfahrungen und Lebenslagen ungewollt Schwangerer – Angebote der Beratung und Versorgung“[1] Aufbauend auf den Ergebnissen der „frauenleben“-Studien (Helfferich et al. 2021; Helfferich et al. 2016) ist es das Ziel von „ELSA“, im Rahmen eines Mixed-Method-Designs Empfehlungen für die Verbesserung der gesundheitlichen und psychosozialen Versorgung ungewollt schwangerer Frauen auf der Basis wissenschaftlich-empirischer Erkenntnisse zu entwickeln. Zum einen werden Belastungen und Ressourcen von Frauen identifiziert, die eine ungewollte Schwangerschaft austragen oder abbrechen. Zum anderen wird der Stand der Unterstützungs- und Versorgungsangebote sowie die Perspektive von Fachkräften und Verbänden untersucht. Erste Ergebnisse werden 2022 vorliegen.

4 Perspektiven einer gendersensiblen sozialpsychiatrischen Versorgung

Eine sozialpsychiatrische Perspektive impliziert den Einbezug der sozialen und biografischen Kontexte von Menschen mit psychischen Krisenerfahrungen und berücksichtigt die wechselseitigen Wirkungszusammenhänge zwischen Biografie und Krise sowie zwischen Person und sozialem Umfeld. Die Beschäftigung mit den sozialen Lebenslagen ist ebenso unverzichtbar für das Verstehen psychischer Erkrankungen wie auch für die angemessene psychiatrische Behandlung und Begleitung von Personen mit Krisenerfahrungen. Soziale Lebenslagen wiederum werden durch die soziale Kategorie Geschlecht wesentlich mitbestimmt. Gewalterfahrungen wie auch reproduktives Handeln weisen in ihrem wechselseitigen Wirkungszusammenhang eine ausgeprägte Geschlechterdimension auf. Die offenkundige Verbindung zwischen einer sozialpsychiatrischen und einer gendersensiblen Perspektive auf psychische Erkrankungen und auf die Personen wird jedoch theoretisch kaum reflektiert. Die Praxis einer geschlechtersensiblen psychiatrischen Versorgung steht in Deutschland noch immer weitestgehend am Anfang.

Im vorliegenden Beitrag bin ich auf zwei relevante Themenbereiche eingegangen, die auch in exemplarischer Weise die Schwachstellen der gegenwärtigen psychiatrischen Versorgung von Frauen deutlich machen. Zum einen mangelt es an einer systematischen Erfassung und Berücksichtigung von Gewalterfahrungen, insbesondere im Hinblick auf die Risiken einer Retraumati-

1 https://elsa-studie.de/

sierung im Rahmen stationärer Behandlungen sowie bei Zwangsmaßnahmen an Frauen. Momentan ist eine zunehmende, kritische Auseinandersetzung mit Gewaltphänomenen in der Psychiatrie als Ausdruck eines Willens zu weniger Zwang und Gewalt zu beobachten. Allerdings fehlt dabei die systematische Berücksichtigung geschlechtsspezifischer Bedarfe. In vorliegenden Interventionsprogrammen zur Vermeidung oder Reduktion von Zwangsmaßnahmen finden sich so gut wie keine Hinweise auf das Geschlecht. In einigen Ländern, allen voran Großbritannien und Australien, wird das Risiko einer Retraumatisierung von Patientinnen insbesondere in gemischtgeschlechtlichen stationären Einrichtungen intensiver diskutiert. Teils wurde bereits dazu übergegangen, frauenspezifische stationäre Angebote (wieder) vorzuhalten (Watson et al. 2020; Howard et al. 2010). Im deutschsprachigen Raum sind stationäre Angebote seit den reformpsychiatrischen Prozessen am Normalisierungsparadigma einer geschlechtergemischten Versorgung orientiert. Der Schutzaspekt einer geschlechtergetrennten Versorgung wird bis auf einen Debattenbeitrag (Moldzio, Steinert & Gebhardt 2010) und allgemeinen Hinweisen zur Berücksichtigung geschlechtsspezifischer Bedarfe im Rahmen von Zwangsmaßnahmen (Steinert & Hirsch 2018) kaum diskutiert. Um Frauen mit Gewalterfahrungen angemessen unterstützen zu können, braucht es neben der Reflexion geschlechtsbasierter Gewalt z.B. in Aus- und Weiterbildung die systematische, gendersensible Erfassung von Gewalterfahrungen. Sinnvoll ist der regelhafte Einsatz eines kurzen Screeninginstruments im Rahmen der psychosozialen Anamnese z.B. in Aufnahmegesprächen wie auch in der weiterführenden Behandlung. Psychiatrische Fachkräfte müssen Kenntnisse über regionale Hilfsangebote haben und es sollten Leitlinien bzw. Behandlungspfade bei positivem Screening vorliegen. Dazu sind in der psychiatrischen Versorgung umfassende Initiativen zur Verhinderung und Bearbeitung von Gewalterfahrungen zu etablieren, wie dies im Bereich der somatischen Medizin vor einigen Jahren erfolgte (z.B. SIGNAL e.V. Intervention; GiG-net 2008). Depressionen und Ängstlichkeit als Folge von Gewalterfahrungen können im Rahmen psychotherapeutischer Interventionen bei betroffenen Frauen reduziert werden. Gleichzeitig ist anzumerken, dass diese Angebote den Bedarf der Frauen nach Sicherheit und langfristiger Unterstützung im Umgang mit Gewalterfahrungen nur bedingt decken können. Individualtherapeutische Ansätze müssen daher um Präventionsprogramme zur Verhinderung geschlechtsbasierter Gewalt ergänzt werden (Hameed et al. 2020).

Zum anderen sollten sich Professionelle in der psychiatrischen Versorgung stärker mit den Besonderheiten auseinandersetzen, die sich bei einer psychischen Erkrankung für die Gestaltung der reproduktiven Biografien von Frauen ergeben können. Reproduktives Handeln und reproduktive Ereignisse sind – auch unabhängig vom Vorliegen einer psychischen Erkrankung – bedeutend für die Biografie und können die soziale Teilhabe von Personen insbesondere mit schweren psychischen Erkrankungen wesentlich (mit-)beeinflussen. Die Unterstützung von krisenerfahrenen Frauen in ihrer Elternrolle ist sowohl aus medizinisch-präventiver wie aus sozialpsychiatrisch-normativer Sicht notwendig und sinnvoll. Sie trägt zur sozialen Teilhabe bei und kann einer Chronifizierung von psychischen Belastungen entgegenwirken.

Die besonderen Bedarfe in Bezug auf Elternschaft werden häufig auf die pharmakologischen Besonderheiten oder auf Schwangerschaftsverhütung reduziert. Darüber hinausgehende reproduktive Aspekte wie Kinderwunsch, ungewollte Schwangerschaften oder Schwangerschaftsabbrüche und darauf bezogene Bedarfe an medizinischer und psychosozialer Beratung und Unterstützung werden dagegen kaum thematisiert. Dies legt den Anschluss an ein von Helfferich vorgestelltes umfassendes Konzept von Familienplanung als „Lebensgestaltung" nahe (BZgA 2001: 11), das für die sozialpsychiatrische Perspektive fruchtbar gemacht werden kann. Im Kontext psychischer Erkrankungen können neben Kinderwunsch, Schwangerschaft und Elternschaft auch Trauer um (z.B. medikamentenassoziierte) Kinderlosigkeit oder um den Sorgerechtsverlust aufgrund einer psychischen Erkrankung eine Rolle spielen und stärker in der Behandlung und Begleitung berücksichtigt werden. Die erweiterte Perspektive von Familienplanung bildet sich in neueren Konzepten teilweise ab, die die Bedeutung präkonzeptionell ansetzender Unterstützung für die Förderung psychosozialer Gesundheit von Müttern hervorheben und damit auch auf die langfristige Verbesserung der kindlichen Gesundheit zielen (World Health Organization 2013; Nypaver, Arbour & Niederegger 2016; Howell 2018). Die Leitlinien des National Institute for Health and Clinical Excellence (NICE) empfehlen präkonzeptionelle Beratungen im Rahmen der Behandlung schwerer psychischer Störungen, die neben Verhütungsfragen und Hinweisen zum Einfluss einer psychischen Erkrankung auf Schwangerschaft und Geburt auch explizit das Thema Kinderwunsch einschließen (National Institute for Health and Clinical Excellence 2014). Bei der Einrichtung präkonzeptioneller Beratungs- und Unterstützungsangebote müssen neben den Risiken embryonaler Fehlbildungen aufgrund von Medikamenten insbesondere auch die psychosozialen Bedarfe der Frauen besser in den Blick genommen werden.

Die exemplarische Vorstellung zweier Themenbereiche, die für die Behandlung und Begleitung von Frauen mit psychischen Krisenerfahrungen bedeutsam sind, soll mit einem Hinweis darauf enden, dass eine gendersensible psychiatrische Versorgung weitaus mehr umfasst: die geschlechtssensible räumliche Gestaltung, die neben dem besonderen Schutzbedürfnis traumatisierter Frauen auch dem Bedürfnis nach familiären Begegnungen inklusive Mutter-Kind-Einheiten nachkommt, geschlechtssensible Behandlungsangebote unter Einbezug lebenslaufbezogener, geschlechtsspezifischer Risikofaktoren sowie struktureller Benachteiligungen von Frauen, die Förderung selbstbestimmter Behandlungs- und Therapieentscheidungen, die Berücksichtigung von Genderwissen in Aus- und Weiterbildung der psychiatrischen Fachkräfte sowie die systematische geschlechtsspezifische Datenerfassung als Ausgangspunkt für die Entwicklung gendersensibler Angebote (Chandra et al. 2019). Es ist durchaus anzunehmen, dass sich aus einer geschlechtssensiblen Haltung heraus weitere Impulse für eine insgesamt verbesserte psychiatrische Versorgung ergeben.

Literatur

APA Task Force (2008): Mental Health and Abortion. Washington, DC: Amercian Psychological Association.

Barton, Katherine/Redshaw, Maggie/Quigley, Maria A. & Carson, Claire (2017): Unplanned pregnancy and subsequent psychological distress in partnered women: a cross-sectional study of the role of relationship quality and wider social support. In: BMC pregnancy and childbirth 17, 1, S. 44.

Becker, Thomas/Reker, Thomas & Weig, Wolfgang (2005): Praxisleitlinien in Psychiatrie und Psychotherapie. Behandlungsleitlinie Psychosoziale Therapien. Darmstadt: Steinkopff.

Biggs, M. Antonia/Upadhyay, Ushma D./McCulloch, Charles E. & Foster, Diana G. (2017): Women's mental health and well-being 5 years after receiving or being denied an abortion: A prospective, longitudinal cohort study. In: JAMA psychiatry 74, 2, S. 169–178.

Bundeszentrale für gesundheitliche Aufklärung (2001): frauenleben. Eine Studie zu Lebensläufen und Familienplanung. Köln: BZgA.

Chandra, Prabha S./Saraf, Gayatri/Bajaj, Aakash & Satyanarayana, Veena A. (2019): The current status of gender-sensitive mental health services for women-findings from a global survey of experts. In: Archives of Women's Mental Health 22, 6, S. 759–770.

Dean, Kimberlie/Laursen, Thomas M./Pedersen, Carsten B./Webb, Roger T./Mortensen, Preben B. & Agerbo, Esben (2018): Risk of being subjected to crime, including violent crime, after onset of mental illness: A danish national registry study using police data. In: JAMA psychiatry 75, 7, S. 689–696.

Diaz-Caneja, Angeles & Johnson, Sonia (2004): The views and experiences of severely mentally ill mothers: A qualitative study. In: Social Psychiatry and Psychiatric Epidemiology 39, 6, S. 472–482.

Dillon, Gina/Hussain, Rafat/Loxton, Deborah & Rahman, Saifur (2013): Mental and physical health and intimate partner violence against women: A review of the literature. In: International journal of family medicine 2013, S. 1–15.

Dvir, Yael/Denietolis, Brian & Frazier, Jean A. (2013): Childhood trauma and psychosis. In: Child and adolescent psychiatric clinics of North America 22, 4, S. 629–641.

European Union Agency for Fundamantal Rights (2014): Gewalt gegen Frauen: eine EU-weite Erhebung. Ergebnisse auf einen Blick. Luxemburg: Amt für Veröffentlichungen.

Ferrara, Pietro/Guadagno, Chiara/Sbordone, Annamaria/Amato, Maria/Spina, Giulia/Perrone, Giacomo/Cutrona, Constanza/Basile, Maria C./Ianniello, Francesca/Fabrizio, Giovanna C./Pettoello-Mantovani, Massimo/Verrotti, Alberto/Villani, Aalberto & Corsello, Giovanni (2016): Child abuse and neglect and its psychophysical and social consequences: A review of the literature. In: Current pediatric reviews 12, 4, S. 301–310.

Frueh, B. Christopher/Knapp, Rebecca G./Cusack, Karen J./Grubaugh, Anouk L./Sauvageot, Julie A./Cousins, Victoria C./Yim, Eunsil/Robins, Cynthia S./Monnier, Jeannine & Hiers, Thomas G. (2005): Patients' reports of traumatic or harmful experiences within the psychiatric setting. In: Psychiatric services 56, 9, S. 1123–1133.

Gallop, Ruth/Engels, Sara/DiNunzio, Rosanna & Napravnik, Sonia (1999): Abused women's concerns about safety and the therapeutic environment during psychiatric hospitalization. In: The Canadian journal of nursing research 31, 2, S. 53–70.

GiG-net (2008): Gewalt im geschlechterverhältnis. Erkenntnisse und Konsequenzen für Politik, Wissenschaft und soziale Praxis. Opladen & Farmington Hills: Barbara Budrich.

Hall, Kelli S./Dalton, Vanessa K./Zochowski, Melissa/Johnson, Timothy R.B. & Harris, Lisa H. (2017): Stressful life events around the time of unplanned pregnancy and women's health: Exploratory findings from a national sample. In: Maternal and child health journal 21, 6, S. 1336–1348.

Hall, Kelli S./Kusunoki, Yasamin/Gatny, Heather & Barber, Jennifer (2014): The risk of unintended pregnancy among young women with mental health symptoms. In: Social science & medicine 100, S. 62–71.

Hameed, Mohajer/O'Doherty, Lorna/Gilchrist, Gail/Tirado-Muñoz, Judit/Taft, Angela/Chondros, Patty/Feder, Gene/Tan, Melissa & Hegarty, Kelsey (2020): Psychological therapies for women who experience intimate partner violence. In: The Cochrane database of systematic reviews 7, 7.

Helfferich, Cornelia/Gerstner, Dominik/Knittel, Tilmann/Pflügler, Carina & Schmidt, Franziska (2021): Unintended conceptions leading to wanted pregnancies – an integral perspective on pregnancy acceptance from a mixed-methods study in Germany. In: The European journal of contraception & Reproductive health care, 26, 3, S. 227–232.

Helfferich, Cornelia/Klindworth, Heike/Heine, Yvonne & Wlosnewski, Ines (2016): frauen leben – Familienplanung im Lebenslauf. Eine BZgA-Studie mit dem Schwerpunkt ungewollte Schwangerschaften. Köln: BZgA.

Howard, Louise M./Flach, Clare/Leese, Morven/Byford, Sarah/Killaspy, Helen/Cole, Laura/Lawlor, Caroline/Betts, Jennifer/Sharac, Jessica/Cutting, Penny/McNicholas, Shirley & Johnson, Sonia (2010): Effectiveness and cost-effectiveness of admissions to women's crisis houses compared with traditional psychiatric wards: pilot patient-preference randomised controlled trial. In: The British journal of psychiatry Supplement 53, S.32–40.

Howell, Elizabeth A. (2018). Reducing disparities in severe maternal morbidity and mortality. In: Clinical obstetrics and gynecology, 61, 2, S. 387–399.

Jeffery, Debra/Clement, Sarah/Corker, Elizabeth/Howard, Louise M./Murray, Joanna & Thornicroft, Graham (2013): Discrimination in relation to parenthood reported by community psychiatric service users in the UK: A framework analysis. In: BMC psychiatry 13, S. 120.

Jones, Julia/Nolan, Peter/Bowers, Len/Simpson, Alan/Whittington, Richard/Hackney, Diane & Bhui, Kamaldeep (2010): Psychiatric wards: places of safety? In: Journal of psychiatric and mental health nursing 17, 2, S. 124–130.

Katsakou, Christina & Priebe, Stefan (2007): Patient's experiences of involuntary hospital admission and treatment: a review of qualitative studies. In: Epidemiologia e psichiatria sociale 16, 2, S. 172–178.

Khalifeh, Hind & Dean, Kimberlie (2010): Gender and violence against people with severe mental illness. In: International review of psychiatry 22, 5, S. 535–546.

Khalifeh, Hind/Oram, Siân/Osborn, David/Howard, Louise M. & Johnson, Sonia (2016): Recent physical and sexual violence against adults with severe mental illness: a systematic review and meta-analysis. In: International review of psychiatry 28, 5, S. 433–451.

Krumm, Silvia/Kilian, Reinhold & Becker, Thomas (2010): „Ein Kind wäre schon ein Wunsch …“ Kinderwunsch und psychische Erkrankung aus der subjektiven Sicht betroffener Frauen. In: Psychiatrische Praxis 37, 3, S. 134–141.

Krumm, Silvia/Söderblom, Bitta & Solantaus, Tytti (2020): Psychische Erkrankungen und Elternschaft: Herausforderungen und Chancen aus Sicht der Erwachsenenpsychiatrie. In: Praxis der Kinderpsychologie und Kinderpsychiatrie 69, 5, S. 463–480.

Kulkarni, Jayashri/Gavrilidis, Emmy/Lee, Stuart/van Rheenen, Tamsyn E./Grigg, Jasmin/Hayes, Emily/Lee, Adeline/Ong, Roy/Seeary, Amy/Andersen, Shelley/Worsley, Rosie/Keppich-Arnold, Sandra & Stafrace, Simon (2014): Establishing female-only areas in psychiatry wards to improve safety and quality of care for women. In: Australasian psychiatry bulletin of Royal Australian and New Zealand college of psychiatrists 22, 6, S. 551–556.

Lang, Jason/Kerr, Daniel M./Petri-Romão, Papoula/McKee, Tracey/Smith, Helen/Wilson, Naomi/Zavrou, Marianna/Shiels, Paul & Minnis, Helen (2020): The hallmarks of childhood abuse and neglect: A systematic review. In: PloS one 15, 12.

Li, Rena/Ma, Xin/Wang, Gang/Yang, Jian & Wang, Chuanyue (2016): Why sex differences in schizophrenia? In: Journal of translational neuroscience 1, 1, S. 37–42.

Lim, Grace Y./Tam, Wilson W./Lu, Yanxia/Ho, Cyrus S./Zhang, Melvyn W. & Ho, Roger C. (2018): Prevalence of depression in the community from 30 countries between 1994 and 2014. In: Scientific reports 8, 1, S. 2861.

McLindon, Elizabeth & Harms, Louise (2011): Listening to mental health workers' experiences: factors influencing their work with women who disclose sexual assault. In: International journal of mental health nursing 20, 1, S. 2–11.

Mezey, Gillian/Hassell, Yonette & Bartlett, Annie (2005): Safety of women in mixed-sex and single-sex medium secure units: staff and patient perceptions. In: The British journal of psychiatry 187, 6, S. 579–582.

Moldzio, Andrea/Steinert, Tilman & Gebhardt, Ralf-Peter (2010): Reine Frauenstationen in Psychiatrie und Psychotherapie. Pro & Contra. In: Psychiatrische Praxis 37, 7, S. 319–321.

Möller-Leimkühler, Anne M. (2005): Geschlechtsrolle und psychische Erkrankung. In: Journal für Neurologie, Neurochirurgie und Psychiatrie 6, 3, S. 29–35.

Mowbray, Carol T./Oyserman, Daphna & Ross, Scott (1995): Parenting and the significance of children for women with a serious mental illness. In: The journal of mental health administration 22, 2, S. 189–200.

Munk-Olsen, Trine/Laursen, Thomas Munk/Pedersen, Carsten B./Lidegaard, Ojvind & Mortensen, Preben Bo (2012): First-time first-trimester induced abortion and risk of readmission to a psychiatric hospital in women with a history of treated mental disorder. In: Archives of general psychiatry 69, 2, S. 159–165.

National Institute for Health and Clinical Excellence (2014). Antenatal and Postnatal Mental Health: Clinical Management and Service Guidance. NICE Clinical Guideline 192.

Nicholson, Joanne/Sweeney, Elaine M. & Geller, Jeffrey L. (1998): Focus on women: Mothers with mental illness. I. The competing demands of parenting and living with mental illness. In: Psychiatric services 49, 5, S. 635–642.

Norman, Rosana/Byambaa, Munkhtsetseg/ Butchart, Alexander/Vos, Theo (2012): The long-term health consequences of child physical abuse, emotional abuse, and neglect: a systematic review and meta-analysis. In: PLoS Med 9, 11, S. e1001349.

Nypaver, Cynthia/Arbour, Megan & Niederegger, Elizabeth (2016): Preconception care: Improving the health of women and families. Journal of Midwifery & Women's Health 61, 3, S. 356–364.

Oram, Sian/Trevillion, Kylee/Feder, Gene & Howard, Louise M. (2013): Prevalence of experiences of domestic violence among psychiatric patients: systematic review. In: The British journal of psychiatry 202, 2, S. 94–99.

Örmon, Karen/Sunnqvist, Charlotta/Bahtsevani, Christel & Torstensson Levander, Marie (2016): Disclosure of abuse among female patients within general psychiatric care – a cross sectional study. In: BMC psychiatry 16, 79.

Rafiq, Sonya/Campodonico, Carolina & Varese, Filippo (2018): The relationship between childhood adversities and dissociation in severe mental illness. A meta-analytic review. In: Acta psychiatrica scandinavica 138, 6, S. 509–525.

Rose, Diana/Trevillion, Kylee/Woodall, Anna/Morgan, Craig/Feder, Gene & Howard, Louise (2011): Barriers and facilitators of disclosures of domestic violence by mental health service users. Qualitative study. In: The British journal of psychiatry 198, 3, S. 189–194.

Sachsse, Ulrich & Özkan, Ibrahim (2004): Traumatherapie – Was ist erfolgreich? Göttingen: Vandenhoeck & Ruprecht.

Sands, Roberta G. (1995): The parenting experience of low-income single women with serious mental disorders. In: Families in society 76, 2, S. 86–96.

Seedat, Soraya/Scott, Kate Margaret/Angermeyer, Matthias C./Berglund, Patricia/Bromet, Evelyn J./Brugha, Traolach S./Demyttenaere, Koen/Girolamo, Giovanni de/Haro, Josep Maria/Jin, Robert/Karam, Elie G./Kovess-Masfety, Viviane/Levinson, Daphna/Medina Mora, Maria Elena/Ono, Yutaka/Ormel, Johan/Pennell, Beth-Ellen/Posada-Villa, Jose/Sampson, Nancy A./Williams, David & Kessler, Ronald C. (2009): Cross-national associations between gender and mental disorders in the World Health Organization World Mental Health Surveys. In: Archives of general psychiatry 66, 7, S. 785–795.

Shellenberg, Kristen M./Moore, Ann M./Bankole, Akinrinola/Juarez, Fatima/Omideyi, Adekunbi Kehinde/Palomino, Nancy/Sathar, Zeba/Singh, Susheela & Tsui, Amy O. (2011): Social stigma and disclosure about induced abortion. Results from an exploratory study. In: Global public health 6, Supplement 1, S. 111–125.

Sibitz, Ingrid/Scheutz, Alexandra/Lakeman, Richard/Schrank, Beate/Schaffer, Markus & Amering, Michaela (2011): Impact of coercive measures on life stories: qua-

litative study. In: The British journal of psychiatry the journal of mental science 199, 3, S. 239–244.
SIGNAL e.V. (2020): Intervention im Gesundheitsbereich gegen häusliche und sexualisierte Gewalt. https://www.signal-intervention.de/ [Zugriff: 1.5.2021].
Steinert, Tilman & Hirsch, Sophie (2018): S3-Leitlinie „Verhinderung von Zwang: Prävention und Therapie aggressiven Verhaltens bei Erwachsenen". Berlin & Heidelberg: Springer-Verlag.
Takahashi, Shun/Tsuchiya, Kenji J./Matsumoto, Kaori/Suzuki, Katsuaki/Mori, Norio & Takei, Nori (2012): Psychosocial determinants of mistimed and unwanted pregnancy: The Hamamatsu Birth Cohort Study. In: Journal of maternal and child health 16, 5, S. 947–955.
Trotta, Antonella/Murray, Robin/Fisher, Helen (2015): The impact of childhood adversity on the persistence of psychotic symptoms: a systematic review and meta-analysis. In: Psychological Medicine 45, 12, S. 2481–2498.
Varese, Filippo/Smeets, Feikje/Drukker, Marjan/Lieverse, Ritsaert/Lataster, Tineke/Viechtbauer, Wolfgang/Read, John/van Os, Jim/Bentall, Richard P. (2012): Childhood adversities increase the risk of psychosis: A meta-analysis of patient-control, prospective- and cross-sectional cohort studies. In: Schizophrenia bulletin 38, 4, S. 661–671.
Watson, Juliet W./Maylea, Chris/Roberts, Russell/Hill, Nicholas & McCallum, Susan (2020): Preventing gender-based violence in mental health inpatient units. In: Australia's National Research Organisation for Women's Safety Limited (ANROWS) 1.
World Health Organization (2013). Preconception care: Maximizing the gains for maternal and child health. https://www.who.int/maternal_child_adolescent/documents/preconception_care_policy_brief.pdf [Zugriff: 1.5.2021].
World Health Organization (2021): Violence against women. Key facts. Fact sheet. https://www.who.int/news-room/fact-sheets/detail/violence-against-women. [Zugriff: 1.5.2021].
Wu, Jiayuan/Liu, Jie/Li, Shasha/Ma, Huan & Wang, Yufeng (2020): Trends in the prevalence and disability-adjusted life years of eating disorders from 1990 to 2017: results from the Global Burden of Disease Study 2017. In: Epidemiology and psychiatric sciences 29, e191, S. 1–12.

Determinanten der ersten Reaktion auf unbeabsichtigte und ungewollte Schwangerschaften – Erkenntnisse aus der Studie „frauen leben 3“

Dominik Gerstner

1 Einleitung

Die Familienplanung ist ein wesentlicher Bestandteil individueller Lebensgestaltung, der zahlreiche Aspekte des (sozialen) Lebens vereint. Hierzu zählen Partnerschaft, Sexualität, Kinderwunsch, Verhütung und auch unbeabsichtigte Schwangerschaften. Familienplanung ist aber auch abhängig von individuellen Lebenslagen, wie z.B. der beruflichen Ausbildung, der Berufstätigkeit, der finanziellen Absicherung oder der Wohnsituation. Außerdem bestimmen auch die soziale und kulturelle Herkunft bzw. Migrationserfahrungen die Familienplanung. In nun zahlreichen Jahren der Forschung hat sich Cornelia Helfferich diesen wichtigen Fragstellungen mit empirischen Studien gewidmet. Bereits 1997 wurde mit der Studie „frauen leben“ (z.B. Helfferich 2001) der Grundstein für eine Reihe von Untersuchungen gelegt, die die Familienplanung in einer biografischen Dimension mit qualitativen und quantitativen Daten empirisch untersuchen.[1] Die Studie „männer leben“ (z.B. Helfferich 2005; Helfferich, Klindworth & Wunderlich 2004) fragte kurze Zeit später nach der Rolle von Männern bei der Familienplanung. Einen speziellen Fokus auf die Familienplanung im Kontext von Migrationserfahrungen legte die Studie „frauen leben 2“ (z.B. Helfferich, Klindworth & Kruse 2011), in der Frauen mit türkischem, ost- bzw. südosteuropäischem oder italienischem Migrationshintergrund und deutsche Frauen ohne Migrationshintergrund befragt wurden. Ergänzend hierzu untersuchte die eher kleine Studie „männer leben 2“ (Helfferich, Niermann & Kruse 2010) dies aus der Perspektive von Männern mit osteuropäischem und türkischem Migrationshintergrund.

Die Studie „frauen leben 3“ (z.B. Helfferich et al. 2016) stellt die wohl umfangreichste Untersuchung in dieser Reihe dar, die unter der Leitung von

1 Eine detaillierte Übersicht zu Projekten im Bereich Familie und Familienplanung findet sich auf den Internetseiten von SoFFI F. http://soffi-f.de/projekte-im-bereich-familie-und-familienplanung [25.5.2021].

Cornelia Helfferich im Mai 2021 bereits in ihr zehntes Jahr ging. Während meiner kurzen Zeit im Team von SoFFI F. lagen Daten aus drei Erhebungsphasen vor, die sukzessive in zwölf Bundesländern erhoben wurden. Bis zum Jahr 2018 wurden ca. 14.500 standardisierte Telefoninterviews und 116 offene Leitfadeninterviews durchgeführt. Die Studie gehörte zu diesem Zeitpunkt bereits zu den größten und wichtigsten repräsentativen Bevölkerungsbefragungen zur Familienplanung im Lebenslauf in Deutschland und Europa. Mit der im Jahr 2020 durchgeführten Befragung von 4500 Frauen in den vier verbleibenden Bundesländern können letztlich Analysen zu den verschiedensten Aspekten der Familienplanung von ca. 19.000 Frauen im Alter von 20 bis 44 Jahren (Zeitpunkt der Befragung) ausgewertet werden.[2] Die genannten Studien wurden und werden im Auftrag der Bundeszentrale für gesundheitliche Aufklärung durchgeführt und finanziert.[3]

Treten Schwangerschaften ungewollt oder zum falschen Zeitpunkt ein, stellt dies für Frauen (und auch Männer) eine besondere Herausforderung dar. Diese Thematik ist der Schwerpunkt von „frauen leben 3" und ist mit Aspekten wie z.B. Verhütung (Helfferich 2017; Pflügler 2021), Schwangerschaftsabbruch (Helfferich et al. 2013) oder der Vereinbarkeit von Familie und Beruf (Helfferich et al. 2017) eng verbunden. Die Studie liefert auf zugehörige Fragestellungen Antworten – auch für die Praxis (z.B. BZgA 2014). Eine aktuelle Publikation, die im European Journal of Contraception & Reproductive Health Care veröffentlicht wurde (Helfferich et al. 2021), thematisiert, unter welchen Umständen eine unbeabsichtigte oder ungewollte Empfängnis positiv aufgenommen und zu einer gewollten Schwangerschaft wird (oder auch nicht). Neben der quantitativen Analyse bivariater Zusammenhänge, werden in der Mixed-Methods-Studie aus qualitativen Interviews fünf Muster der Akzeptanz herausgearbeitet. Der vorliegende Beitrag spielt den Ball zurück und geht exemplarisch auf eines dieser Muster ein, aus dem Hypothesen abgeleitet und in multivariaten Regressionsmodellen statistisch geprüft werden.

2 Zur Akzeptanz von unbeabsichtigten und ungewollten Schwangerschaften

Über nichtintendierte Schwangerschaften ist bekannt, dass diese mit sozialen Problemen und Gesundheitsrisiken in Verbindung stehen (Gipson, Koenig & Hindin 2008). Es gilt jedoch als belegt, dass nicht alle dieser Schwangerschaf-

2 Zu „frauen leben 3" siehe auch http://soffi-f.de/node/6?q=node/132 [25.5.2021].

3 Eine Ausnahme stellt „männer leben 2" dar. Diese Studie wurde durch die Impulsfinanzierung zur Förderung der Forschungskompetenzen an Fachhochschulen der Landesstiftung Baden-Württemberg gefördert.

ten „unglückliche“ Schwangerschaften sind, und je nach Studie wird darüber berichtet, dass jede zweite bis vierte Frau positive Gefühle bezüglich der nichtintendierten Schwangerschaft habe (Blake et al. 2007; Trussell, Vaughan & Stanford 1999; Sable & Libbus 2000; Helfferich et al. 2016). Dies wird auch als „paradox of happiness about unintended pregnancy“ (Aiken, Dillaway & Mevs-Korff 2015) bezeichnet. Eine Herausforderung für die Forschung stellen zudem unterschiedliche Definitionen nichtintendierter Schwangerschaften dar (Aiken et al. 2016; Stanford et al. 2000), und auch über den Zeitpunkt bzw. die Definition von Akzeptanz und Freude (Aiken, Dillaway & Mevs-Korff 2015; Gomez et al. 2018) besteht Diskussionsbedarf. Letztlich sind Forscher*innen mit einem komplexen und dynamischen Phänomen konfrontiert, das noch immer nicht ausreichend untersucht ist.

Der Aufsatz von Helfferich et al. (2021) trägt hier zu weiteren Erkenntnissen bei, indem anhand biografischer Interviewdaten fünf Muster der Akzeptanz herausgearbeitet werden, von denen hier das erste empirisch geprüft werden soll: Dieses bezieht sich auf nichtintendierte Schwangerschaften, in denen zwar keine bewusste Familienplanung vorliegt, aber eine generelle Bereitschaft besteht, Kinder zu bekommen. In diesen Situationen wird zum Teil ganz oder teilweise auf Verhütungsmittel verzichtet und es besteht aufgrund zumindest einigermaßen konsolidierter Lebensverhältnisse oder aufgrund des richtigen Alters eine prinzipielle Bereitschaft, Kinder zu haben. Schwangerschaften sind hier nicht vollkommen bewusst geplant, werden aber auch schon teilweise im Voraus akzeptiert. Hieraus lassen sich die Hypothesen ableiten, dass nichtintendierte Schwangerschaften dann freudiger begrüßt werden, wenn auf Verhütungsmittel verzichtet wird (H1), die Schwangerschaft unbeabsichtigt, aber nicht ungewollt ist (H2) und die erste Schwangerschaft nicht in jungen Jahren ohne gefestigte Lebensverhältnisse bzw. mit höherem Lebensalter eintritt (H3). Diese Hypothesen werden in multivariaten Modellen unter Kontrolle von Parametern[4] getestet, von denen bekannt ist, im Zusammenhang mit nichtintendierten Schwangerschaften zu stehen (z.B. Helfferich et al. 2014).

3 Daten und Methode

Für die folgenden Analysen werden Angaben von 2306 Frauen aus den ersten drei Erhebungsphasen der Studie „frauen leben 3“ herangezogen, deren erste Schwangerschaft nicht intendiert war und nicht abgebrochen wurde. Nicht intendiert bedeutet in diesem Zusammenhang, dass die Schwangerschaft ungewollt war, zu einem späteren Zeitpunkt hätte eintreten sollen oder die Frauen

4 Diese korrespondieren letztlich auch indirekt mit dem Muster, was aber aus Platzgründen hier nicht weiter beschrieben werden kann.

angaben, zwiespältig gewesen zu sein. Diese Gruppe von Frauen wurde nach ihrer *ersten Reaktion* gefragt, als die Schwangerschaft bemerkt worden war. Die Messung erfolgte über eine endpunktbenannte sechsstufige Skala.[5] Für die folgenden Analysen wurden die Werte so rekodiert, dass 1 „überhaupt nicht erfreut" und 6 „sehr erfreut" bedeutet. Der durchschnittliche Wert lag bei 3,99 (Median 4), was bedeutet, dass die Reaktion auf die nichtintendierten Schwangerschaften mehrheitlich positiv war. Etwa jede zehnte Frau gab an, dass sie überhaupt nicht erfreut war. Insgesamt war ca. ein Drittel der Frauen (eher) nicht erfreut (Wert 1 bis 3, Abbildung 1). Die meisten Frauen wählten den Wert 4 (ca. 28 Prozent), gefolgt vom Wert 5 (ca. 22 Prozent). Fast jede Fünfte gab an, über die Schwangerschaft sehr erfreut gewesen zu sein. Insgesamt waren ca. zwei Drittel der Frauen (sehr) erfreut.

Abbildung 1: Erste Reaktion auf nichtintendierte erste Schwangerschaft

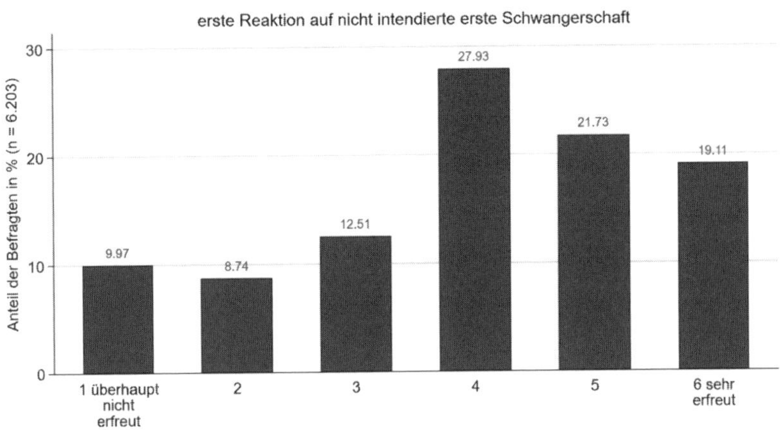

Quelle: BZgA, Datensatz „frauen leben 3", 2012–2018, 20- bis 44-jährige Frauen in zwölf Bundesländern, Teilstichprobe nichtintendierte ausgetragene Schwangerschaften (n = 2302)

5 Originalfrage: „Wie war Ihre erste Reaktion, als Sie merkten, dass Sie schwanger waren? Ordnen Sie sich bitte auf einer Skala von 1 bis 6 ein, wobei 1 ‚sehr erfreut' und 6 ‚überhaupt nicht erfreut' bedeutet. Mit den Werten dazwischen können Sie abstufen".

Tabelle 1: Deskriptive Statistiken

	n	M	P50	SD	Min.	Max.
Erste spontane Reaktion	2,302	3.99	4	1.54	1	6
Alter bei erster Lebendgeburt	2,291	24.40	24	4.58	14	40
Zeit seit erster Schwangerschaft*	2,291	11.92	11	6.28	0	28
	n (ins. je 2306)	Anteil in %				
Schwangerschaft						
unbeabsichtigt/ambivalent	1552	67,3				
ungewollt	754	32,7				
Unter Verhütung schwanger						
nein	1422	61,67				
ja	884	38,33				
Schwierige Partnersituation						
nein	1496	64,87				
ja	660	28,62				
kein Partner	150	6,5				
Schwierige berufliche Situation						
nein	649	28,14				
ja	1657	71,86				
Unzureichende Wohnsituation						
nein	1731	75,07				
ja	575	24,93				
Verheiratet zum Zeitpunkt erste Lebendgeburt						
nein	1591	68,99				
ja	715	31,01				
Ich wollte schon immer Kinder						
stimme nicht zu	229	9,93				
teils/teils	216	9,37				
stimme zu	1861	80,7				

*Differenz Alter zum Zeitpunkt der Befragung und Alter bei erster Lebendgeburt, M = Mittelwert, P50 = Median, SD = Standardabweichung, Min. = Minimum, Max. = Maximum

Quelle: BZgA, Datensatz „frauen leben 3“, 2012–2018, 20- bis 44-jährige Frauen in zwölf Bundesländern, Teilstichprobe nichtintendierte ausgetragene Schwangerschaften (n = 2302)

Im Folgenden wird mittels linearer Regressionsmodelle diese erste Reaktion auf die Schwangerschaft schrittweise modelliert. Die zentralen unabhängigen Variablen (deskriptive Statistik siehe Tabelle 1) sind dabei die Gewolltheit der Schwangerschaft und der Verzicht auf Verhütung. Beide Variablen weisen einen nur moderaten Zusammenhang auf (Cramér's V = 0,21). Die *Gewolltheit* unterscheidet hier zwischen den Kategorien „unbeabsichtigt/ambivalent" (67,3 Prozent) und „ungewollt" (32,7 Prozent). Ob eine Frau *unter Verhütung schwanger* wurde, wird hier als dichotome Variable erfasst. Für 38,3 Prozent der Frauen der Teilstichprobe trifft dies zu, was bedeutet, dass die Mehrheit in dieser Gruppe auf Verhütung verzichtete. Die Gründe für das Nichtverhüten sowie die Verhütungsmethode werden hier nicht detailliert analysiert. Außerdem wird als weiterer zentraler Prädiktor das Alter der Frauen aufgenommen. Das *Alter* bezieht sich auf den Zeitpunkt der Befragung, wobei die Frauen zum Zeitpunkt der ersten Schwangerschaft durchschnittlich 24 Jahre alt waren.[6]

Neben diesen zentralen Prädiktoren werden in einem weiteren Modell Kontrollvariablen eingesetzt, von denen bekannt ist, dass diese mit der Gewolltheit und Akzeptanz von Schwangerschaften zusammenhängen. Hier soll geprüft werden, ob die Zusammenhänge zwischen den zentralen Prädiktoren auch unter Kontrolle dieser Variablen einen signifikanten Effekt aufweisen. Die *schwierige Partnersituation* hat die Ausprägungen „keine schwierige Partnersituation" (Referenzkategorie), „schwierige Partnersituation"[7] und „kein Partner". In der hier untersuchten Teilstichprobe berichteten ca. 65 Prozent der Befragten, dass keine schwierige Partnersituation vorlag. Bei 29 Prozent war dies der Fall und ca. 6 Prozent gaben an, keinen Partner gehabt zu haben. Eine *schwierige berufliche Situation*[8] geht oft mit nichtintendierten Schwangerschaften einher. Dies spiegelt sich darin wider, dass sich ca. 72 Prozent der Frauen zum Zeitpunkt der Schwangerschaft in einer solchen Situation befunden haben. Ebenso kann eine *unzureichende Wohnsituation* die Reaktion auf eine unbeabsichtigte Schwangerschaft negativ beeinflussen. Dieses Merkmal wurde über ein Item gemessen, das mit „trifft zu" oder „trifft nicht zu" beantwortet wurde. Ein Viertel der Teilstichprobe gab an, dass dies auf sie zutrifft. Etwa ein Drittel war *zum Zeitpunkt der ersten Schwangerschaft verheiratet*. Hierbei ist davon auszugehen, dass in institutionalisierten Beziehungen zu-

6 In den Modellen wird das Alter in Zehn-Jahres-Abschnitten gemessen, um die Koeffizienten besser interpretieren zu können.

7 Eine schwierige Partnersituation liegt hier vor, wenn eines der folgenden Items mit „trifft zu" beantwortet wurde: „Partner wollte kein Kind", „Er war nicht der richtige Mann für eine Familie" (nur Phase 2 und 3), „unsichere Partnerschaft, Krise, Trennung".

8 Eine schwierige berufliche Situation liegt hier vor, wenn eines der folgenden Items mit „trifft zu" beantwortet wurde: „Ich war in Ausbildung oder im Studium", „Berufliche oder finanzielle Unsicherheit", „Berufstätigkeit oder Berufspläne waren schwer vereinbar mit Kind".

künftige Kinder stärker thematisiert werden und diesbezüglich auch unbeabsichtigte Schwangerschaften freudiger begrüßt werden. Mit der Aussage *„Ich wollte schon immer Kinder“* wird eine generelle Orientierung bezüglich der Mutterschaft gemessen. Es ist davon auszugehen, dass mit Zustimmung auch die Wahrscheinlichkeit einer freudigen Reaktion auf nichtintendierte Schwangerschaften steigt. Die Aussage wurde von ca. 80 Prozent der Teilstichprobe mit ja beantwortet. Nur jeweils ca. 10 Prozent gaben an, dass dies nicht zutrifft oder sie diesbezüglich unentschlossen sind.

Insgesamt weisen die erklärenden Variablen untereinander einige moderate Korrelationen auf. Diese liegen jedoch nicht in Bereichen, die zu Problemen mit Multikollinearität führen. In einem letzten, eher explorativen Schritt werden noch Interaktionseffekte zwischen dem Alter und der Gewolltheit sowie der Verhütung getestet. Dabei soll untersucht werden, ob diese beiden Effekte über das Alter hinweg konstant bleiben oder variieren.

4 Ergebnisse

Die Ergebnisse der Regressionsanalysen sind in Tabelle 2 dargestellt. Modell 1 beinhaltet nur die Gewolltheit und die Verhütung, die beide einen signifikanten Effekt aufweisen. Die Effekte sind auch unter Aufnahme des Alters signifikant und ändern sich nur unwesentlich (Modell 2). War die Schwangerschaft ungewollt, so liegt die erste Reaktion um ca. einen Skalenpunkt (b = −0,980) tiefer als bei unbeabsichtigten Schwangerschaften. Trat die Schwangerschaft unter Verhütung ein, reduziert sich der Wert der ersten spontanen Reaktion um ca. einen halben Skalenwert (b = −0,478). Das Alter hat einen positiven Effekt, der aber zusätzlich einen signifikanten quadratischen Effekt aufweist. Die b-Koeffizienten sind dabei schwer zu interpretieren, durchschnittlich nimmt die erste Reaktion mit zehn Jahren Unterschied um 0,614 Skalenpunkte zu (durchschnittlicher marginaler Effekt, nicht in Tabelle). Der Effekt ist aber bei jüngeren Frauen besonders stark und wird mit zunehmendem Alter schwächer (Abbildung 2A) bzw. bleibt ab ca. 30 Jahren konstant. Alle drei Effekte werden unter Aufnahme der ebenfalls signifikanten Kontrollvariablen[9] geringfügig schwächer, bleiben jedoch höchst signifikant (Modell 3). Dies verleiht den nur bivariaten Zusammenhängen in Helfferich et al. (2021) nochmals Robustheit. Gegenüber einer unproblematischen Partnerschaft sind Frauen mit einer schwierigen Partnersituation um −0,254 Skalenpunkte weniger erfreut. Bei Frauen ohne Partner sind dies sogar −0,661 Ska-

9 Lediglich die zeitliche Distanz der Befragung zur ersten Schwangerschaft hat keinen Effekt, was jedoch inhaltlich keine Bedeutung hat und nur eine technisch-methodische Kontrolle darstellt.

lenpunkte. Frauen, die zum Zeitpunkt der ersten Schwangerschaft verheiratet waren, haben einen um ca. 0,293 Skalenpunkte höheren Wert. Sowohl die schwierige berufliche Situation (b = −0,334) als auch die unzureichende Wohnsituation (b = −0,206) haben einen signifikant negativen Einfluss. Frauen, die schon immer Kinder wollten, liegen 0,734 Skalenpunkte höher als Frauen, die dies verneinen, die Unentschiedenen liegen hierbei um 0,346 Skalenpunkte höher.

Abbildung 2: Vorhergesagte Werte der ersten Reaktion (Modelle 2 und 4)

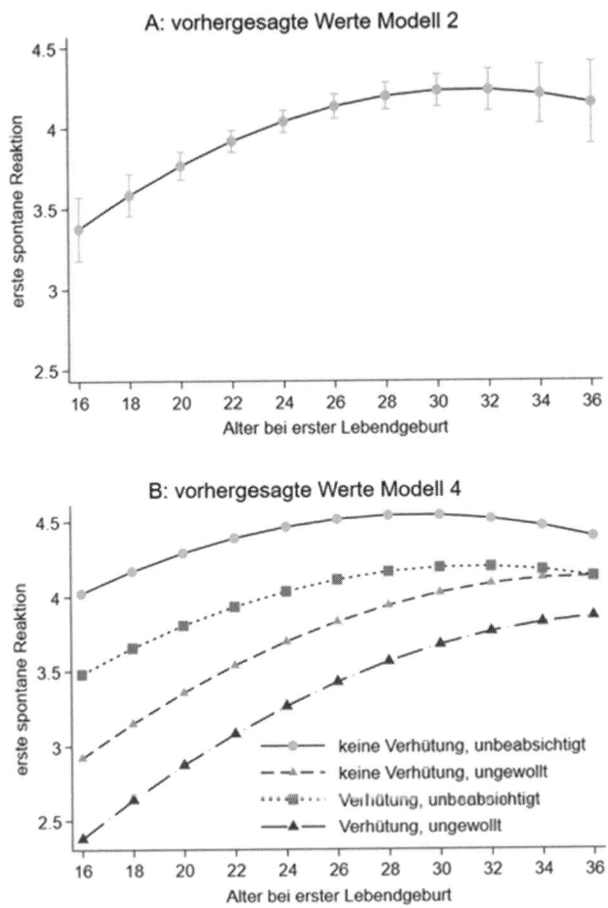

Quelle: BZgA, Datensatz „frauen leben 3", 2012–2018, 20- bis 44-jährige Frauen in zwölf Bundesländern, Teilstichprobe nichtintendierte ausgetragene Schwangerschaften (n = 2302)

Tabelle 2: Lineare Regressionsmodelle (OLS)

Abhängige Variable: erste Reaktion auf Schwangerschaft (1 = gar nicht erfreut, 6 = sehr erfreut)	**Modell**	**Modell**	**Modell**	**Modell**
	(1)	**(2)**	**(3)**	**(4)**
Schwangerschaft ungewollt	–1,079***	-0,980***	-0,767***	–1,768***
[Referenzkategorie: unbeabsichtigt]	(–16,88)	(–15,30)	(–11,90)	(–5,54)
Unter Verhütung schwanger [ja = 1, 0 = nein]	-0,550***	-0,478***	-0,418***	-0,759*
	(–8,92)	(–7,77)	(–6,99)	(–2,37)
Alter (Einheit = 10 Jahre)		3,147***	2,304***	1,770**
		(5,52)	(4,15)	(3,07)
Alter quadriert		-0,519***	-0,368***	-0,304**
		(–4,67)	(–3,43)	(–2,79)
Jahre zwischen erster Lebendgeburt zur Befragung			0,0001	0,0002
			(0,02)	(0,04)
Schwierige Partnersituation			-0,254***	-0,262***
[Referenzkategorie: schwierige Partnersituation]			(–3,87)	(–4,00)
Kein Partner			-0,661***	-0,694***
[Referenzkategorie: schwierige Partnersituation]			(–5,55)	(–5,83)
Verheiratet zum Zeitpunkt der Schwangerschaft			0,293***	0,285***
			(4,64)	(4,51)
Schwierige berufliche Situation [ja = 1, 0 = nein]			-0,334***	-0,334***
			(–5,10)	(–5,10)
Unzureichende Wohnsituation [ja = 1, 0 = nein]			-0,206**	-0,212**
			(–3,13)	(–3,23)
Wollte schon immer Kinder: teils/teils			0,346**	0,359**
[Referenzkategorie: stimme nicht zu]			(2,71)	(2,82)
Wollte schon immer Kinder: stimme zu			0,734***	0,734***
[Referenzkategorie: stimme nicht zu]			(7,61)	(7,62)
Interaktion: unter Verhütung schwanger x Alter				0,137
				(1,04)
Interaktion: ungewollt x Alter				0,417**
				(3,19)
N	2302	2287	2287	2287
R^2 angepasst	0,161	0,190	0,253	0,256

t-Werte in Klammern, * p < 0,05/** p < 0,01/*** p < 0,001

Quelle: BZgA, Datensatz „frauen leben 3“, 2012–2018, 20- bis 44-jährige Frauen in zwölf Bundesländern, Teilstichprobe nichtintendierte ausgetragene Schwangerschaften (n = 2302)

In Modell 4 werden zusätzlich zwei Interaktionseffekte getestet. Es zeigt sich keine signifikante Interaktion zwischen dem Alter und dem Verzicht auf Verhütung. In Abbildung 2B verlaufen die Linien der vorhergesagten Werte für die Ausprägungen des Merkmals Verhütung jeweils fast identisch auf unterschiedlichem Niveau – wurde auf Verhütung verzichtet, liegt der Wert der ersten Reaktion höher (in Abbildung 2B: Kreis vs. Quadrat oder kleines vs. großes Dreieck). Zwischen Alter und der Gewolltheit besteht eine signifikante Interaktion. War die Schwangerschaft unbeabsichtigt, so ist der Alterseffekt weniger stark ausgeprägt. Dagegen verläuft die Kurve steiler, wenn die Schwangerschaft ungewollt war (in Abbildung 2B: Kreis vs. kleines Dreieck oder Quadrat vs. großes Dreieck). Die Effekte der Kontrollvariablen ändern sich in Modell 4 nur unwesentlich.

5 Zusammenfassende Bewertung und Ausblick

Zusammengefasst kann festgehalten werden, dass die erste Reaktion auf eine nichtintendierte Schwangerschaft mit den quantitativen Daten gut erklärt werden kann (angepasstes R^2 im vollständigen Modell = 0,256). Die aus der qualitativen Typologie abgeleiteten Hypothesen haben dabei auch unter Kontrolle weiterer Parameter Bestand. Wird auf Verhütung verzichtet, wird auf nichtintendierte Schwangerschaften freudiger reagiert. Gleiches gilt, wenn die Schwangerschaft unbeabsichtigt und nicht ungewollt ist. Außerdem reagieren Frauen in höherem Alter erfreuter, wobei der Effekt sich bei ca. 30 Jahren auf gleichbleibendem Niveau einpendelt. Hierbei gibt es zusätzlich noch ein Zusammenspiel mit der Gewolltheit. Während bei jüngeren Frauen die Gewolltheit einen größeren Effekt hat, nimmt dieser mit dem Alter ab und auch ungewollte Schwangerschaften werden freudiger begrüßt. Diese Ergebnisse spiegeln den Typus der generellen Bereitschaft ohne konkrete Planung wider, der aus 15 qualitativen Interviews abgeleitet wurde.

Zusätzlich haben aber auch die Kontrollvariablen (Partnersituation, berufliche Situation, Wohnsituation, Ehe, generell positive Einstellung zur Mutterschaft) einen signifikanten Einfluss. Hier könnte mit detaillierteren Analysen untersucht werden, welche Teilbereiche hierbei besonders wichtig sind.

Der Rahmen des vorliegenden Sammelbandes schränkt die Möglichkeiten einer tieferen Analyse der Daten ein. Mit den zusätzlichen Daten der vierten Erhebungsphase wird aber nochmals eine breitere Datenbasis bestehen und Analysen, wie die obige, können damit weiter verfeinert werden.

Literatur

Aiken, Abigail R.A./Dillaway, Chloe & Mevs-Korff, Natasha (2015): A blessing I can't afford: Factors underlying the paradox of happiness about unintended pregnancy. In: Social Science & Medicine 132, S. 149–155.

Aiken, Abigail R.A./Westhoff, Carolyn L./Trussell, James & Castaño, Paula M. (2016): Comparison of a Timing-Based Measure of Unintended Pregnancy and the London Measure of Unplanned Pregnancy. In: Perspectives on Sexual and Reproductive Health 48, S. 139–146.

Blake, Susan. M./Kiely, Michele/Gard, Charlotte C./El-Mohandes, Ayman A.E./El-Khorazaty, Nabil & The Nih-Dc Initiative (2007): Pregnancy Intentions and Happiness Among Pregnant Black Women at High Risk for Adverse Infant Health Outcomes. In: Perspectives on Sexual and Reproductive Health 39, S. 194–205.

Bundeszentrale für gesundheitliche Aufklärung (BZgA) (Hrsg.) (2014): Familienplanung: Ja! Aber? Von richtigen und anderen Zeitpunkten für Kinder – Analysen und Folgerungen für Forschung und Praxis. Tagungsdokumentation der BZgA-Konferenz zum Abschluss des Forschungsprojektes „frauen leben 3 – Familienplanung im Lebenslauf von Frauen“ 29./30.10.2014 in Berlin. Köln: Bundeszentrale für gesundheitliche Aufklärung.

Gipson, Jessica D./Koenig, Michael A. & Hindin, Michelle J. (2008): The Effects of Unintended Pregnancy on Infant, Child, and Parental Health: A Review of the Literature. In: Studies in Family Planning 39, S. 18–38.

Gomez, Anu M./Arteaga, Stephanie/Ingraham, Natalie/Arcara, Jennet & Villaseñor, E-lodia (2018). It's Not Planned, But Is It Okay? The Acceptability of Unplanned Pregnancy Among Young People. In: Women's Health Issues 28, S. 408–414.

Helfferich, Cornelia (2001). frauen leben – Eine Studie zu Lebensläufen und Familienplanung. Köln: Bundeszentrale für gesundheitliche Aufklärung.

Helfferich, Cornelia (2005). „männer leben“ und „frauen leben“ – der kleine Unterschied in der Familienforschung. In: BZgA (Hrsg.): „männer leben“. Familienplanung und Lebensläufe. Kontinuitäten und Wandel. Köln: Bundeszentrale für gesundheitliche Aufklärung, S. 53–61.

Helfferich, Cornelia (2017). Geringes Einkommen, Sozialleistungsbezug und Verhütung. Aktualisierte Ergebnisse der BZgA-Studie „frauen leben 3“. In: BZgA Forum Sexualaufklärung und Familienplanung 2017, S. 3–10.

Helfferich, Cornelia/Bühler, Sarah/Neu, Marc/Weber, Sabine/Thaa, Helene/Weinbrenner, Hannes & Stromberger, Petra (2017): Bericht Bedeutung der Vereinbarkeit von Familie und Beruf für die Familienplanung im Lebenslauf – Sonderauswertung des kombinierten Datensatzes „frauen leben 3“ von 2012 und 2016. Freiburg: Sozialwissenschaftliche Forschungsinstitut zu Geschlechterfragen, FIVE, SoFFI F.

Helfferich, Cornelia/Gerstner, Dominik/Knittel, Tilmann/Pflügler, Carina & Schmidt, Franziska (2021): Unintended conceptions leading to wanted pregnancies – an integral perspective on pregnancy acceptance from a mixed-methods study in Germany. In: The European Journal of Contraception & Reproductive Health Care 26, 3, S. 1–12.

Helfferich, Cornelia/Hessling, Angelika/Klindworth, Heike & Wlosnewski, Ines (2014): Unintended pregnancy in the life-course perspective. In: Advances in Life Course Research 21, S. 74–86.

Helfferich, Cornelia/Klindworth, Heike/Heine, Yvonne/Wlosnewski, Ines & Eckert, Judith (2013): frauen leben 3 – Familienplanung im Lebenslauf. Erste Forschungsergebnisse zu ungewollten Schwangerschaften und Schwangerschaftskonflikten. Köln: Bundeszentrale für gesundheitliche Aufklärung.

Helfferich, Cornelia/Klindworth, Heike/Heine, Yvonne & Wlsonewski, Ines (2016): frauen leben 3 – Familienplanung im Lebenslauf von Frauen – Schwerpunkt: Ungewollte Schwangerschaften. Köln: Bundeszentrale für gesundheitliche Aufklärung.

Helfferich, Cornelia/Klindworth, Heike & Kruse, Jan (2011): frauen leben. Familienplanung und Migration im Lebenslauf. Köln: Bundeszentrale für gesundheitliche Aufklärung.

Helfferich, Cornelia/Klindworth, Heike & Wunderlich, Holger (2004): Männer leben – Eine Studie zu Lebensläufen und Familienplanung, Basisbericht. Köln: Bundeszentrale für gesundheitliche Aufklärung.

Helfferich, Cornelia/Niermann, Debora & Kruse, Jan (2010): Familienplanung und Migration im Lebenslauf von Männern. Eine Machbarkeitsstudie (Abschlussbericht). Freiburg: Sozialwissenschaftliche Forschungsinstitut zu Geschlechterfragen, FIVE, SoFFI F.

Pflügler, Carina (2021): Die Bedeutung der Partnerschaft für den Umgang mit Verhütungskosten von Frauen im Sozialleistungsbezug – eine qualitative Analyse. Sonderauswertung der Studie „frauen leben 3 –Familienplanung im Lebenslauf von Frauen –Phase 3/2018. Freiburg: Sozialwissenschaftliche Forschungsinstitut zu Geschlechterfragen, FIVE, SoFFI F.

Sable, Marjorie R. & Libbus, M. Kay (2000): Pregnancy Intention and Pregnancy Happiness: Are They Different? In: Maternal and Child Health Journal 4, S. 191–196.

Stanford, Joseph B./Hobbs, Rachel/Jameson, Penny/DeWitt, M. Jann & Fischer, Rachel. C. (2000): Defining Dimensions of Pregnancy Intendedness. In: Maternal and Child Health Journal 4, S. 183–189.

Trussell, James/Vaughan, Barbara & Stanford, Joseph B. (1999): Are All Contraceptive Failures Unintended Pregnancies? Evidence from the 1995 National Survey of Family Growth. In: Family Planning Perspectives 31, S. 246–260.

Großeltern und Enkel als wechselseitige Entwicklungshelfer

Klaus Fröhlich-Gildhoff

1 Vorbemerkung und Hinführung

Ich habe mit Cornelia (Nena) Helfferich bisher fast 20 Jahre als Kollege an der Evangelischen Hochschule Freiburg und vor allem als Mitgestalter im Forschungs-An-Institut der EH (früher: Kontaktstelle für praxisorientierte Forschung, heute: Forschungs- und Innovationsverbund an der EH Freiburg, FIVE) zusammenarbeiten dürfen. Wir haben beide die Entwicklung der Hochschule – auch als besonders forschungsstarke Hochschule für Angewandte Wissenschaften – mitgestalten können und FIVE gemeinsam mit weiteren Kolleg*innen zu einem der größten Forschungsinstitute im sozialen Bereich in Deutschland weiterentwickelt. Neben diesen beruflichen Berührungen gab es aber auch im Privaten Bereich Parallelen: Wir haben beide Kinder, diese sind erwachsen geworden, haben sich beruflich etabliert, und wir sind Großeltern geworden. Diese Parallelen in der Lebensentwicklung waren Gelegenheit zum Austausch und Verstehen. Ich weiß, wie gern Nena Großmutter geworden ist, und ich bin auch ein begeisterter Großvater.

Ich habe mich zunächst schwergetan, bei der durch die Herausgeberinnen erlaubten „freien Auswahl" für diesen Band zu Ehren Nenas einen passenden Inhalt zu finden. Längere Diskussionen mit meiner Frau haben dann zum Thema des vorliegenden Beitrags geführt, das mich lebenspraktisch aktuell begleitet und herausfordert (die Enkel sind [Nov. 2021] ein viereinhalbjähriger Junge und zwei 18 Monate alte Zwillingsjungen) und das zugleich auf die außerberufliche Gemeinsamkeit mit Nena verweist.
Ein persönlicher Stolperstein bestand noch darin, dass mein lieber Kollege (und einer meiner wichtigsten psychotherapeutischen Lehrer) Günther Heisterkamp das Thema mit seinem 2015 erschienenen, hervorragenden Werk „Das Glück der Großeltern-Enkel-Beziehung" schon benannt und in breiter Weise bearbeitet hat. Er zieht unter Bezugnahme auf Victor Hugo ein treffendes Fazit: *„Enkelkinder sind die Morgenröte des Alters"*.

Zugleich hat es sich gelohnt, aus (m)einer persönlichen Perspektive – entwicklungspsychologisch reflektiert – zu beschreiben, welche Chancen (und auch Herausforderungen) in einer guten, *wechselseitig* bezogenen Großeltern-Enkel-Beziehung liegen. Ich versuche zu zeigen, dass und wie Großeltern und

Enkel voneinander lernen können, einander brauchen können, ohne sich zu benötigen. Dabei habe ich entsprechend meiner Ursprungsprofession den Blick auf psychologische und psychodynamische Phänomene gerichtet und andere, z.B. dezidiert soziologische Perspektiven vernachlässigen müssen. Ebenso wäre es sicherlich noch möglich gewesen, zwischen Groß*vater* und Groß*mutter* zu unterscheiden, das hätte aber den vorgegebenen Rahmen gesprengt. Gute Überblicke zur allgemeinen, auch geschlechtsdifferenzierenden Datenlage von Großeltern-Enkel-Beziehungen finden sich z.B. bei Seilbeck und Langmeyer (2018) oder Höpflinger (2021).

2 Die Grundsituation der Großeltern-Enkel-Beziehung(en)

Großeltern verbringen wieder mehr Zeit mit ihren Enkeln: Während in vorindustriellen Gesellschaftsformen das Zusammenleben mehrerer Generationen in einer häuslichen Gemeinschaft eher die Standardlebensform war, später die (bürgerliche) Kleinfamilie mit der Fixierung auf die Hausfrauen- und Erziehungsrolle der Mutter tendenziell zu einer Entfremdung der gemeinsam verbrachten Zeit mehrerer Generationen führte, weisen neuere Studien auf zunehmende Kontaktzeiten von Großeltern und Enkeln seit etwa 40 Jahren hin.

> „Die demografische Entwicklung mit einer steigenden Lebenserwartung älterer Menschen führt zu dem relativ jungen Phänomen, dass heutige Großeltern eine sehr lange Zeitspanne zusammen mit ihren Enkelkindern verbringen können" (Seilbeck & Langmeyer 2018: 6).

Die Häufigkeit und der „Inhalt" der Kontakte sind dabei im Wesentlichen von vier Faktoren abhängig: 1. der Wohnortnähe – hier wurde der Begriff der „multilokalen Mehrgenerationenfamilie" (Bertram 2000) geprägt –, 2. dem Alter der Großeltern und der Enkelkinder, 3. der Familienform und 4. dem Verhältnis zwischen Großeltern und den eigenen Kindern, den Eltern der Enkel. So zeigt beispielsweise der „Deutsche Alterssurvey" (Mahne et al. 2017), dass – je nach Alter, Gesundheitszustand und Wohnortentfernung – zwischen 50 und 90 Prozent der Großeltern mindestens einmal wöchentlich Kontakt zu ihren Enkelkindern im Alter bis zu 16 Jahren haben; erst über einer Stunde Wohnortentfernung sinkt diese Zahl unter 50 Prozent.

Generell wird dabei die Großelternrolle in der Befragung des „Deutschen Alterssurveys" als positiv erlebt. Im Jahr 2014 bewertete eine Mehrzahl der Befragten ihre Großelternrolle subjektiv als sehr wichtig (55,8 Prozent) oder wichtig (36,2 Prozent) (Mahne & Klaus 2017: 237). Auch Höpflinger (2021) berichtet von einer hohen, positiven Bewertung von Großelternschaft durch

Großväter und Großmütter. Dies bestätigt ältere Ergebnisse der Befragung von Sticker (1991), in der nicht nur deutlich wurde, dass Großeltern und Enkel in der Regel füreinander wichtige Bezugspersonen sind, sondern „dass zur Entwicklung einer engen Beziehung ausreichende Möglichkeiten gegeben sein müssen, ohne andere Personen zusammen sein zu können“ (ebd.: 32, Übers. d. Verf.).

Großeltern haben aufgrund des vollzogenen oder bevorstehenden Endes der Phase der Berufstätigkeit Zeit und Muße und sind aufgrund steigender Lebenserwartungen in der Regel auch gesünder als vorangegangene Generationen. Sie können für die Enkel da sein, ohne in den elterlichen/familiären Alltag von Versorgung und Erziehung unmittelbar eingebunden sein zu müssen. So sind sie

> „in der persönlichen Gestaltung der Beziehung zur jüngsten Generation häufig relativ frei. Die familiale Altersrolle ‚Großmutter‘ bzw. ‚Großvater‘ erlaubt sozusagen ‚späte Freiheiten‘ im Umgang mit der jüngsten Generation“ (Höpflinger 2021).

Dabei ist zu berücksichtigen, dass diese generelle Beschreibung schicht- und kulturspezifisch zu differenzieren ist. So weisen Lamm und Teiser (2013) in einer kulturvergleichenden Studie auf kulturelle und milieuspezifische Unterschiede hin. Demnach mischen sich beispielsweise befragte Großmütter aus der deutschen Mittelschicht deutlich weniger regulierend und beratend in die Erziehung ihrer Enkel, als dies türkeistämmige Großmütter berichteten. Aus psychodynamischer Sicht können

> „die Wirkungszusammenhänge zwischen Großeltern und Enkelkindern die Quelle erhebender Glückserfahrungen (und natürlich auch quälender Unglückserfahrungen) darstellen […]. Ausgangs- und Bezugspunkt bildet die Grundtatsache, dass sich Enkelkinder und Großeltern in einer je spezifischen Entwicklung befinden und sich bei ihrem Kontakt darin fördern und hindern können“ (Heisterkamp 2015: 33).

In dem vorliegenden Beitrag wird im Folgenden der Fokus auf die Potentiale von Enkeln und Großeltern als *wechselseitige* Entwicklungshelfer*innen gerichtet.

3 Großeltern als Entwicklungshelfer*innen

Das nicht(all)tägliche Zusammensein und die geringere Erziehungsverantwortung der Großeltern bieten beiden Seiten Spielräume: Die Großeltern können anders reagieren als die Eltern, können großzügiger mit Regeln umgehen. Dadurch kann sich die Beziehung zwischen Großeltern und Enkeln für beide Seiten entspannter und möglicherweise auch weniger ambivalent – im Sinne potentieller Autonomie-Abhängigkeits-Konflikte zwischen Kindern und Eltern – entfalten.

Dies spiegelt sich in den Zahlen der Befragungen im Rahmen des „Deutschen Alterssurveys“: 82,6 Prozent der Großeltern geben an, „eng“ oder „sehr eng“ mit ihren Enkeln verbunden zu sein, nur 1 Prozent berichtet, dass es „häufiger“ zu Konflikten mit den Enkelkindern komme (Seilbeck & Langmeyer 2018: 43f.). Trotz des getrennten Wohnens der verschiedenen Generationen ist die emotionale Nähe zwischen den Generationen sehr hoch, was von Höpflinger (2016) als „Intimität auf Distanz“ bezeichnet wird.

Die Erfahrungen für Enkel (und Großeltern) verändern sich mit zunehmendem Alter der Kinder: Während zunächst Mitversorgung, damit auch eine Entlastung der Eltern und eher funktionelle Begegnungen im Vordergrund stehen, entwickeln sich zunehmend eigenständige Beziehungen zwischen Großeltern und Enkeln mit gezielt gemeinsamen Aktivitäten und Begegnungsinhalten.

Dabei kann das Zeit-Haben der Großeltern für die Enkel zu eigenständigen Erfahrungen von Gesehen-Werden, Präsenz und Resonanz führen. Die Kinder können durch gemeinsames Spielen und Basteln, (vor-)sprachliches Antworten, das Betrachten von Bilderbüchern, das Hören von Geschichte usw. vielfach die Erfahrung von unmittelbarer Responsivität machen – im Kontakt mit regelmäßig „auftauchenden“ Erwachsenen außerhalb der Elternbeziehungen.

> „Da Eltern den Großeltern ähnlich sind, sich aber auch in gewisser Weise von ihnen unterscheiden, können Kinder durch das Zusammensein mit Ihnen ihr Territorium erweitern und die Unterschiede einzelner Bezugspersonen kennen lernen“ (Brandl-Knefz 2016: 7).

Damit wird einerseits das Spektrum an Beziehungserfahrungen erweitert, aber generell ein neuer Erfahrungsraum ermöglicht: Großeltern können in besonderer Weise die „Freude am Werden“ (Heisterkamp 2015: 46), das Entdecken und Erobern der Welt sehen, spiegeln und stärken. „Im Schutz des großelterlichen Schonraums können die Kinder wagen, sich ihren jeweiligen Entwicklungsaufgaben zu stellen und ihre Lösungen zu erproben“ (ebd.).

Vertrauensvolle Beziehungen zu Großeltern ermöglichen es auch, Probleme zu besprechen, die mit den Eltern manchmal nicht so leicht ansprechbar sind: Die Großmutter kann erst einmal in Ruhe zuhören, wenn das Kind von seiner Unlust, in die Kita zu gehen, berichtet und Trost spenden – die Eltern werden oft zur Sicherung der Familienabläufe darauf beharren (müssen), dass das Kind trotz dieser Unlust jeden Tag in die Kita geht.

Schon aus den ersten Studien der Resilienzforschung (Werner & Smith 1982) ist bekannt, dass Großeltern auch eine wichtige kompensatorische Funktion haben können, wenn Eltern nicht als stabile Beziehungspartner*innen zur Verfügung stehen (können). Präsente, einfühlsame und feinfühlige Großeltern können den emotionalen „Ausfall“ der Eltern ausgleichen und den Aufbau sicherer Bindungsmuster (Grossmann & Grossmann 2006) gewährleisten, wenn sie die Möglichkeit und die Kraft haben, sehr regelmäßig im Kontakt mit dem Enkelkind zu stehen (vgl. Berk 2005).

In einigen Untersuchungen wurden direkte Effekte großelterlichen Engagements auf Entwicklungsparameter von Enkelkindern festgestellt: So berichteten beispielsweise Tanskanen und Danielsbacka (2018), dass das „Investment" von Großeltern mit einem Anstieg kognitiver und sozioemotionaler Entwicklungsergebnisse bei Kindern zusammenhängt. Brandl-Knefz (2016) referiert Befunde, die die besondere Rolle von Großeltern bei der Förderung von Sprache und Literacy hervorheben.

4 Enkel als Entwicklungshelfer

Die Enkel können ihrerseits den Großeltern vielfältige Anregungen, Spaß und neue Entwicklungsmöglichkeiten bieten, auch weil die gemeinsame Zeit von Großeltern und Enkeln oft durch unstrukturiertere, „freie" Phasen gekennzeichnet ist: Im Kontakt mit den Enkeln erfahren die Großeltern ein hohes Maß an Direktheit und Unmittelbarkeit, wie dies ansonsten in der Erwachsenen-Kommunikation selten gegeben ist. Die Enkel fordern – zumindest in frühen Jahren – Bezogenheit ein und geben zugleich schnelle und klare Rückmeldungen.

Großeltern haben die Möglichkeit zum Regredieren: Sie können (wieder) in vorsprachlichen Formen kommunizieren („da, da, da …"), sie können in der Natur am Bach spielen, Staudämme bauen usw. So haben sie die Möglichkeit, Eigenes wiederzuentdecken oder auch nachzuholen – was allerdings durch Gesundheitszustand und Alter begrenzt sein kann (Höpflinger 2016).

Die Großeltern können darüber hinaus direkt von den Enkeln lernen, z.B. bei der Nutzung digitaler Geräte und Medien. Sie können aber auch lernen, das eigene Altern anzunehmen: Die Lebendigkeit der Enkel verweist auf deren Zukunft und konfrontiert zugleich mit der eigenen abnehmenden Energie und dem Lebensende. Direkt sind Erfahrungen erlebbar, die (kleinen) Kinder nicht mehr dauerhaft physisch und psychisch (er-)tragen zu können.

Enkel haben einer Reihe von Studien zufolge eine gesundheitsfördernde Wirkung auf die Großeltern: Eine Re-Analyse der Daten des „Deutschen Alterssurveys" ergab, dass die Lebenszufriedenheit der befragten älteren Menschen zwar stark durch das Vorhandensein einer Lebenspartner*in beeinflusst wird, allerdings „wurden Enkelkinder sehr häufig als Personen aufgezählt, die einem derzeit große Freude oder großes Glück bereiten. Eigene Enkel scheinen in der Lage zu sein, den Verlust von wichtigen sozialen Kontaktpersonen im Alter aufzufangen (Paschos 2016: 154). Kaufman und Elder (2003) zeigten, dass emotionale Nähe zwischen Großeltern und Enkeln mit einer erhöhten psychischen Gesundheit (verringerte Depressivität, erhöhter Selbstwert) einhergeht.

Die Ergebnisse der internationalen Studie von Di Gessa, Glaser und Tinker (2016) wiesen in den untersuchten europäischen Ländern auf ein höheres Maß körperlicher und psychischer Gesundheit bei den Großeltern hin, die regelmäßig Enkelkinder betreuten. Dieser Zusammenhang zwischen dem Ausmaß des Enkelkontakts und seelischer Gesundheit wurde durch Condon, Luszcz und Mckee (2018) bestätigt; diese Autor*innen fanden noch einen (geringen) geschlechtsspezifischen Unterschied: Bei Großmüttern verringerten sich Angstsymptome, bei Großvätern verringerten sich leicht Depressionsmaße.

5 Die Eltern der Enkel, also: Die (Schwieger-)Kinder der Großeltern

Generell ist eine positive Beziehung zwischen den Eltern (der Enkelkinder) und den Großeltern eine bedeutende Grundlage und Voraussetzung für eine positive Großeltern-Enkel-Beziehung (Berk 2005). Nach Mueller und Elder (2003) sind Großeltern-Enkel-Beziehungen umso gefestigter, je stärker die Eltern diesen Kontakt unterstützen. „Enkelkinder haben meist nur dann ein positives Bild von ihren Großeltern, wenn diese ein positives Verhältnis zu ihren eigenen Kindern und Schwiegerkindern pflegen" (Seilbeck & Langmeyer 2018: 17).

Diese eigentlich banalen Erkenntnisse sind bedeutend, weil die Beziehungen zwischen Großeltern und den eigenen (Schwieger-)Kindern eine Reihe von Herausforderungen oder Problemen bieten und Konfliktpotential mit sich bringen können:

- Die Großeltern bieten – oftmals benötigte – Unterstützung an, zugleich besteht die Gefahr neuer Abhängigkeit, nachdem sich die Kinder über viele Jahre von ihren Eltern gelöst und einen eigenen Lebensweg und -stil gefunden haben.
- Die Beziehung Großeltern – Eltern der Enkelkinder – Enkelkinder ist eine Dreiecksbeziehung, die immer besondere Sensibilität im Ausbalancieren erfordert.
- Die dargelegte Grundsituation – Großeltern haben mehr Ruhe zum Da-Sein für das Kind und tragen keine Letzt-Erziehungsverantwortung – kann zu Konkurrenz und Konflikten, z.B. beim Einhalten von Regeln führen (der Großvater isst selbst gern Käsekuchen und teilt sich diesen auch gern mit dem Enkel, der wenig Süßigkeiten essen soll …).
- Großeltern wollen den Enkeln gegenüber eigene „Erziehungsfehler" wiedergutmachen, was bei den Kindern, die diese Fehler erlebt haben, alte Verletzungen antriggert.

Diese Dynamiken erfordern gegenseitiges Vertrauen zwischen Eltern und Großeltern, die Fähigkeit zum offenen und frühzeitigen Ansprechen möglicher Konflikte und bei den Großeltern ein „Engagement ohne Einmischung“ (Höpflinger 2016: 9).

6 Fazit

Großeltern und Enkel können wechselseitig ihre Entwicklung (be-)fördern und sich „wechselseitig eine freudige existentielle Resonanz“ (Heisterkamp 2015: 130) bescheren. Dabei ist es besonders bedeutsam, dass die Großeltern den Enkeln vor- und bedingungslos Entwicklungsräume anbieten, ihnen Wertschätzung entgegenbringen und feinfühlige Begegnungsantworten geben – und sie nicht für ihre Bedürfnisse benutzen und benötigen.

Dann kann eine gemeinsame „Mit-Bewegung“ (Heisterkamp 2015) gestaltet werden, es kann wechselseitig Resonanz gegeben und erhalten werden, die für beide, Großeltern und Enkel, mit viel Freude am Wachsen, aber auch Innehalten verbunden ist.

Es stellt sich die Frage, ob dieser Prozess mit zunehmendem Alter der Enkel (und der Großeltern) ein Ende findet. Die Ablösung von den Erwachsenen in der Pubertät wird auch die Großeltern treffen – andererseits können sie auch „Auffangbecken“ für Jugendliche sein, die sich von ihren Eltern nicht mehr verstanden fühlen. Die Studienlage ist hierzu nicht eindeutig; die Lebenserfahrung zeigt, dass gute Beziehungen im frühen Lebensalter der Enkel bis in deren Erwachsenenalter tragen und es eine große Bereicherung für die Großeltern sein kann, am Lebensprozess der erwachsen werdenden Enkelkinder teilhaben zu können und dürfen.

Literatur

Berk, L.E. (2005): Entwicklungspsychologie (3. aktualisierte Aufl.). München: Pearson.

Bertram, H. (2000): Die verborgenen familiären Beziehungen in Deutschland. Die multilokale Mehrgenerationenfamilie. In: Kohli, M. & Szydlik, M. (Hrsg.): Generationen in Familie und Gesellschaft. Opladen: Leske + Budrich, S. 97–121.

Brandl-Knefz, M. (2016): Die Bedeutung der Großeltern im Leben von Kindern. https://www.kita-fachtexte.de/fileadmin/Redaktion/Publikationen/KiTaFT_Brandl_Knefz_Grosseltern_2016.pdf.

Condon, J./Luszcz, M. & Mckee, I. (2018): The transition to grandparenthood: a prospective study of mental health implications. In: Aging & mental health, 22, 3, S. 336–343.

Di Gessa, G./Glaser, K. & Tinker, A. (2016): The Health Impact of Intensive and Nonintensive Grandchild Care in Europe: New Evidence From SHARE. In: The journals of gerontology. Series B, Psychological sciences and social sciences, 71, 5, S. 867–79.

Grossmann, K. & Grossmann, K.E. (2006): Bindungen. Das Gefüge psychischer Sicherheit (3. Aufl.). Stuttgart: Klett-Cotta.

Heisterkamp, G. (2015): Vom Glück der Großeltern-Enkel-Beziehung. Gießen: Psychosozial.

Höpflinger, F. (2016): Großelternschaft im Wandel – neue Beziehungsmuster in der modernen Gesellschaft. In: Konrad Adenauer Stiftung: Analysen & Argumente, Juli 2016, Ausgabe 209. https://www.kas.de/documents/252038/253252/7_dokument_dok_pdf_45530_1.pdf/781fde8b-7c71-913a-0e1d-76ac85c20eae?version=1.0&t=1539650639904.

Höpflinger, F. (2021): Familie und Großeltern. In: Ecarius, J. & Schierbaum, A. (Hrsg.): Handbuch Familie. Wiesbaden: Springer VS.

Kaufman, G. & Elder, G.H. (2003): Grandparenting and age identity. In: Journal of Aging Studies, 17, 3, S. 269–282.

Lamm, B & Teiser, J. (2013): Intergenerationeller Wandel. In G. Jüttemann (Hrsg.): Die Entwicklung der Psyche in der Geschichte der Menschheit. Berlin: Pabst, S. 152–163.

Mahne, K. & Klaus, D. (2017): Zwischen Enkelglück und (Groß-)Elternpflicht – die Bedeutung und Ausgestaltung von Beziehungen zwischen Großeltern und Enkelkindern. In: Mahne, K./Wolff, J./Simonson, J. & Tesch-Römer, C. (Hrsg.): Altern im Wandel. Zwei Jahrzehnte Deutscher Alterssurvey (DEAS). Wiesbaden: Springer VS, S. 231– 245.

Mahne, K./Wolff, J./Simonson, J. & Tesch-Römer, C. (Hrsg.) (2017): Altern im Wandel. Zwei Jahrzehnte Deutscher Alterssurvey (DEAS). Wiesbaden: Springer VS.

Mueller, M.M. & Elder, G.H. (2003): Family contingencies across the generations: Grandparent-grandchild relationships in holistic perspective. In: Journal of Marriage and Family, 65, 2, S. 404–417.

Paschos, A. (2016): Lebenszufriedenheit und Glück – ein Motiv für Großelternschaft? Eine Analyse anhand von Daten des Deutschen Alterssurveys. In: Hennighausen, C./Lange, B.P. & Schwab, F. (Hrsg.): Evolution des Sozialen. Berlin: Pabst, S. 154–163.

Seilbeck, C. & Langmeyer, A. (2018): Ergebnisse der Studie „Generationenübergreifende Zeitverwendung: Großeltern, Eltern, Enkel. München: DJI. https://www.dji.de/fileadmin/user_upload/bibs2018/WEB_DJI_GenerationZeit.pdf.

Sticker, E. (1991): The importance of grandparenthood during the life cycle in Germany. In: Smith, P.K. (Hrsg.): The psychology of grandparenthood. An international perspective. London: Routledge, S. 32–49.

Tanskanen, A.O. & Danielsbacka, M. (2018): Multigenerational Effects on Children's Cognitive and Socioemotional Outcomes: A Within-Child Investigation. In: Child development, 89, 5, S. 1856–1870.

Werner, E., & Smith, R. (1982): Vulnerable but invincible: A longitudinal study of resilient children and youth. New York: Adams, Bannister and Cox.

Die Corona-Pandemie und Care-Arbeit

Thomas Klie, Hartmut Remmers

Vorbemerkung

Cornelia Helfferich geht in Forschungen den Fragen nach, wie sich Machtverteilung entlang der Geschlechter herausbildet. Sie tut dies im Rahmen von Lebenslaufforschung (Helfferich 2016)[1] und konzentriert auf familiensoziologische Fragestellungen. Sie reflektiert in ihren Arbeiten die Bedeutung von typischen Frauenberufen für die Stabilisierung von Geschlechterungleichheit. Care-Berufe, um die es in dem vorliegenden Beitrag geht, sind typische Frauenberufe. Die Corona-Pandemie hat die Verfügbarkeit von Frauen in Care-Berufen und die Traditionslinien von Care-Berufen in markanter Weise heraustreten lassen. In der langjährigen Zusammenarbeit mit Cornelia Helfferich ist es leider nie zu gemeinsamen Projekten bezogen auf Care-Themen, die uns aus unterschiedlichen Perspektiven beschäftigen, gekommen. In dem vorliegenden Beitrag, der im Kontext der Aufarbeitung der Pandemiefolgen für die Pflege entstanden ist, wird implizit deutlich, welche Berührungspunkte zwischen den Forschungen von Cornelia Helfferich und unseren Care-bezogenen bestehen, wenngleich die Ausgangspunkte weit auseinanderliegen.

1 Der Coronavirus und die Pflege – Einstieg

In beispielloser Weise wurde durch die zu Beginn des Jahres 2020 auch in Europa sich ausbreitende Corona-Pandemie das gesellschaftliche Leben in bestimmten, strukturell verankerten Normalitätsauffassungen von Freiheit zutiefst erschüttert. Staatlich unvermeidliche Schutzmaßnahmen haben zu bislang nicht gekannten Einschränkungen des öffentlichen Lebens sowie wirtschaftlicher Aktivitäten geführt, die in ihrer Schockwirkung zunächst weitge-

1 Der vorliegende Beitrag beruht auf den Arbeiten zu einem pflegewissenschaftlichen Memorandum, das im Kontext der Hotline für beruflich Pflegende der VdPB in einem kollegialen Diskurs entstanden ist. Neben den Autoren waren beteiligt: Andreas Arnold, Constanze Giese, Arne Manzeschke, Annette Riedel, Michael Wittmann, Markus Witzmann.

hend klaglos hingenommen wurden. Das sich zunächst rasant ausbreitende Infektionsgeschehens mit zunehmenden Todesfällen ließ die Bedeutsamkeit eines bis dahin in seiner Funktionalität als selbstverständlich erachteten Gesundheitswesens höchst anschaulich hervortreten. Gesundheitlich als „systemrelevant“ bewertete Berufsgruppen fanden während der ersten Infektionswelle besondere Aufmerksamkeit. Vor allem die in der intensivmedizinischen Versorgung schwerstkranker Patientinnen und Patienten tätigen Pflegefachpersonen trafen für eine kurze Zeit auf ostentativ bekundete Anerkennung ihrer Arbeit. Diese besondere öffentliche Aufmerksamkeit ist inzwischen einer erheblich verringerten Wahrnehmung jener Grenzen gewichen, an welche das medizinische, vor allem aber das pflegefachliche Leistungsvermögen gestoßen ist. Auch das öffentliche Interesse an der pflegerischen Langzeitversorgung, in welcher zu Beginn der Pandemie problematische Einschränkungen von Grund- und Freiheitseinschränkungen verzeichnet werden mussten, hat in der Folgezeit erheblich nachgelassen. Es scheint, als ob das anfängliche Bewusstsein einer beispiellosen Krise, die dazu aufforderte, über einen grundlegenden Wandel nachzudenken, zunehmend sich ausbreitenden Wünschen nach Rückkehr zu einer vermeintlichen Normalität gewichen ist, wie sie vor der Pandemie geherrscht haben mochte.

Allerdings handelt es sich dabei um eine wesentlich auf restaurativen Interessen und Bedürfnissen beruhende Fehleinschätzung der gegenwärtigen Lage. Denn recht besehen sind die vor allem in der völlig überlasteten akuten und langzeitpflegerischen Versorgung offen zutage tretenden Probleme Ausdruck einer gegenwärtig lediglich verschärften, indessen seit Jahrzehnten schwelenden, nunmehr wie in einem Brennglas in verschiedenen Facetten durchsichtig gewordenen Dauerkrise. Die momentan sich verschärfenden Auswirkungen des pandemischen Geschehens sind Anlass genug, sich mit – auch historisch bedingten – Strukturproblemen der Pflegeberufe, ihrer Versorgungspraxis, damit verbundenen Unzulänglichkeiten, politischen Fehlentwicklungen und der Notwendigkeit korrigierender Eingriffe eingehender zu befassen.

Ziel unseres Beitrages ist, auf dem Wege einer sehr knappen, keineswegs auch nur annähernd Vollständigkeit beanspruchenden Bestandsaufnahme einige uns wichtig erscheinende, zumeist historisch-strukturell angelegte Probleme und widersprüchliche Konstellationen der Pflegeberufe herauszuarbeiten, die in unseren Augen bei der Beschreibung der gegenwärtigen Krise (des Gesundheits- und Sozialsystems ebenso wie umgreifender gesellschaftlicher Lebenszusammenhänge) eine bedeutsame Rolle spielen. Die Form einer rekonstruktiven Analyse dient als Grundlage für ein an die allgemeine politische Öffentlichkeit adressiertes Memorandum.[2]

2 https://www.vdpb-bayern.de/wp-content/uploads/2021/06/2021-06-22_Memorandum_Pflege-und-Corona-lesson-learned.pdf [30.6.2021].

Um die gegenwärtig kritische Lage zureichend begreifen zu können, werden wir zunächst eine knappe Beschreibung des durch die gegenwärtige Pandemie ausgelösten Krisengeschehens und damit zutiefst verbundener beruflicher Erfahrungsgehalte derer, die in einem umfassenden Sinne Care-Arbeit leisten, anschließen. Des Weiteren gehen wir von der Annahme aus, dass Lösungen einer quasi endemischen Krise der Pflegeberufe zureichend nur unter Berücksichtigung historisch-strukturell angelegter Bedingungsfaktoren zu erzielen sind. Unter diesen systematischen Gesichtspunkten werden wir uns noch einmal mit verschiedenen Strukturelementen von Care Work (als einer übergeordneten Beschreibungskategorie pflegereicher Leistungen) befassen sowie mit einigen problematischen mentalitätsgeschichtlichen Bedingungsfaktoren insbesondere der deutschen Krankenpflege; und zwar deswegen, weil sie in der einen oder anderen Weise bis heute zu inneren, z.B. arbeitspsychologisch beschreibbaren Blockierungen führen.

2 Covid-19-Pandemie als Auslöser berufspolitischer Anfragen – Rückblick und gegenwärtige Lage

Die Ursprünge der Covid-19-Pandemie gehen mit größter Wahrscheinlichkeit auf ein Ende 2019 in der chinesischen Stadt Wuhan ausgelöstes Infektionsgeschehen zurück. Das zunächst unbekannte Covid-19-Virus breitete sich rasant aus und wurde zum ersten Male Ende Januar 2020 in Deutschland (Bayern) diagnostiziert. In Deutschland stiegen die Infektionszahlen wie überall exponentiell. Die WHO sprach am 11. März zum ersten Mal von einer Pandemie. Die deutsche Bundesregierung reagierte sehr bald auf dem Verordnungswege (22. März 2020) mit Maßnahmen, mit denen das öffentliche und private Leben drastisch in einer über Jahrzehnte unbekannten Weise eingeschränkt wurde. Teile des Wirtschaftslebens und das gesamte kulturelle Leben kamen zum Erliegen. Teilweise wurden Ausgangssperren verhängt. Durch diese einschneidenden Maßnahmen gelang es zunächst, die Ausbreitung der Seuche zu stoppen und mehr und mehr einzugrenzen – allerdings vergeblich, weil von Anfang an, wie der Bericht eines unabhängigen Expertengremiums zeigt, ein Frühwarnsystem und Krisenmanagement nicht nur der WHO, sondern fast aller Staaten versagte.

Die medizinische und pflegerische Versorgung stieß zunächst an ihre Grenzen, wobei teilweise in anderen europäischen Ländern bzw. Regionen eine hinreichende intensivmedizinische/-pflegerische Versorgung nicht mehr gewährleistet werden konnte und es zu Triagesituationen kam. Darauf reagierten medizinische Fachgesellschaften mit entsprechenden Leitlinien, die kontrovers diskutiert wurden.[3] Auch der Deutsche Ethikrat hatte sich mit einer Ad-hoc-Empfehlung „Solidarität und Verantwortung in der Corona-Krise“ vom 27. März 2020 in die Diskussion eingeschaltet. Eine besonders beklagenswerte Entwicklung des Infektionsgeschehens war in politisch und fachlich vollkommen unvorbereiteten Pflegeheimen zu verzeichnen mit einer steil ansteigenden Mortalität dort lebender älterer infizierter Menschen. Ebenso bedenklich war die Situation in Einrichtungen für Menschen mit Behinderungen. Allein am Beispiel der Pflegeheime zeigte sich die Abhängigkeit sämtlicher Versorgungseinrichtungen von komplizierten Lieferketten auf globalen Märkten bei der Beschaffung notwendiger Schutzausrüstungen. Hinzu kam, dass in der gesundheitspolitischen Administration des Bundes und der Länder auf die vom Robert Koch-Institut vor Jahren vorgelegten Pandemiepläne nicht angemessen, beispielsweise durch ausreichende Bevorratung, reagiert worden war. Es ist daher auch ein Ausdruck von Ohnmacht neben einem Mangel an rascher innerbetrieblicher Risikokommunikation, dass es zu einer von den meisten Trägerorganisationen und Arbeitgeberverbänden mitgetragenen Abriegelung der Heime kam. Dortige Erfahrungen haben das Pflegepersonal teilweise folgenschwer traumatisiert.

Von Sommer bis zum frühen Herbst 2020 entspannte sich die pandemische Lage mit erheblichen Lockerungen bisher verordneter Einschränkungen. Auf Warnungen einer erfahrungsgemäß zu erwartenden zweiten Infektionswelle reagierte die Politik eher zögerlich und hinhaltend. Auch hatte sich in Teilen der Bevölkerung Unmut über Beschränkungen des Alltagslebens verbreitet, der sich in Protestdemonstrationen äußerte. Bestimmte, vor allem konsumorientierte Bereiche des Wirtschaftslebens waren und sind teilweise bis heute durch Schließungen zum Erliegen gekommen. Finanzielle Überbrückungshilfen des Staates greifen nur sehr verzögert. Es wird mit einer Welle an Insolvenzen gerechnet.

Seit Oktober 2020 zeichnet sich die pandemische Lage in Deutschland durch ein Anschwellen der Neuinfektionen aus mit leichten Verlangsamungseffekten des Infektionsgeschehens zu Beginn des Jahres 2021. Seit Mitte Februar 2021 ist eine neuerliche Ausbreitung von infektiöseren Virusmutationen zu verzeichnen. Die befürchtete, nicht mehr kontrollierbare klinische Versorgungssituation von an Covid-19 erkrankten Patientinnen und Patienten konnte zwar bisher verhindert werden. Dennoch ist die Situation vor allem in der intensivmedizinischen Versorgung in zunehmendem Maße angespannt, weshalb das Pflegefachpersonal sich zu assoziativen Vergleichen mit der Katastrophenmedizin in Kriegszeiten veranlasst gesehen hat.

3 DIVI-Interdisziplinäre Vereinigung für Intensiv- und Notfallmedizin: Entscheidungen über die Zuteilung intensivmedizinischer Ressourcen im Kontext der Covid-19-Pandemie. Klinisch-ethische Empfehlungen. Version v. 17.4.2020. Diese Empfehlungen wurden auch vom Vorstand der Akademie für Ethik in der Medizin mehrheitlich unterstützt.

In einer Befragung im Auftrag des Norddeutschen Rundfunks im Dezember 2020 berichten langjährige Intensivpflegefachpersonen von massiven Überforderungen und einem sich dramatisch zuspitzenden Personalmangel in allen Bereichen der Versorgung schwerkranker Covid-19-Patienten und -Patientinnen.[4] Der Leidensdruck auf Station sei sehr hoch, weil man die aufwendige Pflege bei zu wenig Personal und schwersterkrankten Patienten und Patientinnen nicht schaffe. Schon bei der personellen Besetzung einer Covid-19-Station habe es große Probleme gegeben. Auch fehle es dadurch zunehmend an Personal, weil viele Kolleginnen und Kollegen aus dem Pflegeberuf in andere Bereiche abwanderten. Die emotionale Belastung hängt vor allem mit dem Krankheitsgeschehen zusammen. „Ich habe noch nie so kranke Patienten erlebt. Corona ist hinterhältig. Kaum denkst du, der Patient ist stabil, geht es wieder bergab. Die Todesangst und die Einsamkeit dieser Menschen sind kaum auszuhalten“, berichtet eine Pflegefachperson. Und eine andere: „Das ist wie im Krieg. Wir werden total verheizt und fühlen uns wie Kanonenfutter. Wir haben viel unerfahrenes Personal und müssen mit veralteten Beatmungsgeräten hantieren, die extrem wartungsintensiv sind.“[5] Nach Einschätzung der befragten Pflegefachpersonen stehe das System kurz vor dem Kollaps.

Diese bildliche, starke Emotionen hervorrufende Verknüpfung ist in zweierlei Hinsicht bemerkenswert: Einerseits werden mit häufig chaotischen Situationen von Feldlazaretten verbundene Vorstellungen wachgerufen, andererseits – und das wahrscheinlich weniger beabsichtigt – Verknüpfungen mit dem militärischen Traditionsstrang der Pflege vorgenommen. Eine weitere dramatische Zuspitzung in der zweiten pandemischen Welle seit Oktober 2020 vollzog sich in Institutionen der pflegerischen Langzeitversorgung. Hier kam es, ohne dass politisch zureichend Konsequenzen aus Defizienzerfahrungen der ersten pandemischen Welle gezogen wurden, zu erneuten Infektionsausbrüchen mit signifikant hoher Sterblichkeit. Inzwischen gibt es gewisse Hinweise darauf, dass die mit höchster Priorität in Pflegeheimen seit Ende Dezember 2020 begonnenen Schutzimpfungen zu einer Verringerung der Sterblichkeit in diesem Alterssegment der Bevölkerung führten. In einer vorläufigen Rückschau lässt sich jedoch sagen, dass bis zum gegenwärtigen Zeitpunkt alle gesundheitspolitischen Maßnahmen eine lediglich „reaktive Gefahrenabwehr“ darstellen, weshalb Fangerau und Labisch (2020: 181) zu dem Ergebnis kommen, dass wir uns in historischer Betrachtung bei den Methoden der Seuchenabwehr „auf dem Niveau der Handelsstädte und der Territorialstaaten der frühen Neuzeit“ befänden. Das dürfte wesentlich auch durch bürokratische Hemmnisse hervorgerufen sein. In diesem Zielkonflikt zwischen allgemeinem und für alle nachvollziehbarem Regulierungsbedarf und der subsidiären freien

4 „Wir werden total verheizt“ – Intensivpflegekräfte am Limit. NDR-Produktion v. 15.12.2020.

5 Ebd.

und verantwortlichen Kreativität in konkreten Situationen wäre in Zukunft besser auszumitteln.

Es zeichnet sich das Gesamtszenario einer politischen Krise ab, in der mindestens zwei unterschiedliche, schwer miteinander zu versöhnende „Wertsphären“ aufeinandertreffen: Auf der einen Seite handelt es sich um die Wertsphäre eines wissenschaftlichen Rationalismus (Weber 1919: 611), der sich in der politischen Administration lediglich als Sachzwang der Durchsetzung des jüngsten infektiologischen und epidemiologischen Erkenntnisstandes manifestiert und dessen höchster Wert der Lebensschutz ist. In beiden Fällen besteht jedoch keine Einigkeit: Virologinnen und Epidemiologen kommen – was durchaus der wissenschaftlichen Rationalität entspricht – nicht zu einhelligen Urteilen bei der Interpretation der Daten. Auch könnte der Einwand erhoben werden, dass es sich bei ihnen lediglich um einen Ausschnitt wissenschaftlicher Expertise handele, ohne dass weitere gesundheits- sowie pflegewissenschaftliche Erkenntnisse in die Politikberatung einbezogen würden. Vor allem aber – und darauf haben Virologen und Epidemiologen oft genug und deutlich hingewiesen – ist die Interpretation und Umsetzung von wissenschaftlichen Daten in politisches Handeln jenseits ihrer Expertise und ihres Anspruchs angesiedelt. Des Weiteren bestehen moralische Differenzen in der Wertung des Lebensschutzes. Sollte es überhaupt so etwas wie ein alles andere überragendes Gut geben, so wäre das wohl am ehesten die unantastbare Menschenwürde, die die Verfassung als unverhandelbar ausweist. In den Augen Bogners (2021) bekundet sich hingegen in der bloßen Exekution von Sachverständigenempfehlungen ein Trend zur „Epistemisierung des Politischen“.

Demgegenüber wird auf der anderen Seite eine im deliberativen Prinzip demokratischer Herrschaftsinstitutionen (vorrangig Parlament) verankerte Wertsphäre des Politischen geltend gemacht, deren oberstes Ziel in der Schlichtung gesellschaftlicher Interessenskonflikte auf der kulturellen Basis von „Gemeinsinn und bürgerschaftliche(m) Engagement“ besteht und die daher, im Vergleich mit künstlicher wissenschaftlicher Erfahrungsproduktion, viel stärker mit dem praktischen Erfahrungshorizont gesellschaftlicher Akteure verflochten ist.[6] Deshalb gilt für Bogner (2021: 109): „Politische rationale Entscheidungen lassen sich nicht durch ausschließlichen Rekurs auf wissenschaftliches Wissen garantieren.“ Damit wird allerdings nicht „die immense Bedeutung von Expertise als Grundbedingung aller Politik“ bestritten (ebd.: 48).

6 Bogner 2021: 117, mit Verweis auf Putnam (2000).

3 Care Work in modernen Gesellschaften

Eines der wesentlichen Charakteristika moderner Gesellschaften ist das der „Arbeitsgesellschaft". Arbeit findet in verschiedenen Feldern statt. Sie sind durch bestimmte Formen gekennzeichnet, die sich wiederum auf verschiedene Berufe mit spezifischen Leistungen beispielsweise der der technisch-industriellen oder agrarischen Produktion sowie der Distribution produzierter Güter/Waren verteilen. Davon abzugrenzen sind berufliche Leistungen, die der Reproduktion des gesamten gesellschaftlichen Lebens dienen. In einer etwas vereinfachenden Weise lassen sie sich als Care Work bezeichnen, die in verschiedenen Segmenten oder Teilbereichen geleistet wird und die sich wiederum differenzieren lässt am Leitfaden der Normalbiografie eines Menschen als Empfänger solcher Leistungen: 1. Kindererziehung in privater Regie: Es handelt sich hierbei um Leistungen der primären Sozialisation mit widersprüchlicher normativer Ausrichtung: personales Wachstum und Selbststeuerung, Arbeitsfähigkeit gemäß heteronomer gesellschaftlicher Anforderungen; 2. schulische, sekundäre Sozialisation und Bildung in direkter stattlicher Regie mit widersprüchlichen Anforderungen der Enkulturation und Bildung; 3. Reproduktion der Arbeitskraft im privaten Haushalt als innerfamiliale, neuerdings auch beruflich-arbeitsteilig organisierte Fürsorge. Im Fall „nichtnormativer" biografischer Krisen (Erkrankungen oder Beeinträchtigungen) erfolgt die Reproduktion von Arbeitskraft als Gesundheitsfürsorge, meist durch institutionelle Delegation an ein professionalisiertes Gesundheitssystem (ärztliche, pflegerische usw. Fürsorge). In Bezug auf altersassoziierte Einschränkungen erfolgt Care-Arbeit vorrangig orientiert am Ziel nicht mehr der Reproduktion von Arbeitskraft, sondern am Ziel der Aufrechterhaltung von (nicht mehr produktivistisch dominierten) Lebensfunktionen und der Teilhabe am gesellschaftlichen Leben. Kritisch ist in diesem Zusammenhang zu fragen, worin diese Teilhabe heute konkret bestehen kann. Ist unsere Gesellschaft ausreichend in der Lage und willens, Menschen jenseits der erwerbstätigen Arbeit noch andere Perspektiven und Partizipationsmöglichkeiten zu eröffnen als die des Konsums? Hat unsere Gesellschaft bisher ein überzeugendes Bild von einer inklusiven Gesellschaft und ihren Partizipationsmöglichkeiten vorlegen können?

Als reproduktive Arbeit findet Care Work in einem wohlfahrtsstaatlich garantierten System von Versorgungsleistungen mit normativen Orientierungen wie Selbstbestimmung, Gerechtigkeit und Teilhabe (soziale Solidaritätsversprechen) statt. Westliche Wohlfahrtsstaaten befinden sich indessen seit Jahrzehnten in einer Krise, die sich mehr und mehr als eine der sozialen Bürgerrechte erweist. Sie zeigt sich in einer Rücknahme der in emanzipatorischen Prozessen einer „Bürgergesellschaft" historisch erreichten Dämpfung überkommener Klassenkonflikte und erzeugt damit Risiken gesellschaftlicher

Anomien, insofern bislang als gültig erachtete soziale Normen in einer wirtschaftlichen und politischen Krise ausgehöhlt werden (Dahrendorf 1992: 67 und 255ff.).

3.1 Wohlfahrtsstaatliche Institutionalisierung von Care

Systematisch lassen sich in Anlehnung an Esping-Andersen (1990) und Brückner (2004) drei Arten von Wohlfahrtsregimen unterscheiden:

1. Dienstleistungsmodell: Es werden persönliche soziale Dienstleistungen mit staatlicher Alimentierung und relativ stark ausgeprägter Bürokratisierung erbracht.
2. Dienstbotenmodell: Dienstleistungen werden bei geringer Entwicklung sozialstaatlicher Einrichtungen marktförmig im Niedriglohnsektor (typisch: weibliche Erwerbsarbeit) verortet.
3. Familienmixmodell: Soziale Dienstleistungen sind eher gering ausgebaut; der Anteil „familialisierter", über Transferleistungen unterstützter Care Work ist hoch; Voraussetzung: niedriger Beschäftigungsgrad von Frauen; mittleres Maß an Niedriglohnarbeit im Sorgebereich.

Seit Mitte der 1990er Jahre sind massive Reprivatisierungstendenzen und ein zunehmender Zwang zur Erwerbstätigkeit fürsorgender Frauen zu verzeichnen. Im Bereich von Care Work lassen sich zunehmende Tendenzen einer Taylorisierung und Hierarchisierung vor allem der Pflege beobachten.

3.2 Inhaltliche und formale Spezifika von Care Work

Zum Typus professioneller Dienstleistungsarbeit gehört ihr zweckrationaler Charakter. Dies trifft auf personenbezogene Dienstleistungen nur eingeschränkt zu. Diese sind stets in die Lebenswelt Betroffener eingebettet, also auch auf die darin verankerten Bedürfnisse, Wünsche, Erwartungen ebenso wie situativ gebundene emotionale Lagen bezogen. Care-Arbeit zeichnet sich daher durch in Haltungen und Einstellungen verankerte Rücksichtnahmen auf jeweils subjektive Befindlichkeiten aus (May 2014: 20). Es handelt sich um einen Arbeitstypus mit einer eigenen situativen Handlungslogik, welche durch Nichtplanbarkeit, Unvorhersehbarkeit, Uno-actu-Produktion und auch durch gelegentlich überbordende menschliche Bedürftigkeit charakterisiert ist (Evans 2016: 21; Böhle & Weishaupt 2003). Dazu gehört insbesondere eine Offenheit gegenüber Entwicklungsmöglichkeiten menschlicher Vermögen im Sinne der Selbstaktualisierung und der autonomen Lebensführung. Die Unterstützung und Förderung menschlichen Vermögens gehen über die Aufrechterhaltung von Lebensfunktionen hinaus. Dieser mit bestimmten persönlichen Dispositionen (z.B. Kreativität, Umsicht, Mitfühlen, Anteilnahme, Engagement, Zuspruch, Trost, Beistand) assoziierte Arbeits- und Prozesstypus ist mit der Welt dominanter professioneller Normierungen und Standardisierungen nur bedingt vereinbar. Vor allem eine Betonung der Zweck-Mittel-Rationalität von Dienstleistungen (z.B. als zeitökonomische, organisatorische Straffung) könnte auf eine Desensibilisierung gegenüber typischen Phänomenen von Sorgearbeit hinauslaufen (Brückner 2004, 2018).

Aus diesem Grunde erweisen sich auch Überlegungen von Ostner (2011) hinsichtlich leiblicher und damit auch kulturspezifischer Aspekte von Sorgetätigkeiten mit ihrer strukturellen Hausarbeitsnähe als weiterhin bedeutsam. Dazu gehören komplementäre mikroanalytische Studien zu Care Work und den mit dieser Arbeit verknüpften Gefühlsregulationen in verschiedenen Dimensionen personaler Gestaltungsanforderungen und (asymmetrischer) Gestaltungsweisen („Sorgegeschehen") (Kumbruck & Senghaas-Knobloch 2019). Zu beklagen sind dagegen stark in den Vordergrund gerückte makrostrukturelle Sichtweisen (z.B. die Konzentration auf betriebswirtschaftlich rationelle Arbeitsorganisation, bloße Statusfragen, formale Regulative und Rahmenbedingungen), die das lebendige Zentrum von Sorgearbeit systematisch verfehlen. Ähnlich argumentiert auch Tronto (2011: 842), wenn sie für ein kritisches Verhältnis gegenüber „reproduktiver Zweckrationalität" plädiert, d.h. für ein erweitertes Verständnis von Professionalität zugunsten einer intrinsischen Wertrationalität sorgenden Verhaltens in Care-Beziehungen.

3.3 Einige Elemente einer politischen Ökonomie von Care Work

Gegen eine Sonderstellung von Care Work im Ensemble von Dienstleistungsberufen werden allerdings auch Bedenken erhoben, weil es sich dabei um die Verkennung einer „Realregimeordnung" (Plonz 2018) handeln könnte, der das Bestreben immanent ist, Reproduktionskosten der Arbeitskraft in Dienstleistungsberufen zu verbilligen. Nun besteht eine zentrale Schwierigkeit darin, Leistungen der Sorge, die in einem Verhältnis persönlicher Beziehungen erbracht werden, ökonomisch zu bewerten. Beruflich-therapeutische Sorgebeziehungen entziehen sich produktivistischen Maßstäben der Herstellung von Gütern, die auf dem Markt einen (frei flottierenden) Tauschwert besitzen. Die Begrifflichkeiten ökonomischer Produktionsverhältnisse materieller Güter versagen in diesem Bereich. Selbst die Redensart einer Produktion von Gesundheit als einem „Konditionalgut" ist deswegen abwegig, weil sie sich in einem der „Sache" nach verfehlten Horizont quasi industrialisierter Herstellungslogiken bewegt. Schon die Stofflichkeit von Care Work als eine leibvermittelte Tätigkeit zu bestimmen, stößt auf große Schwierigkeiten.

Fasst man zunächst einmal Care Work – und das wäre auch etwas reduktionistisch – als emotionale Beziehungsarbeit, so ließe sich ihr „Gegenstand" als menschliche Subjektivität charakterisieren, d.h. als ein auf Selbstregulation beruhendes Vermögen des Menschen, zu dessen Eigenschaften ein Streben nach allseitiger Entwicklung und Verwirklichung solchen Vermögens auf dem Wege einer durch Kooperation zu realisierenden Aneignung von Welt gehört (May 2014: 19; Tronto 2011: 842). Zur Förderung oder Wiederherstellung menschlicher Vermögen müssen Carer, wie bereits gesagt, über Sensibilität, Empathie, mimetisches Vermögen, Spontaneität und Kreativität verfügen. Für eine zureichende Bestimmung von Care Work sollte daher bedacht werden, Menschen als Beziehungswesen zu denken. Anthropologischen Einsichten zufolge sind Aspekte emotionaler Selbstregulation und Selbstbestimmung des Einzelnen in einem Beziehungsgeschehen und damit als Aufgaben der Beziehungsgestaltung und als Ermöglichung von Teilhabe, etwa gemäß der Behindertenrechtscharta, zu betrachten. Mit ebenso wichtigen ethischen Ansprüchen individueller Selbstbestimmung entsteht dabei ein produktives Spannungsfeld.

Zieht man des Weiteren Kategorien der klassischen politischen Ökonomie heran, so handelt es sich bei Care Work als reproduktive Arbeit um Leistungen, die nicht auf die Produktion einer Ware mit einem marktvermittelten Tauschwert ausgerichtet sind, sondern es handelt sich um gebrauchswertorientierte Tätigkeiten, die in bestimmte gesellschaftliche Kontexte (Arbeits- und Herrschaftssysteme) eingelassen sind. Daher ergeben sich Schwierigkeiten der (nichtideellen) Bewertung solcher Leistungen. Eine solche Bewertung ist offensichtlich abhängig davon, welchen gesellschaftlichen Stellenwert und welche davon abhängige Bewertung jene menschlichen Vermögen beanspruchen können, auf deren Erhaltung, Förderung oder Wiederherstellung nichtkommodifizierte (d.h. von kapitalistischen Marktgesetzlichkeiten entkoppelte) Care-Arbeit zielt. Im Falle der in Krankenhäusern (in öffentlich-rechtlicher Trägerschaft; andere, private Trägerschaften, mit denen bewusst marktvermittelte Preisbildungen ins Spiel kommen, hier einmal ausgeklammert) erbrachten Care Work sind es tarifliche Gehaltsvereinbarungen, die etwas über die jeweilige Bewertung reproduktiver Leistungen aussagen. Schwieriger ist das Bewertungssystem in den gemäß SGB XI institutionalisierten Bereichen der Altenhilfe. Hier kommen Vergütungssysteme ins Spiel, die auf Aushandlungen zwischen verschiedenen Vertragspartnern (Pflegeeinrichtungen, Pflegekassen, Sozialversicherungsträger usw.) beruhen. Entscheidende Einflussgrößen sind dabei staatlich gedeckelte Beitragssätze der Versicherten und die jeweils mit Bundesländern ausgehandelten Pflegesätze, aus denen sich das für Pflegeleistungen zur Verfügung stehende Gesamtbudget speist.

Mit Einführung der sozialen Pflegeversicherung wurde bewusst der Weg einer Vermarktlichung von Pflegeleistungen in einem staatlich gesetzten Finanzierungsrahmen beschritten. Damit wurden allerdings auch die Tore geöffnet für Strategien, im Konkurrenzkampf diverser Betriebe von Pflegeleistungen durch möglichst niedrige Löhne möglichst hohe, nicht reinvestierte Erträge zu erzielen. Die Pflegeversicherung hat einen „strukturellen Kosten- und Ausbeutungsdruck" erzeugt,

> „der kaskadenförmig an die Anbieter und Pflegehaushalte weitergegeben wird. Diesem Kostendruck begegnen die meisten Anbieter wiederum mit Lohndumpingstrategien. Ausbeutung auf dem Pflegemarkt tritt daher nicht primär in Gestalt von Profiterwirtschaftung, sondern als Kosteneinsparung auf. Kein wertförmiger Überschuss, sondern umgekehrt eine spezifische, pflegepolitisch forcierte ‚Wertminderung' stellt hier den treibenden Grund für die strategische Reduzierung anfallender Personalkosten dar. Steigende Personalkosten können dann entweder über die unbezahlte Mehrarbeit einer überlasteten Belegschaft, mithilfe der Rationalisierung von Arbeitsabläufen oder den Einsatz Geringqualifizierter und selbst Laienarbeitskräften niedrig gehalten werden" (Haubner 2017: 544f.).

Das Skandalöse dieser pflegepolitischen Weichenstellung besteht darin, dass staatlicherseits an dieser Option struktureller Kosteneinsparung als Weg der Bewältigung zukünftig steigender Pflegebedarf festgehalten wird (ebd.: 545). Es wird sich zeigen, inwieweit die durch die gegenwärtige Covid-19-Pandemie ausgelöste gesellschaftliche Krise, in der die Belastungsgrenzen des gesamten Versorgungssystems insbesondere als solche seiner professionellen Akteure unabweisbar wurden, zu einem Wandel sozialstaatlicher Paradigmen der Lösung sozialwirtschaftlicher Konflikte durch (geduldete) Ausweitung von Niedriglohnarbeit im Care-Sektor führen.

4 Mentalitätsgeschichtliche Strukturelemente der beruflichen Pflege

4.1 Ambivalenzen zwischen Dienstbarkeit und Ethos der Fürsorge

Die Geschichte der Pflege als eine nicht nur für die natürliche, sondern auch für die kulturelle Reproduktion menschlichen Lebens unverzichtbare Tätigkeit ist durch bemerkenswert ambivalente Strukturen gekennzeichnet. Bis ins Mittelalter zurückreichend, genossen die von der Medizin unterschiedenen, u.a. durch heilkundige, „weise" Frauen repräsentierten pflegerischen Leistungen hohes Ansehen. Erst mit einer ärztlich monopolisierten Heilkunde im Zeitalter der Aufklärung kam es zu einer bemerkenswerten Substitution originär pflegerischer Aufgaben und ihrer Ausübung im Kontext kirchlicher Einrichtungen bzw. städtischer Hospize als Werke christlicher Barmherzigkeit. Im Zuge naturwissenschaftlicher Erfolge der Medizin im 19. Jahrhundert entstand nicht nur ein „Säkularisierungsdruck“, sondern gleichzeitig mit einer Tendenz der „Industrialisierung“ der Medizin in der zweiten Hälfte des 20. Jahrhunderts wuchs auch ein „Ökonomisierungsdruck“, der ebenso die Pflege mit Einführung neuer, vorrangig betriebswirtschaftlich ausgerichteter Managementkonzepte und dadurch ausgelöster Fragmentierungen ganzheitlicher Arbeitszuschnitte erfasste (Kreutzer 2010: 119ff.; Manzeschke & Brink 2010).

Zwar kam es durch die zunehmende Herauslösung pflegerischer Tätigkeiten nicht aus kirchlichen, sondern aus stark religiösen Kontexten zu einer wachsenden Verweltlichung sinnstiftender Antriebsressourcen der Ausübung des Pflegeberufs, ohne dass sich deswegen aber die motivationalen Quellen weiterhin aus ehedem karitativen, jedoch evolutionsgeschichtlich offensichtlich unverzichtbaren altruistischen Anteilen speisten. Kulturgeschichtlich wird man die psychologischen „Leistungen“ christlicher Traditionsmächte darin erblicken, den Orientierungsrahmen unserer Alltagsmoral aus einer persönlichkeitsgeschichtlich beschränkt entfalteten Stufe lediglich egozentrischer Einstellungen herausgelöst zu haben (vgl. hierzu Remmers 2020). Vor allem damit wurden Voraussetzungen geschaffen für die stärkere Entfaltung eines möglicherweise anthropologisch tiefsitzenden empathischen Vermögens, einer Fähigkeit des Menschen, sich auf die Bedürftigkeit anderer einzustellen und einzuschwingen. In seiner ursprünglich kirchlich-karitativen Verklammerung nimmt dieses empathische Vermögen die Transformationsgestalt eines spezifischen, insbesondere Frauen zugeschriebenen Dienstethos an. Doch auch in seiner Verweltlichung scheint es vielfach an seine erlösungsreligiösen Ursprünge gebunden zu bleiben, um nunmehr in einer institutionellen Konstellation weiblicher Machtlosigkeit eine innerseelisch prekäre Dynamik zu entfalten.

Dienstbarkeit erscheint als eine Haltung, die vor allem jene zu institutioneller Subalternität „verurteilten“ Frauen einnehmen, weil sie sich allein auf diesem Wege der Selbstentäußerung einer ihnen verbliebenen Macht, psychologisch: ihrer Selbstwirksamkeit zu versichern vermögen. Im Zurücknehmen der eigenen Persönlichkeit, in der entsagungsreichen, als beruflicher Altruismus institutionalisierten Hilfe vermag das Selbst Stärke zu gewinnen. Ob diese innerseelische Antriebsstruktur eben auch pflegerischer Leistungen unumgänglich ist, steht dahin. Prekär wirkt sie sich vielfach als zunehmender seelischer Gleichgewichts- und Steuerungsverlust aus, wenn auf diesem Wege der Entsagung und Selbstvergessenheit quasi „Erlösung“ und damit berufliche Sinnstiftung gesucht wird.

Insofern stellt sich seit langem die Frage, wie jener Circulus vitiosus ungesteuerter Sorge in Verbindung mit Selbstverneinung durchbrochen werden kann. Folgt man analytischen Einsichten Sigmund Freuds, so lassen sich bestimmte psychische Anteile sorgenden Verhaltens als das Resultat einer Umkehr seelischer Antriebsrichtungen verstehen, d.h. einer Umkehr offensiver, nach außen gerichteter Impulse der Auseinandersetzung mit der eigenen Umwelt zugunsten einer nach innen, gegen das Ich gerichteten Energie mit latent selbstdestruktiven Wirkungen.[7] Selbstzerstörerische Tendenzen entstehen aber erst dann, wenn den nach innen gerichteten Antrieben ein Gegenhalt, eine bewusste Kontrolle als Selbststeuerung fehlt.

Mit der Emanzipation der Pflegeberufe aus institutionell einengenden kirchlich-religiösen Kontexten war zunächst die Chance gegeben, die Sinnhaftigkeit beruflichen Handelns von bestimmten erlösungsreligiösen Schlacken (etwa der Preisgabe eines Selbst nach Maßgabe einer Imitatio Christi) und den damit verbundenen permanenten Verschiebungen von Grenzen eigener Belastbarkeit zu befreien. Dies besagt freilich nicht, dass sich die Sinnhaftigkeit pflegerischen Handelns nicht auch aus den Quellen eines das Hier und Jetzt transzendierenden Glaubens speisen kann, beispielsweise in der Verarbeitung vergeblichen Bemühens. Wenn auch das Dienstethos der beruflichen Pflege den Einsatz physischer und seelischer Kräfte im primären Interesse der Hilfe und des Schutzes der pflegebedürftigen Person verlangt, so muss dieser Einsatz jedoch im Interesse der Pflegefachperson (d.h. Reproduktion eigener Arbeitskraft) begrenzt werden. Insofern bedarf das Ethos der Sorge balancierender Gegenkräfte der bewussten Kontrolle und Selbststeuerung sowie klar definierter Grenzen, um Abstand nehmen zu können.

Das Problem einer solchen Selbststeuerung besteht auch darin, dass das Engagement von Pflegekräften sich nicht nur, aber auch in einem Bereich abspielt, der eher auf informellen Verständigungen und impliziten Forderungen beruht. Gerade hier konnten Pflegekräfte etwas erfahren, was arbeitssoziologisch als „Selbstwirksamkeit" bezeichnet wird, also die Erfahrung, mit dem eigenen, selbstbestimmten professionellen Tun etwas Sinnvolles und Gutes zu bewirken. Oft ging (und geht) dieses Engagement über das fachlich und moralisch Forderbare hinaus – für die Gepflegten und die Pflegeorganisation ein Gewinn. Durch die Ökonomisierung im Pflegebereich und den Versuch, alle Effizienzreserven auszunutzen, sind solche „Spielräume" supererogatorischen

7 Darin bestehen gewissermaßen – etwas verkürzt gesagt – die triebökonomischen Hypotheken einer Kultur, in der eine hypertrophierte kritische Gewissensinstanz der Person (Über-Ich) sich in Gestalt von Schuldgefühlen in eine Quelle sadistisch gegen das Ich gerichteter psychischer Antriebe wandelt. Vgl. Freud 1930, passim, insbes. S. 262. Den Terminus „Umkehr der Antriebsrichtung" verwendet Gehlen 1956, S. 121. – Was unseres Erachtens noch immer einer zureichenden psychologischen resp. psychoanalytischen Aufklärung harrt, wären die hoch ambivalenten triebökonomischen Schicksale sorgenden Verhaltens in einer gesellschaftlichen Umgebung, in der ein einfühlsamer Umgang mit Verletzlichkeit, Leid, Pein und Endlichkeit auch heute noch aus dem gesellschaftlich dominierenden Wertbemessungssystem von Lohnarbeitsleistungen ausgegliedert wird. Vgl. u.a. Müller 2016, insbes. Teil V und VI.

Engagements zunehmend verschlossen – mit dem Effekt, dass die Pflegekräfte frustriert ihrer Arbeit den Rücken kehren und die Gepflegten weniger Zuwendung erfahren (vgl. Manzeschke & Brink 2010, 2014).

Ein Problem des Ethos der Sorge besteht darin, zu stark auf die Sphäre einer Unmittelbarkeit interpersonaler Beziehungen fixiert zu sein, was lähmende Wirkungen erzeugt. Mit dieser ethischen Engführung werden Möglichkeiten einer gemeinschaftlichen Artikulation und Wahrnehmung legitimer persönlicher und beruflicher Interessen der Selbstorganisation blockiert. Erst in dem Maße, wie der ambivalente Charakter fürsorglicher Beziehungen, Dispositionen, Einstellungen, Werthaltungen durchschaut wird, können berufliche Verantwortlichkeiten im Sinne der Wahrnehmung zweiseitig ausgerichteter Schutzinteressen (Hilfebedürftige, professionelle Akteure) interpretiert und gestärkt werden (doppeltes berufliches Mandat). Durch Bewusstmachung intrapersonaler Widersprüche (scheinbar unauflösbare Kette persönlicher Versagungen als Preis helfender Praxis) können möglicherweise frühzeitige berufliche Fluchtimpulse gemindert oder verhindert werden.

Festzuhalten ist: Es genügt nicht, sozialmoralisch begründete Werte in der Ausübung von Care Work wohlmeinend in Form eines Ethikcodes zu proklamieren. Sie können eine praktisch-lebendige Wirksamkeit erst dann entfalten, wenn ihnen im Persönlichkeitssystem von Sorgeleistenden gewissermaßen intrapsychische Korrelate (Einstellungen, als Tugenden kultivierte Haltungen und Motive) entsprechen. Allerdings beruht eine Schwierigkeit in der Realisierung beruflicher Werte darin, von einer gewiss unverzichtbaren Unmittelbarkeit sorgender Beziehungen uno acto kognitiv zugleich Abstand nehmen zu können (Remmers 2017). Dies wird besonders dringlich in Konfliktsituationen, die in professionellen Beziehungen jederzeit entstehen können, darüber hinaus aber auch unter bestimmten Rahmenbedingungen, unter denen Care Work nicht mehr in einer fachlich und ethisch anspruchsvollen Weise geleistet werden kann. Es scheinen daher vor allem Gründe einer unzureichenden kognitiven Distanzierungsfähigkeit zu sein und einer damit zusammenhängenden (indessen erlernbaren) emotionalen Selbststeuerungsfähigkeit, weshalb beispielsweise Pflegefachpersonen, die von einer Ethik des Sorgens zutiefst geleitet sind, gleichzeitig in der Gefahr stehen, anfällig für Ausbeutung zu sein, weil ihnen häufig (zusätzliche) moralische Ressourcen fehlen, um ihre eigene Ausbeutung zu verhindern. (Bubeck 1995: 254).

5 Schlussbemerkung

Die hier entfaltete Analyse steht im Zusammenhang mit gesundheits- und pflegepolitischen Debatten: Was kann und muss aus der Corona-Pandemie an Schlussfolgerungen für die berufliche Pflege gezogen werden? Sie wurden in einem Memorandum kondensiert.[8] Cornelia Helfferich betrieb mit exzellenter Methodik Grundlagenforschung in politisch brisanten Themenfeldern von Familien- und Genderfragen. Unsere Forschungen zur Care-Arbeit beruhen auf grundlegenden Analysen, wie sie in dem vorliegenden Beitrag wesentlich von Hartmut Remmers aufeinander bezogen und qualifiziert wurden, verstehen sich aber stets auch als angewandte Forschung mit einem politikberatenden Hintergrund.

Literatur

Bogner, Alexander (2021): Die Epistemisierung des Politischen. Wie die Macht des Wissens die Demokratie gefährdet. Stuttgart: Reclam.

Böhle, Fritz & Weishaupt, Sabine (2003): Unwägbarkeiten als Normalität – die Bewältigung nichtstandardisierbarer Anforderungen in der Pflege durch subjektivierendes Handeln. In: Büssing A. & Glaser J. (Hrsg.): Dienstleistungsqualität und Qualität des Arbeitslebens im Krankenhaus. Göttingen: Hogefeld, S. 149–162.

Brückner, Margrit (2004): Der gesellschaftliche Umgang mit menschlicher Hilfsbedürftigkeit. Fürsorge und Pflege in westlichen Wohlfahrtsregimen. In: Österreichische Zeitschrift für Soziologie 29, S. 7–23.

Brückner, Margrit (2018): Care – Sorgen als sozialpolitische Aufgabe und als soziale Praxis. In: Otto, H.-U./Thiersch, H./Treptow, R. & Ziegle, H. (Hrsg.): Handbuch Soziale Arbeit: Grundlagen der Sozialarbeit und Sozialpädagogik (6., überarb. Aufl.). München: Ernst Reinhardt Verlag, S. 212–218.

Bubeck, Dietmut (1995): Care, Gender, and Justice. Oxford: Clarendon Press.

Dahrendorf, Ralf (1992): Der moderne soziale Konflikt. Essay zur Politik der Freiheit. Stuttgart: Deutsche Verlags-Anstalt.

Esping-Andersen, Gøsta (1990): The Three Worlds of Welfare Capitalism (7. Aufl.). Cambridge: Polity Press.

Evans, Michaela (2016): Arbeitsbeziehungen der Care-Arbeit im Wandel. WISO-Diskurs, Arbeitspapier 23.

Fangerau, Heiner & Labisch, Alfons (2020): Pest und Corona. Pandemien in Geschichte, Gegenwart und Zukunft. Freiburg im Breisgau: Herder.

Freud, Sigmund (1930): Das Unbehagen in der Kultur. Studienausgabe Bd. IX. Frankfurt a. M.: S. Fischer Verlag, S. 191-270.

Gehlen, Arnold (1956): Urmensch und Spätkultur. Philosophische Ergebnisse und Aussagen. 3., verbesserte Auflage. Frankfurt a. M.: Akademische Verlagsgesellschaft Athenaion 1975.

Haubner, Tine (2017): Ein unbequemes Erbe. Die Ausbeutung von Pflegearbeiten und der marxistische Ausbeutungsbegriff. In: Das Argument, 324, S. 534–547.

Helfferich, Cornelia (2016): Familie und Geschlecht. Opladen, Berlin & Toronto: Verlag Barbara Budrich.

8 https://www.vdpb-bayern.de/wp-content/uploads/2021/06/2021-06-22_Memorandum_Pflege-und-Corona-lesson-learned.pdf [30.6.2021].

Kreutzer, Susanne (Hrsg.) (2010): Transformation pflegerischen Handelns. Institutionelle Kontexte und soziale Praxis vom 19. bis 21. Jahrhundert. Göttingen: Universitätsverlag Osnabrück.

Kumbruck, Christel & Senghaas-Knobloch, Eva (2019): Die Grenzen instrumenteller Verfügbarkeit von Subjektivität – Einsichten aus der Arbeitswelt der Pflege. In: Böhle, F. & Senghaas-Knobloch, E. (Hrsg.): Andere Sichtweisen auf Subjektivität. Impulse für kritische Arbeitsforschung. Wiesbaden: Springer VS, S. 131–165.

Manzeschke, Arne & Brink, Alexander (2010): Versprechen, Vertrag und Supererogation in Nonprofit-Organisationen. In: Theuvsen, L./Schauer, R. & Gmür, M. (Hrsg.): Stakeholdermanagement in Non-Profit-Organisationen. Linz: Trauner, S. 125–141.

Manzeschke, Arne & Brink, Alexander (2014): Gouvernementalität und Versprechen. Wirtschaftsphilosophische Anmerkungen zu einem Steuerungsregime am Beispiel unberechtigter Mehrforderungen in Non-Profit-Organisationen. In: Enkelmann, W.D. & Priddat, B. (Hrsg.): Was ist? Wirtschaftsphilosophische Erkundungen. Marburg: Metropolis, S. 297–323.

May, Michael (2014): Auf dem Weg zu einem dialektischen materialistischen Care-Begriff. In: Widersprüche 34, 4, S. 11–51.

Müller, Beatrice (2016): Wert-Abjektion. Zur Abwertung von Care-Arbeit im patriarchalen Kapitalismus – am Beispiel der ambulanten Pflege. Münster: Westfälisches Dampfboot.

Ostner, Illona (2011): Care – eine Schlüsselkategorie sozialwissenschaftlicher Forschung? In: Evers, A. (Hrsg.): Handbuch Soziale Dienste. Wiesbaden: Springer VS, S. 461–481.

Plonz, Sabine (2018): Wirklichkeit der Familie und protestantischer Diskurs. Ethik im Kontext von Re-Produktionsverhältnissen, Geschlechterkultur und Moralregime. Baden-Baden: Nomos.

Putnam, Robert (2000): Bowling Alone. The Collapse and Revival of American Community. Simon & Schuster: New York.

Remmers, Hartmut (2017): Care: Existential Assets and Nonpartisan Justice. On Several Ethical Aporiae of Care Professions. In: Foth, Th./Holmes, D./Hülsken-Giesler, M./Kreutzer, S. & Remmers, H. (Hrsg.): Critical Approaches in Nursing Theory and Nursing Research: Implications for Nursing Practice (Bd. 14 Pflegewissenschaft und Pflegebildung). Göttingen: Vandenhoeck & Ruprecht, S. 69–90.

Remmers, Hartmut (2020): Wie systemrelevant ist Religion aus der Perspektive der beruflichen Pflege? In: Loccumer Pelikan. Religionspädagogisches Magazin für Schule und Gemeinde des Religionspädagogischen Instituts Loccum 3, S. 42–44.

Tronto, Joan C. (2011): Feminist Democratic Ethics of Care and Global Care Workers. Citizenship and Responsibility. In: Mahon, R. & Robinson, F. (Hrsg.): Feminist Ethics and Social Policy. Vancouver & Toronto: University of British Columbia Press, S. 162–177.

Weber, Max (1919): Wissenschaft als Beruf. In: Ders. Gesammelte Aufsätze zur Wissenschaftslehre (4. Aufl.). Tübingen: Mohr, S. 582–613.

Das Coronavirus und die Renaissance des Haushalts

Jörg M. Fegert

„Denn wie man sich bettet, so liegt man ...“

1 Eine Schere öffnet sich im ersten Lockdown

Seit der Coronavirus-Pandemie wird uns diese Weisheit aus Kurt Weills und Bertolt Brechts „Dreigroschenoper“ kontinuierlich vor Augen geführt. Mit dem ersten Lockdown im März 2020 definierten der Haushalt und die Meldeadresse den Lebensradius, wen man sehen durfte und letztendlich auch, wenigstens zum Teil, wie viel gesellschaftliche Teilhabe unter diesen Bedingungen noch möglich war. Dabei wurde bei den notwendigerweise eilig erlassenen Verordnungen sehr viel an der Lebenssituation im Haushalt festgemacht, während gleichzeitig über die Beziehungen im Haushalt und die Herausforderungen an die Alltagsbewältigung unter diesen restriktiven Bedingungen zunächst wenig diskutiert wurde. In der politischen und gesellschaftlichen Debatte ging es während des ersten Lockdowns vor allem um flankierende Wirtschaftshilfen und die Einhaltung bestimmter Regeln für eine vermeintlich kurze Phase, um danach wieder ein normales Leben führen zu können. Homeschooling und Homeoffice als neue Herausforderungen lenkten den Blick auf die Kernfamilie als Standardlebensmodell mit Vater, Mutter und Kindern. Häufig wurden die Begriffe Haushalt und Familie, womit Kernfamilie gemeint war, synonym verwendet, in einem Atemzug gedacht. In einer schnell recherchierten Übersicht veröffentlichten wir zeitnah, noch während des ersten Lockdowns, im Frühjahr Erfahrungen aus anderen Quarantänesituationen und sprachen damals schon von einem sehr langen Weg zurück zur Normalität und gingen davon aus, dass sich die Folgen der Belastungen nicht gleich verteilen würden. Auch basierend auf Daten aus der Weltwirtschaftskrise in Bezug auf die psychische Gesundheit von Kindern und Jugendlichen und in Bezug auf häusliche Gewalt und den Kinderschutz forderten wir eine frühzeitige Stärkung von Hilfen und Unterstützungsmaßnahmen (Fegert et al. 2020a). Aufgrund beunruhigter Anfragen von Angehörigen der Heilberufe an der Medizinischen Kinderschutzhotline mussten wir feststellen, dass die sozialen Unterstützungssysteme für Familien in prekären Situationen und manche Jugendämter nur noch eingeschränkt erreichbar waren. Kinderschutzmeldungen an Jugendämter kamen in dieser Situation einem „Blindflug" gleich. Insofern sprachen sich Angehörige der Heilberufe, gerade nach den Erfahrungen in beiden Lockdowns, im Rahmen des Gesetzgebungsverfahrens zum „Kinderstärkungsgesetz" – der SGB-VIII-Reform – sehr klar für Rückmeldungen an meldende Angehörige der Heilberufe aus. Beunruhigend war für uns im ersten und zweiten Lockdown zu sehen, wie die absolute Zahl von Kinderschutzmeldungen zurückging auf ca. 70–80 Prozent der sonst üblicherweise erfassten Anfragen an die Medizinischen Kinderschutzhotline. Aber auch die Art der Anfragen wandelte sich. Diese bezogen sich mehr auf verdächtige körperliche Verletzungen und Frakturen, während Anfragen in Bezug auf sexuellen Missbrauch, häusliche Gewalt und emotionale Misshandlung und Vernachlässigung eher zurückgingen (Fegert et al. 2021). Der Rückgang war, verglichen mit dem Rückgang der Gesamtinanspruchnahme, in Praxen und Krankenhäusern relativ geringer. Gleichwohl kam es nach dem ersten Lockdown zu einem Rebound-Phänomen mit einer deutlichen Zunahme der Beratungsanliegen aus den Heilberufen an der Hotline, gerade auch in Bezug auf sexualisierte Gewalt gegen Kinder und Jugendliche. Hier wurde deutlich, wie wichtig die Wahrnehmungen von Bystandern für den Kinderschutz bei sexualisierter Gewalt in der Familie sind. Erst als Kinder sich wieder in der Schule Lehrer*innen, ihren Freund*innen, Klassenkamerad*innen oder im Sportverein etc., also vertrauten Personen mitteilen konnten, erst als Familienhelfer*innen, Schulbegleiter*innen etc. wieder Zugang zu ihren Klient*innen hatten, kam es auch wieder verstärkt zu Vorstellungen im ärztlichen und psychotherapeutischen Bereich, die dann diesbezügliche Anfragen bei der Hotline auslösten. Sehr früh hatten wir simultan im Deutschen Ärzteblatt und in der Zeitschrift Das Jugendamt einen Beitrag unter dem Titel „Kinderschutz ist systemrelevant" (Fegert et al. 2020b, 2020c) veröffentlicht, denn im ersten Lockdown wurden wir Angehörige der Heilberufe, der Heilhilfsberufe und der Pflegeberufe und anderen im Krankenhaus Mitarbeitenden sofort als systemrelevant erkannt und in der entsprechenden Coronavirus-Verordnung der Länder berücksichtigt, während viele Beratungsstellen und freie Träger der Jugendhilfe ihre Tätigkeit nicht durchführen konnten, u.a. weil die dort tätigen Personen keine Notbetreuung für ihre eigenen Kinder erhalten konnten. Die im Kinderschutz und bei der Unterstützung gegen „häusliche Gewalt" so relevante Selbsthilfearbeit war ebenfalls aufgrund der Kontaktverbote unterbunden. Das galt auch für viele wichtige andere Angebote wie Schulbegleitung etc. Manche Gewaltschutzeinrichtungen und Inobhutnahmestellen vernetzten sich regional und schafften, wie in Ulm, Quarantäneaufnahmemöglichkeiten, in denen die Hygienevorsichtsmaßnahmen eingehalten werden konnten und gleichzeitig der Schutz gewährleistet werden konnte, bis nach Einhaltung einer Quarantäne und Abklärungsphase eine Verlegung in andere Einrichtungen erfolgen konnte. Von außen war im Netzwerk häufig nicht bekannt, was noch möglich war und was nicht mehr lief. Zwischen den Kommunen und Kreisen gab es hier extreme Unterschiede und es war schwierig, einen Überblick zu gewinnen. In Bezug auf die Schulbegleitung von Kindern und Jugendlichen mit drohenden Teilhabedefiziten konnten wir dank kurzfristiger, unkomplizierter Förderung durch die Baden-Württemberg Stiftung (Henn et al. 2020) diesen massiven Einbruch aufzeigen und gleichzeitig erfreulicherweise feststellen, dass viele Helfer*innen ohne Bezahlung und ohne Rückhalt ihrer Träger wenigstens versucht hatten, über Telefon und Videokommunikation Kontakt zu halten. In der kinder- und jugendpsychiatrischen und psychotherapeutischen Betreuung von Kindern und Jugendlichen geriet, je nach lokalen Bedingungen, im ersten Lockdown auch vieles ins Wanken. An manchen Orten gingen Priorisierungsüberlegungen so weit, dass Stationen geschlossen wurden, Räumlichkeiten für den Aufbau von Infektionsstationen genutzt wurden, weil man die psychiatrische und psychotherapeutische Versorgung von Kindern und Jugendlichen, gemessen an der Herausforderung der Coronavirus-Pandemie, für irrelevant hielt. Es schien für manche Ärztliche Direktor*innen ums nackte Überleben zu gehen. Auch hier fällt einem in Bezug auf diese Brutalpriorisierungen „Brecht“ ein: „Erst kommt das Fressen, dann kommt die Moral.“

Uns erreichten verzweifelte Berichte von Kolleg*innen aus anderen europäischen Ländern mit der Schilderung z.B. der Situation in der Lombardei und den akuten massiven Belastungen von Kindern und Jugendlichen, die innerhalb ihrer Familien zahlreiche Todesfälle zu beklagen hatten. Die Policy Division der europäischen Fachgesellschaft für Kinder- und Jugendpsychiatrie (ESCAP) publizierte einen Appell an die Gesundheitssysteme in Europa, die psychiatrische und psychotherapeutische Versorgung von Kindern und Jugendlichen aufrechtzuerhalten, und wir betontendiese wichtige Bedeutung der psychosozialen Unterstützung auch in einem gemeinsamen Editorial mit den niedergelassenen Kinder- und Jugendpsychiatern und Psychotherapeuten aus Europa (Clemens et al. 2020). Erfreulicherweise kamen diese Appelle im Gesundheitssystem relativ schnell an und innerhalb weniger Wochen wurden die rechtlichen Rahmenbedingungen für die Abrechnungsfähigkeit von Onlinetherapie und Onlinesprechstunden im Gesundheitswesen und gleichzeitig entsprechende technische Voraussetzungen geschaffen, so dass wir schon ab dem zweiten Quartal 2020 systematisch Kinder- und Jugendlichenpsychotherapien und die Betreuung der Familien über digitale Kontakte aufrechterhalten konnte (vgl. Bernheim et al. 2021). Es gelang, die Akutbereiche mit einem erheblichen Hygieneaufwand, Testungen und Schleusungen funktionsfähig zu erhalten. Dies war mit vielen Einschränkungen für die Patient*innen und ihre Familien verbunden. Am schwierigsten war es, gemeindenahe Angebote wie Tagesklinik oder aufsuchende Behandlung, Hometreatment und stationsäquivalente Behandlung (StäB) fortzuführen(Aslan et al. 2020). Nicht nur innerhalb der Familie, sondern auch in Bezug auf die Versorgungsformen führte die Coronavirus-Pandemie also zu einer Retraditionalisierung: Entweder war hochintensive stationäre Behandlung im Krankenhaus notwendig und dann mussten Besuche und Kontakte massiv reduziert werden oder eine ambulante Aufrechterhaltung des Zurechtkommens zuhause in der Familie war mit den Mitteln der digitalen Sprechstunden und wenigen Ambulanzpräsenzterminen möglich.

Die Coronavirus-Pandemie führte somit zu einem Entweder-oder zwischen der traditionellen stationären Intensivbehandlung oder der hochmodernen digitalen Therapie und Betreuung, die natürlich an technische Voraussetzungen ebenso gebunden war wie an räumliche Voraussetzungen und Fähigkeiten und die Bereitschaft innerhalb von Familien. Gerade die Familien, die dank unserer differenzierten sozialen Unterstützungssysteme im Alltag die Teilhabe ihrer Kinder und Jugendlichen noch hinreichend gewährleisten konnten, gerieten unter massiven Druck, weil die modernen, aufsuchenden Hilfen und die Selbstorganisation von Betroffenen in Selbsthilfeeinrichtungen etc., also alle Errungenschaften seit den 1970er Jahren im psychosozialen Bereich massiv ins Wanken geraten waren.

Der Lockdown und die damit verbundenen Hygienemaßnahmen führten also quasi zu einer Dichotomisierung.Wie wir in einer Repräsentativbefragung, die zur Hälfte vor dem Lockdown und zur anderen Hälfte im Lockdown direkt in Haushalten durchgeführt wurde, konnten wir feststellen, dass es Familien gab, dieden Lockdown sogar als Entspannung, Entschleunigung wahrnahmen. Man lernte sich von einer anderen Seite kennen, etablierte Homeoffice und Homeschooling, sprach mehr miteinander und empfand Zusammengehörigkeit angesichts einer gemeinsamen Bewältigungserfahrung.. Auf der anderen Seite befanden sich Familien, die häufig auch ein wenig vom traditionellen Mittelschichtsfamilienbild abwichen, die aber im Alltag bislang ohne oder mit Unterstützung recht gut klar kamen, deren soziales Unterstützungsnetz radikal zusammengebrochen war, die nun nicht mehr auf die Großeltern, z.B. in Krisen der Kinderbetreuung, zurückgreifen konnten. Trennungsfamilien, die seit Jahren gute und für die Kinder adäquate Lösungen gefunden hatten, konnten diese Lösungen im Alltag nicht mehr leben. Familien mit Familienmitgliedern, die unter der Woche an einem anderen Ort tätig waren, sei es z.B. auf Montage oder als „DiMiDo-Professor*innen“ wurden separiert. Die vom Wissenschaftlichen Beirat für Familienfragen früh programmatisch etablierte breite Definition von Familie als gelebter und lebbarer Familie (vgl. Fegert & Gerlach 2020, Beitrag zum 50. Jubiläum des Wissenschaftlichen Beirats) wurde durch die praktischen Einschränkungen im Alltag in Frage gestellt. Lebbar war Familie vor allem als klassische Kernfamilie, alle anderen, die heutige Pluralität von Familie ausmachenden Lebensmodelle und erst recht Wohngemeinschaften und Singlehaushalte, wurden vor ungeahnte Hürden in der Beziehungsgestaltung gestellt. In einem Europa, in dem weitgehend offene Grenzen seit Jahrzehnten unser Leben bestimmen, wurden in Grenzregionen Paare und gemeinsam ihre Kinder versorgende Eltern und Großeltern plötzlich unüberwindbar getrennt. Selbst der in der Verfassung in Art. 6 ausformulierte

Schutz von Ehe und Familie zählte in dieser ersten Situation nicht. In den ersten Wochen des ersten Lockdowns durften die Grenzen innerhalb Europas nur für Import, Export und Handel überwunden werden, selbst Ehepartner bei Berufspendlern erhielten ein unüberwindliches Kontaktverbot und wurden, wie ich es persönlich erfahren musste, an der Grenze abgewiesen.

Exkurs – Persönliche Erfahrungen

Nie hätte ich gedacht, dass unsere Lebensform mit zwei Wohnsitzen in Deutschland und in der Schweiz und Tätigkeiten als Staatsdiener in zwei Ländern einmal auf dem Verordnungswege von einem Tag auf den anderen in Frage gestellt werden würde. Plötzlich stellte man ein potentielles Infektionsrisiko dar und es wurde uns unmissverständlich, sowohl durch unsere Arbeitgeber wie auch durch Kolleginnen und Kollegen mitgeteilt, wo wir hingehörten … verzweifelte Telefonate, unwürdige Treffen am Grenzzaun in Konstanz …

Geübt im Schreiben politischer Stellungnahmen, wendete ich mich an die Deutsche Bundesregierung und an den Bund in der Schweiz. In Deutschland habe ich nie eine Antwort von den entsprechenden Stellen erhalten. In der Schweiz ist ein Petitionsrecht jedes Menschen, unabhängig von der Nationalität, direkt an den Bundesrat in der Schweizer Verfassung verankert. Bezugnehmend auf die Schweizer Verfassung und die auch dort formulierte Gewährleistung von Ehe und Familie, schrieb ich also eine Petition an den Bund – resigniert belächelton meiner Frau (Juristin in leitender Position im kantonalen Dienst) und von Freunden aus dem juristischen Umfeld. Einen Tag nach Absenden der Petition erhielt ich eine Eingangsmeldung, eine Ansprechpartnerin teilte mir mit, wie mit der Petition weiter umgegangen werde, welches Departement in der Regierung sich damit befassen werde, man bat mich um Geduld und erläuterte mir die Möglichkeit, jederzeit Rückfragen zu stellen. Unaufgefordert erhielt ich mehrfach Informationen zum Zwischenstand, mir wurde rechtliches Gehör geschenkt, meine Problemlage wurde anerkannt, und man teilte mir mit, dass und wie man sich damit auseinandersetzte. Nach drei langen Wochen erhielt ich an einem Freitagmorgen einen Anruf aus dem Staatssekretariat für Migration, wo mir ein leitender Beamter mitteilte, dass der Bundesrat an diesem Tag die Regelung für verpartnerte Paare und Ehepaare ändern werde und ich wieder zu meiner Frau reisen dürfe. Der Herr bot sich an, an der Grenze telefonisch meine Einreise zu unterstützen. Ich solle, gestützt auf eine E-Mail, welche er mir zusenden wolle, mich, wenn ich möchte, direkt zur Grenze begeben. Dies tat ich und löste dort riesige Verwunderung aus. Tatsächlich durfte ich nach einem langen Telefonat der Grenzkontrolle mit dem Herrn in Bern und einer extrem gründlichen Kontrolle des Autos schließlich in die Schweiz einreisen und an diesem Wochenende taten es mir sehr viele andere „Grenzgängerpaare“ erleichtert gleich. Nie waren wir in dieser Situation tatsächlich in Not, wir hatten unsere Arbeit, wir hatten technische Kommunikationsmittel und trotzdem war unsere Lebensform plötzlich fundamental in Frage gestellt. Es folgten bis heute nicht beendete Behördengänge, mit der quasi unmöglichen Anmeldung von Wohnsitzen in beiden Ländern (die Schweiz kennt von Gesetz wegen nur einen Wohnsitz, nur die Steuer will man in beiden Ländern einziehen, deshalb gibt es nach demDeutsch-Schweizer-Doppelbesteuerungsabkommen zwei Wohnstätten, obwohl es angeblich keine zwei Wohnsitze geben darf etc.). Wir bezahlten Gebühren hier und da und kamen von einer administrativen Komplikation in die andere, weil zwar die Situation bekannt ist, dass Deutsche wegen des Lohngefälles in der Schweiz arbeiten und es dafür Regelungen gibt, aber dass jemand privat, wegen des Partners, in die Schweiz will und in Deutschland arbeitet, kommt so kaum vor. Mittlerweile haben wir uns mit verschiedenen Paaren, die sich auch in dieser Situation befinden, angefreundet und mussten feststellen, wie auch hier ein Renationalisierungsdruck entstand, wie Paare in stabilen Beziehungen dazu gezwungen wurden, sich legal zu verpartnern, weil nun zwischen Ehepaaren und verpartnerten Paaren und anderen Paaren unterschieden wurde. So kam es zu einem Sommer der binationalen Verpartnerungen und Eheschlüsse.

Angesichts des Leids unserer Klient*innen und ihrer Familien, angesichts der vielen Belastungen, die Freund*innen in dieser Zeit hatten, die z.B. eine Krankheit bewältigen mussten, obwohl die Zugänge zum Medizinsystem hochproblematisch waren etc., angesichts der mittlerweile dokumentierten Belastungen Betroffener sexualisierter Gewalt in Kindheit und Jugend in der Coronavirus-Pandemie (vgl. UKASK 2020 und 2021; Kavemann 2021) ist meine persönliche Erfahrung relativ banal. Ich erzähle die Geschichte trotzdem, weil die Pandemiesituation und die damit verbundenen notwendigen Regelungen meine bisherige Lebensform in Frage gestellt haben. Wir haben uns seither über Wochen, Monate, ja jetzt mehr als ein Jahr damit auseinandergesetzt, wie wir einen Weg finden, und das wirkt auch noch weiter und hat aber auch durchaus positive Folgen.

Ich berichte diese persönlichen Erfahrungen, um deutlich zu machen, wie anständiges Verwaltungshandeln, allein durch Respekt und die Gewährung von rechtlichem Gehör, hilft und dem sich ohnmächtig erlebenden Betroffenen Anerkennung der schwierigen Situation und damit ein Stück Menschenwürde zurückgibt. Wenn das schon bei mir so ist, einem etablierten Professor mit allen Ressourcen, wie geht es also Betroffenen, die sich mit Hoffnung und dem Wunsch auf Anerkennung an Institutionen wenden, in denen sie Unrecht erfahren haben? Wie geht es den zahlreichen enttäuschten Betroffenen, die sich an den Fonds sexueller Missbrauch der Bundesregierung gewandt haben? Das administrative Missmanagement, die Unzuverlässigkeit in der Einhaltung von Zusagen, welches sich auch in der Coronavirus-Krise mit zigfachem Versagen bei der Administrierung der Wirtschaftshilfen, z.B. für die Gastronomie, zeigte oder in der mangelnden Unterstützung von selbstständigen Künstler*innen bemerkbar war, wurde mir in seiner Bedeutung durch diese „Selbsterfahrungsübung“, auf die ich gerne verzichtet hätte, noch einmal besonders deutlich. Auch wenn wir auf Eingaben nicht sofort reagieren können, müssen Eingaben niederschwellig möglich sein und haben Petenten ein Recht auf eine freundliche Eingangsbestätigung, eine Information darüber, wie es zeitnah weitergeht, ein Beschwerderecht und ein Recht darauf, einen Ansprechpartner genannt zu bekommen.

All dies hat mir in dieser Situation gut getan, und ich werde weiter dafür kämpfen, dass Betroffenen im Umgang mit den Institutionen, in denen ihnen Leid zugefügt wurde, in ähnlicher Weise begegnet wird oder im Umgang mit dem Fonds der Deutschen Bundesregierung, was leider auch zehn Jahre nach dem „Missbrauchsskandal“ nicht der Fall ist.

2 Retraditionalisierung, Lagerkoller, Zunahme von Depression und Angst

Früh war also allen klar, dass die erzwungene Reduktion auf das Zusammenleben in einer Kernfamilie, bei vorbestehenden familiären Belastungen, bei Suchtproblemen in der Familie und bei einem zunehmenden „Lagerkoller“ aufgrund des forcierten Zusammenseins zu Risiken führen musste. In der weiteren Argumentation wurden der Kinderschutz und der Schutz vor häuslicher Gewalt sogar immer wieder als Argument gegen Maßnahmen der Pandemiebekämpfung eingebracht. Wobei sich die Anstiege während der harten Lockdownphasen gar nicht so deutlich zeigten, sondern vor allem dann Hilfe gesucht wurde, wenn wieder Kontakte nach außen möglich waren. Dies hat in eklatanter Weise noch einmal die hilfevermittelnde Rolle von Bystandern, Freunden und Freundinnen, Mitschülerinnen und Mitschülern, anderen Eltern etc. deutlich gemacht. Zwar gibt es direkte Beratungshotlines., doch viel Hilfe wird erst in dem schwierigen Schritt des Sichdurchringens zur Inanspruchnahme von Hilfe, erst durch die Begleitung durch nahestehende Personen aus dem Umfeld möglich. Mittlerweile liegen uns auch aus eigenen Untersuchungen empirische Befunde vor, dass gerade bei Familien, in denen schon vor der Pandemie Belastungen bestanden, mit dem Pandemieverlauf die Belastungen angestiegen sind. Die Hamburger-Gruppe um UlrikeRavens-Sieberer berichtet allerdings ebenfalls auf der Basis einer nicht repräsentativen Onlinebefragung von einem deutlichen Anstieg der psychischen Belastungen bei Kindern und Jugendlichen auf ein knappes Drittel aller Kinder (Ravens-Sieberer et al. 2020). Im Rahmen des Projektes „Meine Kindheit, Deine Kindheit“ begleiten wir eine ab der Geburt sehr gut dokumentierte Kohorte mir einem Oversampling für eigene Gewalterfahrungen in der Kindheit bei den Müttern. Wir konnten nun, eingebettet in eine größere Onlinebefragung, eine Teilstichprobe von den Familien, die an allen Untersuchungszeitpunkten seit der Geburt teilgenommen haben, auch während des Lockdowns erreichen. Klar konnte belegt werden, dass vorbestehende Belastungen das Risiko, auf den Lockdown mit Belastung zu reagieren, steigerte, aber es war doch interessant zu sehen, dass die persönliche Einstellung, der familiäre Coping-Stil und die negativen Erwartungen oder positiven Reaktionsweisen letztendlich die Belastungsfolgen mediieren (Köhler-Dauner et al. 2021). Mit der Fokussierung auf die Kernfamilie und den Haushalt geriet aber zunehmend auch aus dem Blick, dass Familie mehr ist als die Kernfamilie, und letztendlich, dass wir Menschen als soziale Wesen uns in Netzwerken wie Freundschaften und Beziehungen realisieren, auch wenn wir zum Beispiel alleine in einem Haushalt leben oder in einer Wohngemeinschaft. Diversität und Vielfalt der Lebensform und gelebte soziale Beziehungen in diesem Kontext sind im Spannungsfeld zwischen Kernfamilie und Institutionshaushalten wie Seniorenheimen, Behinderteneinrichtungen, Kinderheimen und Schulen ja kaum oder eigentlich gar nicht diskutiert, so dass die vielfältigen Bedürfnisse und Beziehungsgefüge derer, die ihr Leben nicht in diesem traditionellen Familienbild leben, bislang kaum thematisiert worden sind. Die Studie der Unabhängigen Kommission zur Aufarbeitung sexuellen Kindesmissbrauch zeigt, dass über ein Drittel der Personen, die hier teilnahmen, alleine leben und dass das Zusammenleben in einer Kernfamilie eben nicht für alle Personen prototypisch ist.

3 Fazit und Agenda

In dem vorliegenden Beitrag habe ich versucht, meine wissenschaftliche Sicht als Kinder- und Jugendpsychiater und Psychotherapeut und als Vorsitzender des Wissenschaftlichen Beirats für Familienfragen, der im Beirat eine interdisziplinäre Debatte über die Coronavirus-Pandemie und die Folgen für Familien initiiert hat, mit meinem persönlichen Erleben zu verbinden. Als ich die Zeilen zu meiner privaten Situation im Lockdown verfasste, rang ich mit Scham, fragte ich mich: Ist das adäquat? Darf man das in einem Buch schreiben? Letztendlich zeigte ich alle aus der Sozialforschung bekannten Phänomene der Selbststigmatisierung (denn: „Wie man sich bettet, so liegt man"). Teilweise empfand ich Unverständnis und reagierte darauf aggressiv und mit Abgrenzung. Erst später, auch wieder nach einer ausführlichen Beiratsdiskussion mit der damaligen Bundesfamilienministerin Franziska Giffey, formulierten wir als interdisziplinärer Beirat mit einem politischen Agendasetting Forderungen für eine Erholung nach der Pandemie; und zwar eine direkte Erholung für belastete Personen und Familien, quasi ein Aufschnaufen und nicht ein bloßes Übergehen zur Tagesordnung und zudem ein „Recovery Program", also wirtschaftliche Investitionen in die darniederliegenden sozialen Unterstützungssysteme, insbesondere auch in Beratung und Selbsthilfe. Der erhöhte Bedarf ist jetzt schon absehbar. Wir dürfen nicht, wie im Impfdebakel, erst beginnen, wenn die Nachfrage steigt, sondern wir müssen jetzt uns klar machen, dass nach einem Abklingen der direkten Pandemiebelastungen individuelle Bilanzen notwendig sind und dann individuelle Hilfen zur Teilhabe erforderlich sein werden, um verloren gegangene Vernetzungen wiederaufzubauen. Es braucht also eine auf Dienste und Dienstleistungen bezogene soziale Agenda (Services-Agenda). Diese Dienstleister müssen darum werben, dass diejenigen, die sich in ihren Nestern notgedrungen zurückgezogen haben, wieder nach außen kommen und Unterstützung in Anspruch nehmen. Gleichzeitig sind alte Unterstützungsplanungen, Hilfepläne etc. häufig hinfällig, da sich gerade in Übergangssituationen die Lage dramatisch verändert hat. Junge Menschen im Übergang zum Erwachsenenalter zählen zu den in ihrer Entwicklung in der Regel stark betroffenen Personen, die wichtige Entwicklungsschritte nicht vollziehen konnten. Deshalb brauchen wir hier im Feld der sozialen Unterstützung, im Feld der Bildung, der beruflichen Ausbildung etc., in Bezug auf diesen Übergang eine spezifische Service-Agenda, um die Folgen der Pandemie zu reduzieren.

Was aber auch deutlich wurde, ist, wie uns alle die Einschränkung von Grundrechten betroffen hat. Wir brauchen eine Human Rights Agenda, die den Wert des Einzelnen, die Rechte auf Individualität, das Recht auf die persönliche Lebensgestaltung, Freizügigkeit, das Recht auf soziale Beziehungen etc. wieder in den Vordergrund stellt, und nicht zuletzt brauchen wir, wie in der Antistigmaarbeit, eine Selbstwertagenda, in dem wir stolz und reflektiert auf unsere persönliche Bewältigung und unser teilweises Scheitern an Problemen in der Krise zurückschauen. Die privaten Narrative über die Krise und aus der Krise werden zu Sinnstiftung, die zum allgemeinen Verständnis von Belastungen und Erholungsbedarf beitragen. Rein quantitative Angaben zu Angst, Depression und Belastungserleben, die mit der Dauer der Krise angestiegen sind, helfen hier wenig weiter. Es geht um das individuelle Ringen, um das Zurechtkommen in der Krise, und es geht um die Lehren und Perspektiven für die lange Erholungsphase danach. Denn, wie schon häufig gesagt, wird die Welt danach nicht mehr so sein wie davor, aber wir wollen eine Welt, in der wir unsere Grundrechte gestärkt wiederbekommen, in der soziale Unterstützung eine große Bedeutung spielt und in der wir zu uns stehen können, auch wenn wir teilweise angesichts der Herausforderungen in dieser schwierigen Zeit das Gefühl haben teilweise gescheitert zu sein..

Literatur

Aslan, Sonja/Müller, Sabine/Schneeweiß, Alice/Stahl, Paule/Weilemann, Mitja & Fegert, Jörg M. (2020): Der Tag, an dem die Tagesklinik schließen musste. In: Psychosoziale Umschau 35, 3, S. 20–22.

Bernheim, Dorothee/Keller, Ferdinand/Fegert, Jörg M. & Sukale, Thorsten (2021): Akzeptanz der Videotherapie an einer Ausbildungsambulanz für Verhaltenstherapie für Kinder und Jugendliche in Zeiten der Corona-Pandemie. In: Nervenheilkunde 40, 5, S. 341–347.

Clemens, Vera/Deschamps, Peter/Fegert, Jörg M./Anagnostopoulos, Dimitris/Bailey, Sue/Doyle, Maeve/Eliez, Stephan/Hansen, Anna S./Hebebrand, Johannes/Hillegers, Manon/Jacobs, Brian/Karwautz, Andreas/Kiss, Eniko/Kotsis, Konstantinos/Kumpersac, Hojka G./Pejovic-Milovancevic, Milica/Christensen, Anne M.R./Raynaud, Jean-Philippe/Westerinen, Hannu & Visnapuu-Bernadt, Piret (2020): Potential effects of „social“ distancing measures and school lockdown on child and adolescent mental health. In: European Child & Adolescent Psychiatry 29, S. 739–742.

Fegert, Jörg M./Berthold, Oliver/Clemens, Vera & Kölch, Michael (2020b): COVID-19-Pandemie – Kinderschutz ist systemrelevant. In: Deutsches Ärzteblatt 117, 4, S. 703–707.

Fegert, Jörg M./Berthold, Oliver/Clemens, Vera/Kölch, Michael/Eckhart-Ringel, Annegret/von Moers, Arpad & Witt, Andreas (2021): Der Corona-Lockdown und Kinderschutz – Entwicklungen in der Inanspruchnahme der Medizinischen Kinderschutzhotline während der SARS-CoV-2 Pandemie. In: Recht und Psychiatrie. https://www.escap.eu/index/coronavirus-and-mental-health/maintain-contact-with-patients-and-their-families-and-prevent-closure-of-services.

Fegert, Jörg M./Clemens, Vera/Berthold, Oliver & Kölch, Michael (2020c): Kinderschutz ist systemrelevant – gerade in Zeiten der SARS-CoV-2-Pandemie. In: Das Jugendamt 93, 4, S. 178–181.

Fegert, Jörg M. & Gerlach, Irene (2020): Wissenschaftlicher Beirat für Familienfragen beim Bundesfamilienministerium: (Vor-)Geschichte, Funktionen und Tätigkeit in der Politikberatung. In: Sozialer Fortschritt: Unabhängige Zeitschrift für Sozialpädagogik 69, 8–9, S. 495–510.

Fegert, Jörg M./Vitiello, Benedetto/Plener, Paul & Clemens, Vera (2020a): Challenges and burden of the Coronavirus 2019 (COVID-19) pandemic for child and adolescent mental health: a narrative review to highlight clinical and research needs in the acute phase and the long return to normality. In: Child & Adolescent Psychiatry & Mental Health 14, S. 1–11.

Henn, Katharina/Schönecker, Lydia/Lange, Stephanie/Fegert, Jörg M. & Ziegenhain, Ute (2020): Unterstützung durch Schulbegleiterinnen (m/w/d**) trotz corona-bedingten Schulschließungen. In: Das Jugendamt 93, 10, S. 482–488.

Kavemann, Barbara (2021): Auswirkungen der Covid-19-Pandemie auf die Lebenssituation von Betroffenen von sexualisierter Gewalt in Kindheit und Jugend. Ergebnisse einer Befragung der Unabhängigen Kommission zur Aufarbeitung sexuellen Kindesmissbrauchs. In: Trauma & Gewalt 15, 3, S. 188–198.

Köhler-Dauner, Franziska/Clemens, Vera/Hildebrand, Katherina/Ziegenhain, Ute & Fegert, Jörg M. (2021): The interplay between maternal ACE's, parental coping strategies as well as endangered parenting behavior during the current SARS-CoV-2 pandemic. In: Developmental Child Welfare.

Ravens-Sieberer, Ulrike/Kaman, Anne/Otto, Christiane/Adedeji, Adekunle/Devine, Janine/Erhart, Michael/Napp, Ann-Kathrin/Becker, Marcia/Blanck-Stellmacher, Ulrike/Löffler, Constanze/Schlack, Robert & Hurrelmann, Klaus (2020): Mental health and quality of life in children and adolescents during the COVID-19 pandemic – results of the COPSY study. In: Deutsches Ärzteblatt 117, 48, S. 828–829.

UKASK Unabhängige Kommission zur Aufarbeitung sexuellen Kindesmissbrauchs (2020): Wie erleben Betroffene von sexualisierter Gewalt in Kindheit und Jugend die Corona-Pandemie? Erste Ergebnisse einer Online-Befragung. Berlin. https://www.aufarbeitungskommission.de/mediathek/wie-erleben-betroffene-die-corona-pandemie/.

UKASK Unabhängige Kommission zur Aufarbeitung sexuellen Kindesmissbrauchs (2021): Belastungen und Entlastungen von Betroffenen sexualisierter Gewalt in Kindheit und Jugend in der Corona-Pandemie. Zweite Auswertung einer Online-Befragung. https://www.aufarbeitungskommission.de/wp-content/uploads/Belastungen-und-Entlastungen_Zweite-Auswertung-Corona-Befragung_Aufarbeitungskommission.pdf.

Familiengerichte und Elternschaft bei Getrenntleben: Eine qualitative Inhaltsanalyse zu persönlichen Einstellungen und deren Objektivierung am Beispiel des Wechselmodells

Thomas Meysen

Entscheiden Familienrichter:innen in Familienkonflikten über die elterliche Sorge oder den Umgang, so stellen sie oft bedeutsame Weichen für das Aufwachsen von Kindern und die Wahrnehmung der Elternrolle. In ihre familienrichterliche Tätigkeit bringen sie ihre eigene Familienbiografie mit. Auch sie haben persönliche Einstellungen, möglicherweise auch Erfahrungen dazu, wie Elternschaft nach einer Trennung gelebt werden kann oder auch sollte. Wie Familienrichter:innen damit umgehen, wenn das Recht und die Human- und Sozialwissenschaften keine im konkreten Fall belastbaren Antworten geben und sie bei der Entscheidung auf ihre eigenen Einschätzungen zum Fall angewiesen sind, ist bislang – soweit ersichtlich – nicht wissenschaftlich untersucht worden. Der vorliegende Beitrag unternimmt einen Versuch, sich den Mechanismen und der familienrichterlichen Kommunikation anhand einer qualitativen Inhaltsanalyse zu nähern. Untersucht werden die im Jahr 2020 veröffentlichten sorge- und umgangsrechtlichen Entscheidungen mit Bezug zum sog. Wechselmodell (n = 14), also eine nahezu paritätische Aufteilung der Betreuungszeiten.

1 Rechtsprechung zwischen „objektiver Rechtsauslegung“ und Entscheidungsspielräumen

Deutschland ist ein Rechtsstaat und Richter:innen sind an „Gesetz und Recht gebunden“ (Art. 20 Abs. 3 GG). Folglich besteht die Erwartung, dass unabhängige Richter:innen in Ausübung ihrer richterlichen Rolle das Recht und die Sachverhalte, über die sie zu entscheiden haben, nicht nach ihrem Gutdünken überformen. Das führende deutsche Werk zur juristischen Methodenlehre fordert, dass sie in „objektiver Auslegung“ des Rechts entscheiden (Larenz & Canaris 1995: 133ff.). Diese Entpersonalisierung der Rechtsprechung soll das

Vertrauen in den Rechtsstaat und seine Gerichte fördern, indem es ein Bild zeichnet, wonach Richter:innen „nur" das Recht anwenden und nicht auf Grundlage ihrer persönlichen Einstellungen entscheiden.

Aufgabe von Familiengerichten ist es dementsprechend, zur Gewinnung konkreter Entscheidungen in Familienkonflikten die Rechtssätze mit dem individuellen Sachverhalt, also der Familiensituation bzw. dem, was Richter:innen über diese wissen, im Wege der Subsumtion zusammenzubringen (Engisch 1997: 45ff.). Hierbei werden die dem Gericht vorliegenden Informationen bewertet und das Recht ausgelegt. Dass richterliche Rechtsanwendung keinen linearen Automatismen folgt, zeigen sprichwörtliche Rahmungen wie „Zwei Jurist:innen, drei Meinungen" oder „Bei Gericht und auf hoher See sind alle in Gottes Hand". Die Rechtsprechung strebt daher nach Homogenisierung und erhöhter Rechtssicherheit über ober- oder höchstrichterliche Rechtsprechung, an denen sich alle künftigen Entscheidungen orientieren sollen. Unsicherheiten in der Ermittlung bzw. der Erfassung des Sachverhalts begegnet die juristische Methodenlehre damit, dass immer dann, wenn sich eine rechtlich erhebliche Tatsache nicht mit Sicherheit bestimmen lässt (z.B. zum Kindeswohl), an Bedeutung verliert, ob der Entscheidungsinhalt objektiv das Richtige trifft oder nicht. Es geht in diesem Fall vor allem darum, ob das richterliche Entscheidungsverhalten dem Recht gemäß erfolgt (Rosenberg 1965; Beling 1928: 238f.).

Diesen deflektiven Strategien näher nachzuspüren, bieten sich Familienstreitigkeiten in besonderem Maße an: Das Recht reflektiert insoweit gesellschaftlich geprägte Familienbilder und Geschlechterrollen, die handelnden Personen – auch Familienrichter:innen – bringen ihre biografisch entwickelten Sichtweisen mit. Das Familienrecht versucht dem zu begegnen, indem es das Kindeswohl zum zentralen Begriff und zur obersten, alles überlagernden Leitmaxime erhebt (Dethloff 2018: 387f.). Doch die kindliche Entwicklung zeichnet sich durch denkbare Vielfalt und damit nur eingeschränkte Vorhersehbarkeit aus. Dies setzt einer Operationalisierung und eindeutigen Bestimmbarkeit anhand sozial- und humanwissenschaftlicher Methoden Grenzen – jedenfalls diesseits der Schwelle zur Kindeswohlgefährdung. Der optimistische Glaube in die klärende Rolle wissenschaftlicher Erkenntnisse, was dem Wohl des Kindes am besten dient, erfüllt sich oft nicht und so bleibt nur der Rückgriff auf soziale Konstruktionsprozesse. Auf solche „Taschenspielertrick[s]" (Kindler 2018: 184) ist auch die Rechtsprechung angewiesen, wenn sich Kindeswohlfragen nicht abschließend mit empirisch basierten Methoden ermitteln lassen. Sie steht vor einem Dilemma. Einerseits soll sie den Anspruch an vermeintlich „objektive" Entscheidungsfindung erfüllen, andererseits kann sie die Kriterien nur aus sich selbst schöpfen.

Rechtsprechung hält also den „Schein" der Objektivität anhand eines am Recht orientierten Entscheidungsverhaltens aufrecht, indem sie möglichst nachvollziehbaren Kriterien folgt. Welche Strategien sie hierbei wählt und inwieweit Rollenbilder zu getrenntlebenden Müttern und Vätern einfließen, wird im Folgenden anhand veröffentlichter Rechtsprechung zum Sorge- und Umgangsrecht im Wege einer qualitativen Inhaltsanalyse von Gerichtsentscheidungen zum „Wechselmodell" untersucht, in denen ein Elternteil die verbindliche Gestaltung oder die Aufhebung einer bisher praktizierten paritätischen Betreuung des Kindes bzw. der Kinder anstrebt. Rechtlich gesehen bewegen sich solche Betreuungssettings zwischen einer Bestimmung des Aufenthalts (Sorgerecht) und einer Regelung der Kontakte (Umgangsrecht) (eingehend Schumann 2018). Das Familienrecht des Bürgerlichen Gesetzbuchs ist noch nicht auf diese Konstellation zugeschnitten und berücksichtigt die Besonderheiten bei annähernd paritätischer Betreuung bislang nur unzureichend. So konstatiert eine vom Bundesministerium der Justiz und für Verbraucherschutz (BMJV) eingesetzte Arbeitsgruppe, die sich mit dem Reformbedarf befasst hat, im Jahr 2019:

> „Aufgrund der geänderten Lebenswirklichkeit vieler Familien und der gesellschaftlichen Entwicklungen, die insbesondere seit der Kindschaftsrechtsreform von 1998 eingetreten sind, bedarf es dringend einer grundlegenden Reform im Kindschaftsrecht" (BMJV 2019).

Eine solche steht nach wie vor aus und Familiengerichte sind gefragt, die bestehenden Lücken zu schließen.

Wenn der Bundesgerichtshof in einer Entscheidung vom 1. Februar 2017 (XII ZB 601/15) betont, dass ein Wechselmodell auch gegen den Willen eines Elternteils angeordnet werden könne, braucht es hierfür Kriterien. Folgende Entscheidungsparameter hat die Rechtsprechung aus sich selbst heraus entwickelt:

- Bindung des Kindes an beide Eltern, die Beziehung zu etwa vorhandenen Geschwistern;
- Wille des Kindes, dem mit zunehmendem Alter wachsende Bedeutung zuerkannt wird;
- Erziehungseignung und Förderungsgrundsatz, also die Eignung, Bereitschaft und Möglichkeit beider Eltern zur Übernahme der für das Kindeswohl maßgeblichen Erziehung und Betreuung;
- Kontinuitätsgrundsatz, der auf die Einheitlichkeit, Gleichmäßigkeit und Stabilität der Erziehungsverhältnisse abstellt;
- Kommunikations- und Kooperationsfähigkeit der Eltern sowie die Fähigkeit und Bereitschaft der Eltern, die Beziehung des Kindes zum jeweils anderen Elternteil zuzulassen und zu fördern.

Diese Kriterien sind regelmäßig kein Wert an sich, sondern unterliegen Ambivalenzen und Uneindeutigkeiten. Dies eröffnet zwangsläufig Spielräume für richterliche Wertungen. Wie die Familiengerichte begründen, dass ihre Entscheidung die „objektiv" einzig richtige ist, soll im Folgenden daher näher untersucht werden.

2 Methodischer Zugang

Die Auswahl eines Rechtsbereichs für die Analyse unterlag der Anforderung, dass in diesem familiengerichtliche Entscheidungen nur begrenzt durch klare externe Kriterien zu bestimmen, insbesondere wissenschaftlich basierte Vorhersagen zum Kindeswohl im Lichte der kindlichen Entwicklung nur bedingt möglich sein sollten. Zwei kindschaftsrechtliche Streitfragen erfüllen dieses Kriterium in besonderem Maße:

- *Gemeinsame oder alleinige elterliche Sorge:* Sind Eltern nach einer Trennung gemeinsam sorgeberechtigt und beantragt ein Elternteil die Übertragung der Alleinsorge auf sich, so soll das Familiengericht dem stattgeben, wenn zu erwarten ist, dass dies dem Wohl des Kindes am besten entspricht (§ 1671 Abs. 1 Satz 2 Nr. 2 BGB). Bei gemeinsamer Sorge müssen Eltern nur in den Angelegenheiten gemeinsam entscheiden, in denen Regelungen für das Kind von erheblicher Bedeutung sind (z.B. Bestimmung des Aufenthalts; Wahl von Kita, Schule, Ausbildungsplatz; planbare größere medizinische Eingriffe). Zumindest jenseits der Entscheidung über den Aufenthalt des Kindes kann nur begrenzt prognostiziert werden, wie es sich auf das Kindeswohl auswirken wird, wenn die Eltern in der Zukunft über die Fragen gemeinsam entscheiden oder stattdessen ein Elternteil allein entscheidet (Salzgeber & Fichtner 2011).
- *„Wechselmodell“:* Das Gesetz stellt bei Getrenntleben von Eltern die Vermutung auf, dass der Umgang mit beiden Eltern in der Regel dem Wohl des Kindes entspricht (§ 1626 Abs. 3 Satz 1 BGB). Bei Einführung der Vorschrift hat der Gesetzgeber die Frage aufgeworfen, wie zu entscheiden sei, „wenn weder festgestellt werden kann, daß der Umgang dem Kindeswohl dient, noch anzunehmen ist, daß der dem Kindeswohl widerspricht“ (Deutscher Bundestag 1996: 105). Die normative Vorgabe der Kindeswohldienlichkeit hat die Grenze für Einschränkungen bei konkreten Gründen gesetzt, dass der Umgang dem Kindeswohl widerspricht (ebd.). Aussagen zu Dauer und konkreter Verteilung der Aufenthaltszeiten zwischen den Eltern trifft das Gesetz nicht. Es überlässt die Annäherung der richterlichen Praxis. Die Gerichte haben die Entscheidung zu treffen, die dem Kindeswohl am besten entspricht (vgl. § 697a BGB). Aus Sicht der Entwicklungspsychologie lässt sich dies jedoch nur begrenzt prognostisch vorhersagen, entsprechende Kriterien unterliegen erheblichen Unsicherheiten (Steinbach et al. 2021; Kindler & Walper 2016). Fordert ein Elternteil gegen den Willen des anderen paritätische Betreuungszeiten bei Getrenntleben („Wechselmodell“), stehen Familiengerichte vor der Frage, inwieweit diese Betreuungsform gegenüber anderen vorzugswürdig ist.

Für die Analyse wurde wegen der Aktualität des Themas und des Umstands, dass der Rechtsdiskurs in Rechtsprechung und Gesetzgebung sich noch in dynamischer Bewegung befindet, der zweite Rechtsbereich, also das „Wechselmodell“ ausgewählt. Gegen die Auswahl der gemeinsamen oder alleinigen elterlichen Sorge sprach, dass erheblich unterschiedliche Kriterien zu beachten sind, je nachdem, ob das Aufenthaltsbestimmungsrecht für das Kind zur Diskussion steht oder nicht.

In die Untersuchung einbezogen wurden alle bis zum 1. Juni 2021 veröffentlichten Gerichtsentscheidungen des Jahres 2020, in denen der Begriff Wechselmodell verwandt wurde. Die Recherche erfolgte über das Rechtsportal juris. Sie ergab 55 Treffer. Hiervon handelte es sich bei 28 Entscheidungen um familiengerichtliche (außerdem 16 Verwaltungsgerichte, 7 Sozialgerichte, 2 Strafgerichte, 1 Bundesverfassungsgericht, 1 Landgericht). Von diesen 28 Beschlüssen betrafen 20 sorge- und umgangsrechtliche Streitigkeiten (8 Unterhaltsrecht). In 7 Entscheidungen spielte das Wechselmodell in der Sache keine Rolle (2 Kindesentführungsfälle, 2 Verfahrensrecht, 3 Kostenrecht). Eine Entscheidung betraf ein Parallelverfahren in derselben Sache. Letztlich konnten 14 Entscheidungen, davon 13 oberlandesgerichtliche (von 8 der 24 Oberlandesgerichte) und 1 amtsgerichtliche in die Analyse einbezogen werden (Auflistung siehe Anhang). In 11 Verfahren ging es um ein Kind, in 1 um zwei, in 1 um drei Kinder; eine Entscheidung sprach im Plural, ohne die Zahl der betroffenen Kinder zu benennen. Alle Verfahren betrafen heterosexuelle Eltern. Mutter oder Vater waren in je 7 Verfahren Antragstellende. In 7 Verfahren lebten das Kind bzw. die Kinder zuvor überwiegend bei der Mutter, in 2 überwiegend beim Vater und in 5 zuvor in paritätischem Wechselmodell.

Für die qualitative Inhaltsanalyse wurden thematische und bewertende Codes vergeben (Kuckartz 2014). In der nachfolgenden Ergebnisschilderung wird wegen der Komplexität des Transfers aus der juristischen Welt auf eine Trennung zwischen Darstellung und Einordnung verzichtet.

3 Rollenbilder und Rollenzuweisung in der Rechtsprechung – Eine Analyse

3.1 Sprache: Wie bezeichnen die Gerichte die Eltern?

Seit der großen Reform des Familienverfahrensrechts im Jahr 2009 sind Kindschaftssachen, zu denen Streitigkeiten über die elterliche Sorge oder den Umgang gehören, auch begrifflich nicht mehr kontradiktorisch ausgestaltet. Zwar bleibt die Person, die einen Antrag stellt, Antragsteller:in, aber sie hat keine:n Antragsgegner:in mehr, sondern die streitenden Eltern werden zu Beteiligten (Bundestag 2007).

In sechs der Entscheidungen (①④⑥⑩⑫⑭) kann das Gericht trotzdem nicht widerstehen, die Auseinandersetzung als Gegnerschaft zu bezeichnen, und spricht nicht nur – formal korrekt – von Antragsteller:innen, sondern auch von Antragsgegner:innen. Demgegenüber setzen fünf der Beschlüsse einen exklusiven Fokus auf die personalisierte Elternrolle und bezeichnen die Eltern ausschließlich als Mutter und Vater (②③⑤⑧⑭). Ein weiterer Gegenentwurf löst die Geschlechtlichkeit auf, markiert stattdessen die Rolle im Verfahren und spricht nur von Beteiligten (⑬). Für etliche Eltern ändert sich bei Getrenntleben im gerichtlichen Verfahren sprachlich der Status, sie werden im familiengerichtlichen Jargon zu Kindesmutter, Kindesvater oder Kindeseltern (①④⑦⑨⑪). Historisch hat die Begrifflichkeit im 17. Jahrhundert ihren Ursprung und bezeichnet in einer Zeit, in der als legitime Kinder nur die ehelichen angesehen wurden, diejenigen der „gefallenen Mädchen und Frauen" und mutmaßlich schwängernden „Kindesväter" als „Kegel" oder „Bastarde" (Balloff 2020). Gegenüber sprachlichen Differenzen unsensibel ist auch ein Mix aller Bezeichnungen ohne erkennbare Systematik in der Verwendung anzutreffen (①).

3.2 Gesellschaftliche Leitbilder zur Rollenverteilung von Eltern bei Getrenntleben

Auffällig in allen analysierten Entscheidungen ist, dass die Gerichte sorgfältig kommunizieren und ihre neutrale Position nicht verlassen, indem sie konsequent auf die Zuweisung von Geschlechterrollen verzichten. Sie behandeln alle Fragen unabhängig vom Geschlecht. Vereinzelt geben Beschlüsse aber Einlassungen des Vaters wieder. Ein Vater verweist auf eine Resolution der Parlamentarischen Versammlung des Europarats (2015), in der gefordert wird, „die Rolle der Väter gegenüber ihren Kindern, ebenso kleinen Kindern, müsse besser anerkannt und angemessener bewertet werden", indem im nationalen Familienrecht der Grundsatz der Doppelresidenz (Wechselmodell) eingeführt werde (①). In die gleiche Richtung geht der Einwurf eines Vaters, „die Auffassung, dass der Vater zahle und die Mutter betreue, sei nicht zeitgemäß", denn dem Kind werde durch ein Wechselmodell „ein demokratisches gleichgestelltes Miteinander zwischen Vater und Mutter demonstriert" (⑩).

Die Gerichte selbst nehmen Bezug, indem sie einen historischen Blick in die Zeit vor 1998 werfen, in welcher – auch in Gesetzesbegründungen – noch „regelmäßig vom betreuenden Elternteil einerseits und dem umgangsberechtigten Elternteil andererseits die Rede" (⑧) gewesen sei und dieses Verständnis einer „Zweiteilung" zwischen Umgang und elterlicher Sorge heute nicht mehr in dieser Eindeutigkeit konstatiert werden könne. Überschießende Ansinnen nach einer Väterstärkung durch das Wechselmodell werden hingegen zurückgewiesen, denn eine entsprechende „Umsetzung durch den nationalen Gesetzgeber ist bis dato jedoch noch nicht erfolgt" (①). Dem Gesetz lasse sich „keine Präferenz" für ein Residenz- oder Wechselmodell entnehmen (⑧⑪⑭).

Dem stehe schon entgegen, dass „sich elterliche Gemeinschaft in der Realität nicht verordnen lässt" (⑪) und weitergehende „Einwirkungs- und Sanktionierungsmöglichkeiten gegenüber nicht einigungsbereiten Beteiligten in Kindschaftsverfahren" fehlten (⑨).

Auch gesellschaftliche Leitbilder werden von den Gerichten nicht selbst übernommen bzw. offengelegt, sondern tauchen nur in Positionierungen anderer Professioneller und Institutionen auf, etwa wenn Mediatorin und Jugendamt zum Wechselmodell raten:

> „Beide Stellen hätten betont, dass die Eltern über sehr gute Erziehungsfähigkeiten verfügen würden, beide auch das Kindeswohl, die effektive Betreuung und die Entwicklung der Kinder im Fokus hätten" (①).

Hier scheint ein Gerechtigkeitsempfinden durch, wonach getrenntlebende Eltern die Betreuungszeiten untereinander paritätisch aufteilen sollten, wenn sie beide als Eltern geeignet erscheinen. Die Verfahrensbeiständin in diesem Verfahren folgt offensichtlich dieser Orientierung, indem sie die Argumentation pauschal an das Kindeswohl rückbindet: „Mit dem Wechselmodell seien alle Voraussetzungen für eine gesunde Entwicklung der Kinder gegeben", „[z]udem seien die Rahmenbedingungen für das Wechselmodell ideal". Obwohl sie eine Kommunikations- und Kooperationsverweigerung des Vaters und dessen Ablehnung des Wechselmodells konstatiert, begründet sie ihr Plädoyer für das Wechselmodell paternalistisch, denn „auch die Elternteile würden jeweils davon profitieren und könnten ihre neuen Partnerschaften damit unabhängig von den Kindern leben" (①). Das Gericht weist derart normative Setzungen implizit zurück, indem es auf Einigkeit im Rechtsdiskurs verweist, „dass die Wahl eines bestimmten Betreuungsmodells in Bezug auf das Kindeswohl nicht pauschal bestimmt werden" könne, und hebt hervor, dass „eine hälftige Aufteilung der Betreuung für das Kind Chancen und Risiken mit sich bringt" (①).

3.3 Rahmung des Elternkonflikts

Den überwiegend oberlandesgerichtlichen Entscheidungen (13 von 14) liegt ein Elternkonflikt zugrunde, der auch beim erstinstanzlichen Familiengericht nicht befriedet werden konnte. Es überrascht daher nicht, wenn von „einem andauernden, eskalierenden Elternkonflikt" (⑥), „fortwährende[m] Streit" (①), von einem „erheblich konfliktbelastet[en]" Verhältnis der Eltern (④), „ausgeprägter Kompromissunfähigkeit" oder einer „Neigung zum Streiten aus Prinzip" (⑨) die Rede ist. Weiter wird „die Kommunikations- und Kooperationsfähigkeit der Eltern" verneint (①②④⑬), das Fehlen „einer sachlichen, von wechselseitigem Respekt getragenen Kommunikation" konstatiert (⑪), auf der einen Seite der „Haltung des Vaters zur Mutter und zum Verhältnis zwischen Mutter und Tochter als destruktiv“ und auf der anderen Seite der „ständige Verdacht“ der Mutter gegen Vater mit Filmen und Befragen des Kindes als kindeswohlgefährdend eingeordnet (⑬).

Können sich die Eltern nicht einigen, so stellt das für Familiengerichte „den Regelfall dar“, es handele sich um eine „wiederkehrende Grundkonstellation“ (⑨). Um hier als Schlichter im Elternstreit zu Entscheidungen zu kommen, werden Erwägungen der Gerechtigkeit im Elternverhältnis explizit zurückgewiesen. Es komme nicht darauf an, „ob der Elternstreit eventuell mehr auf das Verhalten des einen oder des anderen Elternteils zurückzuführen ist“ (⑥). „Finanzielle und sachfremde Erwägungen“ dürften ebenso wenig eine Rolle spielen (①②), wie der entgegengesetzte Wille der Mutter oder des Vaters „gleichsam als Vetorecht stets ausschlaggebend sein“ dürfe (①). Auch ob zwischen Eltern Konsens bestehe, sei nicht ausreichend, denn das Familienrecht gibt das Kindeswohl als Orientierung für die Gerichte vor (①).

Eigene normative Erwartungen der Gerichte werden nur vereinzelt markiert, etwa mit Schlüsselwörtern wie „Respekt“ (⑪) oder mit der – aus dem Gesetz abgeleiteten und in Anführungszeichen gesetzten – „Wohlverhaltenspflicht“ (②). Ansonsten beschränken sich die Ausführungen überwiegend auf beschreibende Einordnungen und nur vereinzelt deuten Richter:innen ihr persönliches Missfallen an, etwa wenn der Elternkonflikt nicht als anhaltend, sondern stattdessen mit „Streit aus Prinzip“ gerahmt wird. Insgesamt vermitteln aber die Entscheidungsgründe den Eindruck, dass die Richter:innen bei der sprachlichen Verschriftlichung erfolgreich bemüht sind, die emotionale Distanz zu wahren.

3.4 Fehlende Messbarkeit der Folgen für die kindliche Entwicklung

Die Entscheidungen orientieren sich sowohl ausführlich als auch konsequent am Kindeswohl und damit an der Leitorientierung des Gesetzes. Hier soll allerdings nicht näher untersucht werden, inwieweit die kindlichen Bedürfnisse und das durch Erwachsene eingeschätzte Kindeswohl in die Beschlüsse Eingang finden, auf welcher Tatsachenbasis diese zur Entscheidungsgrundlage werden und welche Bedeutung dem Kindeswillen zugemessen wird. Ausgewertet werden sollen nur solche Begründungsmuster, an denen sich Familiengerichte orientieren, wenn das Recht keine Vorgaben macht und die Folgen der Entscheidung nicht seriös mit Mitteln der Entwicklungspsychologie prognostiziert werden können.

Nachdem Familiengerichte festgestellt haben, ob das Kind bzw. die Kinder „zu beiden Elternteilen sehr enge emotionale Beziehungen und sichere

Bindungen“ haben oder ob beide Hauptbezugspersonen sind, „ohne dass es eine eindeutige emotionale Präferenz für einen Elternteil gebe“ (③), klopfen sie die strukturellen Rahmenbedingungen ab. Für das Leben eines Wechselmodells mit „der Notwendigkeit der doppelten Anschaffung vieler Sachen des Kindes“ wird eine „wirtschaftliche Leistungsfähigkeit“ als erforderlich angesehen (①). Ein weiterer Blick richtet sich auf die räumliche Nähe der elterlichen Haushalte. Wenn diese „weit (rund 200 km) auseinanderliegen“, sei die Einrichtung eines Wechselmodells jedenfalls erschwert (④). Liegen „die Haushalte der Eltern fußläufig voneinander entfernt“, so falle dies hingegen erheblich zugunsten des Wechselmodells ins Gewicht, da es sich „faktisch für die Kinder nicht um zwei Lebensumgebungen“ handele (①). Auffällig erscheint insoweit, dass dann, wenn Eltern selbst praktische oder organisatorische Erwägungen ins Spiel bringen (Hin- und Hertransport der Schulsachen, Wahl der Arbeitsstelle, Wohnungssuche, Teilnahme an Familienfesten in Ferienzeiten), diese mit deutlichen Worten zurückgewiesen werden. Die Gerichte bezeichnen sie als „Schutzbehauptung“ (⑬). Sie würden „nur am Rande Kindeswohlaspekte“ betreffen (⑩) oder ihre Berücksichtigung wird als „schlicht nicht möglich“ bezeichnet (⑤).

Eine andere zu beobachtende Strategie ist, dass abstrakte Kindeswohlbelange über die Messbarkeit des Einzelfalls hinaus normativ aufgeladen und damit in ihrer Bedeutung hochgezont werden. Besonders markant zu beobachten ist dies anhand der Kontinuität als Argumentationsrahmen. Veränderungen bisheriger Betreuungssettings werden nur akzeptiert, wenn die mit der Veränderung „verbundenen Vor- bzw. Nachteile für das Kindeswohl das Bedürfnis der Kontinuität der bestehenden Regelung deutlich überwiegen“ (①) und die Bedeutung für das Kindeswohl tatsächlich festgestellt werden kann. Andernfalls habe „in vollem Umfang der Kontinuitätsgrundsatz zu gelten“ (⑪), der seinerseits allerdings nicht im Gesetz selbst hinterlegt ist. Hier wird dem Festhalten am Bisherigen „ausschlaggebende Bedeutung“ und damit ein Eigenwert zugemessen (⑩). Auch bei einem erzielten „elterlichen Konsens“ wird ohne weitere Verifizierung in Bezug auf das betroffene Kind vermutet, dass dieser „dem Kindeswohl entsprochen hat“, so dass für die Beibehaltung „in der Regel unter Kindeswohlgesichtspunkten triftige Gründe“ sprächen (⑩). Die Gerichte entscheiden aber auch abweichend, etwa wenn sie dies für „unumgänglich“ halten (⑬), „die Umstellung keine höhere Anpassungsleistung der Kinder“ erfordert (①) oder die Abweichung zur bisherigen Aufteilung der Betreuungszeiten nach ihrer Wertung – nicht aber derjenigen der Eltern – nur geringfügig ist („ohnehin bereits an 6 von 14 Tagen“) (③).

Letzte Instanz scheint das Recht selbst zu sein. So scheide etwa eine umgangsrechtliche Regelung „beim paritätischen Wechselmodell aus rechtlichen Gründen aus“ (⑧). Die Gerichte berufen sich darauf, „auf dem Boden der höchstrichterlichen Rechtsprechung“ zu entscheiden (⑭), oder rahmen die elterliche Sorge als „formale Rechtsposition“ (⑧). Um der Rechtsauslegung einen scheinbar objektiven Anstrich zu geben, wird der Wortsinn recherchiert und unter Angabe der entsprechenden Internetseite zitiert: „Umgang ist – so das für die Herkunft der Begriffe aussagekräftige, etymologische Grimm'sche Wörterbuch – ‚zumeist die gesellschaftliche Verbindung von Mensch zu Mensch, die beim Umgang stärker ist als bei der ‚Bekanntschaft'"; dies spiegele „sich in den Normen zur elterlichen Sorge und zum Umgang wider" (⑧). Umgangsrecht und Aufenthaltsbestimmungsrecht werden – zumindest im Kostenrecht – dabei kurzerhand „gleichgestellt" (⑫). Gerichte nehmen sich auch heraus, von Grundsätzen aus Gesetz und Rechtsprechung abzuweichen. Diese Selbstlegitimation wird mit der sprachlichen Wendung „in zulässiger Weise" wieder auf den Boden des Rechts zurückgeholt (⑤).

4 Schlussfolgerungen

Gerichte verstehen es, mit Sprache umzugehen. Dies ist sicherlich eine der Schlussfolgerungen der Auswertung des kleinen Samples an veröffentlichten familiengerichtlichen Entscheidungen zum Umgangs- und Sorgerecht mit Bezug zum Wechselmodell aus dem Jahr 2020. Sie wissen den rechtlichen Rahmen zu nutzen, um in ihrer Argumentation eine neutrale Position beizubehalten. Anders als etwa im angloamerikanischen Rechtsraum nehmen Richter:innen hierzulande die eigene Person in den Entscheidungsgründen vollständig heraus. Sie entwickeln Kriterien zur Auslegung des Rechts und argumentieren entlang dieser. Eigene normative Setzungen machen sie als solche nicht kenntlich, sondern berufen sich auf andere Gerichtsentscheidungen oder Literatur mit entsprechender Rechtsauslegung. Damit vermitteln die Entscheidungen ein hohes Maß an distanzierter Objektivität und vor allem strikter Orientierung am Kindeswohl. Gleichwohl sind die Bezugsysteme selbstreferenziell. Bei näherer Betrachtung wird erkennbar, dass Gerichte – argumentativ als Rechtsauslegung hinterlegt – zumindest immer dann ihrem persönlichen Gerechtigkeitsempfinden Geltung verschaffen, wenn der Sachverhalt, über den sie zu entscheiden haben, und das im konkreten Fall anzuwendende Recht dies erfordern.

Gleichwohl vermitteln die Entscheidungen den Eindruck, dass all dies mit persönlichen Einschätzungen und Wertungen nichts zu tun habe. Das Bemühen um eine sachliche Begründung für die zu treffende Entscheidung erscheint mitunter ausgesprochen engagiert. Bei distanzierter Betrachtung könnte eine Argumentation, die weniger vorgibt, nur das Recht anzuwenden, und mehr einräumt, dass es sich an bestimmten Punkten um eine persönliche Wertung der entscheidenden Richter:innen handelt, die komplexen Abwägungsvorgänge transparenter und ehrlicher machen. Wenn die Entscheidungen im Lichte der oben beschriebenen Objektivitätsdoktrin den Eindruck vermitteln, auf Grundlage des Rechts hätte in Anbetracht des konkreten Sachverhalts einzig die jeweils getroffene Entscheidung gefällt werden können, vermag dies daher nur begrenzt zu überzeugen. Es stellt sich die Frage, wie bei einer solchen beruflichen Sozialisation eine Auseinandersetzung damit stattfinden kann, dass persönliche Einstellungen und Überzeugungen notwendig auch das professionelle Handeln von Familienrichter:innen beeinflussen. Eine familiengerichtliche Praxis, die dies reflektiert oder gar offenlegt, scheint im deutschen Verständnis von Rechtsstaatlichkeit und Rechtsauslegung jedenfalls nicht vorgesehen – perspektivisch aber durchaus erstrebenswert.

5 Tabubruch oder Horizonterweiterung?

Ist Rechtsprechung qualitativer Inhaltsanalyse zugänglich? Die Rechtswissenschaft dürfte hier meist schwungvoll nein antworten. Gerichte entscheiden Einzelfälle, und es dürfte bezweifelt werden, ob sich diese in einer Gesamtschau anhand von aus dem Zusammenhang gerissenen Schnipseln und dann auch noch querliegend zur juristischen Methodik und rechtlichen Argumentation analysieren lassen. In der Sozialwissenschaft dürfte die Reaktion ambivalent ausfallen, mit einerseits Skepsis bis Ablehnung beim Blick auf die Formstrenge qualitativer Forschung und andererseits aber auch mit lustvoll-übergriffiger Eroberung eines neuen Terrains, das sich bislang erfolgreich abzugrenzen verstand. In jedem Fall dürfte ein Diskurs lohnen, wie die Gerichte zukünftig jenseits der rein selbstreferenziellen Rechtsanwendung durch Forschung stärker zur Verantwortung gezogen werden können (Burns et al. 2019) und wie die Justiz dazu verbindlich motiviert bzw. verpflichtet werden kann, Forschung zu ihrer – veröffentlichten, aber vor allem auch nicht veröffentlichten – Rechtsprechung zu unterstützen. Gelingt es interdisziplinärer Rechtsforschung (Boulanger et al. 2019), dazu eigene Methoden auch im deutschen Rechtsraum explorativ zu erproben und zu entwickeln, dürfte Rechtsprechung in Kontexten von Familie und Geschlecht hierfür ein weites, lohnenswertes Feld bieten.

Literatur

Balloff, Rainer (2020): Kindesmutter, Kindsmutter, Kindesvater, Kindsvater, Elternteile, Kindeseltern, Kindseltern. Kritik und Anmerkungen zur Behörden- und Bürokratensprache in der deutschen Familiengerichtsbarkeit. In: Zeitschrift für Kindschaftsrecht und Jugendhilfe, S. 214–215.

Beling, Ernst (1928): Deutsches Reichsstrafprozeßrecht mit Einschluß des Strafgerichtsverfassungsrechts. Berlin & Leipzig: Walter de Gruyter.

Boulanger, Christian/Rosenstock, Julika & Singelnstein, Tobias (Hrsg.) (2019): Interdisziplinäre Rechtsforschung. Eine Einführung in die geistes- und sozialwissenschaftliche Befassung mit dem Recht und seiner Praxis. Wiesbaden: Springer VS.

Bundesministerium der Justiz und für Verbraucherschutz (BMJV) (2019): Thesenpapier der Arbeitsgruppe „Sorge-und Umgangsrecht, insbesondere bei gemeinsamer Betreuung nach Trennung und Scheidung“. Berlin: BMJV.

Burns, Kenneth/Križ, Katrin/Krutzinna, Jenny/Luhamaa, Katre/Meysen, Thomas/Pösö, Tarja & Segado, Sagrario (2019): The Hidden Proceedings – An Analysis of Accountability of Child Protection Adoption Proceedings in Eight European Jurisdictions. In: European Journal of Comparative Law and Governance 6, S. 339–371.

Dethloff, Nina (2018): Familienrecht. Ein Studienbuch (32. Aufl.). München: C.H. Beck.

Deutscher Bundestag (1996): Gesetzentwurf der Bundesregierung. Entwurf eines Gesetzes zur Reform des Kindschaftsrechts (Kindschaftsrechtsreformgesetz – KindRG) vom 13.6.1996. Bundestags-Drucksache 13/4899.

Deutscher Bundestag (2007): Gesetzentwurf der Bundesregierung. Entwurf eines Gesetzes zur Reform des Verfahrens in Familiensachen und in den Angelegenheiten der freiwilligen Gerichtsbarkeit (FGG-Reformgesetz – FGG-RG) vom 7.9.2007. Bundestags-Drucksache 16/6308.

Engisch, Karl (1997): Einführung in das juristische Denken. Stuttgart, Berlin & Köln: W. Kohlhammer.

Kindler, Heinz (2018): Operationalisierungen von Kindeswohl und Kindeswohlgefährdung in den Sozial- und Humanwissenschaften. In: Katzenstein, H./Lohse, K./ Schindler, G. & Schönecker, L. (Hrsg.): Das Recht als Partner der Fachlichkeit in der Kinder- und Jugendhilfe. Liber Amicorum für Thomas Meysen. Baden-Baden: Nomos, S. 181–224.

Kindler, Heinz & Walper, Sabine (2016): Das Wechselmodell im Kontext elterlicher Konflikte. In: Neue Zeitschrift für Familienrecht, S. 820–824.

Kuckartz, Udo (2014): Qualitative Inhaltsanalyse. Methoden, Praxis, Computerunterstützung (2. Aufl.). Weinheim: Beltz Juventa.

Larenz, Karl & Canaris, Claus-Wilhelm (1995): Methodenlehre der Rechtswissenschaft (3. Aufl.). Berlin & Heidelberg: Springer.

Parlamentarische Versammlung des Europarats (2015): Equality and shared parental responsibility: the role of fathers. Resolution 2079/2015. Strasbourg.

Rosenberg, Leo (1965): Die Beweislast. Auf der Grundlage des Bürgerlichen Gesetzbuches und der Zivilprozessordnung (5. Aufl.). München: C.H. Beck.

Salzgeber, Joseph & Fichtner, Jörg (2011): Sachverständigengutachten zum Sorgerecht bei nicht miteinander verheirateten Eltern. In: Zeitschrift für das gesamte Familienrecht, S. 945–950.

Schumann, Eva (2018): Gemeinsam getragene Elternverantwortung nach Trennung und Scheidung – Reformbedarf im Sorge-, Umgangs- und Unterhaltsrecht? Verhandlungen des 72. Deutschen Juristentages Leipzig 2018. Band I: Gutachten Teil B. München: C.H. Beck.

Steinbach, Anja/Augustijn, Lara/Helms, Tobias & Schneider, Stephanie (2021): Erste Ergebnisse der Studie „Familienmodelle in Deutschland“ (FAMOD): Zur Bedeutung des Wechselmodells für das kindliche Wohlbefinden nach elterlicher Trennung oder Scheidung. In: Zeitschrift für das gesamte Familienrecht, S. 729–740.

Rechtsprechung

① AG Forchheim, Beschluss vom 6.3.2020 – 3 F 650/19
② KG Berlin, Beschluss vom 26.11.2020 – 16 UF 138/19
③ OLG Brandenburg, Beschluss vom 24.3.2020 – 15 UF 68/17
④ OLG Brandenburg, Beschluss vom 10.6.2020 – 9 UF 42/20
⑤ OLG Brandenburg, Beschluss vom 19.6.2020 – 9 UF 40/20
⑥ OLG Brandenburg, Beschluss vom 6.7.2020 – 13 UF 26/20
⑦ OLG Celle, Beschluss vom 31.1.2020 – 10 UF/20
⑧ OLG Frankfurt a.M., Beschluss vom 10.8.2020 – 5 WF 118/20
⑨ OLG Frankfurt a.M., Beschluss vom 29.1.2020 – 2 UF 301/19
⑩ OLG Karlsruhe, Beschluss vom 16.12.2020 – 20 UF 56/20
⑪ OLG Karlsruhe, Beschluss vom 17.2.2020 – 5 UF 6/20
⑫ OLG Nürnberg, Beschluss vom 16.1.2020 – 11 WF 1243/19
⑬ OLG Oldenburg, Beschluss vom 30.1.2020 – 3 UF 164/19
⑭ OLG Saarbrücken, Beschluss vom 5.10.2020 – 6 UF 122/20

Die Menschenrechte haben (k)ein Geschlecht: Gefühlte und gelebte Gleichstellung in Deutschland

Birgit Schweikert[1]

Der Anspruch ist nach wie vor richtig, die Realität sieht immer noch anders aus. Hedwig Dohm, die progressiv-feministische Vordenkerin des 19. Jahrhunderts, von der das leicht abgewandelte Titelzitat stammt und die kurz vor ihrem Tod noch die Einführung des Frauenwahlrechts in Deutschland erleben konnte, hat mit ihrer Position, dass die gesamte Menschheit ungeachtet ihres Geschlechts gleichwertig sei und dass daher der Abbau von ungerechtfertigten Privilegien für Männer und der gleiche Zugang von Frauen zu Bildung, Arbeitsmarkt, Recht, Politik und Gesellschaft zu verwirklichen sei, Forderungen formuliert, die auch im 21. Jahrhundert noch nicht vollständig umgesetzt sind, nirgendwo auf der Welt. Okay, nicht vollständig und nirgendwo – aber wo stehen wir in Deutschland? Ist das Glas der Geschlechtergerechtigkeit im Jahr 2021 halb voll oder halb leer? Oder sind wir zwar gefühlt und gewünscht partnerschaftlicher und feministischer aufgestellt bei dennoch gleichzeitiger Verhaltensstarre oder -trägheit? Soll ich lachen und frohlocken über eine deutsche Bundeskanzlerin mit 16-jähriger Amtszeit, über mehr als 100 Jahre Frauenwahlrecht in Deutschland und eine erstmalige amerikanische Vizepräsidentin anno 2021? Über die guten Bildungsabschlüsse von jungen Frauen in Deutschland, den steten Anstieg von Frauen in Schlüsselpositionen von Politik, Wirtschaft, Kultur? Oder muss ich weinen über Nachrichten, dass erstmals in der gesamten fast 2000 Jahre alten Geschichte der katholischen Amtskirche eine Frau zur „Untersekretärin" ernannt wurde und dadurch ein Stimmrecht bei der nächsten Bischofssynode im Jahr 2022 erhält oder dass der Allgemeine Deutsche Automobilclub erstmals in seiner 118-jährigen Geschichte ein weibliches Präsidiumsmitglied sucht, das er gerne auf seiner Hauptversammlung im Mai 2021 ernennen möchte? Zum Weinen ist und Anlass zu großem Zorn gibt in jedem Fall die Tatsache, dass im 21. Jahrhundert weltweit fast jede dritte Frau Opfer von männlicher Gewalt wird, und die Schätzung, dass ca. zwei Drittel der Opfer der modernen Sklaverei, des Menschenhandels, weiblich sind. Gewalt an, Ausbeutung, Diskriminierung von Frauen und Mädchen sind zwar heute besser dokumentiert, aber unfassbar hoch, ohne dass ein tatsächlicher

1 Birgit Schweikert ist im Bundesministerium für Familie, Senioren, Frauen und Jugend tätig. Der Beitrag gibt die persönliche Meinung der Autorin wieder.

Rückgang festzustellen wäre. Frauen können alles werden – und sie werden gleichzeitig immer noch Opfer archaisch-patriarchaler Gewalt. In welcher Welt leben wir? Und in welcher Welt wollen wir leben?

Also – in leichter Abwandlung der vier großen Grundfragen der Philosophie, wie sie von Kant, dem Meister der Vernunft, formuliert wurden: Was können und sollten wir wissen in Bezug auf den Stand der Gleichstellung? Was sind wir, wie verhalten wir uns in dem Spannungsverhältnis und Austarieren von individuellem Anspruch und gesellschaftlich-kulturellen Strukturen? Was sollen wir tun? Und was dürfen wir hoffen in Bezug auf eine geschlechtergerechte Welt, in der Chancen und Möglichkeiten und Lebensqualitäten für alle Geschlechter gleichermaßen verteilt und real existieren sollen?

Spotlight auf die gefühlte und gewünschte Gleichstellungwirklichkeit zum internationalen Frauentag im März 2021, der in Berlin seit 2019 als offizieller Feiertag begangen wird: Die Zitate zweier Protagonistinnen der Gleichstellung zu diesem Tag markieren das Spannungsfeld. So schimpft Alice Schwarzer, die feministische Autorin, Journalistin und Gründerin der Zeitschrift Emma: „Der eine Tag im Jahr für die Hälfte der Menschheit ist der reinste Hohn. Eine galante Geste statt echter Gleichberechtigung." Während die damalige Bundesfrauenministerin Franziska Giffey den Tag deutlich optimistischer sieht: „An diesem Tag erinnern wir uns daran, dass wir schon viel erreicht haben, aber setzen auch das Signal, dass wir noch viel tun müssen" (Checkpoint und Tagessspiegel v. 5.3.2021).

Laut einer repräsentativen Befragung durch Kantar Deutschland (Kantar 2021), in der Menschen nach ihren subjektiven Einstellungen zur Gleichstellung befragt wurden und die vom Bundesfrauenministerium am 5. März 2021 vorgestellt wurde, gehören Gleichstellung und Gleichberechtigung für die meisten Deutschen zu den Maßstäben einer demokratischen Gesellschaft. Gleichstellung wird als gesellschaftspolitisch hochrelevantes Thema betrachtet und positiv bewertet; nahezu jede/r weiß, was Gleichberechtigung und Gleichstellung von Frauen und Männern bedeutet, und die große Mehrheit verbindet damit etwas Positives. Gleichstellung nutze der gesamten Gesellschaft, findet die Mehrheit, vor allem die Jüngeren. Mehr Gleichstellung würde noch mehr nutzen, denn mehr Gleichstellung führe zu Verbesserungen in Politik und Wirtschaft. Das bedeute vielfältigere Meinungen und Perspektiven, stärkere Berücksichtigung anderer Themen, mehr Fortschritt, weniger Fachkräftemangel, bessere Produkte und Angebote. Interessante Befunde gibt es auch zur Auswirkung der Coronavirus-Pandemie: Die Bevölkerung sieht in der Krise zwar mehrheitlich keine besseren Chancen für die Gleichstellung von Männern und Frauen. Gleichzeitig erfahren Pflege- und Erziehungsberufe durch die Coronavirus-Pandemie aber eine höhere Wertschätzung, vor allem aus Sicht der Menschen mit Kindern.

Grundsätzlich sieht eine große Mehrheit der Befragten für Frauen vor allem in der Arbeitswelt einen Gewinn der Gleichstellung: Hier gehe es um den gleichen Lohn, gefolgt von einer Berufswahl frei von Rollenbildern und weniger Druck, sich um Familie und Haushalt kümmern zu müssen, um mehr Frauen in Führungspositionen und mehr Zeit für Beruf und Karriere. Für Männer wird der Nutzen der Gleichstellung vor allem darin gesehen, mehr Zeit mit Familie und Kindern zu verbringen, aber auch weniger Druck zu haben, der Versorger der Familie zu sein und ebenfalls für eine Berufswahl frei von Rollenbildern.

Der verbreitetste Wunsch beider Geschlechter ist, dass sich Jungen und Mädchen in Zukunft frei von Geschlechterstereotypen entfalten können – bei Frauen noch stärker als bei Männern. Zur Wahrheit gehört aber auch, dass Deutschland gleichzeitig im sog. Reykjavik-Index von Kantar im Ranking der G7-Länder den letzten Platz in der subjektiven Einschätzung der gleichen Eignung von Frauen und Männern für Führungspositionen belegt. Jüngere Männer (18–34 Jahre) vertreten in allen G7-Ländern weniger progressive Ansichten als Ältere und sind am wenigsten davon überzeugt, dass Frauen und Männer gleich gut geeignet für Führungspositionen seien; die jungen Männer in Deutschland haben hier mit Abstand die niedrigste Punktzahl. Und: Nur zwei Fünftel der Deutschen fühlen sich „sehr wohl" mit einer Frau als Regierungschefin und liegen damit weit unter dem G7-Durchschnitt, obwohl sonst kein anderes G7-Land eine Frau als Regierungsoberhaupt hat.

Spotlight auf die ebenfalls im März 2021 veröffentlichte Brigitte-Studie (Brigitte 2021: 89ff.) mit dem Aufmacher „Zwischen Anstrengung und Aufbruch": Danach ist die Angst der Frauen vor Altersarmut im Vergleich zur Brigitte-Studie von 2017 weiter gestiegen; jede zweite Frau gibt an, ihren Lebensunterhalt nicht selbst bestreiten zu können. Jede zweite Frau zwischen 50 und 60 fühlt sich beruflich ausgebremst und ist unzufrieden mit ihren Aufstiegschancen und dem Gehalt; jede fünfte Frau gibt an, in ihrem Job schon einmal sexuell belästigt worden zu sein. Beim Thema Hausarbeit sind zwar Fortschritte bei der Beteiligung von Männern zu verzeichnen, aber von einer gleichen Arbeitsteilung sind die Frau-Mann-Haushalte noch weit entfernt; die Männer schätzen ihren Beitrag deutlich höher ein, als dies von den befragten Frauen zurückgespiegelt wird. Frauen im Vollzeitjob geben eine deutlich höhere Lebenszufriedenheit an als Frauen im Teilzeitjob. Gleichzeitig zeigt die Studie, dass jede fünfte Frau mehr verdient als ihr Partner und beide damit gut klarzukommen scheinen und dass die Zufriedenheit der Väter mit ihrer Rolle und Situation als aktiver Vater im Vergleich zur 2017-Studie stark angestiegen ist. Frauen und Männer als Mütter und Väter wünschen sich beide vor allem größere Flexibilität und Zeitsouveränität von ihren Arbeitgebern.

Unbestritten ist, dass wir – vor allem mit dem 1949 in das Grundgesetz erkämpften Art. 3 Abs. 2 im Rücken – in Deutschland seit den letzten Jahrzehnten Fortschritte gemacht haben in Bezug auf die Erlangung von Rechten für Frauen und den Abbau patriarchaler Privilegien von Männern. Der rechtliche und tatsächliche Zugang zu Wahlrecht, Bildung, Ausbildung, Arbeitsmarkt, zu Entscheidungspositionen in Wirtschaft, Politik, Verwaltung und Gesellschaft ist abstrakt und generell für Frauen gegeben; die diskriminierenden Rollenverteilungen im Familienrecht sind abgeschafft ebenso wie die strafrechtliche Privilegierung für vergewaltigende Ehemänner. Bei Gewalt und Belästigung gegen Frauen gibt es Sanktionen, staatliche Interventionen sowie Rechte und Schutzmöglichkeiten für die Betroffenen. Unmittelbare Diskriminierungen sind kaum noch vorhanden. Gesetzlich eingeführt wurden Elterngeld, Eltern- und Pflegezeit und ein Mindestlohn. Gesetze neueren Datums verpflichten große Leuchtturmunternehmen der deutschen Wirtschaft zur Besetzung von Spitzenposten mit Frauen und geben Beschäftigten einen Anspruch auf transparente Auskünfte und Angaben zum Lohn. Frauen haben nach jahrhundertelanger Diskriminierung mächtig aufgeholt, machen gute Bildungsabschlüsse und sind bestens qualifiziert für den Arbeitsmarkt und für Schlüsselpositionen in allen Bereichen des öffentlichen Lebens. Also: Alles pari pari?

Kommen wir zum Faktencheck: Was wissen wir über die Realität in Deutschland? Wo stehen wir auf dem Weg zu einer geschlechtergerechten Gesellschaft? Wo liegen die Unterschiede zwischen den Geschlechtern, und wie groß sind sie? Ich möchte die Lage mit Hilfe der bekannten „Gendergaps" und mit Daten und Fakten zu weiteren für die Gleichstellung signifikanten Faktoren skizzieren.

Der sog. Gender-Pay-Gap, d.h. der Einkommensunterschied zwischen Frauen und Männern, sinkt zwar stetig, aber langsam und liegt aktuell bei 18 Prozent; Männer verdienen je Stunde im Schnitt 4,16 Euro brutto mehr als Frauen. Innerhalb der EU belegt Deutschland damit einen der hinteren Plätze.[2]

Der Gender-Care-Gap liegt bei 52 Prozent, d.h. Frauen verwenden täglich 52 Prozent mehr Zeit für Kinderbetreuung, Pflege, Haus- und sonstige Sorgearbeit als Männer, das entspricht täglich 87 Minuten mehr. Zwei Drittel der Hauptpflegepersonen in Privathaushalten mit pflegebedürftiger Person sind weiblich.

Die Erwerbsbeteiligung von Frauen steigt zwar kontinuierlich an, aber in der Arbeitszeit und beim Einkommen sind weiterhin erhebliche Unterschiede zwischen Frauen und Männern festzustellen. 48 Prozent der sozialversicherungspflichtig beschäftigten Frauen arbeiten in Teilzeit; bei Männern beträgt die Quote 11 Prozent. Wenn Kinder kommen, verschärfen sich diese Tendenzen: Nach den neuesten Zahlen des Statistischen Bundesamtes für 2019 liegt die Erwerbstätigenquote von Müttern 18 Prozent unter der von Vätern, 66 Prozent aller erwerbstätigen Mütter arbeiten in Teilzeit, Väter nur zu 6 Prozent. Eine höhere Teilzeitquote haben in den EU-Ländern nur die Niederlande und

2 Diese und alle weiteren Angaben sind den Veröffentlichungen des Statistischen Bundesamtes unter www.destatis.de, den einschlägigen Veröffentlichungen des BMFSFJ unter www.bmfsfj.de oder den einschlägigen Veröffentlichungen des Bundesinstituts für Bevölkerungsforschung www.bib.bund.de entnommen.

Österreich. Für Alleinerziehende mit minderjährigen Kindern – das sind zu 86,9 Prozent Frauen – ist der Spagat zwischen Arbeit und Kinderbetreuung besonders schwierig.

Immer noch gibt es eine starke Geschlechtersegregation in vielen Berufsfeldern. Und: In den von Frauen überwiegend ausgeübten Berufsfeldern liegen die Löhne und Gehälter deutlich unter denen im Vergleich zu überwiegend von Männern gewählten Branchen. So beträgt z.B. der Männeranteil am pädagogischen und Verwaltungspersonal in Kitas 6,7 Prozent, an den Lehrenden an Grundschulen 10,5 Prozent und an den Beschäftigten in der Altenpflege 15,5 Prozent. Der Frauenanteil an den wesentlich besser bezahlten Informatik- und anderen Informations- und Kommunikationstechnitk-Berufen liegt demgegenüber aktuell bei 16,5 Prozent.

Unter dem Coronavirus-Brennglas zeigt sich auch, dass der Frauenanteil an den durch die Krise besonders belasteten Berufsbereichen besonders hoch ist. So liegt er im Einzelhandel mit Lebensmitteln bei 80,8 Prozent, in der Altenpflege bei 84,5 Prozent, im Bereich Erziehung und Sozialarbeit bei 83,5 Prozent, unter den Lehrkräften in allgemeinbildenden Schulen bei 72,8 Prozent. Trotz ihres Einsatzes an vorderster Front reicht das Einkommen in diesen Bereichen kaum für eine eigenständige Existenzsicherung aus. Nach aktuellen Zahlen des Bundesinstituts für Bevölkerungsforschung verdient ein Drittel der Frauen als Mütter mit Kindern weniger als 1100 Euro netto im Monat. Auch in Branchen, die durch die Pandemie in eine tiefe Krise gestürzt wurden, sind überwiegend Frauen tätig: In Tourismus-, Hotel- und Gaststättenberufen arbeiten zu 64,6 Prozent Frauen; in Berufen, die mit Körperpflege zu tun haben, sind 86,5 Prozent der Erwerbstätigen weiblich.

Das alles wirkt sich in einem hohen Gender-Pension-Gap für Deutschland aus, der je nach Datenquelle zwischen 37 und 46 Prozent geringerem Alterssicherungseinkommen für Frauen im Vergleich zu Männern beträgt. Die OECD vergab in einer Analyse aus 2019 dazu den Negativplatz 1 unter den 30 OECD-Ländern an Deutschland.

Wie steht es um die geschlechtergerechte Vertretung in der Politik? Der Frauenanteil im Bundestag ist bei der letzten Wahl 2017 von zuvor 37,3 Prozent auf 31,3 Prozent gesunken und damit so niedrig wie seit knapp 20 Jahren nicht mehr. In den Landesparlamenten beträgt der Frauenanteil derzeit durchschnittlich 30 Prozent. Auf kommunaler Ebene liegt die Beteiligung von Frauen an den Vertretungen in Kreistagen und Gemeinderäten bei 28 Prozent. Nur rund 10 Prozent der Rathäuser werden von Frauen regiert.

Das Bundeskabinett der 19. Legislaturperiode bestand immerhin zu 44 Prozent aus Frauen und wurde von einer weiblichen Regierungschefin geleitet. In den Landesregierungen liegt der Anteil bei 32 Prozent, nur in 2 von 16 Bundesländerregierungen steht eine Ministerpräsidentin an der Spitze.

Von gleichberechtigten Karrierechancen und einer gleichen Repräsentanz von Frauen in Führungspositionen der deutschen Wirtschaft sind wir in

Deutschland noch weit entfernt. Der Frauenanteil in Vorständen börsennotierter und zugleich mitbestimmter Unternehmen beträgt 9,6 Prozent, der Frauenanteil in Aufsichtsräten mit einer verpflichtenden festen Quote nach dem sog. Führungspositionengesetz beträgt immerhin – stetig steigend nach Inkrafttreten dieses Gesetzes – 33,9 Prozent.

Im öffentlichen Dienst und in den obersten Bundesbehörden sieht es etwas besser aus, aber ein schneller Fortschritt mit Betonung auf schnell ist nicht erkennbar. Laut Gleichstellungsindex 2020 ist der Frauenanteil an Führungspositionen (Gesamtanteil von Frauen an den Beschäftigten dieser Behörden: 54 Prozent) in den obersten Bundesbehörden in einem Jahr lediglich um 0,9 Prozentpunkte auf 36,9 Prozent gestiegen. Im Vorjahreszeitraum betrug die Steigerung noch 2 Prozentpunkte. Auf allen Ebenen von Referatsleitung bis Staatssekretärsebene konnten die Frauenanteile leicht gesteigert werden. Aber 21 von 24 Behörden beschäftigen immer noch deutlich mehr Männer als Frauen in Führungspositionen; je höher die Führungsebene, desto weniger Frauen.[3]

Im Wissenschaftsbereich liegt der Frauenanteil an den absolvierten Promotionen bei 45,2 Prozent, an den Habilitationen bei 31,6 Prozent und an Hochschulprofessuren bei 23,4 Prozent. Nach den 2019 von der Deutschen Hochschulrektorenkonferenz vorgestellten Zahlen ist eine paritätische Stellenbesetzung im Hochschulbereich noch nicht in Sicht: Nur ca. 25 Prozent der Leitungsstellen von Universitäten sind mit Frauen besetzt. Bei den C4/W3-Professuren liegt die Quote unter 20 Prozent, bei den C3/W2-Professuren bei 24 Prozent, bei den Juniorprofessuren immerhin bei über 40 Prozent. Außerdem arbeiten an deutschen Hochschulen Frauen deutlich häufiger auf befristete Stellen als Männer.[4]

Bei Führungspositionen in der Justiz beträgt der Frauenanteil mittlerweile 27 Prozent.

Also, bezogen auf die geschlechtergerechte Beteiligung von Frauen an Schlüssel- und Entscheidungspositionen: Tendenz schleppend steigend – ausgenommen die politische Repräsentanz, die besorgniserregend gering bis rückläufig ist. Und: die Eckdaten, die etwas über die ökonomische Eigenständigkeit und Unabhängigkeit von Frauen aussagen, geben wenig Grund zur Freude.

Hedwig Dohm warnte die Frauen vor ca. 150 Jahren eindrücklich vor ökonomischen Abhängigkeiten infolge ihrer Rechtlosigkeit und rief sie und die gesamte Gesellschaft zum Eintreten für Freiheitsrechte für Frauen auf. Die bekannte deutsche Soziologin Jutta Allmendinger prägte im 21. Jahrhundert die

3 https://www.destatis.de/DE/Themen/Staat/Oeffentlicher-Dienst/Publikationen/_publikationen-innen-gleichstellungsindex.html
4 https://www.hrk.de/themen/hochschulsystem/gleichstellung/

sarkastische und zutreffende Analyse: „Der Heiratsmarkt bezahlt Frauen besser als der Arbeitsmarkt“.[5]

Autsch – das tut weh, dass sich an dieser Analyse nach so langer Zeit so wenig geändert hat. Kurzgefasst: Frauen sind heute zwar mittlerweile mehrheitlich erwerbstätig, aber es existiert eine starke Geschlechterpolarisierung in der bezahlten Arbeits- und der unbezahlten Fürsorgewelt. Frauen arbeiten Teilzeit, Männer Vollzeit. Die unbezahlte Care-Arbeit wird nach wie vor überwiegend von Frauen geleistet. Das nichtverdiente Geld in der Arbeitswelt fehlt Frauen schmerzhaft für ihre eigenständige auskömmliche Alterssicherung; und das, obwohl Frauen und Männer mittlerweile fast deckungsgleiche Qualifizierungen und Berufs- und Lebenspläne haben.

Und da ist doch noch etwas, was so gar nicht in diese modernen, eher hoffnungsvollen Zeiten in der führenden Industrienation und Demokratie Deutschland zu passen scheint: Gewalt und Hass gegen Frauen. So brutal, vernichtend, zerstörerisch wie archaisch und vermeintlich nicht zu überwinden oder zumindest einzudämmen.

Was wissen wir dazu? Nach den Ergebnissen der bislang immer noch einzigen repräsentativen deutschen Prävalenzstudie (BMFSFJ 2004) und den Befunden für Deutschland aus der EU-Studie der Europäischen Grundrechteagentur (FRA 2014) haben wir seit langer Zeit ein echtes Problem, das nicht kleiner wird und massive Auswirkungen auf die Lebensqualität von Frauen hat.

40 Prozent der Frauen in Deutschland haben – unabhängig vom Täter-Opfer-Kontext – körperliche oder sexuelle Gewalt oder beides im Lebensverlauf erlebt. 42 Prozent aller befragten Frauen haben Formen von psychischer Gewalt wie systematische Abwertung, Demütigung, Ausgrenzung, Verleumdung, schwere Beleidigung, Drohung und Psychoterror erlebt. 13 Prozent, also fast jede siebte Frau, gab an, Formen von sexueller Gewalt (in enger strafrechtlicher Definition als sexuelle Nötigung oder Vergewaltigung) erlebt zu haben. 58 Prozent der Befragten haben sexuelle Belästigung erfahren. 25 Prozent wurden Opfer von körperlicher oder sexueller Gewalt oder beides durch aktuelle oder frühere Beziehungspartner. Im internationalen Vergleich liegt Deutschland damit im oberen Mittelfeld. Das Dunkelfeld und die Verzweiflung sind groß: Zwei Drittel der weiblichen Opfer körperlicher und/oder sexueller Gewalt gingen auch nach ihrer schwerwiegendsten Gewalterfahrung nicht zur Polizei und suchten auch keine andere Einrichtung der Hilfe auf. Nur 20 Prozent der Frauen in Deutschland, die Gewalt erfahren haben, haben sich an Beratungs- und Unterstützungseinrichtungen gewandt (BMFSFJ 2004). Das war für die Bundesregierung und das Bundesfrauenministerium der zentrale Auslöser, das rund um die Uhr und anonym, kostenfrei und in 17 Sprachen

5 https://www.zeit.de/zeit-magazin/leben/2017-08/jutta-allmendinger-frauen-entscheidungen

beratende ansprechbare bundesweite Hilfetelefon in Deutschland einzurichten. Seit seinem Start 2013 steigt seine Inanspruchnahme stetig und signifikant.

Die im November 2020 zum fünften Mal erstellte Lagedarstellung des Bundeskriminalamtes (BKA) zu Gewalt in Paarbeziehungen mit den Ergebnissen für 2019 zeigt: Es sind zu über 81 Prozent Frauen, die von Partnerschaftsgewalt betroffen sind – ca. 115.000 Frauen. Die Hälfte (50,5 Prozent) von ihnen lebte im gemeinsamen Haushalt mit dem Tatverdächtigen. Und – die Gewalt ist existentiell: Jeden dritten Tag wird hierzulande eine Frau von ihrem Partner oder Expartner getötet; 2019 starben insgesamt 117 Frauen durch häusliche Gewalt, die Anzahl der Versuche ist höher. Mehr als einmal pro Stunde wurde eine Frau durch ihren aktuellen oder ehemaligen Partner gefährlich körperlich verletzt. Bei Vergewaltigung und sexueller Nötigung in Partnerschaften sind die Opfer zu über 98 Prozent weiblich, bei Stalking und Bedrohung in der Partnerschaft sind es 89 Prozent.

Aus vielen Untersuchungen in Deutschland konnten Hinweise auf Hochrisikosituationen von Frauen gewonnen werden. Eine besonders gefährliche Situation, vom (Ex-)Partner verletzt oder sogar getötet zu werden, stellen Trennungssituationen dar und Situationen, in denen, wenn es – wie häufig – um Kinder geht, die betroffene Frau im Rahmen des Sorge- oder Umgangsrechts dem Gewalttäter begegnen muss. Zu häufig wird immer noch im kindschaftsrechtlichen Kontext der Gewaltschutz für die erwachsene Frau nicht beachtet oder außer Kraft gesetzt; zu häufig findet sich die Annahme, die Gewalttat in der Erwachsenenbeziehung habe nichts mit den Kindern zu tun, obwohl die wissenschaftlichen Erkenntnisse dazu die extrem schädlichen Auswirkungen auf das Kindeswohl, auch wenn es sich „nur" um beobachtete Gewalt handelt, eindrucksvoll belegen. Wie Gerichte annehmen können, dass Väter, die ihre Partnerin und Kindesmutter vor den Kindern oder jedenfalls von Kindern gespürt und gefühlt, schlagen, würgen, demütigen, vergewaltigen, gleichzeitig empathische, verantwortungsvolle, sich dem Wohl ihrer Kinder verpflichtet fühlende Väter sind, ist ein dunkles Rätsel, das anders gelöst werden muss.

Unser digitales Zeitalter macht diesen Zustand nicht besser. Das Politikmagazin Der Spiegel beschreibt in seiner Ausgabe vom 13. Februar 2021 mit der Titelgeschichte „Erst Hass, dann Mord", wie stark digitale Gewalt gegen Frauen zunimmt, vor allem gegenüber Frauen, die sich gesellschaftspolitisch engagieren, wie häufig diese digitale Gewalt mit physischer analoger Gewalt fortgesetzt wird und was sich dort – vor allem in obskuren Bündnissen von rechtsextremen Organisationen mit extremen Männerbündlern, rassistischen, antisemitischen und demokratiefeindlichen Gruppierungen – weiter an unheilvoller Verstärkung der Frauenverachtung und des Frauenhasses zusammenbraut. Außerdem hatte das Magazin alle 222 weiblichen Mitglieder des Bundestages gefragt, ob und wie sie Frauenfeindlichkeit erleben und wie sie die gesellschaftliche Situation einschätzen. Über ein Viertel antwortete; die Antworten sind alarmierend. 69 Prozent der Politikerinnen sagen aus, dass sie frauenfeindlichen Hass als Abgeordnete erleben. 64 Prozent bekommen entsprechende Nachrichten, 36 Prozent haben Angriffe auf sich, ihre Büros oder ihren Wohnsitz erlebt; 50 Prozent mussten bereits die Bundestagsverwaltung oder die Polizei und den Staatsschutz einschalten. 30 Prozent der Politikerinnen erhöhen bei Veranstaltungen die Sicherheitsmaßnahmen. 72 Prozent der Abgeordneten bejahten die Frage, ob sie Frauenfeindlichkeit innerhalb des Parlaments von Kollegen oder Mitarbeitern erlebten; bei den meisten Antworten wurde die AfD genannt. 73 Prozent der antwortenden Parlamentarierinnen fordern, dass Sicherheitsbehörden frauenfeindliche Gewalt und Frauenhass als eigene ermittlungsrelevante Kategorie einführen; 34 Prozent fordern eine Ergänzung der strafrechtlichen Strafschärfungsgründe um sexistische Motive.

Es ist unabdingbar, dass diese Zahlen und Befunde öffentlich gemacht werden. Sie helfen, Gewalt gegen Frauen und deren Abwertung sichtbar zu machen – auch in ihrer strukturellen weitverbreiteten Dimension. Und sie werfen ein sehr dunkles Licht auf die Realität von Frauen und Männern in Deutschland. Denn neben den Männern, die Partnerschaftlichkeit und Augenhöhe und gemeinsame, faire Gestaltungsmacht wollen und leben, gibt es leider auch erschreckend (zu) viele, die die psychische und physische Integrität von Frauen im wahrsten Sinne des Wortes mit Füßen treten. Auch das ist Realität in Deutschland im Jahr 2021.

Antigewaltpolitik ist Gleichstellungspolitik – und Gleichstellungspolitik ist Antigewalt- und Menschenrechtspolitik. Keine oder eine verschleppte, zögerliche Gleichstellungspolitik kostet Potentiale, verhindert bessere Ergebnisse, Entscheidungen, gesellschaftlichen Fortschritt und Innovation, ist verfassungswidrig und unfair, frustriert Frauen und veränderungsfreudige Männer, ist im Ergebnis teuer – und kostet Frauenleben, physisch und psychisch. Gut gemachte Gleichstellungspolitik muss daher die Finger in die Wunden der Realität legen und darf sich nicht auf Nebengleise verladen lassen. Es geht immer noch und immer wieder um alles: um Rechte und Strukturen, um Gerechtigkeit auf dem bezahlten Arbeitsmarkt, bei Lohn und Entgelt, bei Entscheidungs- und Führungspositionen, bei der Gesundheitsversorgung und bei sexuellen reproduktiven Rechten, beim Steuer- und Sozialrecht, bei der Teilhabe und Mitgestaltung von Politik, Gesellschaft, Kultur, Sport, Ehrenamt, bei der fairen Gestaltung nichtbezahlter Sorgearbeit und beim Schutz vor Diskriminierung und Gewalt – jetzt und gerade auch in einer digitalisierten und globalisierten Welt. Gleichzeitig geht es immer noch auch um stereotype Geschlechterkulturen, -rollen, -sozialisationen, die das Aufbrechen in Richtung neuer Freiheiten so behindern; analog zum Reptilienhirn eine Art unterbewusst laufender Reptilienkultur, die häufig wenig mit unserem individuellen Wollen und unseren Fähigkeiten zu tun hat, sich aber als Programm ungewollt aufschaltet und uns das Leben schwer macht.

Also, was sollen wir tun? Wie? Und wer? Eine grobe Skizze und Linien.

Gleichberechtigung, Gleichstellung, Partnerschaftlichkeit zwischen Frauen und Männern setzen voraus, dass beide – auch ökonomisch – voneinander unabhängig sind, sowohl im aktiven Arbeitsleben als auch danach. Das bedeutet, mit größter Entschiedenheit die noch bestehende Lohnlücke anzugehen. Das heißt, die systemrelevanten Berufe, in denen überwiegend Frauen arbeiten, neu und besser zu bewerten und zu vergüten. Das heißt, geringfügige Beschäftigungsverhältnisse abzubauen. Das heißt, zumindest für eine Übergangszeit weiterhin gesetzliche Quoten für Führungspositionen für Frauen einzuführen bzw. auszubauen, und es bedeutet, andere Karriere- und Fördermodelle in Firmen und öffentlicher Verwaltung einzuführen: nicht auf typisch männliche ununterbrochene Berufslaufbahnen und frühe Karriereschritte ausgerichtet, sondern aktiv Wiedereinstiege und „spätere" Karrieren fördernd. Als weitere Rahmenbedingungen sind dafür notwendig: das Steuersystem zu reformieren, damit asymmetrische Einkommensverhältnisse zwischen den Geschlechtern nicht weiter privilegiert werden, die verpflichtenden Partnermonate beim Elterngeld zu erhöhen, die Betreuungsinfrastruktur weiter zu verbessern, haushaltsnahe Dienstleistungen zu professionalisieren, Ganztagsschulen auszubauen. Diese ökonomische Selbstständigkeit setzt eine faire Aufteilung der Sorgearbeit voraus. All das hat viel mit der Auseinandersetzung mit tradierten Geschlechterkulturen und Gesellschaftsstrukturen zu tun, die im Umbruch, aber nicht überwunden sind. Die Lebens- und Arbeitswünsche von Frauen und Männern sind mittlerweile fast identisch. Und deshalb wird es Zeit, sich mit Vorschlägen wie einer zum Beispiel auf 32 Stunden verringerten Arbeitswoche als neue Normalarbeitszeit oder eines Wahlarbeitszeit- oder Optionszeitenmodells zu beschäftigen, die Frauen und Männern eine deutlich größere Flexibilität in den verschiedenen Phasen des Lebens ermöglichen, um gut zu leben und gut zu arbeiten.

Beseitigen oder zumindest sehr viel kleiner machen müssen wir im 21. Jahrhundert die Gewalt, den Hass und die Verachtung gegenüber Frauen und Mädchen. Denn was wird aus der Kanzlerin, der Vorstandschefin, der Klinikleiterin, der Marktfilialchefin, der IT Start up Gründerin, der endlich adäquat bezahlten Pflegekraft, Grundschullehrerin, Sozialarbeiterin, Krankenschwester, wenn sie alle nach wie vor mit relativ großer Sicherheit Gefahr laufen, von einem bekannten oder unbekannten Täter beleidigt, belästigt, gestalkt, angegriffen, verletzt oder sogar getötet zu werden, weil sie Frauen sind. Dafür muss das an sich und abstrakt mittlerweile gut aufgestellte deutsche Rechtssystem in all seinen Bereichen noch einmal intensiv auf den Prüfstand gestellt werden, für die Justiz müssen endlich verpflichtende Fortbildungen eingeführt werden – und die sog. Täterarbeit, mit der gewalttätige Männer an ihrer Verhaltensänderung arbeiten, muss sehr viel weiter und flächendeckend ausgedehnt werden, sowohl quantitativ als auch mit Anordnungen nicht nur im strafrechtlichen Verfahren, sondern vor allem auch im zivilrechtlichen und familien- und kindschaftsrechtlichen Bereich. Die Intervention gegen Gewalt an Frauen muss stehen; zusätzlich sollte ein nationaler Pakt für Prävention, an dem Bund, Länder, Kommunen, Wirtschaft und Zivilgesellschaft beteiligt sind, aufgebaut werden. Das meint eine früh ansetzende Prävention gegen Gewalt, Hass, Herabwürdigung gegenüber Frauen und Mädchen und für ein Geschlechterverhältnis auf Augenhöhe von Anfang an – in Kita, Schule, Ausbildung, Arbeitsplatz, Freizeit, Politik, Ehrenamt etc. Das bedeutet auch, Jungen und Männer sehr viel stärker als bisher zu adressieren für einen fairen Umgang der Geschlechter. Durch Schweigen und Nichteinmischen bei Sexismus und Gewalt gegen Mädchen und Frauen machen sich Jungen und Männer mitverantwortlich, auch wenn sie aktiv keine Gewalt begehen. Notwendig sind Konzepte von Maskulinität, in denen Empathie, Verletzlichkeit und Augenhöhe mit dem weiblichen Geschlecht nichts ist, wovor man sich fürchten muss.

„Frauen, die nichts fordern, werden beim Wort genommen. Sie bekommen nichts." Dieser Befund von Simone de Beauvoir ist nach wie vor zutreffend. Frauen und Gleichstellungsorganisationen müssen weiter dranbleiben und laut fordern, was eigentlich im 21. Jahrhundert selbstverständlich sein sollte. Und: Gleichstellung muss über die innovativen feministischen Männer hinaus zu einem Anliegen von jedem Mann in dieser Gesellschaft werden. Denn jeder Mann muss sich fragen (lassen): Will ich (durch Schweigen, Nichtreaktion) dazu beitragen, dass meine Frau, Mutter, Schwester, Freundin, Enkelin von anderen Männern im Arbeitsleben schlecht(er) bezahlt und diskriminiert, herabgewürdigt, verletzt, belästigt, vergewaltigt, von Altersarmut betroffen, in ihren bürgerlichen Freiheiten eingeschränkt und in ihrer Lebensqualität und dem Entwickeln und Verwirklichen ihrer Potentiale gehindert und beschnitten werden? *He for she* für die Menschenrechte von Frauen und ein besseres Leben für alle muss im 21. Jahrhundert gelebt werden, damit Menschenrechte endlich kein Geschlecht mehr haben.

Danke an Cornelia Helfferich, dass sie uns kontinuierlich mit ihren klugen Arbeiten zu vielfältigen Aspekten der Gleichstellung sehr viel wissender gemacht und mit wichtigen Hinweisen ausgestattet hat, welche Wege wir einschlagen sollten.

Literatur

Bundesministerium für Familie, Senioren, Frauen und Jugend (2004): Lebenssituation, Sicherheit und Gesundheit von Frauen in Deutschland. https://www.bmfsfj.de/

bmfsfj/studie-lebenssituation-sicherheit-und-gesundheit-von-frauen-in-deutschland-80694 [Zugriff: 14.7.2021].

Brigitte (2021): Brigitte-Studie 6, 2021: „Mein Leben, mein Job und ich“, S. 89–100.

FRA – European Agency for Fundamental Rights (2014): Gewalt gegen Frauen: eine EU-weite Erhebung. Ergebnisse auf einen Blick. https://fra.europa.eu/de/publication/2014/gewalt-gegen-frauen-eine-eu-weite-erhebung-ergebnisse-auf-einen-blick [Zugriff: 14.7.2021].

Kantar Public (2021): Mehr Gleichstellung im Beruf, mehr Partnerschaftlichkeit im Privaten, Männer- und Frauenbefragung zu Fragen der Gleichstellung im Auftrag des BMFSFJ. https://www.bmfsfj.de/bmfsfj/aktuelles/alle-meldungen/gleichstellung-ist-gemeinsame-gesellschaftsaufgabe-176912 [Zugriff: 14.7.2021].

Alle weiteren Faktenangaben beruhen (wenn keine andere Quelle angegeben) auf den einschlägigen Veröffentlichungen des Statistischen Bundesamtes unter www.destatis.de, den einschlägigen Veröffentlichungen des BMFSFJ unter www.bmfsfj.de und den einschlägigen Veröffentlichungen des Bundesinstituts für Bevölkerungsforschung unter www.bib.bund.de.

Autor*innenverzeichnis

Mart Busche, Dipl.-Pol., PostDoc in der BMBF-geförderten Nachwuchsforschungsgruppe „Gender 3.0 in der Schule: Herausforderungen und Handlungsbedarfe im Bereich Lehrkräfteausbildung zur Anerkennung von geschlechtlicher Vielfalt unter besonderer Berücksichtigung des Personenstands ‚divers'", Europa-Universität Flensburg. Zuvor wissenschaftlich tätig an der Alice Salomon Hochschule im BMBF-geförderten Praxisforschungsprojekt „Jungen*pädagogik und Prävention sexualisierter Gewalt (JupP*)", Forschung und Lehre zu kritischer Männlichkeitenforschung, Gewaltforschung, Queer Studies; ausgewählte Publikationen: Heteronormativitätskritische Jugendbildung. Reflexionen am Beispiel eines museumspädagogischen Modellprojekts. Hrsg. mit Jutta Hartmann, Tobias Nettke und Uli Streib-Brzič. Bielefeld: transcript 2018.
E-Mail: mart.busche@uni-flensburg.de

Peter Caspari (geb. Mosser), Dr. phil., Dipl.-Psychologe; Systemischer Therapeut, Traumatherapeut, Supervisor. Mitarbeiter von KIBS in München (Beratungsstelle für von sexualisierter und/oder häuslicher Gewalt betroffenen Jungen und jungen Männern). Wissenschaftliche Tätigkeit am IPP München (v.a. Studien zur Aufarbeitung von sexualisierter Gewalt und Misshandlung in Institutionen [Kloster Ettal, Stift Kremsmünster, Odenwaldschule, Bistum Hildesheim, Heime in Bayern]); zahlreiche Veröffentlichungen. Praxis- und Forschungstätigkeit zu Prävention von (sexualisierter) Gewalt in pädagogischen Institutionen (PräviKIBS, IPSE).
E-Mail: Caspari@ipp-muenchen.de

Daniel Doll, M.A., Soziale Arbeit, Akademischer Mitarbeiter an der Pädagogischen Hochschule Freiburg, war bis Juli 2021 wissenschaftlicher Mitarbeiter am Sozialwissenschaftlichen Forschungsinstitut zu Geschlechterfragen/FIVE e.V. und arbeitete dort schwerpunktmäßig zu sexueller Gewalt in Kindheit und Jugend, Prävention und Implikationen für eine professionelle Soziale Arbeit. Aktuell forscht er zu Bildungsprozessen von Nutzer*innen von Angeboten der Jugendhilfe. Er promoviert zum Thema „Männlichkeiten im Erzählkontext sexueller Gewalt im Jugendalter".
E-Mail: daniel.doll@ph-freiburg.de

Wolfgang Eßbach, Prof. em. Dr., lehrte Soziologie an der Albert-Ludwigs-Universität in Freiburg i.Br. Er war Gründungspräsident der Helmuth-Plessner-Gesellschaft und langjähriger Sprecher der Sektion Kultursoziologie der Deutschen Gesellschaft für Soziologie. 2011/2012 war er Fellow am Wissenschaftskolleg zu Berlin, 2012/2013 Co-Direktor der FRIAS School of History

(Freiburg Institute for Advanced Studies). Er gehört zu den entschiedenen Kritikern des Bologna-Prozesses. Wissenschaftliche Schwerpunkte: Kultursoziologie, Religionssoziologie, Anthropologie, Ideengeschichte und Soziologie der Intelligenz. Zuletzt erschien: Religionssoziologie 1. Glaubenskrieg und Revolution als Wiege neuer Religionen, Paderborn: Wilhelm Fink 2014; Religionssoziologie 2.1 und 2.2. Entfesselter Markt und Artifizielle Lebenswelt als Wiege neuer Religionen, Paderborn: Wilhelm Fink/Brill 2019. Weitere Publikationen: https://www.soziologie.uni-freiburg.de/personen/wessbach.
E-Mail: wolfgang.essbach@soziologie.uni-freiburg.de

Adrian Etzel, M.A., Soziale Arbeit, ist wissenschaftlicher Mitarbeiter am Sozialwissenschaftlichen Forschungsinstitut zu Geschlechterfragen Freiburg/ FIVE e.V. im Bereich sexueller Gewalt in Kindheit und Jugend, Lehrbeauftragter an der Evangelischen Hochschule Freiburg und Berater in einer Fachstelle gegen sexuellen Missbrauch an Mädchen und Jungen.
E-Mail: adrian.etzel@eh-freiburg.de

Jörg M. Fegert, Prof. Dr., ist Ärztlicher Direktor der Klinik für Kinder- und Jugendpsychiatrie/Psychotherapie des Universitätsklinikums Ulm, Past-Präsident und Kongresspräsident (Ulm 2017) der Deutschen Gesellschaft für Kinder- und Jugendpsychiatrie, Psychosomatik und Psychotherapie (DGKJP) und Vorstandsmitglied (Leiter der Policy Division) und President Elect (2023–2027) der Europäischen Fachgesellschaft European Society for Child and Adolescent Psychiatry (ESCAP). Er ist Vorsitzender des Wissenschaftlichen Beirats für Familienfragen beim Bundesministerium für Familie, Senioren, Frauen und Jugend und Mitglied im Nationalen Rat gegen sexuelle Gewalt an Kindern und Jugendlichen. Seine Arbeitsschwerpunkte liegen u.a. in den Themenbereichen Vernachlässigung, Misshandlung, sexueller Missbrauch, frühe Hilfen, psychosomatische Störungen im Kindes- und Jugendalter, Verhältnis Jugendhilfe/Jugendpsychiatrie und in anderen sozialrechtlichen sowie forensischen Fragen. Seine Klinik verfügt über einen eigenen Schwerpunkt E-Learning und Dissemination insbesondere im Bereich des Kinderschutzes und der Traumaforschung.
E-Mail: joerg.fegert@uniklinik-ulm.de

Klaus Fröhlich-Gildhoff, Prof. Dr., Dipl.-Psych., Psychologischer Psychotherapeut und Kinder- und Jugendlichenpsychotherapeut, Co-Leiter des Zentrums für Kinder- und Jugendforschung an der Evangelischen Hochschule Freiburg.
E-Mail: froehlich-gildhoff@eh-freiburg.de

Isolde Geissler-Frank, Prof. Dr., Professur für Recht an der Evangelischen Hochschule Freiburg; Prodekanin Fachbereich I Soziale Arbeit, Vorstand Akademie für soziales Wohnen an der EH Freiburg.
E-Mail: geissler-frank@eh-freiburg.de

Dominik Gerstner, Soziologe und Postdoc am Max-Planck-Institut zur Erforschung von Kriminalität, Sicherheit und Recht. Dort forscht er u.a. zu den Themen Jugenddelinquenz und räumliche Aspekte von Kriminalität. Von März 2019 bis Januar 2020 war er wissenschaftlicher Mitarbeiter beim SoFFI F. Ausgewählte Publikationen: Unintended conceptions leading to wanted pregnancies – an integral perspective on pregnancy acceptance from a mixed-methods study in Germany. Zusammen mit Cornelia Helfferich, Tillmann Knittel, Carina Pflügler und Franziska Schmidt. In: The European Journal of Contraception & Reproductive Health Care 26, 3, 2021, S. 227–232. doi: 10.1080/13625187.2020.1870951; Collective Efficacy in Australian and German Neighborhoods: Testing Cross-Cultural Measurement Equivalence and Structural Correlates in a Multi-level SEM Framework. Zusammen mit Rebecca Wickes und Dietrich Oberwittler. In: Social Indicators Research 144, 3, 2019, S. 1151–1177. doi: 10.1007/s11205-019-02081-4.
E-Mail: d.gerstner@csl.mpg.de

Monika Götsch, Prof. Dr., Soziologin mit dem Schwerpunkt Gender und Familie an der Fakultät Soziale Arbeit, Bildung und Pflege, Hochschule Esslingen.
E-Mail: monika.goetsch@hs-esslingen.de

Daniel Gredig, Prof. Dr., dipl. Sozialarbeiter, ist Professor und Co-Leiter des Studienzentrums Soziale Arbeit der Hochschule für Soziale Arbeit, Fachhochschule Nordwestschweiz, Olten: www.fhnw.ch/de/personen/daniel-gredig.
E-Mail: daniel.gredig@fhnw.ch

Carol Hagemann-White, Prof. em. Dr., Professur für Allgemeine Pädagogik/Frauenforschung an der Universität Osnabrück, seit 2008 in Ruhestand. Arbeitsschwerpunkte: Gewalt im Geschlechterverhältnis, Intervention und Prävention im europäischen Vergleich, geschlechtsspezifische Sozialisation, Frauengesundheitsförderung, Gleichberechtigungspolitik.
E-Mail: chageman@uos.de

Anja Henningsen, Prof. Dr., Professorin für Soziale Arbeit mit den Schwerpunkten Geschlechterkompetenz und Diversität an der Fachhochschule Kiel, Abteilung für Soziale Arbeit und Gesundheit. 2013–2019 Juniorprofessorin für Sexualpädagogik mit dem Schwerpunkt Gewaltprävention an der Christian-Albrechts Universität Kiel. Geschäftsführerin der Gesellschaft für Sexualpä-

dagogik. Veröffentlichungen zuletzt: Gelebte Geschichte der Sexualpädagogik (2017) Hrsg. mit Renate-Berenike Schmidt und Uwe Sielert; Henningsen, Anja (2020) Sexuelle Bedürfnisse als Ausgangspunkt einer menschenrechtsorientierten Sozialen Arbeit – „nach bestem Wissen und Gewissen". In: Voß, H.-J. (Hrsg.): Die deutschsprachige Sexualwissenschaft. Bestandsaufnahme und Ausblick. Gießen: Psychosozial Verlag.
E-Mail: anja.henningsen@fh-kiel.de

Jutta Hartmann, Prof. Dr. für Allgemeine Pädagogik und Soziale Arbeit an der Alice Salomon Hochschule Berlin; Leitung ASH-Teilprojekt des BMBF-Praxisforschungsprojekts „Jungen*pädagogik und Prävention sexualisierter Gewalt (JupP*)"; Gast- und Vertretungsprofessuren an der Universität Innsbruck und der Hochschule für angewandte Wissenschaft und Kunst Hildesheim; Ausgewählte Publikationen: Geschlechterreflektierende Professionalisierung – Geschlecht und Professionalität in pädagogischen Berufen. Hrsg. mit Robert Baar und Marita Kampshof. Opladen: Barbara Budrich 2019; Heteronormativitätskritische Jugendbildung. Reflexionen am Beispiel eines museumspädagogischen Modellprojekts. Hrsg. mit Mart Busche, Tobias Nettke und Uli Streib-Brzič. Bielefeld: transcript 2018; Queertheoretische Perspektiven auf Bildung – Pädagogische Kritik der Heteronormativität. Hrsg. mit Astrid Messerschmidt und Christine Thon. Opladen: Barbara Budrich 2017,
E-Mail: jutta.hartmann@ash-berlin.eu

Katharina Kärgel, M.A. Soziologie, Wissenschaftliche Mitarbeiterin an der SRH Hochschule Heidelberg, Projektkoordinatorin des Forschungsprojekts „Beyond Digital Violence. Capacity Building For Relevant Professionals Working With Children and Adolescents Who Experienced Sexualized Violence Using Digital Media" und Vorsitzende des Heidelberger Instituts für Sozial- und Verhaltenswissenschaften.
E-Mail: katharina.kaergel@srh.de

Barbara Kavemann, Prof. Dr., Soziologin, ist wissenschaftliche Mitarbeiterin des Sozialwissenschaftliche Forschungsinstituts zu Geschlechterfragen Freiburg. Sie arbeitet seit den 1970er Jahren zu Fragen der Gewalt im Geschlechterverhältnis und zu sexueller Gewalt in Kindheit und Jugend. Sie ist Mitglied der Unabhängigen Kommission zur Aufarbeitung sexuellen Kindesmissbrauchs.
https://barbara-kavemann.de/ https://www.aufarbeitungskommission.de/
E-Mail: barbara.kavemann@eh-freiburg.de

Thomas Klie, Prof. Dr. habil., Rechts- und Sozialwissenschaftler. Er leitet das Forschungsinstitut AGP Sozialforschung sowie das Zentrum für zivilgesellschaftliche Entwicklung in Freiburg und Berlin. Er war Mitglied der 6. und

7. Altenberichtskommission sowie Vorsitzender der 2. Engagementberichtskommission der Bundesregierung. Er lehrt in Freiburg und Graz und arbeitet als Rechtsanwalt in Freiburg, München und Berlin. Er gilt als einer der renommiertesten Sozial- und Pflegeexperten in Deutschland.
E-Mail: klie@eh-freiburg.de

Bernard Könnecke, Geschäftsführer bei Dissens – Institut für Bildung und Forschung e.V. in Berlin mit den Arbeitsschwerpunkten Geschlechterreflektierte (Jungen*)-Pädagogik, Sexualisierte Gewalt, Prävention. Er koordiniert die Berliner Fachrunde Jungen*arbeit und ist Mitgründer u.a. der BAG Jungen*arbeit. Ausgewählte Veröffentlichungen: Geschlechterreflektierte Arbeit mit Jungen an der Schule. Texte zu Pädagogik und Fortbildung rund um Jungen, Geschlecht und Bildung. Hrsg. mit Dissens e.V., Katharina Debus, Klaus Schwerma und Olaf Stuve. Berlin 2012; Grundlagen sexualpädagogischen Arbeitens mit männlichen Kindern und Jugendlichen. Zusammen mit Thomas Viola Rieske. In: Stiftung Männergesundheit (Hrsg.): Sexualität von Männern. Dritter Deutscher Männergesundheitsbericht. Gießen: Psychosozial-Verlag 2017, S. 147–157; Aufdeckungsprozesse männlicher Betroffener von sexualisierter Gewalt in Kindheit und Jugend. Verlaufsmuster und hilfreiche Bedingungen. Hrsg. mit Thomas Viola Rieske, Elli Scambor, Ulla Wittenzellner und Ralf Puchert. Wiesbaden: Springer VS 2018.
E-Mail: bernard.koennecke@dissens.de

Silvia Krumm, PD, Dr. phil., M.A., Soziologin, leitet die Arbeitsgruppe „Qualitative Sozialforschung“ an der Klinik für Psychiatrie und Psychotherapie II der Universität Ulm am Bezirkskrankenhaus Günzburg. Während und nach dem Studium Mitarbeit in verschiedenen Forschungsprojekten am Sozialwissenschaftlichen FrauenForschungsInstitut SoFFI K. in Freiburg und qualitative Methodenausbildung bei Cornelia Helfferich. Forschungsschwerpunkte im Bereich Elternschaft, Geschlecht, Gewalt sowie Teilhabe, partizipative und biografische Forschung im sozialpsychiatrischen Kontext.
E-Mail: silvia.krumm@uni-ulm.de

Heiko Löwenstein, Prof. Dr., lehrt Theorien, Konzepte und Methoden der Sozialen Arbeit mit Schwerpunkt Inklusion. Zuvor war er Professor für Soziale Arbeit mit Schwerpunkt Sozialpädagogik an der Evangelischen Hochschule Freiburg. Zu wissenschaftlichen Interessengebieten zählen relationale Theorieentwicklung, Netzwerkanalyse, rekonstruktive Forschung und soziale Diagnostik. Ausgewählte Publikationen: Qualitative sozialpsychiatrische Forschung. Eine Einführung in Methodik und Praxis. Hrsg. mit Silvia Krumm und Reinhold Kilian. Bonn: Psychiatrie-Verlag 2019; Agency: Handlungs- und Gestaltungsmacht. In: Björn Kraus und Wolfgang Krieger (Hrsg.): Macht in der Sozialen Arbeit. Interaktionsverhältnisse zwischen Kontrolle, Partizipation

und Freisetzung. Lage: Jacobs 2021, S. 137–151; Ohne Selbst geht es nicht. Pragmatistische und phänomenologische Hinweise auf relationale Identitätsarbeit. In: Malte Ebner von Eschenbach und Ortfried Schäffter (Hrsg.): Denken in wechselseitiger Beziehung. Das Spectaculum relationaler Ansätze in der Erziehungswissenschaft. Weilerswist: Velbrück 2021, S. 31–49.
E-Mail: h.loewenstein@katho-nrw.de

Gabriele Lucius-Hoene, Prof. em. Dr., seit 2013 in Ruhestand, vormals Institut für Psychologie, Abteilung für Rehabilitationspsychologie. Arbeitsschwerpunkte: Psychotherapie und Rehabilitation bei Hirnschädigung, Krankheitserzählungen, Narrative Interviewforschung und narrative Identität.

Kampert, Meike, M.A., Pädagogin, wissenschaftliche Mitarbeiterin in der Forschungsgruppe „SchutzNorm“ (Schutzkonzepte in der Kinder- und Jugendhilfe. Normalitätskonstruktionen von Sexualität und Gewalt unter Jugendlichen) im Fachbereich Soziale Arbeit und Gesundheit an der Fachhochschule Kiel. Veröffentlichung zuletzt: Lehrbuch Schutzkonzepte und Diversität in Organisationen gestalten. Fokus: Junge Menschen mit FLuchterfahrungen. Zusammen mit Tanja Rusack, Wolfgang Schröer und Mechthild Wolff. Weinheim: Beltz Juventa 2020.
E-Mail: meike.kampert@fh-kiel.de

Heinz Kindler, Prof. Dr., wissenschaftlicher Referent beim Deutschen Jugendinstitut e.V. München, Leiter Fachgruppe 3 „Familienhilfe und Kinderschutz“ in der Abteilung „Familie und Familienpolitik“. Er hat eine Honorarprofessur an der Hochschule Landshut inne. Zudem ist er als familienrechtspsychologischer Sachverständiger tätig. Am DJI hat er eine Vielzahl von Forschungsprojekten geleitet und dazu publiziert. Besonders zu erwähnen ist das online verfügbare „Handbuch Kindeswohlgefährdung nach § 1666 BGB und Allgemeiner Sozialer Dienst (ASD)“ sowie seine Arbeiten zum Thema Auswirkungen von Partnerschaftsgewalt auf Kinder und zum Thema sexualisierte Gewalt.
https://www.dji.de/ueber-uns/mitarbeiterinnen/detailansicht/mitarbeiter/heinz-kindler.html.
E-Mail: kindler@dji.de

Thomas Meysen, Dr., Leiter SOCLES International Centre for Socio-Legal Studies. Interdisziplinäre Rechtsforschung in den Bereichen, Kindheit, Jugend, Familie und Geschlecht. Schwerpunkte Kinderschutz, Gewalt gegen Frauen, Kinder- und Jugendhilfe, Inklusion und Teilhabe, Familie, Alleinerziehen, Diversität, Extremismus, Ethik.
E-Mail: meysen@socles.de

Bianca Nagel, M.A., Soziologin, wissenschaftliche Mitarbeiterin am Sozialwissenschaftlichen Forschungsinstitut zu Geschlechterfragen Freiburg/ FIVE e.V. in Berlin. Sie arbeitet in unterschiedlichen Forschungsprojekten zu sexueller Gewalt in Kindheit und Jugend und promoviert an der Universität Vechta.
E-Mail: bianca.nagel@eh-freiburg.de

Sibylle Nideröst, Prof. Dr., Institutsleiterin, Institut Integration und Partizipation, Hochschule für Soziale Arbeit FHNW. Themenschwerpunkte: HIV-Prävention und sexuelle Gesundheit, Lebensbewältigung und Lebenslagen von Menschen mit HIV, soziale Ungleichheit und soziale Probleme, Geschlecht und Gesundheit, Testung und Entwicklung von Modellen zur Erklärung von gesundheitsrelevantem Verhalten, qualitative und quantitative Methoden der Sozialforschung, Evaluation von Interventionen und Programmen, Koordination des Forschungsnetzwerks Gender Health.
E-Mail: sibylle.nideroest@fhnw.ch

Mareike Ochs, M.A., Sozialarbeiterin, Lehrbeauftragte Soziale Arbeit, Evangelische Hochschule, Freiburg. Lehrbeauftrage für Soziale Arbeit mit Schwerpunkt Wissenschaft und Forschung, Profession Soziale Arbeit, politisches Mandat und Kriminologie. 2011–2016 Bachelorabschlüsse in Religionspädagogik/Gemeindediakonie und Soziale Arbeit an der Evangelischen Hochschule Freiburg. 2016–2018 Leitung der Diakonischen Initiative Hügelheim. 2019 Wissenschaftliche Mitarbeiterin beim Forschungs- und Innovationsverbund an der EH Freiburg e.V. (AGP Sozialforschung). 2018–2020 Master Soziale Arbeit an der Evangelischen Hochschule Freiburg. Ausgewählte Publikation: Unterwegs in den Wirklichkeiten der Polizei I und II. Zusammen mit Wilhelm Schwendemann, Bernhard Goetz und Kerstin Lammer: Göttingen: Vandenhoeck & Ruprecht 2015/2017.
E-Mail: ochs.mareike@web.de

Anne Parpan-Blaser, Prof. Dr., dipl. Sozialarbeiterin, lehrt und forscht an der Hochschule für Soziale Arbeit FHNW, Institut Integration und Partizipation. Ihre Arbeitsschwerpunkte sind soziale Innovation, Partizipation und Leichte Sprache.
E-Mail: anne.parpan@fhnw.ch

Hartmut Remmers, Prof. habil. Dr. phil., Studium der Soziologie, Philosophie, Geschichte und Sozialpsychologie, Venia Legendi für das Fach Pflegewissenschaft Universität Bremen, zuletzt Leiter der Abteilung Pflegewissenschaft im Institut für Gesundheitsforschung und Bildung, Universität Osnabrück, seit 2019 Seniorprofessor im Institut für Gerontologie der Universität Heidelberg. Letzte Buchpubliktion, gemeinsam mit Manfred Hülsken-Giesler:

Autonome Assistenzsysteme in der Pflege: Potenziale und Grenzen aus pflegewissenschaftlicher Sicht. Göttingen: Vandenhoeck & Ruprecht 2020.
E-Mail: remmers@uni-osnabrueck.de

Stephan Rixen, Prof. Dr., Universität Bayreuth, Lehrstuhl für Öffentliches Recht, Sozialwirtschafts- und Gesundheitsrecht, ab April 2022: Universität zu Köln, Lehrstuhl für Öffentliches Recht mit dem Schwerpunkt Staatsrecht und Öffentliches Wirtschaftsrecht. Ausgewählte Publikationen: Ambivalenzen der Gleichheit. Zwischen Diversität, sozialer Ungleichheit und Repräsentation. Hrsg. mit Jens Kersten und Berthold Vogel. Bielefeld: transcript 2021; Der Verfassungsstaat in der Corona-Krise. Zusammen mit Jens Kersten. München: C.H. Beck 2. Aufl. 2021.
E-Mail: Stephan.Rixen@uni-bayreuth.de.
Ab April 2022: institut-staatsrecht@uni-koeln.de

Birgit Schweikert, Dr. jur., Juristin, Ministerialdirigentin, Leiterin der Unterabteilung 40 der Abteilung Gleichstellung im Bundesministerium für Familie, Senioren, Frauen und Jugend (BMFSFJ), dort zuständig für die Bereiche (1) Grundsatzangelegenheiten der Gleichstellungspolitik und Gleichstellungspolitik in der digitalen Gesellschaft; (2) Gleichstellungsgesetze für den öffentlichen Dienst und die Privatwirtschaft und Frauen in Führungspositionen; (3) Schutz von Frauen vor Gewalt; (4) Bekämpfung des Menschenhandels und Prostituiertenschutzgesetz; (5) europäische und internationale Gleichstellungspolitik. Sie leitet im BMFSFJ die beiden Bund-Länder-Arbeitsgruppen „Menschenhandel" und „Häusliche Gewalt", in denen Bund, Länder, kommunale Spitzenverbände, Fachverbände und Nichtregierungsorganisationen in diesen Themenfeldern gemeinsam an Lösungen arbeiten. Beauftragte der Abteilung Gleichstellung für Flüchtlingsfrauen und für die Bundesregierung und das BMFSFJ stellvertretendes Mitglied im Verwaltungsrat des Europäischen Instituts für Gleichstellungsfragen (EIGE).
E-Mail: birgit.schweikert@web.de

Malte Täubrich, wissenschaftliche_r Mitarbeite_r bei Dissens – Institut für Bildung und Forschung e.V. in zwei Aufarbeitungsprojekten „ForuM – Forschung zur Aufarbeitung von sexualisierter Gewalt und anderen Missbrauchsformen in der evangelischen Kirche und Diakonie in Deutschland" sowie „Aufarbeitung sexualisierter Gewalt im Bistum Essen von 1958 bis Heute". Zuvor wissenschaftliche Mitarbeit im BMBF-geförderten Praxisforschungsprojekt „Jungen*pädagogik und Prävention sexualisierter Gewalt (JupP*)". Darüber hinaus Forschung und Lehre zu Kritischer Männlichkeitenforschung, Gewaltforschung, Traumaarbeit, Queer Studies. Ausgewählte Publikationen: Unterstützende Lebenswelten gegen sexualisierte Gewalt schaffen. Ein Praxis-

handbuch für Fachkräfte, die mit Jungen* arbeiten. Hrsg. mit Malte Jansen Eigenverlag 2019.
E-Mail: malte.taeubrich@dissens.de

Katrin Toens, Professorin für Politikwissenschaft an der Evangelischen Hochschule Freiburg. 2012 Habilitation, Westfälische Wilhelms-Universität Münster, Fachbereich Erziehungs- und Sozialwissenschaften, 2002–2010 Wissenschaftliche Assistentin an der Universität Hamburg, Institut für Politikwissenschaft. Ausgewählte Publikationen: Policy Learning in Times of Populism: The Case of Domestic Vilence. Zusammen mit Gesine Fuchs. In: Natalia Dalmer, Jutta Joachim und Andrea Scheiker: Transatlantic Relations in Times of Change: Past, Present and Future. Baden-Baden: Nomos 2021, S. 133–149; Innovation und Legitimation in der Migrationspolitik. Politikwissenschaft, Politische Praxis und Soziale Arbeit im Dialog. Hrsg. mit Roswitha Pioch. Wiesbaden: VS Springer 2020; Schwache Interessen? Politische Partizipation in der Sozialen Arbeit. Hrsg. mit Benjamin Benz. Weinheim: Beltz Juventa 2019. In Vorbereitung: Building Social Work Politics in Europe. Hrsg. mit Günter Rieger. Wiesbaden: Springer Nature 2023.
E-Mail: toens@eh-freiburg.de

Frederic Vobbe, Professor für Soziale Arbeit an der SRH Hochschule Heidelberg mit den Schwerpunkten Soziale Probleme, ‚Abweichendes Verhalten‘. Arbeitet und forscht seit mehreren Jahren im Kontext sexualisierter Gewalt in Kindheit und Jugend. Ausgewählte Publikationen: Sexualisierte Gewalt und digitale Medien. Reflexive Handlungsempfehlungen für die Fachpraxis. Zusammen mit Katharina Kärgel. Wiesbaden: Springer 2021; Hedonistic Utilitarianism: The strategic use of digital media along the online-offline continuum of sexualised violence. In: Laura Kuhle, Daniela Stelzmann (i.Dr.); Sexual Online Grooming of Children. Challenges for Science and Practice. Zusammen mit Katharina Kärgel. Baden-Baden: Nomos 2021.
E-Mail: frederic.vobbe@srh.de

Veronika Winter, Dipl.-Pädagogin. Wissenschaftliche Mitarbeiterin im Projekt „SchutzNorm – Schutzkonzepte in der Kinder- und Jugendarbeit. Normalitätskonstruktionen von Sexualität und Gewalt unter Jugendlichen“. Ausgewählte Publikationen: SchutzNorm: Partizipative Forschung im Kontext von Jugendschutz als Bildungsprozess. Zusammen mit Anja Henningsen. In: FORUM Sexualaufklärung und Familienplanung 1, 2020. https://forum.sexualaufklaerung.de/ausgaben-ab-2010/2020/ausgabe-1/schutznorm-partizipative-forschung-im-kontext-von-jugendschutz-als-bildungsprozess/; Schutzkonzepte und Jugendberufshilfe?! Zusammen mit Tanja Rusack. In: LAG/JAW 2, 2020, S. 16–21. http://nord.jugendsozialarbeit.de/uploads/media/2020_02_Themenheft_Sexualisierte_Gewalt.pdf; Eltern als Präventionspartner_innen im Kontext organisationaler Schutzkonzepte. In: Kindesmisshandlung und -vernachlässigung. Interdisziplinäre Fachzeitschrift 22, 1, 2019.